T0209059

Sammlung Metzler
Band 170

Gerhart Hoffmeister

Deutsche und europäische Romantik

2., durchgesehene und erweiterte Auflage

J. B. Metzlersche Verlagsbuchhandlung
Stuttgart

Stuart Atkins in Verehrung

CIP-Titelaufnahme der Deutschen Bibliothek
Hoffmeister, Gerhart:
Deutsche und europäische Romantik /
Gerhart Hoffmeister. –
2., durchges. u. erw. Aufl.
– Stuttgart: Metzler, 1990
(Sammlung Metzler ; Bd. 170)
ISBN 978-3-476-12170-7
NE: GT

SM 170

ISBN 978-3-476-12170-7
ISBN 978-3-476-04092-3 (eBook)
DOI 10.1007/978-3-476-04092-3
ISSN 0558-3667

© 1990 Springer-Verlag GmbH Deutschland
Ursprünglich erschienen bei J. B. Metzlersche Verlagsbuchhandlung
und Carl Ernst Poeschel Verlag GmbH in Stuttgart 1990

Vorbemerkung

Diese Arbeit entsprang dem langgehegten Wunsch des Verfassers, aus dem fruchtbaren Chaos der äußerst komplexen Literaturbewegung »Romantik« und der Vielfalt der Forschungsmeinungen zu einer gewissen Übersicht zu gelangen. Aus den Unterrichtsbedingungen an den amerikanischen Universitäten ergab sich der komparatistische Ansatz, der eine Darstellung der deutschen Romantik erfordert, ohne sie aus dem europäischen Kontext herauszulösen. Da die deutsche Romantik die Nachbarliteraturen vielfach entscheidend beeinflußt hat, sollte ihre zentrale Bedeutung auch unter Beachtung des europäischen Standpunktes genügend zur Geltung kommen. Zudem konnte es für einen deutschgebürtigen Autor in kalifornischer Distanz ohnehin keine andere Lösung geben, als aus deutscher Perspektive über die europäische Romantik zu schreiben.

Angesichts der beschränkten Seitenzahl, die für die Bände dieser Serie zur Verfügung stehen, mußte sich der Verfasser auf eine komprimierte Darlegung grundsätzlicher Sachverhalte, Erkenntnisse und Zusammenhänge konzentrieren. So bedauerlich es sein mag, war daher auf eine noch detailliertere Bibliographie und ein Eingehen etwa auf weitere europäische Literaturen z. Zt. der Romantik (in Skandinavien, Portugal, im Balkan etc.) zu verzichten.

Ein Wort des Dankes möge diese Vorbemerkung beschließen. Zu einem Thema von einer derartigen Spannweite sind die Bausteine seit Jahrzehnten gelegt worden: Die Einweihung in den Problemkreis verdankt der Verfasser seinem Vater, Johannes Hoffmeister, dessen Vorlesungsmanuskripte er einsehen konnte, den Ausbau seiner Anschauungen den Romantik-Vorlesungen und -Seminaren von Richard Alewyn, Walther Rehm und Benno von Wiese in Bonn und Freiburg, die Überprüfung mancher Thesen seinen eigenen Vorlesungen sowie den Reaktionen seiner Studenten in Milwaukee, Detroit und Santa Barbara, die kritische Durchsicht des Manuskriptes seinen Kollegen Stuart Atkins und Rolf Linn, University of California.

Die Verpflichtung gegenüber der Sekundärliteratur kommt in zahllosen Zitaten zum Ausdruck. Um mit einem hier zutreffenden Worte Goethes zu Eckermann zu enden:

»Was können wir dann unser Eigenes nennen, als die Energie, die Kraft, das Wollen! Wenn ich sagen könnte, was ich alles großen Vorgängern und Mitlebenden schuldig geworden bin, so bliebe nicht viel übrig« (12. V. 1825).

University of California   G. H.
Santa Barbara

Die jetzt fällig gewordene zweite Auflage behält die Grundstruktur des Werkes bei, verbessert die Druckfehler und berücksichtigt den jüngsten Forschungsstand in zahlreichen Hinweisen im Text sowie in den Bibliographien.

G. H.

Inhalt

Abkürzungsverzeichnis

abgedr.	= abgedruckt
allg.	= allgemein
Bd(e).	= Band, Bände
Beitr(r).	= Beitrag, Beiträge
Bibl.	= Bibliographie, -y
bibliogr.	= bibliographisch
Cent.	= Century, -ies
D.	= Druck
Diss.	= Dissertation
DLE	= Deutsche Literatur in Entwicklungsreihen
DNL	= Deutsche National-Litteratur
Dt., dt.	= Deutsch, -e, deutsch
Dtld.	= Deutschland
et al.	= et alii (und andere)
Europ., europ.	= European, europäisch etc.
Fs.	= Festschrift
Ges.	= Gesammelt
Gesch.	= Geschichte
geschichtl.	= geschichtlich
H., h.	= Heft, -heft
Hdb.	= Handbuch
Hrsg(g)., hrsg.	= Herausgeber, herausgegeben
ital.	= italiana
Jb.	= Jahrbuch
Jh.	= Jahrhundert
Kap.	= Kapitel
lett.	= letteratura
Lit., litt.	= Literatur(e), littérature, etc.
	vgl. Litgeschichte, Litbeziehungen etc.
Ms.	= Manuskript
Ndr.	= Neudruck
NF	= Neue Folge
N.Y.	= New York
Philol.	= Philologie
Philos.	= Philosophie
rde	= rowohlts deutsche enzyklopädie
Repr.	= Reprint
Rev.	= Revolution
Rez.	= Rezension
RL	= Reallexikon der deutschen Literaturgeschichte [1]1925 f., [2]1955 f.

rm	=	Rowohlts Bildmonographien
Ro.	=	Romantik, Romanticism
romant.	=	romantisch, romantique
s.	=	siehe
Slg.	=	Sammlung
Str.	=	Strophe
S. W.	=	Sämtliche Werke
Übers., übers.	=	Übersetzung, übersetzt
Unters(s).	=	Untersuchung, -en
U. P.	=	University Press
UTB	=	Universitäts Taschenbuch-Verlag
TEAS	=	Twayne's English Authors Series
TWAS	=	Twayne's World Authors Series
vgl.	=	vergleiche, vergleichend
Vjschr.	=	Vierteljahrsschrift
W. d. F.	=	Wege der Forschung
Wiss.	=	Wissenschaft, -lich
Zs.	=	Zeitschrift
zit.	=	zitiert

Abkürzungen öfter genannter Literatur

BB	=	»Begriffsbestimmung der Romantik«, hrsg. H. Prang. W. d. F. 150. 1968.
»Cross-Currents«	=	»European Romanticism: Cross-Currents, Modes and Models«, hrsg. G. Hoffmeister. Detroit, 1989.
ER	=	»Die europäische Romantik«. E. Behler, H. Fauteck et al. 1973.
›Europ. Ro.‹	=	›Europäische Romantik‹, hrsg. K. R. Mandelkow [u. a.]. 3 Bde. Neues Handbuch der Litwiss. Bd. 14–16. 1982–85.
Glaser	=	Dt. Lit. Eine Sozialgeschichte V: Zwischen Revolution u. Restauration. Klassik, Romantik 1786–1815, hrsg. H. A. Glaser. 1980.
Hegel, S. W.	=	Jubiläumsausgabe, hrsg. H. Glockner. 20 Bde. 1927 f.
Heine	=	»Werke«, hrsg. E. Elster. 7 Bde. 1890, [2]1893.
Herder, S. W.	=	»Sämtliche Werke«, hrsg. B. Supphan. 33 Bde. 1877 f.
KAWSA	=	August Wilhelm Schlegel, »Ausgewählte Werke. Kritische Schriften und Briefe«, hrsg. E. Lohner. 6 Bde. 1962 f.

KFSA	=	Friedrich Schlegel, »Historisch-Kritische Ausgabe«, hrsg. E. Behler, J. J. Anstetten u. H. Eichner. 35 Bde. 1958 f.
KNA	=	Novalis' »Schriften«, hrsg. P. Kluckhohn u. R. Samuel. 4 Bde. 1928, 5 Bde. ²1960 f.
»Litkritik«	=	R. Wellek, »Geschichte der Literaturkritik«, II, 1750–1830, übersetzt E. u. M. Lohner. 1959.
LN	=	Friedrich Schlegel, »Literary Notebooks« 1797–1801, hrsg. H. Eichner. Toronto 1957.
›Das Nachleben‹	=	»Das Nachleben der Romantik in der modernen deutschen Literatur«, hrsg. W. Paulsen. 1969.
›Parallelen‹	=	Parallelen und Kontraste. Studien zu literarischen Wechselbeziehungen in Europa zwischen 1750 und 1850, hrsg. H.-D. Dahnke. 1983.
Prop. Gesch.	=	Propyläen Geschichte der Literatur. IV: Aufklärung u. Romantik; Gesamtplanung E. Wischer. 1983.
»Romantik« I	=	Die deutsche Literatur. Text u. Darstellung. Reclam 9629 f., hrsg. H. J. Schmitt. 1974.
Schulz	=	G. Schulz: Die deutsche Lit. zwi. Französ. Revolution u. Restauration. 2 Bde. I: 1789–1806. 1983; II: 1806–1830. 1989. (= De Boor-Newald: Gesch. der dt. Lit. VII, 1 u. VII, 2.)
›Taming‹	=	V. Nemoianu: The Taming of Romanticism. European Literature and the Age of Biedermeier. Cambridge, Mass.-London 1984.

Auflösung von Zeitschriftensigeln (nach PMLA)

AL	=	American Literature
CL	=	Comparative Literature
CLS	=	Comparative Literature Studies
CollG	=	Colloquia Germanica
CWGV	=	Chronik Wiener Goetheverein
DN	=	Delaware Notes
DU	=	Deutsch-Unterricht
DVj.	=	Deutsche Vierteljahresschrift für Geistesgeschichte u. Literaturwissenschaft
ELH	=	Journal of English Literary History
ELN	=	English Language Notes
EP	=	Études Philosophiques
FMod	=	Filología Moderna
RF	=	French Review

Goethejb.	=	Jahrbuch der Goethe-Gesellschaft, Weimar
GQ	=	German Quarterly
GRM	=	Germanisch-Romanische Monatsschrift
JDSG	=	Jahrbuch der deutschen Schiller-Gesellschaft
JEGP	=	Journal of English and Germanic Philology
JFDH	=	Jahrbuch des Freien Deutschen Hochstifts
JGG	=	Jahrbuch der Grillparzer-Gesellschaft
JJPG	=	Jahrbuch der Jean Paul-Gesellschaft
LI	=	Lettere Italiane
LJGG	=	Literaturwissenschaftliches Jahrbuch der Görres-gesellschaft
MHG	=	Mitteilungen der E. T. A. Hoffmann-Gesellschaft
MLQ	=	Modern Language Quarterly
MLR	=	Modern Language Review
NCFS	=	Nineteenth Century French Studies
NDH	=	Neue deutsche Hefte
NRs	=	Neue Rundschau
PMLA	=	Publications of the Modern Language Association
PQ	=	Philological Quarterly
RF	=	Romanische Forschungen
RFE	=	Revista de Filología Española
RLC	=	Revue de Littérature Comparée
RLI	=	Rassegna della Letteratura Italiana
RLM	=	Rivista di Letteratura Moderna
SFGG	=	Spanische Forschungen der Görresgesellschaft
SGG	=	Studia Germanica Gandensia
SIR	=	Studies in Romanticism
SN	=	Studia Neophilologica
ThS	=	Theatre Survey
TSLL	=	(Texas) Studies in Literature and Language
TuK	=	Text und Kritik
WB	=	Weimarer Beiträge
WZPHP	=	Wiss. Zs. der Pädagog. Hochschule Potsdam
WZUL	=	Wiss. Zs. der Karl-Marx-Univ. Leipzig
WZUR	=	Wiss. Zs. der Univ. Rostock
YFS	=	Yale French Studies
YWMLS	=	Year's Work in Modern Language Studies
ZDP	=	Zs. für deutsche Philologie
ZS	=	Zs. für Slawistik

A. Einleitung

1. Zur Wort- und Begriffsgeschichte

Das Wort »romantisch« geht in all seinen europäischen Varianten auf altfranzös. *romanz (1150) zurück, das zunächst die Landessprache (lat. vulgo, vgl. »romanice loqui« = in der Art der Romani sprechen) im Gegensatz zum gebildeten Latein und Deutschen bezeichnete, dann übertragen wurde auf die Versromanzen und Prosaepen der Provence, seit dem 15. Jh. »romance« genannt. Vom spätlateinischen Adjektiv »romanticus« (in romanischer Sprache verfaßt) wurde das englische »romantick« abgeleitet. Th. Baily gebrauchte es im Sinne von »erdichtet, erfunden wie in einem Roman« (vgl. »Herba Parietis or the Wall Flower. . . . Being a history which is partly true, partly romantick«, 1650). Dazu entstand 1659 die Rückbildung »romant« (Roman). Während die deutsche Sprache schon 1644 »Roman« aus dem Französischen entlehnte, erscheint das Adjektiv »Romansch« (romanhaft) zuerst bei Schottel (1663). »Romanhaft« setzt sich durch, »roman(i)sch« blieb auf den Volks- und Sprachbegriff beschränkt. In derselben Bedeutung trat das Wort »romantique« (romanhaft) zuerst noch isoliert in Frankreich auf (1694), in der Lehnform »romantisch« wurde es von Gotthard Heidegger in Deutschland verwandt (»Mythoscopia romantica oder Discours von den so benannten Romans«, 1698), und zwar, wie in der Aufklärung allgemein üblich, im Gegensatz zu ›wahr‹, ›wirklichkeitsgetreu‹, ›rational‹, also auf die barbarisch-mittelalterlichen Stilmerkmale der Romane anspielend.

Etwa gleichzeitig mit dem englischen Erstbeleg »romantick« wurde die Übertragung auf andere Bereiche, die Liebe, das Verhalten, die Landschaft vollzogen, vor allem auf wild-romantische Szenerie, die Berg, Burg, Ruine, Fluß oder malerischen Garten darstellte. So entstand etwa die positive Wendung »the most romantique Castle of the world« (Windsor, 1666). Die Franzosen übersetzten dies mit »pittoresque« (1745). Englische Gärten mit imitierten gotischen Ruinen wurden seit 1730 immer populärer, auch auf dem Kontinent. Das »Romantische« in der Landschaftsbeschreibung und Gartenanlage kommt in der Überzeugung zum Ausdruck, daß der englische Gartenbaustil unverkünstelt ist, der französische dagegen den Geist des Rationalismus widerspiegelt. (Vgl. Rousseaus Äußerung: »Les rives du lac de Bienne sont plus sauvages et romantiques que celles du lac de Genève«, in »Rêveries d'un Promeneur Solitaire« V, 1777).

1

Romanhaft erschienen dem klassizistischen Zeitalter zunächst die Stoffe des Artuskreises, Merlin, Amadis, Faust, Stoffe, die volksnah waren und dem nicht lateinisch-klassischen Kulturgut nationaler Art entstammen. Die Franzosen gebrauchten dafür ihr pejoratives »romanesque« (vgl. Molière: »Vous êtes romanesque aveque vos chimères«, in »L'Etourdi«, Vers 31; René Rapin schrieb über die »poesie romanesque« von Pulci, Boiardo und Ariost, 1673). Doch das englische Bürgertum entwickelte mit dem sentimentalen Roman ein neues »romantisches« Naturgefühl, das aus der Verbindung »romanhafter« Landschaftsbeschreibung und ihrem Eindruck auf die Phantasie hervorging. (Ähnlich heißt es dann im »Dictionnaire de l'Académie française« von 1798: »romantique = »des lieux, des paysages qui rappellent à l'imagination les descriptions des poèmes et des romans«). Schon Addison und Steele waren von der mittelalterlich-gotischen Dichtung fasziniert (s. ›Specatator‹, 25. V. 1711 über die »romantick« Chevy Chase-Ballade). *Richard Hurd* entdeckte den Stilbegriff des »Gotischen« und forderte, Spensers »Faerie Queene« »should be read and criticized under the idea of a gothic, not a classical poem« (»Letters on Chivalry and Romance«, 1764, S. 115). Für die Wortgeschichte ist *Th. Warton* besonders ergiebig, da für ihn die romantische Literatur Mittelalter und Renaissance umfaßt und den Gegensatz zur klassisch-antiken Kunst impliziert (s. »The Origin of Romantic Fiction in Europa«, 1774: »History of English Poetry« III, 1781).

An der Wortgeschichte von »romantisch« läßt sich auch in Deutschland der Ansatz zu einem neuen Literaturverständnis ablesen: ab 1760 benutzten Wieland, Gerstenberg, Jung-Stilling und Herder »romantisch« häufig. *Gerstenberg* übernahm das Begriffspaar klassisch-romantisch aus England (»Briefe über die Merkwürdigkeiten der Literatur«, Nr. 2, 1766). *Herder* befreite sowohl romantisch als auch gotisch vom Beigeschmack des Barbarischen (z. B. S. W. XXXII, 29); durch seine Vermittlung gelangte die Vorstellung romantisch = mittelalterliche Dichtung in die Literaturgeschichten, wurde von *F. Bouterwek* allerdings, im Gefolge der Brüder Schlegel, noch auf die Renaissance (s. Warton) und die neue »romantische Schule« ausgedehnt (vgl. »Geschichte der Poesie und Beredsamkeit«, Bd. XI, 1819). Doch bevor Bouterwek den Terminus für die anti-schillersche Partei festlegte, bemühten sich die deutschen Frühromantiker um eine Definition. *F. Schlegel* bestimmte die romantische Poesie als »progressive Universalpoesie« (›Athenäum‹,

Nr. 116, 1798), identifizierte das Romantische mit dem Dichterischen überhaupt, wie auch *Novalis*, der das Wort »Romantik« und »Romantiker« prägte. Romantik heißt bei ihm freilich noch Romankunst, Romantiker also Romanschreiber (s. KNA III, 255 f.; 466). Zu erkennen ist hier die völlige Umwertung des kritisierten Romanhaften in einen positiven Sinn. Von Herder und Schiller (»Über naive und sentimentalische Dichtung«, 1795–96) – dieser gab seinem Legendendrama »Die Jungfrau von Orleans« den Untertitel »Eine romantische Tragödie«, 1801 – fand F. Schlegel bald zu einer historischen Deutung des Romantischen und zu seiner Verwendung als kritischem Terminus. Shakespeare, Dante, Cervantes und das Mittelalter: »Da suche und finde ich das Romantische, bei den ältern Modernen [. . .], in jenem Zeitalter der Ritter, der Liebe und der Märchen, aus welchem die Sache und das Wort selbst herstammt« (»Brief über den Roman«, 1800, KFSA II, 335). Von entscheidender Bedeutung für die weitere Verbreitung des literaturhistorischen Begriffs wurde sein Bruder *August W. Schlegel,* der in »Charakteristiken und Kritiken« (1801), in seinen Berliner (1801–04) und Wiener Vorlesungen »Über dramatische Kunst und Literatur« (Ms. 1808, D. 1809 f.) die Antithese klassisch-romantische Kunst endgültig formulierte. Als »Botschaft der deutschen Romantik an Europa« (J. Körner) eroberte seine Bestimmung des Romantischen alle europäischen Literaturen (s. u. S. 108).

Die Dichter der Zeit bezeichneten sich selten als Romantiker, es waren die Gegner der »romantischen Schule« wie Bouterwek und J. P. Baggesen (s. »Klingklingelalmanach. Ein Taschenbuch für vollendete Romantiker und angehende Mystiker«, 1808), die den Terminus auf den neuen literarischen Kreis zu Jena und Heidelberg in polemischer Absicht übertrugen. Ähnlich wurde später in Italien und Frankreich »romantique« zunächst von den Gegnern der Bewegung benutzt. *Stendhal* war eine Ausnahme, als er erklärte: »Je suis un romantique furieux« (Brief an Baron de Mareste v. 14. IV. 1818; vgl. Mussets Satire auf die Begriffsverwirrung in »Lettres de Dupuis et Cotonet«, 1836–38). Bemerkenswerterweise ist im England des frühen 19. Jh.s von einem Kampf literarischer Gruppen kaum die Rede. *Byron* übertrieb allerdings, wenn er meinte: »I perceive that in Germany, as well as in Italy, there is a great struggle about what they call ›classical‹ and ›romantic‹ – terms which were not subjects of classification in England, at least when I left it four or five years ago« (17. X. 1820, »Marino Falieri«). Auch die Anwendung des Terminus auf die englische Literatur der Zeit vollzog sich im Vergleich zu Deutschland relativ spät. W. Maginn bezeichnete zuerst Coleridge als »founder of the romantic school of poetry« (1833), vereinzelt taucht »English Romanticism« (1836) auf, aber erst Thomas Shaw nannte Scott und Byron »romanticists« (»Outlines of English Literature«, 1849).

Als Ergebnis des wortgeschichtlichen Abrisses ist feszuhalten:
1. Der Literaturbegriff Romantik hat sich aus zwei verschiedenen Quellen, aus dem französ. *romanz, »romanesque« (= volkshaft-national) und dem engl. »romantick« (= eigenständige, mittelalterlich-nordische Kunst) zusammengeschlossen. Die antiklassische Tendenz ist beiden Wurzeln gemeinsam.
2. Die drei wichtigsten westeuropäischen Nationen haben an der Wortgeschichte Anteil: Frankreich lieferte die etymologische Wurzel, England bildete das Adjektiv, erweiterte die Bedeutung vom Romanhaften zum Naturgefühl und führte die Antithese klassisch-romantisch ein, Deutschland übertrug den Begriff auf die Literatur und Kunstkritik.
3. Unter der Abgrenzung von »romanesk«, aber parallel zu »gotisch«, vollzog sich der Bedeutungswandel des Wortes romantisch von der negativen Auffassung bei den Klassizisten zu einem positiven, von pittoresker Naturszenerie hervorgerufenen Seelenzustand im England und Frankreich der zweiten Hälfte des 18. Jh.s.
4. Der volkstümliche Begriff (romantische Liebe, romantische Landschaft etc.) läuft seit der historischen Romantik neben dem literaturwissenschaftlichen her. Dadurch ist der Begriff Romantik, Romantiker unpräzise, ja leer geworden; jedoch läßt er sich als Hilfsbegriff der Forschung nicht ersetzen.
5. Aus den angeführten Daten lassen sich nur ungefähre Rückschlüsse auf den poetologischen Umschwung, den Ablauf oder gar die Staffelung der nationalen romantischen Bewegungen machen. R. Wellek meint zu Recht: »The great changes happened independently of the introduction of these terms either before or after them and only rarely approximately at the same time« (CL 1, 1949, 17).

Die Existenz einer romantischen Bewegung in Europa wird heute allgemein akzeptiert, doch ob dafür der Terminus »Romantik« zu verwenden und was darunter zu begreifen sei, ist in der Forschung noch immer umstritten. Die Bezeichnung wurde immer wieder als unzulänglich angesehen, weil so viele Nebenbedeutungen mitschwingen (z. B. Vulgärromantik; polemischer Begriff Romantik gegen Klassik) und sich die Romantik in jedem betroffenen Land aufgrund verschiedenartiger soziologischer, politischer und literarischer Voraussetzungen zeitlich

4

gestaffelt auf besondere Weise ausprägte. Selbst die Romantiker waren davon überzeugt, daß es unmöglich sei, die angestrebte Regeneration im literarisch-kulturellen Leben zu definieren, da sie ihr das Kennzeichen des Werdens gaben (dt. Frühromantik; V. Hugo). Aus einem skeptischen Nominalismus heraus haben sich auch manche Forscher gegen den Begriff gewandt, so W. Dilthey, F. Schultz und G. Schulz, A. Lovejoy, B. Croce, Italienische (G. Martegiani), englische (I. Jack) und spanische Gelehrte (Azorín) haben sogar die Existenz einer romantischen Periode in ihrem Lande geleugnet (vgl. V. Klemperer für die franz. Romantik). Trotzdem sind seit Generationen die Versuche nicht unterblieben, über alle eklatanten Unterschiede hinweg nicht nur das Wesen der romantischen Nationalströmungen zu bestimmen, sondern auch zu den möglichen Gemeinsamkeiten auf westeuropäischer oder gar europäischer Ebene vorzustoßen. Dazu bieten sich verschiedene Methoden an:

1. Die *Geistesgeschichte* weist eine Reihe bedeutender Romantikforscher auf (Dilthey, Korff, Walzel, Petersen), die die literarische Romantik in geistige Entwicklungszusammenhänge einordneten, dafür aber meist dem einzelnen Kunstwerk nicht gerecht wurden. Da die Romantik allerdings über die Literatur hinaus alle Bereiche der Kunst und des Lebens erfaßte, es also um eine Lebensanschauung, eine Kulturkrise in der Auseinandersetzung mit der Französ. Revolution, der Epigonenproblematik und der idealistischen Philosophie geht, hat gerade die geistesgeschichtliche Betrachtungsweise einen wichtigen Beitrag zur Erkenntnis der Romantik als neuer Weltanschauung geleistet.

2. *Die typologische Methode.* Von Wölfflin ausgehend unternahm es *F. Strich*, den Stiltyp des Romantischen durch Konfrontation mit dem Klassischen zu bestimmen. Er stellte die normative Antithese auf: »Deutsche Klassik und Romantik: oder Vollendung und Unendlichkeit« (1924). Über viele Einzelphänomene hinwegsehend hob Strich damit die bereits in der Romantik polemisch diskutierte Kontroverse im Stilistischen auf. Die Analyse des Periodenstils kann fruchtbar sein, für die deutschen Verhältnisse kann man aber nur mit Einschränkung von der Romantik als Periodenstil sprechen, da Klassik und Romantik fast parallel laufen. – Zwei weitere bemerkenswerte Versuche wurden im Deutschen unternommen, die Romantik vom Typ her zu definieren. *J. Nadler* leitete den Typus des Romantikers aus der stammestümlichen und geschichtlichen Besonderheit des deutschen Ostens ab (»Berliner Romantik«, 1921).

Nach seiner These hätten die östlichen Neustämme die Entwicklung der westlichen Gebiete nachgeholt und seien die einzig ursprünglichen Romantiker. Aus offensichtlichen Gründen hat Nadler sich nicht durchsetzen können. – Schließlich läßt sich die Romantik psychologisch als Lebensstimmung verstehen, die sich typenmäßig auf die Phase des menschlichen Werdens konzentriert (N. Hartmann, J. Petersen). *Ricarda Huch* hat den romantischen Charakter, emotional angelegt und immer im Werden begriffen, dargestellt und an Tieck exemplifiziert (»Die Romantik«, 1902–05). Forscher wie *Jaspers* (»Psychologie der Weltanschauungen«, 1919) und *Spranger* (»Psychologie des Jugendalters«, 1925) haben den weltanschaulichen Typ des Romantikers noch stärker in den Blick gehoben. Danach gibt es psychologisch gesehen die »ewigen Romantiker«, die sich jedoch in der nach ihnen benannten Periode häufen. Entsprechend kann von der Konstante der ewigen Romantik, einer »typologischen Romantik«, gesprochen werden, die eine spezifische Geisteshaltung meint, und zwar im Unterschied zur »historischen Romantik« um 1800, die als rebellische Jugendgeneration Literatur und Gesellschaft verwandelte (vgl. Ziolkowski, ›Nachleben‹, S. 27 f.).

3. *Die literaturhistorische Methode.* Dabei handelt es sich um die Darstellung des geschichtlichen Verlaufes der Romantik mit ihren Einzelphasen, Dichtern und Werken und die Abwicklung übergreifender literarischer Zusammenhänge, so wie es zum ersten Male *R. Haym* (»Die romantische Schule«, 1870) versucht hat. Die Schilderung von Ursprung, Entwicklung und Haupttendenzen der Romantik gehört zu den konkreten Aufgaben einer solchen Untersuchung, die freilich nicht vor nationalen Grenzen haltmachen darf, sondern die Methoden und die Resultate der Komparatistik heranzieht, um die historische Wechselwirkung zwischen den europäischen Literaturen, ihre verschiedene Ausprägung und Gemeinsamkeiten zu sondieren.

Die Literaturgeschichte zeigt einen Weg, wie der sich ständig wandelnden Romantik beizukommen ist, die nicht so sehr auf rationalen Prinzipien gründet als vielmehr »une nouvelle manière de sentir« (Baudelaire, »L'Art romantique«, 1868) darbietet. Trotzdem ergeben sich auch hier zahlreiche Probleme, die einer vorläufigen Entscheidung bedürfen, bevor an die beabsichtigte historische Darlegung gedacht werden kann:

a) *deutsche und europäische Romantik.* Wenn die Existenz der romantischen Bewegung außerhalb Deutschlands auch in Frage gestellt worden ist, so ist die deutsche doch gesichert. Sie

steht am Anfang und im Ausstrahlungszentrum der internationalen Impulse, an ihr kann beispielhaft der Umbruch von der
Aufklärung zum neuen Weltbild aufgezeigt werden. Sie um-
greift mehr als die Literatur oder die Politik, nämlich die Philosophie und die Wissenschaften, Musik und Malerei, Staatslehre
und Recht. Durch die Wirkung Deutschlands auf das Ausland
wurde die Romantik zu einem europäischen Phänomen, obwohl die Krise des europäischen Bewußtseins schon in der
Mitte des 18. Jh.s im außerdeutschen Bereich eingesetzt hatte.
Die europäische Romantik verdankt Deutschland wichtige Impulse, hat aber auch ihre eigenen Wurzeln. So konnte *Carlyle*
sagen: »neither can the change be said to have originated with
Schiller and Goethe: for it is change originating not in individ-
uals, but in universal circumstances, and belongs not to Germany, but to Europe« (Essay über »Tieck« I, 246). Kompliziert
wird die Sachlage dadurch, daß kaum die deutsche Romantik,
wohl aber die Klassiker romantisierend, d. h. literarisch befrei-
end, auf das Ausland wirkten, was z. T. auf ihre stürmischen
Jugendwerke (»Götz«, »Werther«, »Räuber«) zurückzuführen
ist, z. T. aber auch darauf, daß ihre genialen Werke im Vergleich
zum engstirnigen Neoklassizismus in der Romania romantisch
erscheinen mußten. Ihrerseits wirkte die außerdeutsche Romantik auf *Goethe* als klassische Dichtung (z. B. Byron, Manzoni), auf die deutschen Romantiker, wenn sie sie überhaupt
wahrnahmen, eher abstoßend oder gar antiromantisch (so die
französ. Romantiker, Byron, Shelley). So wäre es durchaus ab-
wegig, sich auf einen nationaldeutschen Standpunkt zu stellen,
der in der Romantik allein eine deutsche Bewegung sähe (s. R.
Benz); um die komplizierten Beziehungen und Phänomene in
den Griff zu bekommen, ist es vielmehr notwendig, eine europäische Perspektive zu entwickeln, die die deutsche Romantik
als Fluchtpunkt benutzt.

  b) *Romantik zwischen Klassik und Realismus.* Ein Haupt-
thema bereits der »romantischen« Dichter und der nachfolgenden Literaturforschung ist der Abgrenzungsversuch zwischen
Klassizismus (bzw. Klassik) und Romantik. Daran war bei den
Dichtern viel Parteilichkeit, bei den Forschern viel fehlgeleite-
ter Konstruktionswille schuld, die heute von einem europäischen Standpunkt kaum noch zu rechtfertigen sind. Die ersten
Vertreter einer Gegenbewegung zur Klassik waren in Deutschland die Brüder Schlegel.

A. W. Schlegel behandelt den Gegensatz von klassisch und romantisch in seinen Wiener Vorlesungen »Über dramatische Kunst und Literatur« (1. Vorlesung), wobei er das Klassische mit der antiken Kunst identifiziert, das Romantische mit der mittelalterlichen »modernen« Literatur aus dem Geiste der christlichen Religion und der »germanischen Stammesart der nordischen Eroberer«. Durch das Christentum habe sich die Weltanschauung umgekehrt: »das Leben ist zur Schattenwelt und zur Nacht geworden, und erst jenseits geht der ewige Tag des wesentlichen Daseins auf.« Dann folgen, nach der Antithese von antiker plastischer Kunst und »moderner« pittoresker, die bekannten Gegenüberstellungen: »die Poesie der Alten war die des Besitzes, die unsrige ist die der Sehnsucht; jene steht fest auf dem Boden der Gegenwart, diese wiegt sich zwischen Erinnerung und Ahnung.« Und bereits bei ihm findet sich die Kontrastierung von Vollendung und Unvollendung (= »Streben ins Unendliche«), eine Formulierung, die bei Heine (s. »Romantische Schule« I) und Strich ähnlich wiederkehren sollte. Wo diese Bestimmung in die Handbücher aufgenommen wurde, hat man übersehen, daß A. W. Schlegel seiner eigenen Zeit im gleichen Kontext eine zukunftsweisende Aufgabe stellte, nämlich nach dem Verlust der klassischen Harmonie aus dem »Bewußtsein der inneren Entzweiung«, das die Neueren heimsuche, herauszufinden, einem Konflikt, der als Subjekt-Objekt Spaltung zum Grundproblem der Romantiker wurde (vgl. dazu R. Huch, die gerade in diesem Bruch zwischen Geist und Natur, Bewußtsein und Unbewußtem das Wesen der Romantik erkannte; ähnlich H. Remak, BB, S. 438). Darum fährt Schlegel fort: »daher ist das Streben ihrer Poesie, diese beiden Welten, zwischen denen wir uns geteilt fühlen, die geistige und sinnliche, miteinander auszusöhnen und unauflöslich zu verschmelzen.« Ebenso setzte *F. Schlegel* bei der Erfahrung der Zerrissenheit des modernen Menschen an, die Goethe für ihn beispielhaft überwunden hatte (s. »Gespräch über die Poesie«). Das romantische Programm fordert geradezu »die Mischung aller Dichtarten, die Vermischung aller klassischen Bestandteile« (LN, Nr. 582), nicht die strenge Antithese, sondern ein befruchtendes Wechselspiel (dazu E. Behler, ER, S. 12 f.), eine Synthese der Gegensätze bei beiden Brüdern.

Wie konnte sich nun, trotz dieses höheren Strebens der Romantiker, der immer wieder postulierte Gegensatz zwischen Klassik und Romantik so verhärten? Das liegt einerseits am Systembilden der Forschung, andererseits an den Gegnern der Romantik, die sie zu einem »polemischen Klischee« (Behler, ebd.) im Vergleich zu der »vollkommenen« Kunst der Klassik machten. Hier ist an J. H. Voß zu denken, der zusammen mit seiner Gruppe in Heidelberg die »christkatholischen Romantiker« durch satirische Schriften herabsetzte, an »Die Romantische Schule« Heines und an Nietzsche, vor allem aber an *Hegel* und seine enorme Wirkung auf das In- und Ausland.

In seiner Ästhetik hat Hegel die klassische Kunst als Symbiose von Inhalt und Gestalt definiert und sie damit vom Standpunkt der Kunst als höchste Entwicklungsstufe eingeschätzt, aber als harmonisches Kunstideal befriedigte sie nicht die Tiefen des Geistes; sie kannte ja nicht »die Sünde und das Böse, sowie das Verhausen der subjektiven Innerlichkeit in sich, die Zerrissenheit, Haltlosigkeit, überhaupt den ganzen Kreis der Entzweiungen« (S. W. XIII, 15). Die romantische Ironie lieferte ihm das beste Beispiel für die substanzlose Subjektivität der Romantiker, für die »Konzentration des Ich in sich, für welche alle Bande gebrochen sind, und das nur in der Seligkeit des Selbstgenusses leben mag« (XII, 101 f.). Darum konnte ihm der Ironiker als Repräsentant des Bösen schlechthin erscheinen, womit er Taine (»Histoire de la litt. anglaise«, 1863), A. Ruge und Th. Echtermeyer (»Der Protestantismus und die Romantik«, 1839), Kierkegaard (»Über den Begriff der Ironie«, 1841), Nietzsche und noch Lukács (»Skizze einer Geschichte der neueren Literatur«, 1963) den Weg bahnte.

Von Hegels dialektischer Geschichtsauffassung ausgehend haben Geisteshistoriker die Entfaltung des »Geistes der Goethezeit« (Korff) systematisch zu entwickeln versucht, etwa folgendermaßen: auf die These des Neoklassizismus der Aufklärung antworte die Antithese des irrationalen Sturm und Drang. Die deutsche Klassik stelle die große Synthese dar, werde aber, indem sich die Romantik aus ihr entwickelt, zur zweiten These, zum Neuansatz der Bewegung, die in sukzessiven Entfaltungsstufen vom Sturm und Drang bis zur Romantik reiche (vgl. J. Petersen), diese setze sich allerdings gegen die Klassik als Antithese ab. Andererseits könne die Romantik auch als höhere Synthese von Sturm und Drang und Klassik aufgefaßt werden. Der Umschwung innerhalb der *Goethezeit* liegt damit nicht zwischen Klassik und Romantik, sondern zwischen Frühromantik und Hochromantik, und zwar aufgrund des politischen Umbruchs der Geschichte (1806) und des dialektischen Umschwungs des Geistes von der Überspannung des Idealismus zur Rückkehr in die Wirklichkeit (Volkstum, Staat, Religion; vgl. E. Ruprecht).

Auch von den Seelenvermögen her ließe sich ein entsprechender Aufriß der Entwicklung innerhalb der Goethezeit geben: Die franz. Klassik (= deutsche Aufklärung) hatte die unteren Seelenvermögen einer Herrschaft der oberen geopfert. Der Sturm und Drang hatte sie freigesetzt und eine Zeitlang sich selbst überlassen. Die deutsche Klassik hat sie nicht in den Sklavenstand zurückversetzt, sondern ihnen Bildung angedeihen lassen; die Versöhnung der widerstreitenden Kräfte Intellekt und Gefühl gelang Schiller in der Theorie (»schöne Seele«, »Anmut«), in persönlicher und poetischer Hinsicht Goethe (»Stil«), in philosophischer Hegel. Die Romantik erfährt die Spaltung zwischen höchster Reflektiertheit und Begeisterung des Gefühls (vgl. Mme de Staël: »Les moralistes allemands ont relevé le sentiment et l'enthousiasme des dédains d'une raison tyrannique«, »De l'Allemagne« III, 14).

Während in Deutschland Klassiker und Romantiker vieles gemeinsam haben, die Frühromantiker Goethe als ihren Repräsentanten betrachten und anfangs auch noch im Zeichen Schillers stehen, war die Lage in der Romania von vornherein für eine Konfrontation zwischen der überall herrschenden klassizistischen Tradition und den neuen literarischen Bestrebungen wie geschaffen. Die Romantiker wandten sich dort – ebenso wie in der slawischen Welt – zumindest in der Theorie direkt gegen den Klassizismus der Aufklärung; es kam in Frankreich, Italien und Spanien zu polemischen Debatten. Typisch dafür ist die italienische Situation: »Klassiker und Romantiker in Italien sich gegenseitig bekämpfend« (Goethe 1820). Der Terminus selber spielte bei den Auseinandersetzungen nur eine geringe Rolle (vgl. dazu Lista in Spanien und Carlyle in England). Fast überall im Ausland kam es nach einigen Jahren der Streiterei zu antiromantischen Strömungen und in der Praxis zu einer Besinnung auf die Eigentradition.

c) *Zusammenfassung:* Wir sind keineswegs der zuerst von Lovejoy (1924) vertretenen Ansicht, daß es keinen »Allgemeinbegriff« von der Romantik gibt, haben aber auch nicht die Absicht, eine neue Theorie oder Definition zu den etwa 700 in den letzten Jahrzehnten erschienenen Deutungsversuchen hinzuzufügen (vgl. Prang, BB, 1). Im Rückblick auf die obigen Ausführungen und in der Vorausschau auf den zu leistenden historischen Abriß des Verlaufs, der Wechselbeziehungen und der Wesenszüge stellen wir fest:

1. Die Romantik ist eine europäische Bewegung, in deren Ausstrahlungszentrum lange Deutschland steht und dann Frankreich eine wichtige Vermittlerrolle übernimmt. Den eigenständigen Beitrag der Nationalliteraturen zur europäischen Romantik, ihre Anverwandlung und Umwandlung empfangener Ideen sollte man dabei nicht übersehen.

2. Sie wird eingeleitet durch die Vorromantik (ab ca. 1740) und umfaßt die Hochblüten der nationalen romantischen Literaturen in den ersten Jahrzehnten des 19. Jh.s, ist aber in allen Ländern um 1850 abgeklungen, obwohl ihre Haupttendenzen noch bis ins 20. Jh. weiterwirken.

3. Weder innerhalb der jeweiligen Nationalliteraturen noch als Gesamtphänomen handelt es sich um eine homogene Erscheinung. Vielmehr stehen sich vielfach diametrale Positionen gegenüber.

4. Trotzdem ist den einzelnen Literaturen dieser Zeit etwas gemeinsam: Auf dem Hintergrund der Französ. Revolution (1789) und Napoleons brechen die jüngeren Zeitgenossen in einem »Zustand des ständigen Ich-Entgrenzens« (V. Klemperer, BB, S. 62) überall zu neuen Ufern auf. Ein geistiger Aufstand gegen die alte, im Rationalismus erstarrte Welt beginnt, der als Gärung und Regenerationsprozeß verstanden wird. »Unsre Zeit [ist] eine Zeit der Geburt und des Übergangs zu einer neuen Periode [. . .] Der Geist hat mit der bisherigen Welt seines Daseins und Vorstellens gebrochen und steht im Begriffe, es in die Vergangenheit hinab zu versenken, und in der Arbeit seiner Umgestaltung« (Hegel, »Phänomenologie«, Vorrede 1807). Auf die Erfahrung des Bruchs im Universum, der Zerrissenheit des Menschen, setzt sich ein Verlangen nach einer höheren Synthese der Gegensätze durch.

5. Dieses Streben nach Versöhnung der Antithesen wird in Wirklichkeit allzu oft zuschanden; man gelangt zu Neuinterpretationen der abendländischen Tradition, der Antike und des Christentums, des Mittelalters und der Natur, aber indem man in »Interpretationsgegensatz« (W. Kohlschmidt) zur klassizistischen Tradition gerät, wird zugleich an diesen Säulen des Abendlandes gerüttelt. Mit der Romantik beginnt also die moderne Welt, in der die christlich-seraphische Strömung der Romantik immer mehr von der satanischen abgelöst wurde.

Literatur

Apollonio, C.: Romantico. Storia e fortuna di una parola. Florenz 1958. – *Azorín:* Clásicos modernos. Madrid 1913. – *Behler, E.:* Zum Begriff der europ. R., in: ER, 1973, S. 12–43. – *Benz, R.:* Die dt. Ro. 1937, [5]1956. – *Byron, G. G.:* Letters and Journals, hrsg. R. E. Prothero. V, N. Y. 1892. – *Carlyle, Th.:* Critical and Miscellaneous Essays. I, London 1890. – *Croce, B.:* Le definizioni del romanticismo, in: Problemi d'estetica. Bari [4]1940, S. 292–297. – *Dilthey, W.:* Die dichterische u. philos. Bewegung in Dtld. 1770–1800, Antrittsvorlesg. Bassel 1867, in: Ges. Schriften V, 1924. – *Ders.:* Die Generation von 1830, Ges. Schriften XI, 1936, S. 219. – *Eichner, H.,* Hrsg.: Romantic and its Cognates. The European History of a Word. Toronto U. P. 1972. – *Frye, N.,* Hrsg.: Romanticism Reconsidered. N. Y. 1963. – *Gabetti, G.:* Romanticismo, in: Enciclopedia Italiana. XXX, Rom 1944, 63–75. – *Gleckner, R. F.* u. *G. E. Enscoe,* Hrsgg.: Romanticism. Points of View. Englewood Cliffs 1958, [3]1975. – *Grierson, H. J. C.:* Classical and Romantic, in: The Background of Engl. Lit. London 1925, [2]1934, S. 256–90. – *Halsted, J. B.,* Hrsg.: Romanticism. Problems of Definition, Explanation and Evaluation. Boston 1965. – *Hartmann, N.:* Fichte, Schelling und die Ro., in: Die Philosophie des dt. Idealismus. 2 Bde., 1923. – *Haslag, J.:* ›Gothic‹ in 17. u. 18. Jh., eine wort- u. ideengeschichtl. Unters. 1961. – *Heitmann, K.:* Klassiker u. Romantiker sich heftig bekämpfend, in: »Europ. Ro.« II, 1982, S. 1–24. – *Henkel, A.:* Was ist eigentlich romantisch?. Fs. R. Alewyn 1967, S. 292–308. – *Immerwahr, R.:* Romantisch. Genese u. Tradition einer Denkform. 1972. – *Jack, I.:* Engl. Lit., 1815–1832. Oxford 1963. – *Jost, F.:* Romantique. La Leçon d'un mot, in: Essais de lit. comparée. II, 1, Fribourg 1968, 181–258. – *Klemperer, V.:* Romantik u. französ. Ro., in: Fs. K. Vossler. 1922, S. 10–32, abgedr. in: BB, 1972. – *Korff, H. A.:* Geist der Goethezeit. Versuch einer ideellen Entwicklung der klassisch-romantisch. Litgesch. III: Frühromantik, 1940; IV: Hochromantik, 1953. – *Körner, J.:* Die Botschaft der dt. Ro. an Europa. 1929. – *Lovejoy, A. U.:* On the Discrimination of Romanticisms, in: PMLA 29 (1924), 229–253. – *Ders.:* Essays in the History of Ideas. N. Y. [4]1960. – *Martegiani, G.:* Il romanticismo italiano non esiste. Florenz 1908. – *Percham, M.:* Beyond the Tragic Vision. N. Y. 1962. – *Peers, E. A.:* Some Spanish Conceptions of Romanticism, in: MLR 16 (1921), 281–296, vgl. MLR 18 (1923), 37–59. – *Petersen, J.:* Die Wesensbestimmung der dt. Ro. 1926, Ndr. 1968, Repr. 1973. – *Peyre, H.:* Que'est-ce le romantisme. Paris 1972. – *Remak, H.:* West European Romanticism. Definition and Scope, in: Comparative Lit. Method and Perspective, hrsg. N. P. Stallknecht u. H. Frenz. Carbondale, Ill. 1961, S. 223–59. – *Ders.:* Ein Schlüssel zur westeurop. Ro.?, in: BB 1972, S. 417–441: engl. Fassung in: CollG 2 (1968), H. 1–2. – *Ruprecht, E.:* Der Aufbruch der romant. Bewegung, 1948. – *Schultz, F.:* Ro. u. romant. als literaturhistor. Terminologien u. Begriffsbildungen, in: DVj 2 (1924). 358 f. – *Ders.:* Romantik, in: RL III, 1928–29, 110 f. – *Thorlby, A. K.,* Hrsg.: The Romantic Movement, London 1966. – *Ullman, R.* u. *H. Gotthard:* Gesch. d. Begriffs »romantisch« in Dtld. 1927; Repr. 1967. – *Walzel, O.:* Dt. Romantik. 1907, [2]1926. – *Wellek, R.:* The Concept of Romanticism in Literary History, in: CL 1 (1949), 1–23; 147–172; abgedr. in: Concepts of Criticism, New Haven-London 1963, S. 128–198. – *Ziolkowski, Th.:* Das Nachleben der Ro. in der mod. dt. Lit. Methodologische Überlegungen, in: ›Das Nachleben‹. 1969, S. 15–39.

2. Romantik und Politik

Es ist heute kaum mehr möglich, die europäische Romantik ohne die theoretische Verflechtung der Poesie mit den politischen Ereignissen und Strömungen der Zeit zu schildern. Die »Vorromantik« bereitete die *Französ. Revolution* vor, die ihrerseits die endgültige Liberalisierung in der Literatur mit sich brachte. Napoleons Aufstieg und Fall berührten alle zeitgenössischen Dichter Europas, mit der folgenden Restaurationszeit mußten sie sich überall auseinandersetzen. In Deutschland waren sich die Frühromantiker der epochalen Bedeutung der Revolution bewußt, obwohl gerade hier der Vulgärbegriff der Romantik alle politischen Motive durch das Klischee von der irrationalen, verträumten, christlichen Romantik verdrängt hat. Dagegen hielt *Novalis* die die Revolution vorbereitende Aufklärung für den »Schlüssel zu allen ungeheuren Phänomenen der neuern Zeit« (KNA [2]III, 516) und *F. Schlegel* erkannte Goethes »Wilhelm Meister« und Fichtes »Wissenschaftslehre« neben der Französ. Revolution als gleichrangige revolutionäre Taten an (›Athenäum‹, Nr. 216, vgl. dazu seine ambivalente Äußerung, ebd., Nr. 424). Was Schlegel programmatisch erklärte, gilt auch für die außerdeutschen Literaturen. Die Reaktion der Schriftsteller zeigte sich besonders scharf in den romanischen Ländern, die von absolutistischen, von Napoleon kontrollierten Monarchien regiert wurden, zeigte sich auch im parlamentarischen England und in Frankreich, wo die Dichter seit 1827 für einen »quatre-vingt-neuf littéraire« kämpften. Das Problem wurde am tiefsten durchdacht im von Frankreich bedrohten und dann eroberten Deutschland, weshalb es hier auch beispielhaft für die Erläuterung des Zusammenhanges zwischen Politik und Poesie herangezogen wird.

a) Daten zum Verständnis der historischen Situation

Als die Franzosen die Bastille stürmten, fand die Revolution in *Italien* sofort Anklang. Ein großer Teil des Landes gehörte damals den österreichischen Habsburgern. Napoleon vertrieb sie vorübergehend, überließ aber Venedig Österreich (Frieden von Campo Formio 1797), was ihm viele Sympathien kostete. Auf dem Wiener Kongreß wurden Österreich erneut weite Gebiete Italiens zugesprochen und die alten Feudalherren wieder in ihre alten Rechte eingesetzt. Die italien. Freiheitskriege zwischen 1815 und 1870 richteten sich gegen Österreich, das alle Versuche, eine liberale Verfassung einzuführen, bis 1848 verhinderte, gegen den Widerstand des Geheimbundes der Carbonari – dem auch Byron zeitweilig angehörte – und Mazzinis »Giovine Italia« (1832). Erst als Frankreich (1859) und Preußen (1866) Österreich geschlagen hatten und Frankreich aus Italien vertrieben worden war, konnte Italien zu staatlicher Einheit finden. Aber schon seit 1816 hatte sich in Mailand ein militanter romantischer Kreis herausgebildet, dessen Wortführer G. *Berchet* wurde und dem Manzoni nahestand. Romantik wurde hier fast identisch mit nationalem Risorgimento. In der »Lettera semiseria« (1816) griff Berchet nicht nur die klassische Antike-Imitation als museal an, sondern verwies den Dichter, unter Hinweis auf Bürgers Balladen, an das Volk. Er sollte Alltagsprobleme im Sinne der Volkserziehung gestalten, das zerstreute Volk im Geiste durch volkstümliche Kunst vereinigen. Die Mailänder stellten die Kunst in den Dienst der Politik, als sie die Lombarden zum Aufstand gegen Österreich aufriefen. Seit 1820 lebten viele Gruppenmitglieder darum im Exil (London) oder verbrachten einige Jahre in österreichischen Gefängnissen (z. B. S. Pellico im Spielberg). Zu den Befreiungsdichtern zählte vorübergehend *Manzoni*, der auf den Spuren Alfieris (»Della tirannide«, 1777), Foscolos (Ode »Bonaparte liberatore«, 1796; »Ultime Lettere di Jacopo Ortis«, Artikel in der Zs. ›Monitore Italiano‹, »Discorso sull'Italia«, ca. 1800) und Berchets zum politischen Konflikt Stellung nahm (vgl. »Marzo 1821«, »Il Conte di Carmagnola«, 1820, »Proclama di Rimini«, D. 1848). Leopardis erste Gedichte waren ebenfalls patriotische (»All' Italia«, »Sopra il monumento di Dante«, 1818). Dichter wie V. Gioberti (»Del primato morale e civile degli Italiani«, 1843) und G. Prati (»Canti politici«) setzten die Linie der national-patriotischen Tradition in Italien fort.

In *Spanien* herrschte ebenfalls erhebliche politische Unruhe, die sich in seiner Literatur widerspiegelt. Nach der Vertreibung der Bourbonen durch Napoleon (1808) ging es allen europäischen Staaten im Freiheitskampf gegen den französ. Eroberer voran (1808–1814). Als der absolutistische König Ferdinand VII. gegen den Widerstand der liberalen Stände und Intellektuellen (1812: demokratische Verfassung!) auf den Thron zurückkehrte, brach 1820 eine Revolution aus, die mit der Unterdrückung, Besatzung des Landes und Exilierung der Liberalen nach London und Paris endete (1823). Erst 1833, nach Ferdinands Tod, kamen diese mit neuen Ideen aus dem Exil zurück, wurden aber gleich in den Karlistenkrieg um die Thronfolge verwickelt, bis 1845 endlich eine neue Verfassung ausgerufen wurde. Aus den Freiheitskriegen stammen viele politische Pamphlete (z. B. »Centinela contra franceses«, von A. de Capmany, 1808; vgl. Kleists »Katechismus der Deutschen, abgefaßt nach dem Spanischen«, Ms. 1809); nach 1833 schrieben u. a. *Larra* (»Macías«, 1834) und *Espronceda* sozial-revolutionäre Stücke gegen die Mißstände der alten Gesellschaft in der Hoffnung auf eine neue. Beide arbeiteten zudem an der reformfreudigen Zs. ›El Español‹ mit und wandten sich gegen das »Ministerio Mendizábal«, das die Pressezensur wieder einführte (1836). Ihre demokratischen Ideen stammen von Rousseau und der Französ. Revolution (vgl. C. Alonso, 1971). Politische Themen griff vor allem der *Duque de Rivas* auf, der am Freiheitskampf teilnahm, den Sturz Napoleons feierte (»Napoleon destronado«, 1812; »España triunfante«, 1814) und unter Ferdinand zehn Jahre ins Exil ging. –

»Die Vorstellung der Romantik als einer politischen Macht kann [. . .] in *England* nicht aufkommen«, meint E. Mason zu Recht (»Dt. u. engl. Romantik«, 1959, S. 91), doch sollte man zumindest andeuten, wie sehr gerade im parlamentarisch regierten England die Geister von den Ereignissen der Revolutionszeit, dem Krieg gegen Frankreich (1795–1815) erregt wurden. Zunächst hatte man die Emanzipation der Menschheit von den Franzosen erwartet (s. Blake, »The French Revolution«, 1791; »The Song of Los«, 1795; s. außerdem die Begeisterung bei Burns, Wordsworth, *Coleridge,* Hazlitt u. Lamb); die Enttäuschung war um so größer. (Vgl. Coleridges »Argument« zur Ode »France«, 1798: »The exaltation of the Poet at the commencement of the French Revolution . . . The blasphemies and horrors during the domination of the Terrorists regarded by the Poet as a transient storm . . . the Poet's recantation. . . . grand ideal of Freedom . . . belongs to the individual man.«) Ähnlich verläuft *Wordsworths* Entwicklung, der zwei der ersten Revolutionsjahre in Frankreich verbrachte (»The Prelude«, X, Ms. 1799–1805). Bei der nächsten Generation ist der Freiheitswille noch stärker ausgeprägt: *Byron* wandte sich in »Childe Harold's Pilgrimage« gegen die Revolution, die ihre eigenen Kinder frißt und die alten politischen Zustände wiederherstellt (III. Strophe 82; 97); er wie Shelley zögerten nicht, die italienischen und griechischen Freiheitskämpfe zu unterstützen (über Shelley, s. u. S. 202, vgl. auch Byrons »The Prophecy of Dante« und seine polit. Dramen seit 1820).

Unter den Zaren Alexander und Nikolaus gab es in Rußland weder für die eigenen Schriftsteller noch für die polnischen genügend geistigen Spielraum. Von westeuropäisch-republikanischen Ideen inspiriert, versuchten die Dekabristen 1825 einen Aufstand, der jedoch mißlang. Obwohl nie aktives Mitglied einer geheimen politischen Gesellschaft, war *Puschkin* doch mit zahlreichen Führern der Revolte befreundet. Seine liberalen Gedichte (z. B. »Ode an die Freiheit«) zirkulierten unter ihnen, bis ihr Verfasser ins Exil gehen mußte. Jahrelang bewachte ihn die Geheimpolizei. Auch *Lermontow* fühlte sich als Außenseiter in der zaristischen Welt der »Heiligen Allianz«, auch er wurde in den Kaukasus verbannt (vgl. das Thema der Rebellion in seinen Balladen ab 1830, z. B. »Der letzte Sohn der Freiheit«; über die poln. Verhältnisse s. u. S. 66 f.).

In *Deutschland* ist die Romantik ausgespannt zwischen der Französ. Revolution, Napoleons Siegen (1806), den Stein-Hardenbergschen Reformen und den Freiheitskriegen (1812–15), dem Wiener Kongreß und dem anschließenden Kampf zwischen dem »System Metternich« und den revolutionären Kräften, die nach den Karlsbader Beschlüssen (1819) endgültig in der 1848er-Revolution scheiterten. Die deutschen Dichter reagierten jeweils genau auf die politischen Ereignisse, sie waren »alle in dem Zeitalter befangen, sich ganz ihm hingebend, mit ihm im heftigsten Kampf, oder doch auf eine oder andere Weise ihr ganzes inneres Tun auf das Zeitalter beziehend« (KFSA VI, 394). So stellt das Kunst- und Lebensprogramm der Frühromantik eine direkte Antwort auf die Ideen und das Scheitern der Französ. Revolution dar, die patriotische Hochromantik eine Reaktion auf Napoleons Eroberungen. Warum wurde die Revolution zunächst so begeistert begrüßt? Die Freiheitsträume des Sturm und Drang schienen sich erfüllt zu haben, die Prinzipien der Aufklärung (Montesquieu, Rousseau, Kant) mit der Säkularisierung des Lebens verwirklicht zu sein. Die Bürger beanspruchten die Menschenrechte für sich, die Dichter übertrugen sie auf ihre poetische Existenz und schlugen eine volkstümliche Tendenz ein (vgl. dazu C. Heselhaus, ER, S. 49 f.). Die Begeisterung verwandelte sich spätestens auch hier in Enttäuschung, als die französ. Revolutionsheere in Deutschland einfielen (1792) und die Emigranten ihre Erfahrungen mitteilten. Mit *Napoleons* Unterjochung Deutschlands schlug die Franzosenbegeisterung in Haß um. Die kosmopolitischen Prinzipien der Aufklärung und der Klassik wurden abgelöst von patriotischem Denken, die philosophische Spekulation der Frühromantik von dem Realitätsbewußtsein der Hochromantik. Napoleon wurde insofern zum Schicksal der deutschen Romantik, als er die Träumer zur Auseinandersetzung mit der Politik zwang (vgl. Arnims Aufruf zur Volkserhebung, 1806; Kleists »Hermannsschlacht« Ms. 1808–09; Görres ›Rhein. Merkur‹ 1814–16). »So lieferte in der Tat die Romantik in vollem Einsatz die geistigen Waffen für die Erhebung gegen Napoleon« (W. Kohlschmidt, »Geschichte der dt. Lit.« III, 458; vgl. auch die Lyriker der Befreiungskriege Th. Körner, Arndt, Rückert, Schenkendorf). Ihrerseits wirkten die Befreiungskriege auf die Literatur zurück (Beschäftigung mit dem Mittelalter, Volkstum, mit historischen Gattungen).

Nur wenige Dichter erkannten die Größe Napoleons vor seinem Fall. Zu ihnen zählen *Hölderlin,* der den Aufstieg des Generals besang (»Dem Allbekannten«; »Buonaparte«, ca. 1798), *Goethe,* der ihn als dämonisches, welthistorisches Individuum auf dem Erfurter Fürstentag (1808) bewunderte, und *Byron* (»Ode to Bonaparte«, 1814). Während man in England (vgl. Wordsworth »I grieved for Buonaparte«, 1802; Scotts Biographie, 1827) und in Spanien Napoleon als Tyrannen haßte (vgl. Quintanas anti-Napoleon-Oden, Exproncedas »Al dos de Mayo«), begrüßten ihn die Italiener und Polen vorübergehend als Befreier. Erst nach 1815 entwickelte sich überall ein Napoleonkult, die sog. *Napoleonlegende,* die unter dem politischen

Druck der restaurativen Metternichzeit die Idee der Freiheit wachhielt. *Byron* setzt Napoleon im »Childe Harold« (III, 1816) ein Denkmal, worin sich seine Bewunderung für diese dämonische Gestalt mit Zügen des byronesken Helden mischt. Während bei Byron zum erstenmal das Thema des gefallenen Engels erklingt, leitete *Manzoni* nach Napoleons Tod durch seine Ode »Il Cinque Maggio« (1821, übers. v. Goethe) eine Woge der Napoleonbegeisterung ein, denn für ihn stellt Napoleon auf Sankt Helena das verzweifelnde Genie der Tat dar, das göttliche Gnade dem Glauben zurückgewinnt. Lamartine, Puschkin und Hugo folgten ihm mit ihren Napoleon-Gedichten (1821–22); *Heine*, der in ihm den Befreier der rhein. Juden sah, übertrug den Kult nach Deutschland (vgl. »Buch le Grand«, »Nordseebilder«, »Die Grenadiere«, 1827). Zwar erkannte er einen scharfen Widerspruch im Sohn der Revolution, der die Freiheit verriet, feierte aber Napoleon im Grunde als Christusfigur, die »das junge Frankreich dem alten Europa gegenüber repräsentierte« (Werke VI, 179 f.;). Zum sympathischen Volkskaiser wurde Napoleon in den Chansons Bérangers (ab 1821) und in Gaudys »Kaiserliedern« (1835). Hugos Gedichte (1827–37) und Vignys Erzählungen »Servitude et grandeur militaires« (1835) förderten die Verbreitung der Legende, doch nahm Lamartine im Parlament (Rede v. 26. IV. 1840) öffentlich Abstand von dem Kult der Macht, der an die Stelle der Religion der Freiheit getreten war (vgl. dagegen Lermontow, »Die letzte Fahrt«, 1840).

In der Epoche der »Heiligen Allianz« flüchtete sich die Hoffnung der Romantiker auf eine geistige und politische Erneuerung in eine biedermeierliche Haltung (z. B. Eichendorff) oder in die Phantasiewelt (Hoffmann). Als österreichischer Staatsbeamter konnte F. Schlegel seine kulturpolitischen Vorstellungen nicht gegen Metternichs Realpolitik durchsetzen. – Ähnlich wie der überraschende Napoleonkult nach 1815 erklärt sich die Begeisterung für Griechenland und seine Freiheit (*Philhellenismus*, 1821–30) aus der repressiven Politik Metternichs. Diese Griechenschwärmerei fand ihre Anhänger in Chateaubriand, Delacroix, Vigny, Hugo und Byron, einen ihrer Vorläufer in Hölderlin (»Hyperion«, 1797–99; vgl. noch W. Müllers »Lieder der Griechen«; Chamisso).

b) Zur theoretischen Verflechtung

Den bedeutendsten Einfluß auf die Haltung der deutschen Romantiker zur Französ. Revolution hat *E. Burke* mit seinen »Reflections on the Revolution in France« (1790) gehabt. Darin sprach sich der konservative engl. Gentleman gegen die Revolution aus, bezeichnete sie als illegale Tyrannei der Demokratie über die organisch gewachsene konstitutionelle Monarchie und schlug statt Revolutionen evolutionäre Reformen vor. Auch den Ideen der Französ. Revolution stand er kritisch gegenüber: die metaphysische Fiktion der Menschen- und Naturrechte beantwortete er mit dem Hinweis auf die traditionellen engl. Rechte, die zur Anarchie neigende liberté mit dem Hinweis auf die Balance zwischen Freiheit und Autorität, die nötig sei, weil der Mensch zum Bösen fähig wäre. Wer behauptete, alle Menschen wären gleich, wollte nur betrügen und stehlen. Die Vernunft war seiner Meinung nach nicht imstande, dauerhafte Gesetze zu geben, denn Gesetze seien das Erbe einer langen historischen Entwicklung. Damit berief sich Burke auf irrationale Werte und organische Bindungen statt auf den mechanischen »contrat soical«. Burkes Werk wurde sofort mehrfach ins Deutsche übersetzt (1791) und wirkte auf F. von Gentz (Übers. 1793) und Adam Müller. 1793 war auch das Jahr, in dem A. W. Rehberg seine »Untersuchungen über die Französ. Revolution« veröffentlichte, die auf Burke fußen, und in dem der junge *Fichte* polemisch gegen Burke Stellung bezog: er leitete das Recht auf Revolution aus der Vernunft ab (»Beitrag zur Berichtigung der Urteile des Publikums über die Französ. Revolution«). Erst in den »Reden an die deutsche Nation« (Ms. 1807–08) schloß sich »der Napoleon der Philosophie« (Heine) Burkeschen Anschauungen an. Zwischen diesen beiden Positionen schwankt das Bild der Französ. Revolution in Deutschland: zwischen einer progressiven und einer reaktionären Einstellung, die in Früh- und Hochromantik gestuft ist (Jean Paul und Hölderlin blieben Ausnahmen in ihrer Stellung zur jakobinischen Wende in der Revolution: sie blieben republikanisch). Wie »von der geistigen Bewegung aus ein Heer gegen die Feinde« (H. Steffens, »Was ich erlebte«, 1840 f., zit. in ›Romantik‹ I, 184) bewaffnet wurde, das kann am Beispiel F. Schlegels und Novalis' deutlich gemacht werden.

Was sich in Frankreich in der Realität abspielte, nämlich die Revolutionierung der gesellschaftlichen Verhältnisse, das war in Deutschland schon lange als geistige Revolution (»Revolu-

tion der Denkart«, Herder, S. W. XXIV, 183) erwartet worden.
Die Revolution diente nun als zusätzlicher Denkanstoß.

F. Schlegel übertrug das Prinzip der Freiheit von der politischen Welt
auf sein Programm, »ein geistiges Gegengewicht gegen die Revolution«
zu schaffen (›Ideen‹, 1800, Nr. 41); er wandte den Massenaufstand in
Frankreich auf die »logische Insurrektion« an (›Athenäum‹, Nr. 97),
denn er erkannte die höchste Würde der Franzos. Rev. darin, »daß sie
das heftigste Incitament der schlummernden Religion war« (›Ideen‹,
Nr. 94), wobei unter Religion die neue Gemeinschaft der Menschen in
einem »Reich Gottes« auf Erden gemeint ist (vgl. ›Athenäum‹, Nr. 222
mit den Vorstellungen Hölderlins und Hegels im Tübinger Stift!). – In-
wiefern ist nun die geistige Revolution für die Literatur von Belang?
Schlegel meinte, »der Augenblick scheint in der That für eine ästhetische
Revolution reif zu seyn« (»Über das Studium der griech. Poesie«, hrsg.
J. Minor I, 121). Diese Revolution besteht in einem neuen Literatur-
ideal, dessen Kernbegriffe die progressive Universalpoesie, die Ironie,
das Fragment und die Arabeske sind. So sollte etwa die romantische Ironie im Schaffensprozeß und als künstlerische Technik den Geist der
Freiheit zur Herrschaft bringen. Im ironischen Kunstwerk herrscht –
analog zur politischen Lage – »die Stimmung, welche alles übersieht,
und sich über alles Bedingte unendlich erhebt, auch über eigne Kunst,
Tugend, oder Genialität« (›Lyceum‹, Nr. 42). Der Künstler solle sich
kraft seines Bewußtseins aus einem »illiberalen Zustand« befreien, denn
solange er erfindet und begeistert sei, laufe er Gefahr, Knecht des Stoffes
und instinktmäßigen Treibens zu werden (ebd., Nr. 37). Die romantische Ironie stellt also durch poetische Reflexion die verlorengegangene
Freiheit des Künstlers wieder her. So kann die Herrschaft der Ironie als
aus dem politischen und philosophischen Bereich – Idealismus ist für
F. Schlegel mit der großen Revolution identisch (»Brief über die Mythologie«) – übertragene Freiheit des Künstlers, als Ausgang aus der selbstverschuldeten Unmündigkeit verstanden werden (vgl. dazu Strohschneider-Kohrs' Arbeiten).

F. Schlegel hatte darum die Franzos. Rev. als große Tendenz des Zeitalters neben die Werke des Geistes gerückt. Das ist, wie auch sein »Versuch über den Begriff des Republikanismus« (1796), ein Beweis für seine
frühe Sympathie mit den französ. Ereignissen und seinen Kosmopolitismus (s. aber auch seine kritischen ›Athenäum‹-Fragmente!). Bald nach
seiner Parisreise (1802) wandelten sich sowohl sein Modell als auch seine
Grundsätze; er wandte sich dem deutschen Mittelalter zu; der demokratische Republikanismus Griechenlands und Frankreichs galt ihm nur
mehr als ein vorübergehendes Phänomen. Jetzt verherrlichte er den mittelalterlichen Ständestaat, der durch Blutsbande, Brauchtum und
Spracheinheit charakterisiert war. Als einer der ersten setzte er sich für
eine deutsche *Nation* ein, und wenn er auch nicht selbst in Kriegsmani-
festen zum Befreiungskampf gegen die Franzosen aufrief (vgl. KFSA

VII, S. LXIX), so nahm er doch deutlich gegen die Französ. Rev. (ebd. VI, 379, 393, 411) und Napoleons Despotismus Stellung (s. »Über eine merkwürdige Verteidigungsschrift der französ. Grundsätze«, 1809, in KFSA VII, 84 f.; zum ganzen Fragenkomplex siehe Behler, ›Fs. Dieckmann‹, 1972, S. 191).

Erstaunlicherweise war die politische Frage auch für den magischen Idealisten *Novalis* das Kernproblem der Zeit. Auch er sah in der Revolution den Anstoß oder die »heftige Incitation« (KNA ²II, 490) zu einer »höhern Epoche der Cultur« (ebd., III, 519). In seiner Fragmentsammlung »Glaube und Liebe« (1798) und in seinem Essay »Die Christenheit oder Europa« (1800) hat man bisher fast ausschließlich reaktionäre Dokumente gesehen, die mit den Aufklärungsideologie brachen (vgl. J. Droz, »Le Romantisme allemand et l'état«, 1966, S. 11; H. Eichner, ›Nachleben‹, S. 155 f.; außerdem H. Mayer, ›Von Lessing bis Th. Mann‹, 1959, S. 25). Doch ist Novalis weder Nationalist noch Politologe gewesen, sondern ein Weltbürger, der in poetischen Metaphern über den poetischen Idealstaat sprach (vgl. dazu die Arbeiten von Marcuse, Malsch, Behler). Die Franz. Rev. beurteilte er als notwendige Zwischenstufe zwischen dem poetisch aufgefaßten gläubigen Mittelalter und der heiligen neuen Zeit. Wenn er auch ihre abstrakten Gesetze und ihre Geistesleere ablehnte, so wollte er doch ihre wertvollen Ideen retten. Das wird ganz deutlich, wenn Novalis seine Monarchie beschreibt, die auf dem Prinzip der Repräsentation und der Gleichheit beruht: »Alle Menschen sollen thronfähig werden. Das Erziehungsmittel zu diesem fernen Ziel ist ein König. Er assimiliert sich allmählich die Masse seiner Untertanen. Jeder ist entsprossen aus einem uralten Königsstamm« (§ 18). Der König ist bei Novalis also ein Leitbild für die Emanzipation aller, Idealmensch und »Direktor der Künstler«, der wie Heinrich v. Ofterdingen auf dichterisch priesterliche Weise das Ganze repräsentiert und die Menschen zur Utopie erzieht, in der die Monarchie zur Republik wird (§ 22). *L. Marcuse* zählt Novalis zu den großen Aufklärern, weil er nicht auf der Seite der Burke und Gentz stand (s. BB. S. 381; vgl. dazu schon Kluckhohn, »Ideengut« 1941, S. 87), da er die fabrikmäßige Verwaltung des preußischen Staates kritisierte und fortschrittlich das Ideal eines Herrscherpaares entwarf, dem Friedrich Wilhelm III. von Preußen (ab 1797) und seine Gemahlin Luise nicht entsprechen konnten. Trat Novalis als Konterrevolutionär in seinem »Essay« auf? (vgl. noch Grab u. Friesel, »Noch ist Deutschland nicht verloren«, 1973, S.52). Nein, auch hier dachte er dialektisch, versuchte aus der inneren Spaltung der Zeit herauszuführen zu einer neuen Synthese, für die das romantisierte Mittelalter nur als poetische Metapher steht und das nicht mit der reaktionären »Heiligen Allianz« zu verwechseln ist; auf eigenem Wege, unter Zuhilfenahme der Ideen der Französ. Rev. gegenüber ihrer schrecklichen Wirklichkeit, strebte er nach einer »sichtbaren Kirche ohne Rücksicht auf Landesgrenzen«, die vermittelt zwischen alt und neu, katholisch und protestantisch, deren Wesen »echte Freiheit« wäre.

Während die deutsche Frühromantik »die Revolution auf das Gebiet der Literatur« übertrug (W. Krauss, ›Karl-Marx-Univ.‹, 1963, 501), wurden die freiheitlichen Ideale in der patriotischen Romantik der Heidelberger, Berliner und Dresdener Gruppe unter dem Druck der politischen Ereignisse und im Anschluß an Burke zur Forderung nach dem deutschen Nationalstaat umgebogen. Im Unterschied zur Entwicklung im Ausland, wo der Weg von der Idealisierung des Mittelalters zum politischen Liberalismus führte, wurde der Staat vergöttlicht, weil er nicht als Anstalt für nützliche Zwecke gebaut worden war (s. K. W. F. Solger, »Über patriot. Enthusiasmus«, 1826).

Literatur

Ahrends, G.: Die polit. Vorstellungen der engl. Romantiker, in: Prop. Gesch. IV, 11983, 263–289. – *Alonso, C.:* Literatura y poder. Madrid 1971. – *Baldensperger, F.:* Le Mouvement des idées dans l'émigration française 1789–1815. 2 Bde., Paris 1924. – *Behler, E.:* Die Auffassung der Revolution in der dt. Frühromantik, in: Essays on European Lit. Fs. L. Dieckmann, hrsg. P. U. Hohendahl et al. St. Louis 1972, S. 191–219. – *Ders.:* Französ. Rev. u. Antikekult, in: »Europ. Ro.« I, 1982, S. 83–112. – *Behler, E.:* Unendliche Perfektibilität. Europ. Ro. u. Frz. Rev. 1989. – *Bertaux, P.:* Hölderlin u. die Französ. Rev. Edition Suhrkamp 1969, ²1970. – *Betz, A.:* Ästhetik u. Politik. H. Heines Prosa. 1971. – *Bloom, H.:* Poetry and Repression. Revisionism from Blake to Stevens. New Haven 1976. – *Blumenberg, H.:* Prometheus wird Napoleon, Napoleon Prometheus, in: H. B., Arbeit am Mythos. 1979, 504–66. – *Böckmann, P.:* Die Französ. Rev. u. die Idee der ästhet. Erziehung in Hölderlins Dichten, in: Der Dichter und seine Zeit, hrsg. W. Paulsen. 1970, S. 83–112. – *Bode, Chr.:* W. Wordsworth u. die Französ. Rev. 1977. – *Borchmeyer, D.:* Höfische Gesellschaft u. Französ. Rev. bei Goethe. 1977. – *Boucher, M.:* La Révolution de 1789 vue par les écrivains allemands. Paris 1954. – *Brinkmann, R.:* Dt. Frühromantik u. Französ. Rev., in: Dt. Lit. u. Französ. Rev. 1974, S. 172–191. – *Brinton, Cl. C.:* The Political Ideas of the English Romanticists. N. Y. 1962. – *Belotti, G.:* Il messaggio politico-sociale di A. Manzoni. Bologna 1966. – *Bronowski, J.:* W. Blake and the Age of Revolution. N. Y. 1969. – *Cocalis, S. L.:* Prophete rechts, Prophete links, Ästhetik in der Mitten. Die amerik. u. die Französ. Rev. in ihrem Einfluß auf die Romanform der dt. Klassik u. Ro., in: W. Paulsen, Hrsg.: Der dt. Roman u. seine histor. u. polit. Bedingungen. Bern-München, 1977, S. 73–89. – *Dahn, O.:* Polit. Voraussetzungen u. gesellschaftl. Grundlagen der dt. Lit. zwi. Französ. Rev. u. Wiener Kongreß, in: »Europ. Ro.« I, 1982, S. 27–48. – *Droz, J.:* Le Romantisme allemand et l'état. Resistance et collaboration dans l'Allemagne napoléonienne. Paris 1966. – *Eibe, K.*, Hrsg.: Franzos. Rev. u. dt. Lit. 1986. – *Ewen, F.*: Heroic Imagination: The Creative Genius of Europe from Waterloo 1815 to the Rev. of 1848. Secaucus, NJ 1984. – *Feldmann, R.*: Jakob Grimm u. die Politik. 1970.– *Fink, G.-L.*: Die Rev. als Herausforderung: Lit. u. Publizistik, in: Glaser V, 1980, S. 110–129. – *Frye, N.*: The Drunken Boat. The Revolutionary Element in Romanticism, in: Romanticism Reconsidered, hrsg. N. Frye. N. Y.; London 1963, S. 1–25. – *Gangl, H.*: Chateaubriand als polit. Denker, in: Fs. R. Mühler, hrsg. A. Eder et al. 1971, S. 161–95. – *Gebhardt, J.*, Hrsg.: Die Revolution des Geistes. Polit. Denken in Dtld. 1770–1830. 1968. – *Gies, D. T.*: Larra and Mendizábal. A Writer's Response to Government, in: Cithara 12, ii (1973), 74–90. – *Grab, W.* u. *U. Friesel*: Noch ist Dtld. nicht verloren. dtv 1973. – *Grimm, G.*: Philhellenismus, in: RL III, 1966, 80–81. – *Guinn, J. P.*: Shelley's Political Thought. Den Haag 1969. – *Gwynne, G. E.*: Mme de Staël et la Rev. française. Politique, philosophie, littérature. Paris 1969. – *Hahn, K.-H.*: Bettina von Arnim in ihrem Verhältnis zu Staat u. Politik. 1959. – *Harich, W.*: Jean Pauls Revolutionsdichtung. Versuch einer neuen Deutung seiner heroischen Romane. 1974. – *Hendrix, G. P.*: Das polit. Weltbild F. Schlegels. 1962. – *Heselhaus, C.*: Die ro. Gruppe in Dtld., in: ER 1972, S. 44–162. – *Hoffmeister, G.*, Hrsg.: The French Rev. and the Age of Goethe. 1989 (mit Bibl.). – *Hoffmeister, J.*: Goethe u. die Franzos. Rev., in: Goethe 6 (1941), 138–168. – *Jamison, R. L.*: F. Schlegel and Metternich (1809–1819). A Study in Political Romanticism. Diss. Univ. of Wash. 1969. – *Johnston, O.*: The Myth of a Nation: Lit. and Politics in Prussia under Napoleon. Columbia, S.C. 1988. (Dt. Übers.: Der dt. Nationalmythos. 1990). – *Jones, H. M.*: Rev. and Ro. Cambridge, Mass. 1974. – *Kantorczyk, U.*: Die revolutionäre Ro. bei Lermontov u. die Aufnahme ihrer Tradition durch den jungen Gorkij, in: WZUR 14 (1965), 235–241. – *Kleßmann, E.*, Hrsg.: Deutschland unter Napoleon in Augenzeugenberichten. 1965. – *Knaack, J.*: Achim von Arnim – Nicht nur Poet. Die politischen Anschauungen Arnims in ihrer Entwicklung. 1976. – *Kluckhohn, P.*: Das Ideengut der dt. Romantik. 1941. – *Kohlschmidt, W.*: Von der Ro. bis zum späten Goethe (Gesch. der dt. Lit. 3). 1974. – *Kohn, H.*: Romanticism and the Rise of Nationalism, in: Review of Politics 12 (1950), 443–72. – *Koopmann, H.*: Freiheitssonne und Revolutionsgewitter. Reflexe der Franzos. Rev. im literar. Dtld. zwi. 1789 u. 1840, 1989. – *Krauss, W.*: Franzos. Aufklärung u. dt. Ro., in: WZUL, 2 (1963), 501 f. – *Krüger, P.*: Eichendorffs polit. Denken. 1969. – *Kurz, G.*: Mittelbarkeit und Vereinigung. Zum Verhältnis von Poesie, Reflexion u. Rev. bei Hölderlin. 1975. – *Llorens Castillo, V.*: Liberales y románticos. Una emigración española en Inglaterra (1823–1834). Mexico 1954. – *Lützeler, P. M.*: The Image of Napoleon in European Romanticism, in: »Cross-Currents« 1989, S. 211–228. – *Malsch, W.*: »Europa«. Poetische Rede des Novalis. Deutung der Franzos. Rev. u. Reflexion auf die Poesie in der Geschichte. 1965. –

Manniguis, R. M., Hrsg.: English Romanticism and the French Revolution, in: SIR 28, No. 3 (1989). – *Marcuse, L.:* Reaktionäre u. progressive
Ro., in: Monatsh. 44 (1952), 195–201: abgedr. in BB, S. 377–385. – *Mason, H. T.* u. *W. Doyle,* Hrsgg.: The Impact of the French Rev. on European Conciousness. Gloucester 1989. – *Mathieu, G.:* H. v. Kleist as
Political Propagandist. Diss. Columbia 1957. – *May, G.:* Stendhal and
the Age of Napoleon. An Interpretative Biography. N. Y. 1977. – *Meinecke, F.:* Das Zeitalter der dt. Erhebung, 1795–1815. 1986,. übers. P.
Paret u. H. Fischer. Berkeley-Los Angeles 1977. – *Müller-Seidel, W.:*
Dt. Klassik u. Französ. Rev.; zur Entstehung einer Denkform, in: Dt.
Lit. u. Französ. Rev. 1974, S. 39–62. – *Oesterle, I:* Der ›glückliche An-
stoß‹ ästhetischer Rev. u. die Anstößigkeit polit. Rev., in: D. Bänsch,
Hrsg., Zur Modernität der Ro. 1977, S. 167–216. – *Peter, K.,* Hrsg.: Die
polit. Ro. in Dtld. (Texte). 1985. – *Priegnitz, Chr.:* F.Hölderlin. Die
Entwicklung seines polit. Denkens unter dem Einfluß der Französ.
Rev. 1976. – *Reeves, N.:* H. Heine. Poetry and Politics. Oxford 1974. –
Reiss, H.: The Political Thought of the German Romantics, 1793–1815.
N. Y. 1955; dt. Bern-München 1966. – *Ritter, J.:* Hegel u. die Französ.
Rev. 1957. – Romantisme et poltique 1815–1851, Colloque École Nor-
male de St. Cloud 1966. Paris 1969. – *Rousseau, H.:* La Légende noire
de Napoleon, in: Critique 23 (1967), 476–86. – *Ruggiero, G. de:* Storia
del liberalismo europeo. Bari 1925; Milano ²1962. – *Ryan, L.:* Hölderlin
u. die Französ. Rev., in: Dt. Lit. u. Französ. Rev., R. Brinkmann et al.
1974. S. 129–48. – *Saine, Th.:* Black Bread, White Bread: German Intel-
lectuals in the French Rev. Columbia, S. C. 1988. – *Samuel, R.:* Die
poetische Staats- u. Geschichtsauffassung F. von Hardenbergs (Novalis). 1925, Repr. 1975. – *Schamber, E. N.:* The Artist as Politician: the
Relationship between the Art and the Politics of the French Romantics.
Lanham, MD 1984. – *Scharfschwerdt, J.:* Die pietistisch-kleinbürgerli-
che Interpretation der Französ. Rev. in Hölderlins Briefen. Erster Versuch zu einer literatursoziolog. Fragestellung, in: JDSG 15 (1971), 174–
230. – *Scheuner, U.:* Der Beitrag der dt. Ro. zur polit. Theorie, 1980. –
Schipa, V.: Napoleone e Foscolo. Bologna 1969. – *Schlegel, F.:* Seine
prosaischen Jugendschriften 1794 bis 1802, hrsg. J. Minor. 2 Bde., Wien
²1906. – *Schumann, H. G.:* Burkes Anschauungen vom Gleichgewicht
in Staat u. Staatssystem. Mit einer Burke-Bibl. 1964. – *Segeberg, H.:* Dt.
Lit. u. Französ. Rev. Zum Verhältnis von Weimarer Klassik, Frühro. u.
Spätaufklärung, in: K. O. Conrady, Hrsg.: Dt. Lit. z. Zeit der Klassik.
1977, S. 243–66. – *Ders.:* Von der Rev. zur »Befreiung«. Polit. Schriftsteller in Dtld. 1789–1815, in: »Europ. Ro.« I, 1982, S. 205–248. – *Stäh-
lin, F.:* Napoleons Glanz und Fall im dt. Urteil. Wandlungen des dt.
Napoleonbildes. 1952. – *Stephan, I.:* Literar. Jakobinismus in Dtld.
(1789–1806). 1976. – *S. Streller et al.,* Hrsgg.: Lit. zwi. Rev. u. Restauration. Ost-Berlin 1989. – *Strohschneider-Kohrs, I.:* Die romant. Ironie, in: Die dt. Ro., hrsg. H. Steffen. 1967, S. 75–97. – *Tonelli, G.:* Heines polit. Philosophie 1830–1845. 1975. – *Weiland, W.:* Der junge F.

23

Schlegel oder die Rev. in der Frühro. 1968. – *Wittkowski, W.,* Hrsg.: Rev. u. Autonomie (= Symposium Albany, 1988) 1989. – *Woodring, C. R.:* Politics in Engl. Romantic Poetry. Cambridge, Mass. 1970. – *Ziolkowski, Th.:* Napoleon's Impact on Germany, A Rapid Survey, in: YFS 26 (1961), 94–105. – *Žmegac, V.,* Hrsg.: Gesch. der dt. Lit. vom 18. Jh. bis zur Gegenwart, Bd. I, 2. 1978, S. 92–178. – *Zobel-Finger, U.:* Konterrevolutionäre Lit. in Europa, in: »Europ. Ro.« II, 1982, S. 83–102.

B. Hauptteil
I. Die historische Perspektive

1. ›Vorromantik‹

Die Romantik als Kultur und Literatur erneuernde Bewegung, als Krisis des Bewußtseins hat ihr Vorspiel und ihr Nachspiel. Bis in die Mitte des 18. Jh.s reichen die ersten Anzeichen für einen Geschmackswandel, für einen Umbruch der poetischen Theorie und der Formen zurück. Auf das dominierende Ereignis des Zeitalters, die *Französ. Revolution* bezogen, könnte man mit *van Tieghem* sagen: »le cœur réclame d'abord la liberté dans une société dont on n'envisage pas la transformation, avant que l'esprit politique la demande à son tour aux Etats généraux de 89« (»Le Romantisme français«, S. 9). Die ›Vorromantiker‹ Europas antizipieren also die Französ. Revolution, während die Romantiker auf ihr Scheitern – und damit auch das der aufklärerischen Prinzipien – reagieren. – Es ist klar, daß es sich bei der Vorromantik nicht um einen Periodenbegriff im üblichen Sinne handelt, was van Tieghem nahelegen könnte (»le type d'une période de transition«, S. 14), sondern nur um einen Hilfsbegriff der Forschung, der dazu dient, die auf die Romantik hindeutenden Strömungen, die Vorformen romantischen Lebensgefühls und Künstlertums in der Aufklärung zu vereinigen. Die sog. ›Vorromantik‹ existiert demnach, den Zeitgenossen unbewußt, als zerstreute antirationale Tendenz innerhalb des klassizistischen Zeitalters. Obgleich seit etwa der Jahrhundertwende im Gespräch (s. zum französ. Standpunkt Mornets, Monglonds, Trahards, van Tieghems Arbeiten; zum dt. Neubert, Meinecke, Unger), handelt es sich also um einen denkbar verschwommenen Begriff, der die Modeströmung der Empfindsamkeit und Melancholie gegen den Rationalismus der Aufklärung absetzt. Von marxistischen Literaturwissenschaftlern wird die Präromantiktheorie darum als Legende entlarvt, weil die Antithese Aufklärung – Romantik gar nicht bestehe, der aus England kommende Sensualismus den Charakter der Aufklärung geprägt habe und deshalb die sentimentale Literatur mit einschließe (vgl. Braemer, W. Krauss, G. Lukács, s. Bibliographie). Darum wird nicht mehr danach gefragt, »was der Romantik an Vorläuferschaft u. a. vorangeht, sondern wir fragen nach den Elementen, die aus der vorausgegangenen Aufklärung stammend, ihre Wirksamkeit auf die Romantik nicht verloren:

Motive der Aufklärung, die von der Romantik gewahrt [. . .] wurden« (W. Krauss, WZUL 1963, S. 497).

Aus *England* stammen die ersten Anregungen für eine empfindsam-bürgerliche Literaturströmung. Voraussetzung für eine europäische Wirkung war zunächst die Lehre vom Originalgenie, die von Earl of Shaftesbury, R. Wood, E. Young vertreten wurde. Im Unterschied zum poeta als Erfinder und Macher nach Verstandesregeln, wie die lateinisch-französ. Bildungstradition den Dichter auffaßte, sahen die Engländer das Genie als inspiriertes Instrument von Natur und Geschichte an, als Schöpfer aus dem Herzen, das zum Herzen spricht. Anstelle des klassizistischen Musters Virgil setzte *Shaftesbury* den von Scaliger verachteten Homer, der mit seiner genialen Naturanlage, die nicht über das Handwerkliche geht, die Naturpoesie vertritt. Shaftesbury erinnerte aber auch an Prometheus, »the second maker«, der zum Symbol des Künstlergenies wird. Sein Begriff der »inward form« charakterisiert die Werke Shakespeares, im Gegensatz zur äußeren Regelmäßigkeit der nachahmenden Dichter. An Shakespeare demonstrierte *Young* das Genie, das vom Himmel stammt (»Conjectures on Original Composition«, 1759), an Homer *Wood* seine Idee von dem Originalgenie (»Essay on the Original Genius of Homer«, 1769). Symptomatisch für die Umdeutung poetischer Kategorien ist *E. Burkes* »Philosophical Inquiry into the Origin of our Ideas of the Sublime and Beautiful« (1756), worin er das antiklassische Stilideal des Erhabenen dem klassizistischen Schönheitsbegriff gegenüberstellte.

In *Italien* hatte *G. Vico* weder nennenswerte Vorgänger noch eine bemerkenswerte Wirkung, als er den sublimen Homer auf den Schild hob, den Dichter, der spontan aus der Quelle der Phantasie schöpfte. Bei Vico finden sich zum erstenmal der Mythos des Primitiven und die Vorstellung von der Poesie als Muttersprache des Menschengeschlechts, die für Hamann und Herder grundlegend sind (»La scienza nuova«, 1725). *G. Baretti* vertrat die Auffassung von der Ebenbürtigkeit Shakespeares und der französ. Klassiker, wodurch er die Relativität der Geschmacksurteile in Italien begründete (»Discours sur Shakespeare et sur Monsieur Voltaire«, 1777). Seinerseits wollte M. Cesarotti die Imitation der antiken Dichter durch die der Natur ersetzt wissen, wobei es ihm nicht um die schöne Natur, sondern um die Erweckung wahrer Gefühle ging. Auch der Kritiker sollte der Individualität eines jeden Kunstwerkes im Nacherleben gerecht werden.

Das Aufklärungszeitalter hatte in *Deutschland* vier Stilprovinzen ausgebildet, die weitgehend nebeneinander existierten: den Rationalismus der Gottsched- und Lessingzeit, das Rokoko, die Empfindsamkeit sowie den Sturm und Drang. Sie alle bereiteten mittelbar oder direkt die deutsche Romantik vor, die Empfindsamkeit, indem sie unter dem Einfluß des dt. Pietismus sich gleichzeitig an die sentimentale Literatur Englands und Frankreichs anschloß, das Rokoko, das in Gessner und

Wieland (»Oberon«, 1780) Vorläufer der Romantik besaß, und schließlich der Sturm und Drang oder die Geniezeit, die Jugendbewegung um Goethe, die Prometheus und Shakespeare auf ihre Fahnen geschrieben hatte, sich gegen die klassizistische Bildungstradition stemmte und nach eigenen, volkstümlich-nationalen Stoffen drängte.

Neben Lessing, Gerstenberg und Hamann ist hier *Herder* von entscheidender Bedeutung, und zwar ebenso als Vermittler zwischen der zeitgenössischen europäischen Literatur und Deutschland wie als Brücke zwischen Aufklärung, Sturm und Drang und Romantik. Obwohl selber kein Stürmer leistete er dem Genietreiben Vorschub, indem er statt der *téchné* des Dichters Leidenschaft und Empfindung betonte. Unter Hinweis auf Shakespeare und Young lehnte er den Begriff des gelehrten Dichters ab, dessen Werk kein Empfindungsausdruck sei. Anstelle des Kausalzusammenhangs klassizistischer Literatur rückte er den irrationalen Begriff des Organismus, anstelle der Normpoetik die emotionale Wirkungspoetik. Von der Umschichtung der poetologischen Begriffe sind bei Herder alle Gattungen betroffen, vor allem jedoch die Lyrik, Ausdruck der Leidenschaft (*Erlebnisdichtung*) und des Volksgeistes. Darum sammelte er die »Stimmen der Völker«, um neben den Naturdichtern Homer und Shakespeare weitere Vorbilder für die Erneuerung der deutschen Dichtung aufstellen zu können. In der Literaturkritik führte er zudem den historischen Relativismus ein (s. u. S. 130). Mit Herder verbindet die Romantik auch die Wendung zur eigenen Vergangenheit und zum Volkslied, obwohl die Unterschiede nicht übersehen werden sollten. Sein Ausruf: »Der poetische Himmel Britanniens hat mich erschreckt; wo sind unsere Shakespeare, unsere Swifts, Addisons, Fieldings, Sterne?« (XVIII, 110) leitet aus der Theorie zur Dichtungswirklichkeit zurück.

Seit der ersten Moralischen Wochenschrift (›Tatler‹, ›Spectator‹, s. Matthesons Hamburger ›Vernünftler‹, 1713f.) hatte England den franzö́s. Einfluß immer mehr verdrängt, und zwar zunächst durch Romane der bürgerlichen Tugend, der Empfindsamkeit (Richardson, Sterne, Goldsmith) sowie der Schauerromane (s. zur »gothic novel« S. 191). Zum englischen Romanvorbild kommen *Shakespeare* und die Lyrik hinzu. Nachdem man sich von Lessing bis zum jungen Goethe mit Shakespeare auseinandergesetzt hatte, entwickelten die Stürmer – gemäß ihrem mißverstandenen Shakespeare – eine Fetzentechnik, die einen vollständigen Bruch mit dem Regeldrama darstellt. Erst

Kleist unternahm dann den Versuch, Sophokles und Shakespeare zu vereinigen (»Robert Guiscard«). – Wirksame Impulse auf die Lyrik der vorromantischen Nationalliteraturen gingen von der ossianischen Dichtung und dem Muster der engl. Volksballade aus. *Macphersons* Fälschung (›Fragments of Ancient Poetry collected in the Highlands of Scotland and translated from the Gaelic . . .«, 1760) liefert ein eklatantes Beispiel für den Geschmackswandel in der Literatur: melancholisch-empfindsame Liebesklagen eines einfachen Wilden in düsterer nordischer Landschaft bestätigen den Gefühlskult des 18. Jh.s. Hier wurde ein nordischer Homer wiederentdeckt, der die Möglichkeit zu elegischer Seelenaussprache aufzeigte. Der nordische Barde mit seiner nordischen Mythologie hatte die klassizistischen Normen durchbrochen. Im Anschluß daran entwickelte Herder seine Auffassung vom Volkslied als Lied eines ungebildeten Volkes, als Poesie eines Naturzustandes (»Briefwechsel über Ossian und die Lieder alter Völker«, 1773; »Ossian und Homer«, 1795). Allenthalben wurde Ossian übersetzt (dt. Prosaübers. 1762, französ. von Le Tourneur 1777, italien. 1763 von Cesarotti mit ästhetischen »Osservazioni« über Ossian und Homer; im span. Calderón-Streit bezeichnete man die Vertreter der ›neuen Schule‹ gar als »ossiánicos«). Percys »Reliques of Ancient English Poetry« (1765) förderte diese Entwicklung in der Lyrik. Hinzu kommen die »Night Thoughts« von Young (1742–45, dt. Übers. 1752; französ. 1769), die zusammen mit Grays »Elegy written in a Country Churchyard« (1750, dt. 1771) und J. Thomsons »The Seasons« (1762f.) wesentlich die Empfindsamkeit, die Modekrankheit der Melancholie und die Strömung der Kirchhofs- und Nachtpoesie förderten.

Nach der Ablehnung der drei Einheiten und der Behauptung der Überlegenheit der modernen über die antiken Dichter durch Baretti (vgl. »Querelle des Anciens et du Modernes« im Frankreich des 17. Jh.) wurde auch in *Italien* die Modeströmung des nördlichen Europas übernommen: die Gräberpoesie, die Ossiandichtung und die melancholische Idylle (s. Cesarotti als Übers. von Gray und Ossian 1762–63 im Sinne eines »neo-classicismo romantico«).

I. Pindemonte verschmolz die italien. Arkadientradition mit der Gessnerschen Idylle und der neuen Gräberdichtung (»Piaceri della vita campestri«, 1787; vgl. noch Foscolos »I Sepolcri«, 1807). Bei dem Klassizisten *V. Monti* zeigen sich melancholisch-werthersche Töne in seiner

Goethe-Imitation »Pensieri d'amore« (1783), seine Tragödie »Caio Gracco« (1800) vereinigt den französ. Prosashakespeare Le Tourneurs mit dem Alfieri-Einfluß; er bewunderte Mme de Staël und A. W. Schlegel, hielt sich aber aus dem literarischen Parteienstreit heraus. Mit Einschränkungen könnte man *V. Alfieri* als Repräsentanten des »Sturm und Drang italiano« (U. Bosco) ansehen, denn in seinen Traktaten über die Tyrannei (1777, 1785–86) kommt er dieser Bewegung nahe. Das liegt an seiner Sprache, die durch ihr Pathos den tragischen Dramenvers sprengt, und am Thema der Freiheit, dem Typ des titanischen Übermenschen, der sich gegen feindliche Umwelt und Schicksal behauptet. Seine dynamische Lebensauffassung erkannte in der Kulturhegemonie der Franzosen ein Angriffsziel. Trotzdem kann Alfieri noch nicht als Urtyp (»protoromantico«, Croce) des Romantikers angesehen werden, weil sein Tragödienkonzept noch ganz klassizistisch ist.

Europäische Bedeutung erlangte unter den sog. ›Vorromantikern‹ außer Herder allein *Rousseau*, und zwar sowohl durch seine theoretischen als auch durch seine literarischen Schriften. Von den Stürmern und Drängern wurde er wie ein Prophet verehrt. In einem rationalistischen Zeitalter kam sein Werk einer Offenbarung gleich, weil seine Kernbegriffe Natur, Herz, Liebe und Bekenntnis eine ganz neue Weltsicht ermöglichten und einer Gefühlsentfesselung gleichkamen, die der Romantik unmittelbar den Weg bahnte (s. »Nouvelle Héloïse«, 1761; »Emile«, 1762). Aus einem starken Kulturpessimismus heraus (vgl schon Diderot) predigte Rousseau die *Rückkehr zur Natur*, die nun in ihr Eigenrecht eingesetzt wurde, und, da er sie nicht mehr als mechanisches Vernunftgesetz deutete, konnte sie zum sympathisierenden Spiegel der menschlichen Seele werden, zum Vertrauten des Dichters, der in der Seelenlandschaft der guten Natur seine Liebesgefühle aussprach und dort mit einem Gott kommunizierte, der nichts mehr mit dem Gott der Institutionen zu tun hat (Naturreligion). Das Herz ist auch die Zentralkraft der neuen Religion der Liebe und Liebesleidenschaft, die in der Gesellschaft einen Platz verlangen. Mit Rousseau setzt sich die Auffassung durch, daß die Liebe vom Herzen und nicht von der Gesellschaftskonvention diktiert werden müsse. Seine »Confessions« (Ms. 1764–70) enthüllen schließlich auf exemplarische Weise ein fühlendes Ich, Kernbegriff aller folgenden Bekenntnis- und Erlebnisdichtung. Rousseau befreite – zumindest nach der Auffassung der Zeit – das Gefühl, das Ich aus der Knechtschaft der Moral und der Regeln. Ob seine Intention damit allerdings richtig erfaßt wurde, ist eine andere Frage, die im Einzelfall z. B. mit der Deutung der »Nouvelle Héloïse« als eines Romans der Leidenschaft oder aufklärerischer Erziehung zusammenhängt, allgemein mit dem oben angedeuteten Problem, ob Rousseau zur Präromantik oder zur Aufklärung gehört (vgl. ebenso Diderot; über Chateaubriand und Mme de Staël s. u. S. 52f. bzw. 73f.).

Auch in *Spanien* lassen sich innerhalb der neoklassizistischen Periode erste Anzeichen für eine Wende in der Dichtkunst aufweisen. Bei Luzán und Meléndez Valdés entwickelte sich bereits ein sentimentaler Gefühlskult, der sie Gessner naherückt. Cadalso ließ sich von der engl. Kirchhofsromantik anregen (»Noches lúgubres«, [2]1792), Quintana bildete eine Tragödie der Rebellion gegen Gott und Welt aus.

Diese Vorformen romantischer Literatur entstanden jeweils im Rahmen der klassizistischen Epoche dieser Länder (über die slawische Vorromantik s. u.). Den literarischen Wechselwirkungen in der vorromantischen Zeit nachzugehen, gehört nicht zu unserer Aufgabe; den meist bekannten Querverbindungen zwischen Deutschland, England und Frankreich wäre ohnehin kaum etwas Neues hinzuzufügen, während für diejenigen zwischen den nordischen und romanischen Literaturen ein paar Hinweise genügen sollen: Herder ist es zu verdanken, daß Vico nicht ganz vergessen wurde. Er entwickelte sein zyklisches Geschichtsbild weiter (s. »Ideen zur Philosophie der Geschichte der Menschheit«, 1784–91). Andererseits hatte Gessner einen internationalen Ruf in den romanischen Ländern und viele Nachahmer, die seinen Gefühlskult verbreiten halfen (u. a. Pindemonte, Meléndez Valdés, Rousseau). Die französ. Übersetzungen von Le Tourneur machten die engl. Literatur (Ossian, Shakespeare, Young) in Italien zugänglich.

Literatur

Banter, H.: Die Sprachauffassung der engl. Vorromantik in ihrer Bedeutung für die Litkritik u. Dichtungstheorie der Zeit. 1970. – *Bernard, F. M.:* Zwischen Aufklärung u. polit. Ro. Eine Studie über Herders soziologisch-polit. Denken. 1964. – *Binn, Hj.,* Hrsg.: Shakespeare-Rezeption I, 1982. – *Bliss, I.* St. John: Edward Young. TEAS 80. N.Y. 1969. – *Boeschenstein, H.:* Dt. Gefühlskultur. Studien zu ihrer dichterischen Gestaltung. I: Die Grundlagen 1770–1830. Bern 1934. – *Bosco, U.:* Preromanticismo e romanticismo, in: Questioni e correnti di storia letteraria. III.: Problemi e orientamenti critici di lingua e di lett. italiana, hrsg. A. Momigliano. Mailand 1949. – *Braemer, E.:* Die Legende von der Präromantik des Sturm und Drang, in: Goethes Prometheus und die Grundpositonen des Sturm und Drang. [2]1963. – *Bredvold, L. A.:* Natural History of Sensibility. Detroit 1962. – *Buck, R.:* Rousseau u. die dt. Ro. 1939. – *Cesarotti, M.:* Opere scelte, hrsg. G. Ortolani. I, Florenz 1945. – *Croce, B.:* Poesia e non poesia. Bari 1935. –

Dédéyan, Ch.: Chateaubriand et Rousseau. Paris 1974. – *Draper, J. W.:* The Function of Elegy and the Rise of Europ. Ro. N.Y. 1929, Repr. 1967. – *Duffy, E.:* Rousseau in Engld: the Context for Shelley's Critique of the Enlightenment. Berkeley, 1979. – *Dunn, J. J.:* The Role of Macpherson's Ossian in the Development of British Ro. Diss. Duke 1966. – *Gaskill, H.:* German Ossianism: a Reappraisal? in: German Life and Letters 42 (1989), S. 329–341. – *Gerhardi, G. C.:* Rousseau u. seine Wirkung auf Europa, in: Prop. Gesch. IV, 1983, S. 160—186. – *Gilardino, S. M.:* La scuola romantica: La tradizione Ossianica nella poesia dell'Alfieri, del Foscolo e del Leopardi. Ravenna, 1982. – *Grappin, P.:* La Théorie du génie dans le préclassicisme allemand. Paris 1952. – *Grean, St.:* Shaftesbury's Philosophy of Religion and Ethics. A Study in Enthusiasm. Athens, Ohio 1967. – *Grewe, A.:* Ossian und seine europ. Wirkung, in: »Europ. Ro.«, 1982, S. 171–188. – *Gundolf, F.:* Shakespeare u. der dt. Geist. 1911; 1947. – *Guthke, K. S.:* Engl. Vorromantik u. dt. Sturm u. Drang. M. G. Lewis' Stellung in der Gesch. der dt.-engl. Litbeziehungen. Palaestra 223. 1958. – *Hubig, Chr.:* Genie – Typus od. Original?, in: Prop. Gesch. IV, 1983, S. 187–210. – *Klein, J.:* Anfänge der engl. Ro., 1740–1780, 1986. – *Krauss, W.:* Französ. Aufklärung u. dt. Ro., in: WZUL 2 (1963), 496 f. – *Krejci, K.:* Zur Entwicklung der Präromantik in europ. Nationalliteraturen des 18. u. 19. Jh's., in: Vgl. Litforschg. in den sozialist. Ländern 1963–1979, hrsg. G. R. Kaiser, 1980, S. 103–112. – *Langen, A.:* Der Wortschatz des dt. Pietismus. ²1968. – *Lecke, B.:* Das Stimmungsbild. Musikmetaphorik und Naturgefühl in der dichterischen Prosaskizze 1721–1780. Palaestra 247. 1967. – *Lukács, G.:* Goethe u. seine Zeit. 1950. – *Lumpp, H.-M.:* Philologia crucis. Zu J. G. Hamanns Auffassung von der Dichtkunst. 1970. – *Meinecke, F.:* Klassizismus, Romantizismus u. histor. Denken, in: Von geschichtl. Sinn und vom Sinn in der Gesch. 1939. – *Merker, E.:* Ossianische Dichtung, in: RL II (1965), 869–874. – *Monglond, A.:* Le Préromantisme français. 2 Bde. Grenoble 1930, Paris ²1966. – *Mornet, D.:* Le Romantisme en France au XVIIIᵉ siècle. 1912. – *Mortier, R.:* Diderot en Allemagne 1750–1850. Paris 1954; dt.: 1967, ²1972. – *Mounier, J.:* J.-J. Rousseau en Allemagne dans la deuxième moitié du XVIIIᵉ siècle, in: Studies in 18th Cent. Lit., hrsgg. M. J. Szenczi u. L. Ferenczi. Budapest 1974, S. 255–73. – *Neubert, F.:* Von der Präromantik bis zur Gegenwart. Ein Forschungsbericht zur französ. Litgesch., in: Französ. Litprobleme. 1962. – *Nuzzo, E.:* Vico. Florenz 1974. – *Oppel, H.:* Englisch-dte Litbeziehungen. I, 1971. – *Pascal, R.:* German Sturm und Drang, N.Y. 1952. – *Peucker, B.:* Arcadia to Elysium: Preromantic Modes in 18th Century Germany. 1980 – Le Preromantisme (= Symposium Clairmont-Ferrand, 1972), hrsg. P. Viallaneix. Paris, 1975. – *Puletti, R.:* Aspetti e problemi di storia letteraria. III: Dall' Alfieri al Leopardi. Perugia 1969. – *Robertson, J. G.:* Studies in the Genesis of Romantic Theory in the 18th Century. Cambridge, Engld. 1923, N.Y. ²1962. – *Roddier, H.:* J.-J. Rousseau en Angleterre au XVIIIᵉ siècle:

l'oeuvre et l'homme. Paris 1950. – *Schmidt, W. A. von:* Die Widerspiegelung Herderscher Gedanken im Werk F. Schlegels. Diss. Univ. of Wash. 1968. – *Schöffler, H.:* Dt. Geist im 18. Jh. Essys zur Geistes- und Religionsgesch. Vandenhoeck 254. ²1967. – *Schröder, W.:* Die Präromantiktheorie, in: WB 5–6 (1966), 723–65. – *Süssenberger, C.:* Rousseau im Urteil der dt. Publizistik bis zum Ende der Franzős. Rev. Bern 1974. – *Tieghem, P. van:* Le Romantisme français. Paris 1944, ⁶1961. – *Ders.:* Ossian et l'Ossianisme dans la litt. européenne au XVIIIᵉ siècle. Groningen 1920. – *Ders.:* Préromantisme. Paris 1924, 1948. – *Ders.:* Les Idylles de Gessner et le rêve pastoral dans le préromantisme européen, in: RLC 4 (1924), 41–72: 222–269. – *Ders.:* La Poésie de la nuit et des tombeaux en Europe au XVIIIᵉ siècle. Brüssel, 1922. – *Trahard, P.:* Les Maîtres de la sensibilité française au XVIIIᵉ siècle. 2 Bde. Paris 1931/32. – *Unger, R.:* J. G. Hamann u. die Ro., in Fs. A. Sauer. 1925, S. 202–222. – *Voisine, J.:* Rousseau en Angleterre à l'époque romantique. Paris 1956. – *Walzel, O.:* Das Prometheussymbol von Shaftesbury zu Goethe. 1932. – *Wolffheim, H.:* Die Entdeckung Shakespeares, dt. Zeugnisse des 18. Jh. 1959. – *Wuthenow, R.-R.:* Rousseau im Sturm u. Drang, in: Sturm und Drang: Ein litwiss. Studienbuch, hrsg. W. Hinck. 1978, S. 14–54. –

2. Die Deutsche Romantik

Unter Anschluß an den Sturm und Drang, in der geistigen Auseinandersetzung mit der Aufklärung und den Klassikern begann die dt. Romantik (Frühromantik, auch: ältere Romantik, romantische Schule, Jenenser Romantik). Träger der Bewegung ist die *erste romantische Generation* der um 1770 Geborenen – zumindest nach Ansicht der älteren Forschung im Fahrwasser Diltheys. Heute wird die Auffassung, daß ein halbes Dutzend Schriftsteller bereits eine Generation bilden, u. a. von G. Schulz (1983; 1989) in Frage gestellt. Innerhalb dieses schematischen Aufrisses läßt sich allerdings schwer darauf verzichten. Die Frühromantiker waren nord- oder ostdeutscher und protestantischer Herkunft, studierten Jura, waren in den Klassikern gebildet und vorwiegend theoretisch-kritisch ausgerichtet. Ein ausgesprochenes Heimweh zog sie nach dem süddeutschen katholisch-mittelalterlichen Raum (vgl. zum Generationsbegriff W. Dilthey; W. Pinder, 1926; zum »Heimweh des Protestantismus« Eichendorff, »Über die ethische u. religiöse Bedeutung der neueren romant. Poesie in Dtld.«, 1847). Ihre Hauptvertreter waren zunächst *Tieck* und *Wackenroder*, die in der Großstadt Berlin in unmittelbaren Gegensatz zur Aufklärung (Nicolai) gerieten. Beide wandten sich dem »fränkischen« Zeitalter zu, als sie ihre Wanderungen nach Bamberg und Nürnberg unternahmen (ab 1793, vgl. Briefwechsel und »Herzensergießungen eines kunstliebenden Klosterbruders«, 1797; »Peter Lebrechts Volksmärchen«, 1797; »Franz Sternbalds Wanderungen«, 1798). Ihr eigentliches Zentrum hatte die Frühromantik in Jena, wo Schiller (»Über naive und sentimentalische Dichtung«, 1795–96), Fichte (»Wissenschaftslehre«, 1794) und Schelling (»Ideen zu einer Philosophie der Natur«, 1797; vgl. später G. H. Schubert, »Ansichten von der Nachtseite der Naturwissenschaft«, 1808) wirkten und sich die Brüder Schlegel mit den Vertretern und Ideen der Klassik auseinandersetzten (ab 1796 Mitarbeiter Schillers, Verkünder Goethes). Von ihnen wurde, zusammen mit Novalis, die Theorie der Romantik entwickelt (›Athenaeum‹, 1798–1800) und hier wurden die bedeutendsten dichterischen Leistungen der älteren Romantik geschaffen (Novalis, »Heinrich v. Ofterdingen«, D. 1802; F. Schlegel, »Lucinde« 1799; Brentano, »Godwi«, 1801; Schlegel-Tieck, Shakespeare-Übers., 1797–1840). Die Jenenser Romantik endete im Gegensatz zu ihren transzendental-philosophischen Anfängen (s. u. S. 114 f.) im ästhetischen Nihilismus (vgl. »Die Nachtwachen von Bonaventura«, 1804). Zur gleichen Zeit bildete sich um A. W. Schlegel, der dort seine Vorlesungen »Über schöne Literatur und Kunst« hielt (1801–1804), eine neue Berliner Gruppe, die durch die Salons jüdischer Frauen unterstützt wurde (s. u. S. 205 f.).

Die Träger der *zweiten romantischen Generation* der um 1780 Geborenen sammelten sich seit ca. 1805 in Heidelberg (darum auch: Heidelberger- oder Hoch-, jüngere und mittlere Romantik) um Arnim und Brentano, die mit Görres, den Brüdern Grimm und Eichendorff in Verbindung traten. Das Heidelberger Organ war Arnims ›Zeitung für Einsiedler‹ (D. als »Tröst-Einsamkeit«, 1808), an der auch Jenenser Romantiker wie die Schlegels und Tieck neben den Schwaben Uhland und Kerner mitarbeiteten. Die Hauptwerke dieser Phase deuten auf die Wende im Geistesleben hin: Arnims und Brentanos »Des Knaben Wunderhorn« (1806–08), Görres' »Die Teutschen Volksbücher« (1807), Grimms »Märchen« und »Sagen« (1812 f.; 1816). Görres hielt hier die erste germanistische Vorlesung (1806) und veröffentlichte sein Werk über die asiatische Mythologie (1810; vgl. F. Schlegel, »Über die Sprache u. Weisheit der Inder«, 1808). Der Unterschied zwischen der Früh-

romantik und der Hochromantik besteht also in der Akzentverschiebung vom transzendentalen Denken zum national-volkstümlichen Zug, von kosmopolitisch-aufklärerischer Einstellung unter dem Einfluß der Franzö. Revolution zur Beschäftigung mit der Literatur des Volksgeistes als Reaktion auf Napoleon, vom zukunftsgewandten Idealismus zur realistischen Bindung an die Überlieferung und die mythisch gesehene Vergangenheit. Im altdeutschen Heidelberg, Sitz der romantischen
Germanistik, erwartete man vom Mittelalter und seiner Naturpoesie nicht nur das Heil der Dichtung und der Existenzpro-
bleme, sondern auch ein neues staatliches Programm, die Wiederherstellung der Nation als Ständestaat. Mit dem Zurücktre-
ten der Philosophie rückte schließlich das alte Problem des Subjektivismus (s. Sturm u. Drang!) wieder in den Blickpunkt der
Dichter. Die Heidelberger Romantik endete in Berlin, wo seit
Fichtes »Reden an die deutsche Nation« (1807f.) »politische
Tatgesinnung« herrschte, dort trafen die Heidelberger mit der
politisch orientierten Dresdner Gruppe (Kleist, A. Müller, G.
H. Schubert; Zs. ›Phöbus‹ 1808 f.) zusammen. Die patriotische
Berliner Romantik bereitete die Befreiung von Napoleon vor (s.
o. S. 16 f.).

Die *Spätromantik* zwischen dem Wiener Kongreß (1815) und
der Julirevolution in Paris (1830) stellt die Endphase der
Goethezeit dar. Sie ist politisch betrachtet die Phase der Reaktion (»Metternichsystem«, »Heilige Allianz«), weltanschaulich
die der Konversionen (s. u. S. 192) und poetisch die des Abstie-
ges (»schwäbische Romantik«, Lenau). Die Auflösung der
Gruppen war um 1830 beendet, als die Jungdeutschen sich gegen die Romantik kehrten (s. etwa A. Ruges »Romantischen
Katechismus«, in: ›Hallesche Jahrbücher‹ 1840, 445 f.); die endgültige Ernüchterung setzte 1848 mit dem Scheitern des Frank-
furter Parlaments ein. Auch landschaftlich kam es zu einer Zers-
plitterung: Wien war der Hauptort der katholischen Spätromantik (F. Schlegel); Schlesien folgte mit Eichendorff; Lands-
hut mit Savigny; München mit Baader, Schelling, Schwab; Berlin mit Hoffmann, Fouqué, Chamisso, Bettina. – Über den
Epochen stehen Hölderlin und Jean Paul; eine Sonderstellung
zwischen Klassik und Romantik nimmt auch Kleist ein. Die europäische Tendenz zum romantischen Realismus als vierter
Phase nach 1830 kommt in Deutschland abgeschwächt im
nahezu parallel zum Jungdeutschland verlaufenden Biedermeier zum Ausdruck. Heine bezeichnete sich als den »letzten
Dichter« der Romantik (»Geständnisse«, 1854 = Werke VI, 19).

Die Darstellung der dt. Romantik nach Phasen, von denen die ersten zwei von unterschiedlichen Generationen getragen wurden, empfiehlt sich, da der von Heine geprägte Begriff der »romantischen Schule« (1836) nicht auf die vielen, sich z.T. ergänzenden oder austauschenden Mitglieder in den Einzelgruppen anwendbar ist. Der literarische Schulbegriff setzt immer ein Meister-Schüler-Verhältnis und eine Ideenharmonie voraus. Nur für den »schönen Kreis« (Caroline Schlegel) des Symphilosophierens in Jena zwischen 1799 und 1801, als die Br. Schlegel mit ihren Frauen und Freunden (Novalis, Schelling) eine geistige Familie bildeten, die auch gemeinschaftliche Werke erzeugte, gilt der Schulbegriff (dazu s. Behler, rm, S. 44; Heselhaus, ER. S. 45).

Grundprobleme der Systematisierung: Problematisch ist die Systematisierung der deutschen Romantik mit Hilfe von literaturhistorischen Sammelbegriffen wie Berliner und Heidelberger Romantik. (dazu s. G. Schulz = De Boor-Newald, VII, 2, 1989, S. 87 u. 93). Sie haben sich allerdings so eingebürgert, daß es keinen Ersatz dafür gibt. Ebenso ist der ursprünglich polemisch gebildete Begriff »Goethezeit« fragwürdig (s. »Goethesche Zeit«, Heine, 1828; dazu s. Schulz, S. 816f.) Einerseits wird die »Goethezeit« seit Dilthey als Gegenbewegung gegen die Aufklärung verstanden (u.a. Unger, Korff, Schultz), andererseits spricht man seit Goethes Tagen, besonders aber seit F. Strichs Schema von den tiefen Antinomien zwischen Klassik und Romantik. Beide Feststellungen treffen so kaum auf die Dichtungswirklichkeit zu. Die Frühromantik geriet nur in Berlin in einen direkten Konflikt mit der *Aufklärung*; im allgemeinen versuchte sie, die Schaffensprinzipien der Aufklärung, Bewußtheit und Besonnenheit, mit romantischer Begeisterung zu verbinden (vgl. Novalis), sie übernahm den Kosmopolitismus und wandte ihn zusammen mit den Ideen der Universalität und der Liberalität auf die Dichtung an; sie bekämpfte zwar die Wirklichkeit der Französ. Revolution, rettete aber ihre Ideen in die Dichtung. Aus der Aufklärung stammen die empfindsamen, z.T. pietistischen Strömungen (vgl. Schleiermacher, Novalis, Jean Paul), das chiliastische Geschichtsdenken (Novalis) und das Interesse für die eigene Vergangenheit (s. Herder, s.o. S. 27). Die Unterschiede zum *Sturm und Drang* sollten dabei nicht übersehen werden. Um nur einige zu nennen, so enfesselte dieser das Gefühl, die Romantiker analysierten es und entwickelten die Phantasie; die Stürmer (Schiller, Lenz) wollten »Kopien der Natur« liefern, die Romantiker durchbrachen das Prinzip in der Naturnachahmung, indem sie die Innenwelt und das, »was in der Höhe ist« (›Athenaeum‹, Nr. 388) zum Gegenstand der

Dichtung erhoben. Die Revolte der Stürmer blieb auf die Literatur beschränkt, die der Romantiker wurde zum Lebens- und Kulturprogramm; aus den Ansätzen zu einer neuen Ästhetik (vgl. Gerstenberg) wurde bei den Romantikern ein ästhetisches System, wenn auch in Fragmenten.

Und wie steht es mit den Beziehungen *Schillers* und Goethes zur Romantik? *F. Schlegel* stellte sich die Schillersche Aufgabe, wie der moderne Zwiespalt zwischen Natur und »Kunst«, Leben und Geist zu überwinden sei, ohne dabei den Weg der physischen Gewalt beschreiten zu müssen. Und wie Schiller sah er seine Hoffnung auf eine höhere geistige Einheit des Menschen, auf ein neues »Griechenland« bestätigt in Goethe. Schiller lehrte ihn zudem die Ebenbürtigkeit der sentimentalischen (= romantischen) modernen Dichtung gegenüber der naiven klassischen Poesie. Der Bruch zwischen Schiller und den Schlegels (1796) war keinesfalls ästhetischer Natur, sondern hatte persönliche Gründe.

Dagegen blieben die Beziehungen der Romantiker zu *Goethe* durchweg ungetrübt, ja in Jena, Heidelberg und Berlin (Salons!) war er es, der die verschiedenen Geister verband. Sein »Wilhelm Meister« galt als die Bibel der Romantiker. Was F. Schlegel als Problem der Poesie erkannt hatte, »die Vereinigung des Wesentlich-Modernen mit dem Wesentlich-Antiken« (Brief v. 24. II. 1794 an A. W. Schlegel u. sein »Gespräch üb. die Poesie«, 1800), das hatte Goethe in Leben und Werk gelöst. Erst nach seiner Konversion urteilte F. Schlegel strenger über Goethe (vgl. »Geschichte der alten u. neuen Lit.«, 16. Vorlesg.). Trotz seiner Kritik am antipoetischen Gehalt des »Wilhelm Meister« erkannte auch Novalis Goethe als »wahren Statthalter des poetischen Geistes« (KNA [2]II, 459) an.

Goethes Haltung zur Romantik ist auf den ersten Blick zumindest ambivalent. Er nannte das Klassische »das Gesunde und das Romantische das Kranke« (zu Eckermann, 2. IV. 1829; vgl. ebenso Sainte-Beuve, »Causeries du Lundi« XV, 12. IV. 1858), betonte auch bei anderer Gelegenheit die Antithese zwischen klassisch und romantisch (u. a. Gespräch mit Riemer v. 28. VIII. 1808; »Shakespeare und kein Ende«, 1815). Er wußte es aber zu schätzen, daß die Schlegels seinen Ruhm als klassischen Dichter verbreiteten und war von Schiller darauf vorbereitet worden, als Romantiker angesehen zu werden, wie es ihm im Ausland geschah (vgl. zu Eckermann am 21. III. 1830: Schiller »bewies mir, daß ich selber wider Willen romantisch sei« – betr. »Iphigenie«). Die dt. Romantik begann also im Zeichen der geistigen Auseinandersetzung mit den Klassikern, die Goetheverehrung und -nachfolge verband die verschiedenen Geister untereinander und schließlich endete die Goethezeit mit Goethes ›romantischen‹ Spätwerken.

Forschungsgeschichte

Für die methodologischen Auseinandersetzungen der Literaturwissenschaft in Deutschland bietet die Romantik ein Paradebeispiel: die Wirkungsgeschichte ist ja derart mit der Politik verflochten, daß sich an den Stationen der Romantik-Forschung gleichsam das deutsche Schicksal ablesen läßt. So hängt ein Wandel in der Einschätzung der Romantik im Vergleich zur Klassik nicht nur mit einem Wechsel literarischer Kriterien zusammen, sondern auch mit einem Wechsel der herrschenden politischen Ideologien. Zu fragen wäre z. B., wie es sich erklärt, daß die Romantik als »negative Bewegung« der Reaktion angesehen und gleichzeitig der Kampf gegen die Reaktion im 19. und 20. Jh. im Namen der progressiven Elemente einer »anderen Romantik« geführt werden konnte.

Bis gegen Ende des 19., Jh's wurde die Romantik als reaktionär abgewertet. Erst in der sogenannten »Neuromantik« vollzog sich die Wende vom Wilhelminischen Klassiker-Kult zur Entdeckung der Frühromantik als Modell für die Moderne. Die Möglichkeit zu diesem Wandel war bereits in Hegels dialektischer Interpretation von Klassik und Romantik angelegt (»Ästhetik«, IV, 1838). Für die Zeit nach dem Ersten Weltkrieg ist die systematische Rekonstruktion der Literaturgeschichte durch die Geisteswissenschaft kennzeichnend, die von Diltheys grundlegenden Studien ausgehend die Romantik zur Antithese der Aufklärung erklärte. H. A. *Korff* (»Der Geist der Goethezeit«, 1923–54) hat die Romantik darum konsequent an das Ende einer urdeutschen Bewegung gerückt, wodurch die Romantik-Forschung leicht in den Sog der nazistischen Politik geriet. Von der damals vollzogenen Politisierung der Romantik-Forschung hat sich die Literaturwissenschaft bis in die späten siebziger Jahre nicht erholen können, weil es seit 1945 zwei Wege zum Verständnis der deutschen Katastrophe und damit auch der Romantik gab: den konservativen in der BRD und den marxistischen in der DDR. Bis zur Studentenbewegung (1968) fand z. B. in der BRD keine ernsthafte Auseinandersetzung mit der Fachgeschichte Germanistik statt: die Frage nach der Mitschuld der Romantik-Forschung an der Hitler-Diktatur konnte darum auch von Geisteswissenschaftlern sowie werkimmanenten Interpreten auf Jahrzehnte hinaus verdrängt werden. Die soziologisch orientierte Ideologiekritik setzte erst danach, von Th. W. Adorno angeregt, ein, wozu sich die Rezeptionsästhetik, die Diskursanalyse und die Komparatistik als Haupttendenzen der jüngsten Entwicklung gesellten.

Wie eng Ideologie und Literaturanalyse in der DDR aufeinander abgestimmt waren, erhellt Georg *Lukács*, der während der stalinistischen Ulbricht-Ära in der Romantik-Forschung der DDR dominierte. Er erklärte die Romantik als absoluten Irrweg der deutschen Literatur, da sie mit ihrem Irrationalismus und ihrer reaktionären Haltung zum Nazismus geführt hätte. Jedoch kam es seit der »Erbediskussion« (1975) auch in der DDR zu einer Wende: man realisierte Hegels dialektischen Standpunkt, indem man Reaktion und Progression, Klassik und Romantik nebeneinanderrückte. Heute fragt man sich zurecht in West und Ost, ob die deutsche Romantik tatsächlich die Abdankung der europäischen Vernunft bedeutete.

Literatur

Bibliographien
Hansel, J.: Personalbibliographie zur dt. Litgeschichte, 1967, [2]1974. – *Kirchhoff, J.:* Friedrich Wilhelm Joseph von Schelling mit Selbsterzeugnissen und Bilddokumenten. 1982 (mit Bibliographie). – *Kohler, M.:* Hölderlin-Bibliographie 1966–1970, in: HöJb. 18 (1973/74), 191–310. – *Krabiel, K.-D.:* J. v. Eichendorff. Kommentierte Studienbibl. 1971. – *Mallon, O.:* Brentano-Bibl. 1926. Repr. 1965. – *Mauser, W.:* Eichendorff-Lit. seit 1945, in: DU 14 (1962), 4. Beilage; DU 20 (1968), 3. Beilage. – *Meyer, H. M.:* Eichendorff-Bibliographie. In: Aurora 13 ff. (1953 ff.). Seit 1978 ff. bearb. von I. Holtmeier. – *Osborne, J.:* Romantik. Hdb. der dt. Litgesch. II, 8. Bern – München 1971. – *Salomon, G.:* E.T.A. Hoffmann – Bibliographie 1983. – *Schäfer, K.-H.* u. *J. Schawe:* E.-M. Arndt. Ein bibliogr. Hdb. 1769–1969. 1971. – *Seifert, S.:* Heine-Bibl. 1954–1964. 1973. – *Sembdner, H.:* Kleist-Bibl. 1803–1862. 1966. – Vgl. auch die Bibliographien in ELN und YWMLS.

Forschung
Behler, E.: Der Stand der F.-Schlegel-Forschung, in: JDSG 1 (1957). 253–89. – *Brockhagen, D.:* Adelbert von Chamisso. In: A Martino (Hrsg.), Literatur in der sozialen Bewegung. Aufsätze und Forschungsberichte zum 19. Jahrhundert. 1977. 373–423. – *Deubel, V.:* Die F.-Schlegel-Forschung 1945–72, in: DVj 47 (1973), S. 48–181. – *Fetzer, J.:* Old and New Directions in C. Brentano Research (1921–1968), in: LJGG 11 (1970), 87–119; 12 (1971), 113 bis 203. – *Ders.:* Recent Trends in C. Brentano Research 1968 bis 1970, in: LJGG 13 (1972), 217–32. – *Frühwald, W.:* Stationen der Brentano-Forschung 1924–72,: in DVj 47 (1973), 182–269. – *Hammer, K.,* et al.: Fragen der Ro.forschung, in: WB 1 (1963), 173–182. – *Hermand, J.:* Streitobjekt Heine. Ein Forschungsbericht. 1945–1975. Athenäum-Fischer Nr. 2101; 1975. – *Hoffmann, V.:* Die Arnim-Forschung 1945–72, in: DVj 47 (1973), 270–342. – *Koepke, W.:* Die Jean-Paul-Rezeption nach seinem 150. Todestag, in: GQ 50, (1977), 314–319. – *Körner, J.:* Marginalien. I: Zur Ro.forschung 1938–1946. 1950. – *Krogoll, J.:* Probleme u. Problematik der Jean-Paul-Forschung (1963–67), in: JFDH 1968, 425–523. – *Krumme, P.* u. *B. Lindner:* Absolute Dichtung u. Politik. Tendenzen der Jean-Paul-

Forschung, in: TuK Sonderbd. (1970), 116–24. – *Lefèvre, M.:* Kleist-Forschung 1961–1967, in: CollG 3 (1969), 1–86. – *Littlejohns, R.:* When is a Romantic not a Romantic? Eichendorff-Research in the 1980s, in: German Life and Letters 42 (1989), 181–202. – *Mandelkow, K. R.:* Dte. Lit. zwi. Klassik und Ro. in rezeptionsgeschichtlicher Sicht, in: »Europ. Ro.« I, 1982, 1–26. – *Mayer, H.:* Zur Lage der Ro.-Forschung, in: WZUL 12 (1963), 493–496. – *Ders.:* Fragen der Ro.-Forschung, in: Zur dt. Klassik u. Ro. 1963, S. 263–305. – *Müller, J.:* Ro.-Forschung I–IV, in: DU 15–24 (1963–1972), Beilagen. – *Müller-Seidel, W.:* Probleme der Novalis-Forschung, in: GRM 34 (1953), 274–92. – *Peter, K.,* Hrsg.: Romantikforschung seit 1945. 1980. – *Prang, H.,* Hrsg.: E.T.A. Hoffmann. W. d. F. 486. 1976. – *Preuss, W.:* Hundertfünfzig Jahre Kleistforschung, in: WZPHP 10 (1966), 243–62. – *Purver, J.:* »Das Deutsche-ste der Deutschen Dichter«: Aspects of Eichendorff Reception 1918–1945, in: German Life and Letters 42 (1989), 296–311. – *Pyritz, H.:* Probleme der Ro.-Forschung (1950), in: Schriften zur Litgesch. 1962, S. 73–93. – Romantik-Forschung. Sonderh. DVj. 1973 (F. Schlegel, Brentano, Arnim, Mörike). – *Sammons, J. L.:* Phases of Heine Scholarship 1957–71, in: GQ 46 (1973), 56–88. – *Schubert, M. H.:* Wackenroder and Literary Scholarship, in: W. H. Wackenroders ›Confessions‹ and ›Fantasies‹. Penn State 1971. – Sonderheft DVj 1978 (Romantik-Kolloquium der Deutschen Forschungsgemeinschaft 1977). – *Stöcklein, P.,* Hrsg.: Eichendorff heute. Stimmen der Forschung mit einer Bibl. 1960, [2]1966. – *Thalmann, M.:* Hundert Jahre Tieckforschung, in: Monatsh. 45 (1953), 113–123. – *Voerster, J.:* 160 Jahre, E.T.A. Hoffmann-Forschung 1805–1965. Eine Bibl. mit Inhaltserfassung u. Erläuterungen. 1967.

Goethe, Schiller u. die Romantik
Aler, J.: Goethe u. die Ro., in: Goethejb. NF 29 (1967), 297–323. – *Atkins, S.:* The Evaluation of Romanticism in Goethes »Faust«, in: JEGP 54 (1955), 9–38. – *Bahr, E.:* Die Ironie im Spätwerk Goethes ». . . diese sehr ernsten Scherze . . .«. Studien zum »West-östlichen Divan«, zu den »Wanderjahren« und zu »Faust II«. 1972. – *Borcherdt, H. H.,* Hrsg.: Schiller u. die Romantiker, Briefe u. Dokumente. 1948. – *Burwick, F.:* The Damnation of Newton; Goethe's Color Theory and Romantic Reception. 1986. – *Doppler, A.:* Schiller u. die Frühro., in: CWGV 54 (1960), 71–91. – *Hahn, K.-H.:* Goethes Verhältnis zur Ro., in: Goethejb. NF 29 (1967), 43–64. – *Heselhaus, C.:* Die Wilhelm-Meister-Kritik der Romantiker und die romantische Theorie des Romans, in: H. R. Jauß, Hrsg.: Nachahmung und Illusion. 1969, 113–27. – *Hoffmeister, G.,* Hrsg.: Goethezeit. Fs. S. Atkins. Bern 1981. – *Jenisch, E.:* »Das Klassische nenne ich das Gesunde, und das Romantische das Kranke.« Goethes Kritik der Romantik, in: Goethejb. NF 19 (1957), 50–79. – *Körner, J.:* Romantiker u. Klassiker. Die Brüder Schlegel in ihren Beziehungen zu Schiller u. Goethe. 1924, Repr. Bern 1974. –

Lovejoy, A. O.: Schiller and the Genesis of German Romanticism, in: Essays in the History of Ideas. Baltimore [2]1952, S. 207–227. – *Mähl, H.-J.:* Goethes Urteil über Novalis, in: JFDH 1967, 130–270. – *Mommsen, K.:* Kleists Kampf mit Goethe. 1974. – *Peters, G. F.:* »Der Große Heide Nr. 2«. Heinrich Heine and the Levels of His Goethe Reception. 1989. – *Rasch, W.:* Die Zeit der Klassik u. frühen Ro., in: Annalen der dt. Lit., hrsg. H. O. Burger. 1952, [2]1971, S. 465–550. – *Röhl, H.* Die ältere Ro. u. die Kunst des jungen Goe. 1909; Repr. 1978. – *Schüddekopf, C. u. O. Walzel,* Hrsgg.: Goethe u. die Ro. Briefe. Schriften der Goethe-Gesellschaft 14. 2 Bde. 1898. Repr. 1989. – *Storz, G.:* Klassik u. Ro. Eine stilgeschichtl. Darstellung. 1972. – *Strich, F.:* Dt. Klassik u. Ro. 1924, [4]1949. – *Wachsmuth, A.:* Zwei Kap. zu dem Problem Goethe u. die Ro., in: Goethejb. NF 30 (1968), 1–42. – *Wessell, L. P.:* Schiller and the Genesis of German Ro., in: SIR 10 (1971), 176–98. – *Weissenborn, B.:* Bettina von Arnim und Goethe. 1987. –

Deutsche Romantik (allgemein)

Alewyn, R.: Eine Landschaft Eichendorffs, in: Euphorion 51 (1957), 42–60. – *Altenhofer, N.:* H. Heine. Dichter über ihre Dichtungen. 3 Bde. 1971. – *Angelloz, J. F.:* Le Romantisme allemand. Paris 1973. – *Ayrault, R.:* La Genèse du romantisme allemand. 4 Bde. Paris 1961–1977. – *Béguin, A.,* Hrsg.: Le Romantisme allemand. 1949, [2]Paris 1966. – *Behler, E.:* F. Schlegel. rm 123, 1966. – *Ders.:* Die Zeitschriften der Brüder Schlegel: ein Beitrag zur Geschichte der deutschen Romantik. 1983. – *Ders.* u. *J. Hörisch,* Hrsgg.: Die Aktualität der Frühro. 1987. – *Beissner, F.,* Hrsg.: F. Hölderlin. Dichter über ihre Dichtungen 11. 1973. – *Bouterwek, F.:* Gesch. der Poesie u. Beredsamkeit in Dtld. 1801 bis 1819. – *Brinkmann, R.,* Hrsg.: Romantik in Deutschland. Ein interdisziplinäres Symposion, in: Sonderband DVj, 1978. – *Brion, M.:* L'Allemagne romantique. 3 Bde. Paris 1962 bis 1977. – *Brown, M.:* The Shape of German Romanticism. 1979. – *Burckhardt, S.:* The Drama of Language. Essays on Goethe and Kleist. Baltimore 1970. – *Butler, E. M.:* H. Heine, a Biography. Westport, Conn. 1936, [2]1972. – *Clasen, H.:* Heinrich Heines Romantikkritik: Tradition, Produktion, Rezeption. 1979. – *Conrady, K. O.,* Hrsg.: Gedichte der dt. Ro. (Texte). 1979. – *Daemmrich, H.:* The Shattered Self. E.T.A. Hoffman's Tragic Vision. Detroit 1973. – *Dahnke, H.-D.* u. *Th. Höhle,* Hrsgg.: Gesch. der dt. Lit. VII, 1789–1830. 1978. – *Dilthey, W.:* Das Erlebnis u. die Dichtung. [14]1965. – *Dischner, G.* u. *R. Faber,* Hrsgg.: Romant. Utopie, Utopische Ro. 1979. – *Eichendorff* 1788–1857. Leben, Werk, Wirkung. Ausstellung [Katalog]. 1983. – Eichendorff-Heft, in: JEGP 56 (1957), Heft 4. – *Eichner, H.:* F. Schlegel. TWAS 98. N.Y. 1970. – *Feldges, B.:* E.T.A. Hoffmann: Epoche, Werk, Wirkung. Von B. Feldges u. U. Stadler; mit je einem Beitrag von E. Lichtenhahn u. W. Nehring. 1986. – *Fetzer, J. F.:* Romantic Orpheus. Profiles of C. Brentano. Berkeley–Los Angeles 1974. – *Fischer, E.:* Ursprung und Wesen der Romantik. 1986.

– *Froeschle, H.:* L. Uhland u. die Ro. 1973. – *Frühwald, W.:* »Mephisto in weiblicher Verkleidung«. Das Werk Bettine von Arnims im Spannungsfeld von Romantik und sozialer Revolution. In: JFDH 1985, 202–22. – *Gäde, E.-G.:* Eros und Identität bei Novalis. Zur Grundstruktur der Dichtungen F. von Hardenbergs. 1974. – *Gajek, B.:* Homo poeta. Zur Kontinuität bei C. Brentano. 1971. – *Gerstner, H.:* Die Brüder Grimm. rm 1973. – *Glaser, H. A.,* Hrsg.: Zwi. Rev. u. Restauration: Klassik. Ro. 1786–1815. (= Dt. Lit., eine Sozialgesch. V) 1980. – *Graßl, H.:* Aufbruch zur Romantik. Bayerns Beitr. zur dt. Geistesgesch. 1765–85. 1968. – Grimm: 200 Jahre Brüder Grimm. Ausstellungskatalog. 3 Bde. 1985. – *Grimm, G. E.* u. *R. Max,* Hrsgg.: Romantik, Biedermeier u. Vormärz (= Dte. Dichter 5). 1989. – *Guignard, R.:* Un Poète romantique allemand, C. Brentano. Paris 1933. – *Guerne, A.:* Les Romantiques allemands. Paris 1957. – *Gundolf, F.:* Romantiker 1930–31. – *Häntzschel, G./Omrod, J./Renner, K. N.,* Hrsgg.: Sozialgeschichte der deutschen Literatur 1770–1900. Bd. 13: Zur Sozialgeschichte der deutschen Literatur von der Aufklärung bis zur Jahrhundertwende. 1985. – *Harnischfeger, J.:* Die Hieroglyphen der inneren Welt: Romantikkritik bei E.T.A. Hoffmann. 1988. – *Härtl, H./Hoock-Demarle, M.-C./Schultz, H.:* Bettine von Arnim. Romantik und Sozialismus (1831–1859). 1987. – *Haustein, B.:* Ro.-Mythos u. Ro.-Kritik in Prosadichtungen A. v. Arnims. 1974. – *Haym, R.:* Die romant. Schule, 1870, ⁵1928, Rept. 1972. – Heine und seine Zeit. Sonderh. ZDP 1972. – H. Heine – Streitbarer Humanist u. volksverbundener Dichter, hrsg. vom Zentralinstitut für Litwiss. 1974. – *Hermsdorf, K.:* Literarisches Leben in Berlin: Aufklärer und Romantiker. 1987. – *Hiebel, F.:* Novalis. German Poet. European Thinker, Christian Mystic. Chapel Hill 1954, ²1959. – *Hirsch, H.:* Bettine von Arnim mit Selbstzeugnissen und Bilddokumenten. 1987 (mit Bibliographie). – E.T.A. Hoffmann. Sonderh. ZDP 95, 1976. – *Hoffmann, W.:* C. Brentano. Leben u. Werk. Bern 1966. – *Hoffmann-Axthelm, I.:* ›Geisterfamilie‹, Studien zur Geselligkeit der Frühro. 1973. – *Hohoff, C.:* Kleist, rm 38, 1958. – *Hughes, G. T.:* Romantic German Literature. London 1979. – *Immerwahr, R.:* Romanticism, in: The Challenge of German Lit., hrsg. H. S. Daemmerich u. D. Haenicke. Detroit 1971, S. 183–231. – *Kastinger-Riley, H. M.:* Achim von Arnim mit Selbstzeugnissen u. Bilddokumenten. 1979 (mit Bibliographie). – *Dies.:* Clemens Brentano. 1985. – *Keller, O.:* Eichendorffs Kritik der Ro. Zürich 1954. – *Kern, J. P.:* L. Tieck – Dichter einer Krise 1977. – *Kircher, H.:* Heine u. das Judentum. 1973. – *Klessmann, E.:* Die deutsche Romantik. 1979. – *Kluckhohn, P.:* Das Ideengut der dt. Ro. 1941, ⁵1966. – *Kommerell, M.:* Geist und Buchstabe der Dichtung. Goethe – Schiller – Kleist – Hölderlin. ⁵1962. – *Körner, J.,* Hrsg.: Krisenjahre der Frühro. Briefe aus dem Schlegelkreis. Bern 1958, ²1969. – *Kozielek, G.:* L. Z. Werner. Sein Weg zur Ro. 1963. – *Krabiel, K.-D.:* Tradition und Bewegung. Zum sprachl. Verfahren Eichendorffs. 1973. – *Kreutzer, H. J.:* Die dichterische Entwicklung H. v.

41

Kleists. ²1976. – *Kunz, J.:* Eichendorff. Höhepunkt u. Krise der Spätro. 1951, Repr. 1973. – *Kuzniar, A. A.:* Delayed Endings: Nonclosure in Novalis and Hölderlin. Athens, Georgia 1987. – *Lange, V.:* Das klassische Zeitalter der deutschen Literatur. 1740–1815. 1983. – *Lepper, G.:* »Liter. Öffentlichkeit-literar. Zentren«, in: Glaser V, 1980, 58–73. – *Liedke, H. R.:* Literary Criticism and Romantic Theory in the Works of Arnim. N.Y. 1965. – *Lubos, A.:* Die schlesische Ro. 1956. – *Ders.:* Schlesisches Schrifttum der Ro. u. Popular-Ro. 1978. – *Lüthi, H. J.:* Dichtung u. Dichter bei J. v. Eichendorff. Bern – München 1966. – *Lützeler, P. M.,* Hrsg.: Romane und Erzählungen der deutschen Romantik: Neue Interpretationen. 1981. – *Ders.:* Romane und Erzählungen zwischen Romantik und Realismus: Neue Interpretationen, 1983. – *Mähl, H. J.,* Hrsg.: Novalis. Dichter über ihre Dichtungen 15. 1976. – *Maione, I.:* Profili della Germania romantica. Neapel 1960. – *Mayer, J. M.:* A. W. Schlegel and F. Schlegel. A Study of Their Literary Relationship. Diss. Toronto 1971. – *McGlathery, J. M.:* Mysticism and Sexuality: E.T.A. Hoffmann. 2 Bde. Las Vegas/N.Y./Bern 1981–85. – *Menhennet, A.:* The Romantic Movement. Totowa, N.J., 1981. – *Minder, R.:* Un Poète romantique allemand. L. Tieck. Paris 1936. – *Ders.:* Das gewandelte Tieck-Bild, in: Fs. K. Ziegler, hrsg. E. Catholy u. W. Hellmann. 1968, S. 181–204. – *Mittner, L.:* Storia della lett. tedesca. Dal Pietismo al Romanticismo (1700–1832). Turin 1964. – *Molnar, G.* von: Romantic Vision, Ethical Context: Novalis and Artistic Autonomy. Minneapolis 1987. – *Müller, H. von:* Ges. Aufsätze über E.T.A. Hoffmann, hrsg. F. Schnapp. 1974. – *Naumann, U.:* Predigende Poesie. Zur Bedeutung von Predigt, geistlicher Rede u. Predigertum für das Werk Jean Pauls. 1976. – *Petersen, J.:* Die Wesensbestimmung der dt. Ro. 1926, Repr. 1973. – *Pfefferkorn, K.:* Novalis: a Romantic's Theory of Language and Poetry. New Haven 1988. – *Pikulik, L.:* Romantik als Ungenügen an der Normalität: am Beisp. Tiecks, Hoffmanns, Eichendorffs. 1979. – *Pinder, W.:* Das Problem der Generation. 1926. – *Prawer, S.,* Hrsg.: The Romantic Period in Germany. London – N.Y. 1970. – *Preisendanz. W.:* H. Heine, Werkstrukturen u. Epochenbezüge. UTB 206, 1973. – *Pross, W.:* Jean Pauls geschichtl. Stellung. 1975. – *Ribbat, E.:* L. Tieck. Studien zur Konzeption u. Praxis romant. Poesie. 1977. – *Ders.,* Hrsg.: Romantik: e. literaturwissenschaftl. Studienbuch. 1979. – Romantik. Sonderh. CollG 1–2 (1968). – Romantik. Erläuterungen zu der dt. Lit. Berlin-O. 1973. – *Ruggiero, G.:* L'età del romanticismo. Bari ⁴1957. – *Ryan, L.:* Romanticism. Periods of German Lit., hrsg. J. M. Ritchie. London 1966, S. 123–143. – *Sammons, J.:* H. Heine. The Elusive Poet. New Haven 1969. – *Scher, S. P.,* Hrsg.: Zu E.T.A. Hoffmann. Interpretationen. 1981. – *Schirmer, W. F.:* Kleine Schriften. 1950. – *Schlaffer, H.:* Klassik und Romantik. Epochen der deutschen Literatur in Bildern 1770–1830. Stuttgart 1986. – *Schneider, G.:* Heidelberger Ro., in: Studien zur dt. Ro. 1962, S. 13–56. – *Ders.:* Die Romantiker in Berlin, ebd., S. 57–70. – *Schultz, F. u. H. J. Lüthi:*

Romantik, in: RL II (1929), 110 F.; vgl. III (1975), 5 78–594. – *Schultz, F.:* Die dt. Romantik. 1940, [3]1959. – *Schulz, G.:* Novalis. rm 154. 1969, [2]1973. – *Ders.,* Hrsg.: Novalis. 1970. – *Ders.:* Die dt. Lit. zwi. Französ. Rev. u. Restauration (= de Boor-Newald VII). 2 Bde. 1983–1989. – *Schwarz, E.:* J. v. Eichendorff. TWAS 163. N.Y. 1972. – *Schweikert, U.,* Hrsg.: L. Tieck. Dichter über ihre Dichtungen. 3 Bde. 1971. – *Ders.:* Jean Paul. Slg. Metzler 91. 1970. – *Ders.,* Hrsg.: Jean Paul. W. d. F. 1974. – *Segebrecht, W.,* Hrsg.: L. Tieck. W. d. F. 386. 1976. – *Ders.:* Gedichte und Interpretationen. Bd. 3: Klassik und Romantik. Stuttgart 1984. – *Seidlin O.:* Versuche über Eichendorff. 1965. – *Sembdner, H.:* H. v. Kleist. Dichter über ihre Dichtungen. 1969. – *Staiger, E.:* L. Tieck u. der Ursprung der dt. Ro., in: NRs 1960, 596–622; abgedr. in: Stilwandel. Zürich 1963. – *Steffen, H.,* Hrsg.: Die dt. Ro. Vandenhock 250. 1967. – *Stöcklein, P.:* J. v. Eichendorff. rm 84. 1967. – *Storz, G.:* Schwäb. Romantiker. Dichter u. Dichterkreise im alten Württemberg. 1967. – *Struss, D.:* Deutsche Romantik: Geschichte einer Epoche. 1986. – *Tecchi, B.:* Romanticismo tedesco. Mailand – Neapel 1959, [2]1965. – *Thalmann, M.:* Ro. in kritischer Perspektive. Zehn Studien, hrsg. J. D. Zipes. 1976. – *Ueding, G.:* Klassik und Romantik: dte. Lit. im Zeitalter der Französ. Rev. 1789–1815. München 1987. – *Vietta, S.,* Hrsg.: Die literarische Frühromantik. 1983. – *Ders.,* Hrsg.: Romantik in Niedersachsen: der Beitrag des protestant. Nordens. Zur Entstehung der literar. Ro. in Dtld. 1986. – *Vordtriede, W.* u. *G. Bartenschlager,* Hrsgg.: C. Brentano. Dichter über ihre Dichtungen. 1970. – *Waldstein, E.:* B. von Arnim and the Politics of Romantic Conversation. Columbia, S. C. 1988. – *Weimar, K.:* Versuch über Voraussetzung u. Entstehung der Ro. 1968. – *Wiese, B. v.:* Signaturen. Zu H. Heine u. seinem Werk. 1976. – *Ders.:* Schlegel u. die Ro. Sonderh. ZDP 88 (1970). – *Ders.,* Hrsg.: Dt. Dichter der Ro. Ihr Leben u. Werk. 1956, [2]1983. – *Willoughby, L. A.:* The Romantic Movement in Germany. Oxford 1930, Repr. N.Y. 1966. – *Windfuhr, M.:* H. Heine. Rev. u. Reflexion. 1969, [2]1976. – *Winter, I.:* Unters. zum serapiontischen Prinzip E.T.A. Hoffmanns. Den Haag 1976. – *Wittkop-Ménardeau, G.:* E.T.A. Hoffmann. rm 113. 1966. – *Wyss, H.:* Bettina von Arnims Stellung zwi. der Ro. und dem jungen Dtld. Bern–Lpz. 1935. – *Ziolkowski, Th.:* German Romanticism and its Institutions. Lawrenceville, N. J. 1990. – *Žmegac, V.,* Hrsg.: Gesch. der dt. Lit. 1700–1848. 1978.

3. Die englische Romantik

Die engl. Romantik war durch die empfindsame Strömung, die sich in Theorie, Lyrik und Roman schon während des augusteischen Zeitalters von Pope ausgebildet hatte, auf die romantische

Dichtung gut vorbereitet worden. Wann die eigentliche Romantik in England beginnt und endet, ob man die ›Vorromantik‹ schon als Frühromantik bezeichnen darf und wer zur Romantik gehört, ist in der Forschung umstritten. Selbst der Terminus *English Romanticism* wird im angelsächsischen Bereich nicht allgemein akzeptiert; z.T. wird er ersetzt durch »The Age of Wordsworth« (C. H. Herford, 1899) oder »The Period of the French Revolution« (»Concise Cambridge History of Engl. Lit.«, 1970). R. Wellek behauptet sogar, daß es in England im Gegensatz zum Kontinent keine »romantische Bewegung« gegeben habe, weil es an einem gemeinsamen Programm mangelte, an entsprechenden Kämpfen und Brüchen in der Tradition (»History of Modern Criticism« II, 110). Manches spricht allerdings dafür, den Beginn der »Bewegung« mit dem Jahre 1789 anzusetzen (Französ. Rev. und Blake, »Songs of Innocence«) und sie 1832 auslaufen zu lassen (Wahlrechtsreform, † Scott). Dem widerspricht allein die übliche Datierung, die mit dem Erscheinungsjahr der »Lyrical Ballads« (1798) beginnt. Aber Blake ist in den letzten Jahrzehnten als bedeutender frühromantischer Zeitgenosse der engl. Romantik erkannt worden, so daß man mit ihm anfangen sollte. Innerhalb der Bewegung können zwei Generationen unterschieden werden, die ältere um die »Lake Poets« und die jüngere (nach 1815, Waterloo), der Byron, Keats und Shelley angehören. Die Ausstrahlungen der romantischen Phase im engeren Sinne reichen über Scotts Tod bis in die viktorianische Zeit.

Obwohl es in England zu keinem Kampf zwischen den Romantikern und den klassischen Meistern (Pope, Addison, Johnson) kam, bedeutet der Aufbruch der romantischen Gruppe zunächst eine Revolte gegen die Dichtungskonventionen des Klassizismus, die zu der Begeisterung für die Französ. Revolution parallel lief (über das neue Lebensgefühl vgl. Wordsworth; »Bliss was it in that dawn to be alive/But to be young was very heaven«, »The Prelude«, Book X, l. 693–94).

Warum es zu keinem Bruch mit der Pope-Ära kam, mag damit zusammenhängen, daß die Romantiker die Eigentradition wiederbeleben konnten und keine ästhetischen Systeme aufzubauen brauchten, sondern die Themen der Vorläufer (Natur, Schönheit, Griechenland etc.) aufgriffen, um sie sich anverwandelnd umzugestalten. Die engl. Romantik ist denn auch nicht so sehr durch ein Literatur- bzw. Lebensprogramm charakterisiert, als durch eine lyrisierende Tendenz (auch in Verserzählung und Drama) und eine sozialkritische Ausrichtung, die dem angelsächsischen Gesellschaftsbewußtsein entspricht.

Blake übertrug die Ziele der Französ. Revolution auf die Poesie, indem er sich gegen alle Konventionen in Staat und Kirche aussprach (vgl. »Songs of Experience«, 1794; »The Prophetic Books», 1788 f.) und eine neue visionäre Dichtkunst schuf, die einerseits seiner Verwurzelung in gnostisch-mystischen Denkstrukturen des Mittelalters zu verdanken ist, andererseits seinem Glauben an den Primat der vergöttlichten Einbildungskraft. Seine ersten Dichtungen zeigen zudem den Einfluß der Literatur der Shakespearezeit, der Bibel und Ossians, vielleicht auch Rousseaus, mit dem er den Mythos vom seligen Urzustand der Kindheit teilt, der durch den Intellekt, böses Prinzip der Neuzeit, gestört wird. Revolutionär war Blake nicht nur im politischen Bereich und in seinem Entwurf eines eigenen mythischen Weltbildes, sondern auch über die Opposition gegen klassizistische Regeln hinaus als Dichter, der sein Werk zugleich durch illuminierte Kupferstiche ausschmückte. Damit wurde er zum Prototyp des romantischen Künstlers, der ein Gesamtkunstwerk produzieren wollte (vgl. H. Viebrock, ER, S. 346 f.). – Während Blake aus den Quellen des Mittelalters schöpfte, erneuerte *R. Burns* die schottische Volksballadentradition (»Poems chiefly in the Scottish Dialect«, 1786), verwandte aber viel mehr Kunst zu seinen Liedern, als man gemeinhin von dieser Naturlyrik vermutet, die elementare Empfindungen wie Liebe, Schmerz, Freude ausdrückt.

Blake und Burns stehen unmittelbar an der Schwelle zwischen Vorromantik und Romantik; Wordsworth, Coleridge und Southey bilden die *Lake School* der älteren Generation, die wie Burns für die Volkspoesie eintritt. Im »Preface« (1800) seiner mit Coleridge verfaßten »Lyrical Ballads« äußerte sich *Wordsworth* über die poetischen Ziele seiner Dichtung.

Gegenüber der klassizistischen Tradition intellektueller, logisch beherrschter Sprachführung sieht er als Quelle der Dichtung die Unmittelbarkeit des Erlebens an (»spontaneous overflow of powerful feelings«), das aber verklärt werden müsse (»poetry takes its origin from emotion recollected in tranquility«). Fühlen und Innewerden (sensibility and meditation) bedeuten mehr als Denken und Wollen. Seine Philosophie besteht darin, mit der vom Weltgeist belebten Natur in Kommunion zu treten und Trost zu finden durch die Erinnerung an seine Erlebnisse. Durch Vereinfachung in der Gegenstandswahl und der Diktion (»It may be safely affirmed, that there neither is, nor can be, any essential difference between the language of prose and metrical composition«) sagte sich Wordsworth los von der artifiziellen Literatur des Klassizismus, zumindest in der Theorie, und führte analog zu seiner anfänglichen Begeisterung für die Französ. Revolution ein demokratisches Prinzip in die Dichtung ein. Die Zusammenarbeit verteilte sich so: »it was agreed that my [Coleridge] endeavours should be directed to persons and characters supernatural, or at least romantic . . . Mr. Wordsworth, on the other hand was to propose to himself as his object, to give the charm of novelty to things of every day« (»Biographia Literaria«, Kap. XIV). Wordsworth wählte also Gegenstände aus dem Alltag und romantisierte sie (z. B. »The Daffodils«, »To the Cuckoo«). Die Genese seines Dichtertums schildert »The Prelude« (D. 1850).

Coleridge, der führende philosophische und kritische Kopf unter den engl. Romantikern, der seine Bildung zum Teil aus Deutschland holte, hielt sich in seinen besten Gedichten an sein Programm, phantastisch-magische Gegenstände in romantischen Traumdichtungen darzustellen (»The Ancient Mariner«; »Kubla Khan«; »Christabel«). Nach einer etwa fünfjährigen Schaffensperiode wandte er sich ganz ästhetischen Problemen zu. – R. Southey schrieb Balladen und exotische Versepen (»Madoc«) im Stile der Zeitmode, die ihm den »poet laureate« einbrachten.

Scott kam über die historische Ballade zum Roman, behielt aber den Stoffbereich bei; von Percy angeregt, sammelte er zunächst »Border Minstrelsy« (1802–03) und dichtete aus ihrem Geiste »The Lay of the Last Minstrel« (1805). Er ist insofern ein gewisser Außenseiter der älteren Generation, als er »wahrer Begründer des sog. historischen Romans« wurde, dessen Kennzeichen »in der Harmonie des aristokratischen und demokratischen Elements besteht« (Heine, Einleitung zu »Don Quijote«, 1837). Das unterscheidet ihn sowohl gattungsmäßig als auch in der Tendenz vom Hauptstrom der engl. Romantik. Wie sein Landsmann Burns liebte er die schottische Heimat, von der er großartige Kultur- und Sittenbilder entwarf (»Waverley«, 1814; »The Heart of Midlothian«, 1818). Scott steht mit seinen detaillierten Sittenschilderungen und historischen Gemälden auf dem Übergang zu einem romantischen Realismus, der für die engl. Romantik insgesamt charakteristisch ist (z. B. betont selbst Coleridge seinen realistischen Stil, s. »Biographia Lit.« Kap. XIV).

Die spezifisch romantischen Elemente seiner Romankunst gehen nicht sehr tief. Neben Handlungsschema und Darstellungstechnik der »gothic novel« beschränkt sich sein Romantizismus auf die »verklärende Sicht ferner mittelalterlicher Zeiten, . . . konventionelle Fabeln von Liebe und Abenteuer, . . . Heroismus einzelner Menschen und . . . die pittoreske Szenerie des »schottischen Hochlandes« (Viebrock, ER, S. 398). Gerade weil sich Scotts Romantik im mittelalterlichen Kolorit und in heldischen Idealtypen erschöpfte, eignete sich sein Werk besonders für die weltweite Nachahmung.

Auch die jüngere engl. Romantikergeneration ist keine einheitliche Gruppe. *Byron, Shelley* und *Keats* wurzeln in der klassizistischen Tradition, schufen aber jeweils eine ganz universelle Kunst, die zumindest bei Keats über die Romantik hinaus den Weg zum Symbolismus wies. Alle drei starben im Süden, von Griechenland begeistert, doch während sich Byron und Shelley gegen die scheinheilige engl. Gesellschaft und die politische Unfreiheit im Ausland aussprachen, auch Wordsworth angriffen (s. Byron, »English Bards and Scotch Reviewers«, 1809; Shelley, »Peter Bell the Third«, 1819), hielt sich Keats völlig von allem politischen Getriebe zurück. – Daß *Byron* zum Repräsentanten der engl. und auch europäischen Romantik wurde, obgleich er sich selber in der Theorie von der Romantik distanzierte und den regelmäßigen Pope zum Nationaldichter der Menschheit erhob, dürfte neben dem freundlichen Echo, das er bei Goethe fand (s. u. S. 90), daran liegen, daß Byron selber in poetischer Existenz und Dichtung die nationalen Grenzen überschritt und durch seinen Philhellenismus, seine politische Lyrik, sein Weltschmerzlertum vorbildlich und anspornend auf Europas Dichter wirkte (vgl. H. Oppel, »Englisch-deutsche Lit.-Beziehungen« II, 41 u. G. Hoffmeister, Byronismus, 1983). Auch thematisch erlangten seine Versepen und dithyrambischen Dramen weltliterarische Bedeutung (s. »byronesker Held«, s. u. S. 171 f.). – Wie Byron war *Shelley* ein romantischer Rebell, der gegen die erstarrten Ordnungen kämpfte (s. u. S. 202). In seinen berühmtesten Gedichten (»Hymn to Intellectual Beauty«, 1816; »Ode to the West Wind«, 1820 etc.) knüpfte er an die klassische engl. Tradition an. – *Keats* ist unter allen engl. Romantikern wohl der reinste Dichter, der nicht nur durch die Verwandlung seiner Erfahrung in Gestalten der griech. Mythologie an den »hesperischen Klassiker« Hölderlin gemahnt. Hinzu kommt sein ästhetischer Sensualismus, der ganz in der Leidenschaft für das Schöne, die Liebe und die Natur aufging, und seine berauschende Sprache: »A thing of beauty is a joy for ever« (»Endymion«, I, 1) drückt seine platonische Auffassung aus, daß die Idee der Schönheit in allen Dingen verborgen sei. Der Dichter spürt sie auf und gestaltet sie (vgl. »Hyperion«, 1818–19; Oden).

Neben dem historischen Roman konnte sich noch eine zweite typisch engl. Prosagattung entfalten, nämlich der Essay, dafür geeignet, einen Geistesabdruck seines Autors zu geben (vgl. Lamb, De Quincey, Hazlitt).

Bibliographien
Bentley, G. E. u. *M. K. Nurmi:* A Blake Bibl. Minneapolis – London 1964. – *Dunbar, C.:* A Bibl. of Shelley-Studies 1823–1950. Folkestone 1976. – *Egerer, J. W.:* A Bibl. of R. Burns. Edinburgh 1964, Carbondale 1965. – *Haven, J.* u. *R. u. M. Adams:* S. T. Coleridge. An Annotated Bibl. of Criticism and Scholarship. I: 1793 bis 1899. London 1976. – *Henley, E. F.* u. *D. H. Stam:* Wordsworthian Criticism 1945–1964. An Annotated Bibl. N.Y. 1965. – *Kennedy, V. W.* u. *M. N. Barton:* S. T. Coleridge. A Selected Bibl. Baltimore 1935. – *Logan, J.* et al., Hrsg.: Wordworthian Criticism. A Guide and Bibl. Ohio State U. P. 1961. – *MacGillivray, J. R.:* Keats. A Bibl. & Reference Guide. Univ. of Toronto Press 1949. – The Ro. Movement Bibl., 1936–1970, a master cumulation for ELH, PQ & ELN., hrsg. A. C. Elkind & L. J. Forstner. Ann Arbor 1973. – The Romantic Movement; a Critical Bibl., hrsg. D. V. Erdman. N. Y. 1980f. – *Santucho, O. J.*, Byron-Bibl. of Secondary Materials in Engl. 1807–1974. Metuchen 1977.

Forschung
Bernbaum, E. et al.: The Engl. Romantic Poets. A Review of Research. N. Y. 1956. – *Bloom, H.:* Keats and Romanticism, in: MLQ. 25 (1964), 479–485. – *Houtchens, C. W.* u. *H. Lawrence*, Hrsg.: The Engl. Romantic Poets and Essayists. A Review of Research and Criticism. N. Y. 1966. – *Jordan, F.*, Hrsg.: The Engl. Romant. Poets. A Review of Research and Criticism. 1950, N. Y. [4]1985. – *Raysor, Th.*, The Engl. Romantic Poets. A Review of Research. N. Y. 1950, [2]1956.

Allgemein
Abrams, M. H., Engl. Romantic Poets. Modern Essays in Criticism. 1960, N. Y. [2]1975. – *Barcus, J. E.*, Hrsg.: Shelley. The Critical Heritage. London–Boston 1975. – *Bateson, F. W.:* Wordsworth. A Re-interpretation. London–N. Y. 1954, [2]1956. – *Beer, J.:* Coleridge's Poetic Intelligence. London 1976. – *Bentley, G. E.*, Hrsg.: W. Blake. The Critical Heritage. London–Boston 1975. – *Blackstone, B.:* Byron – A Survey. London 1975. – *Bush, D.:* J. Keats. His life and Writings. N. Y. 1966. – *Butler, M.:* Romantics, Rebels and Reactionaries. Engl. Lit. and its Background 1760–1835. Oxford 1981. – *Cameron, K. N.:* Shelley. The Golden Years. Cambridge, Mass. 1974. – *Cantor, P. A.:* Creature and Creator. Mythmaking and Engl. Romanticism. Cambridge, Engld. 1984. – *Carnall, G.:* R. Southey and his Age. The Development of a Conservative Mind. Oxford 1960. – *Clemen, W.:* Shelleys Geisterwelt. Eine Studie zum Verständnis Shelleyscher Dichtung. 1948. -*Cockshut, A. O. J.:* The Achievement of Walter Scott. London 1969. – *Crawford, Th.:* R. Burns. A Study of the Poems and Songs. Edinburgh – London 1960. – *Curry, K.:* Southey. London 1975. – *Dyson, H.* u. *J. Butt:* Augu-

stans and Romantics, 1689–1830. London ²1950, ³1961. – *Ende, St.:* Keats and the Sublime. New Haven 1976. – *Finney, C. D.:* The Evolution of Keats' Poetry. 2 Bde. London 1936, ²1963. – *Fischer, H.:* Die hochromant. Dichtg. in Engld., in: »Europ. Ro.« II, 1982, 243–64. – *Foakes, R. A.:* Romantic Criticism 1800–1850. London 1968. – *Frye, N.:* A Study of Engl. Ro. N. Y. 1968. – *Gerard, A.:* L'Idée romantique de la poésie en Angleterre. Paris 1958. – *Grob, A.:* The Philosophic Mind. A Study of Wordsworth's Poetry and Thought. Columbus, Ohio 1973. – *Harding, A. J.:* Coleridge and the Idea of Love. Aspects of Relationship in Coleridge's Thought and Writing. London 1975. – *Harvey, A. D.:* Engl. Poetry in a Changing Society 1780–1825. N. Y. 1980. – *Hayden, J. O.* Hrsg.: Romantic Bards & British Reviewers. Lincoln, Nebraska 1976. – *Hill, J. S.:* A Coleridge Companion. London 1984. – *Hough, G.:* The Last Romantics, N. Y. 1961. – *Jacobus, M.:* Tradition and Experiment in Wordsworth's Lyrical Ballads, 1798. Oxford 1976. – *Kelley, Th. M.:* Wordsworths' Revisionary Aesthetics. N. Y. 1988. – *Kroeber, K.:* Backgrounds to British Romantic Lit. San Franciso 1968. – *Kumar, S. K.,* Hrsg.: British Romantic Poets. Recent Revaluations. London–N. Y. 1966. – *Lauber, J.:* Sir W. Scott. TEAS 39. N. Y. 1966. – *Lockridge, L. S.:* The Ethics of Romanticism. N. Y. 1989. – *Marchand, L. A.:* Byron's Poetry: A Critical Introduction. Cambridge, Mass. 1968. – *Mayhead, R.:* W. Scott. London 1973. – *McConnell, F. D.:* The Confessional Imagination. A Reading of Wordsworth's »Prelude«. Baltimore 1975. – *McGann, J. J.:* Fiery Dust. Byron's Poetic Development. Chicago 1968. – *Meller, H.:* Die frühe romant. Dichtg. in Engld., in: »Europ. Ro.« II, 1982, 189–214. – *Moore, D. L.:* Lord Byron. Accounts Rendered. London 1974. – *Nemoianu, V.:* Support for an English Biedermeier, in: »Taming«. 1984, S. 41–77. – *Newsome, D.:* Two Classes of Men. Platonism and Engl. Romantic Thought. London 1974. – *Norman, S.:* Twentieth-Cent. Theories on Shelley, in: TSLL 9 (1967), 223–37. – *Parker, R.:* Coleridge's Meditative Art. Ithaca–London 1975. – *Prickett, St.:* Wordsworth and Coleridge. The Lyrical Ballads. London 1975. – *Radley, V. L.:* S. T. Coleridge. TEAS 36. N. Y. 1966. – *Raimond, J.:* Visages du romantisme anglais. Paris 1977. – *Raine, K.:* Blake and Tradition. Princeton 1962. – *Reed, M. L.:* Wordsworth. The Chronology of the Middle Years, 1800–1825. Cambridge, Mass. 1975. – *Reimann, D. H.:* Percy B. Shelley. TEAS 81. N. Y. 1969. – *Renwick, W. L.:* Engl. Lit. 1789–1815. Oxford History of Engl. Lit 9. 1963. – *Ricks, Chr.:* Keats and Embarassment. Oxford–N. Y. 1974, paper 1976. – *Sabin, M.:* Engl. Romanticism and the French Tradition. Cambridge, Mass. 1976. – *Torpe, C., C.Baker* u. *B. Weaver,* Hrsgg.: The Major Engl. Romantic Poets. Carbondale 1957, ²1964. – *Trueblood, P. G.:* Lord Byron. TEAS 78. N. Y. 1969. – *Viebrock, H.:* Die engl. Ro., in: ER, S. 333–405. – *Watson, J. R.:* Engl. Poetry of the Romantic Period. 1789–1830. London–N. Y. 1985. – *Webb, T.:* The Violet in the Crucible. Shelley and Translation. Oxford 1976. – *Wellek, R.:* A History of

Criticism. 1950–1950. II: The Romantic Age. London 1956. – *Wolf-Gumpel, K.:* W. Blake. Versuch einer Einführung in sein Leben u. Werk. 1964. – *Wolfson, S. J.:* The Questioning Presence: Wordsworth, Keats and the Interrogative Mode in Romantic Poetry. Ithaca, N. Y. 1986. – *Wurmbach, H.:* Das mytische Element in der Dichtung u. Theorie von W. Wordsworth. 1975.

4. Die Französische Romantik

Von einem traditionellen europäischen Standpunkt aus begann die franz. Romantik kurz nach 1800 mit Chateaubriand (»Atala«, 1801; »René«, 1802) und Mme de Staël (»De l'Allemagne«, 1810, 1813), fand aber ihre verspätete, der deutschen Romantik entsprechende Erfüllung erst im Symbolismus der achtziger Jahre (Vorläufer Baudelaire, gest. 1867). Dagegen behauptet V. Nemoianu in seiner noch unausgeschöpften meisterhaften Studie »The Taming of Romanticism« (1984) sowohl eine entschiedene Kontinuität innerhalb der französ. Romantik als auch ihre Parallelität zur deutschen und europ. Romantik. Demnach gab es keinen politisch begründeten Bruch zwischen »préromantisme« und der »école romantique« als Folge der Französ. Revolution und Napoleons, sondern eine Gesamtentwicklung von den 1770er Jahren (Rousseau) über die Hochromantik (!) mit Saint-Just, Saint-Martin, de Sade, und dem frühen Chateaubriand zum französ. Biedermeier der 1820er Jahre (Vigny, Hugo, Lamartine, Saint-Beuve). M. a. W.: es gab in der französ. Lit. also keine *zwei* voneinander getrennten Aufbrüche zur Romantik (S. 78–119). Die eigentlichen Kampfjahre der französ. Romantik gegen den herrschenden Klassizismus beschränkten sich auf das Jahrzehnt von 1820 bis 1830. Hier spricht die Literaturgeschichtsforschung deshalb auch von dem *mouvement romantique* oder von der »école romantique«, die sich nach der »Hernanischlacht« 1830 wieder auflöste. Das heißt nicht, daß die französ. Romantiker nach der Julirevolution zu schreiben aufhörten. Nur der Streit, die Euphorie über den Sieg legte sich, und erst nach 1848 spaltete sich die Romantik in neue, sich z. T. ausschließende Richtungen wie die »L'art pour l'art«-Tendenz (Gautier; le Parnasse) und den Symbolismus, neben denen aber die Träger der romantischen Bewegung wie Hugo und Vigny weiterarbeiteten, wenn auch zunehmend gesellschaftskritisch orientiert (Naturalismus). Eine auf ein

Jahrzehnt reduzierte Romantik in Frankreich würde der erstaunlichen Kontinuität der romantischen Strömung nicht gerecht werden, obwohl der »Antiromantisme« seit 1830 nichts unterließ, die Romantik als unfranzös. Phänomen zu verunglimpfen. Doch ist die französ. Romantik durchaus kein Ableger der deutschen, dann schon eher des Sturm und Drang, wie Mme de Staël und A. W. Schlegel ihn vermittelt hatten. Trotz des Einflusses der ausländischen Literatur hat die französ. Romantik vielmehr ein nationales Gepräge erhalten, weil sie sich eng an die Eigentradition in Literatur (Rousseau) und Politik (Französ. Revolution, Napoleon) anschließen konnte. Gerade darum erscheint sie insgesamt gesehen weniger spekulativ oder verinnerlicht als die deutsche, mehr den Fragen der Politik und der Gesellschaft zugewandt. Darum stand sie wenigstens theoretisch immer im Zeichen der Revolte, ob es sich nun um die Forderung nach künstlerischer Freiheit oder gesellschaftlicher Reform handelt, wenn sie auch in der Praxis kaum je das Vermächtnis der Klassiker außer acht gelassen hat. Darum konnte van Tieghem sagen: »il ne constitue pas une révolution, mais un perfectionnement en même temps qu'un enrichissement« (»Le Romantisme français«, S. 126).

An der Schwelle zur Romantik. Als Chateaubriand seine berühmten Erzählungen veröffentlichte, zeigte sich in verschiedenen literarischen Bereichen ein fortschreitender, von Rousseau vorbereiteter Geschmackswandel. Das »mélodrame« brach in formaler (Mischung der Gattungen, Aufgabe der drei Einheiten) und inhaltlicher Hinsicht mit der klassizistischen Doktrin (s. die Stücke des »Corneille des boulevards« G. de Pixerécourt, † 1844). Die Stoffe stammten teilweise aus dem engl. und französ. Schauerroman (Radcliffe, Ducray-Duminil). Gerade hier auf dem Gebiet des Romans knüpfte man auch an Rousseau an: Sénancour schrieb seinen autobiographischen »Oberman« (1804; Vorstufe 1795) in Tagebuchform, worin er seine persönlichen Erfahrungen, Melancholie der Einsamkeit (»ennui«) und unglückliche Liebe, analysierte. B. Constant verfaßte eine exakte Analyse der Leidenschaft in dem Roman »Adolphe« (Ms. 1807). Aber erst *Chateaubriand* sollte der »Vater der französ. Romantik« werden, und das nicht nur wegen seines abenteuerlichen Lebens als Amerikafahrer, Exilfranzose in der Revolutionszeit und französ. Botschafter während der Restauration (1814–30), sondern vor allem wegen seiner Meistererzählungen.

In »Atala« gestaltete er bereits das Thema der europäischen Romantik: »Harmonie de la religion chrétienne avec les scènes de la nature et les passions du cœur humain« (»Génie du Christianisme«, 1802, Teil III, Buch 5) und erneuerte den Mythos von dem edlen Wilden. Das Werk zeichnet sich weiterhin durch seine zeitgemäße Sentimentalität und die Musikalität der Sprache aus; stärker fühlten sich die Romantiker von »René« angezogen, einem Melancholiker volller vager Gefühle (»vague des passions«, ebd., Teil II, B. 3, Kap. 9) und Antizipationen des Lebens durch die Phantasie, in dem man sich selbst und das mal du siècle wiedererkannte. Denn hier stellte Chateaubriand die Zerrissenheit des modernen Menschen dar: »L'imagination est riche, abondante et merveilleuse; l'existence pauvre, sèche et désenchantée« (ebd.). So wurde »René« eins der einflußreichsten Werke für die französ. (von Lamartine bis George Sand) und die engl. Romantik (von Byron bis Ruskin).

Von der klassizistischen Ästhetik rückte Chateaubriand auch theoretisch ab, als er in seinem Rahmenwerk »Le Génie du Christianisme« anstelle der griechischen Mythologie das Christentum (Dante!) als Quelle poetischer Inspiration einsetzte. Damit lenkte er den Blick entschieden fort von der lateinischen Tradition auf die christliche Vergangenheit (vgl. auch sein Kap. über »Des Églises gothiques«, T. III, 1). Insofern leitete er bereits in der Frühromantik die konservative Richtung der französ. Romantik ein, die noch auf den Grundsätzen des klassizistischen 17. Jh.s aufbaute (vgl. Wellek, »Gesch. der Litkritik«, 1750–1830, S. 456) und die frenetische Strömung der zwanziger Jahre ablehnte.

Wenige Jahre später flammte die erste Diskussion darüber auf, ob die antike oder die französ. Tragödie den Sieg davontrüge. Der Streit begann mit A. W. Schlegels »Comparaison entre la Phèdre de Racine et celle d'Euripide« (1806), worauf Constant seinem Ärger über die französ. Obstination Luft machte »qui se refuse à comprendre l'esprit des nations étrangères« (Vorwort zu »Wallenstein«, 1809). Für ein neues Literaturverständnis entscheidend wurden allerdings erst S. de Sismondis »De la littérature du midi de l'Europe« (1813) und A. W. Schlegels »Cours de littérature dramatique« (1809–14). Mit beiden hatte *Mme de Staël* in Coppet in Verbindung gestanden, die durch ihre Werke (»De la littérature« 1800; »De l'Allemagne« 1813) zur Initiatorin der eigentlichen romantischen Bewegung in Frankreich wurde; denn sie vertrat hier die zukunftsträchtige Auffassung, daß ein Kunstwerk den Zeitgeist ausdrücken müsse. Für sie hieß das nicht nur eine Loslösung von den antiken Mustern und eine Hinwendung zur ossianischnordischen Literatur, sondern auch eine republikanische Literatur, deren Ideale der Freiheit und Gleichheit am besten den Fortschritt des Geistes ausdrücken würden. So begründet sie im Unterschied zu Chateaubriand den liberalen Flügel der französ. Romantik. Indem sie zwischen der klassischen Literatur des Südens und der christlich-romantischen des Nordens unterschied, hat sie die ewige und universelle Geschmacksnorm der Klassizisten relativiert und auf neue Quellen der Inspiration hingewiesen: »Les nations doivent se servir de guide les unes aux autres, et toutes auraient tort de se priver des lumières qu'elles peuvent mutuellement se prêter« (»De l'Allemagne«, T. II, Kap. 31). Auf sie ist die zum Klischee gewordene Antithese vom Klassischen und Romantischen in Frankreich zurückzuführen, zugleich aber auch die Begründung der historischen Kritik (über ihre Vermittlerrolle, s. u. S. 73 f.).

Die romantische Bewegung (1820–30). Obwohl Saint-Chamans schon 1816 von der »école nouvelle« sprach (»L'Anti-Romantique«), dauerte es noch bis 1827, bis so etwas wie eine romantische Bewegung entstand. Das Problem der Verspätung um eine Generation (im Vergleich zu Deutschland) erklärt sich dadurch, daß durch die Revolutionszeit und das Kaiserreich der Klassizismus gefördert worden war und sich nach Beginn der Restaurationszeit »verdächtige« ausländische Einflüsse zunächst noch nicht durchsetzen konnte. Wie in den Ländern der »Heiligen Allianz« fühlten sich die französ. Dichter zu niedergeschlagen und enttäuscht, um eine entscheidende literarische Debatte sofort auszulösen. Man kann sogar zu dem Schluß kommen, daß sich in Frankreich trotz heftiger Debatten keine romantische Schule konstituierte, die gegen die Klassizisten Front machte. »Die Werke der französischen Romantiker lassen keinen radikalen Bruch mit der rhetorischen Tradition des Klassizismus erkennen. Lamartine, Vigny, Hugo waren keine wirklichen Erneuerer« (Wellek, ebd., S. 491). Zum Symphilosophieren fehlte es sowohl an einer gemeinsamen politischen Linie als auch an Gemeingeist unter den zahlreichen literarischen Zirkeln (»cénacles«), deren Mitglieder sich in verschiedenen Salons trafen und meistens ihre eigene Zeitschrift herausgaben (z. B. »cénacles« von E. Deschamps seit 1820, Zs. ›Le Conservateur littéraire‹; ›La Muse française‹ 1823–24; Ch. Nodier, Le Salon de l'Arsenal, 1824; die Gruppe um die Zs. ›Le Globe‹, 1824–30). Nachdem *V. Hugo* jahrelang in den literarischen Kreisen seiner meist konservativen Freunde verkehrt hatte, gründete er 1827 sein eigenes »Cénacle« (Gruppe und Zs. bis 1830), wo er zum Sprecher der liberalen Kräfte wurde.

Im Vorwort zu »Cromwell« (Drama von 1827) proklamierte er ihr Manifest: »la liberté de l'art contre le despotisme des systèmes, des codes et des règles.« Hier stellte er das »Drama« über die anderen Gattungen. Die Muster sollten Shakespeare und Goethe sein, aber auch Racine, auf dessen Alexandriner nicht verzichtet wurde. Den endgültigen Sieg der Romantiker über den klassizistischen Formalismus erlangte Hugo mit der Aufführung seines Dramas »Hernani« (Februar 1830), das in einem neuen Stil (»vers coupé«) neue Helden (gemischte Charaktere) und eine neue Welt (ritterliches Spanien der Romanzenzeit) darstellt. Kurz vor der Juli-Revolution zog er im Vorwort zu »Hernani« eine deutliche Parallele zwischen Literatur und Politik (»La liberté est fille de la liberté politique«). Mit Hugos Programm fand die franz*ös. Literatur endlich den Anschluß an das Ausland und zugleich auch an die nationale Tradition. Seine Idee der Freiheit schuf die Voraussetzungen für eine individualistische Kunst, die den Seelenausdruck ermöglichte. Damit war Mme de Staëls Saat aufgegangen.

Neben Hugo sind die Lyriker Musset und Lamartine, aber auch die Romanciers Stendhal und Balzac von Bedeutung. Das romantische Prosadrama erreichte mit *Mussets* shakespearisierendem »Lorenzaccio« (1834) seinen Höhepunkt. Hugo imitierend, begann der junge Musset mit exotischen Gedichten, »Les Contes d'Espagne et d'Italie« (1830). Als sein Meisterwerk gilt »Les Nuits« (1835–37), wo er seiner von unglücklicher Leidenschaft gequälten Seele Ausdruck verlieh. *Lamartine* war sich darüber klar, daß er der franz*ös. Lyrik mit seinen »Méditations poétiques« (1820) neue Wege wies: »Je suis le premier qui ai fait descendre la poésie du Parnasse, et qui ai donné à ce qu'on nommait la Muse, au lieu d'une lyre à sept cordes de convention, les fibres mêmes du cœur de l'homme, touchées et émues par les innombrables frission de l'âme et de la nature« (Vorwort, 1849). Ebenso wie Musset lehnte es Lamartine ab, für oder wider die Romantik Partei zu ergreifen. *Stendhal,* der zwischen 1814 und 1821 im Mailänder Romantiker-Kreis verkehrte, verschmolz psychologische, melodramatische und soziale Elemente in seinen Meisterwerken »Le Rouge et le noir« (1830) und »La Chartreuse de Parme« (1839). In seiner Intellektualität, seiner realistischen Schilderung der Gesellschaft sowie seiner stilistischen Kälte (»froideur de forme«, vgl. van Tieghem, ›Le Romantisme français«, S. 81) schlägt Stendhal eine Brücke zwischen der Tradition des 18. Jh.s und dem Realismus des 19. Jh.s. Die Forschung zählt vor allem den jungen Balzac, der Sensationsromane nach dem Muster der »gothic novel‹ und Scottts verfaßte, durchweg zur Romantik. Der Verismus seiner späteren Meisterwerke wird auch als wesentlich romatisch empfunden (vgl. van Tieghem, ebd., S. 86 f.). Neben Stendhal und Balzac rücken Mérimée (»Carmen«, 1843) und Flaubert (»Salammbô«, 1862) als Vertreter einer realistischen Romantik, die zum Realismus und Naturalismus durchstoßen sollte. Der Roman wird dadurch zur progressivsten Gattung der französ. Romantik (s. auch die Verkörperung der romant. Lebenshaltung durch Madame Bovary).

Literatur

Bibliographien
Derôme, L.: Les Éditions originales des romantiques. 2 Bde. 1886 bis 1887, Genf [2]1968. – *Grant, E. M.:* V. Hugo. A Select and Critical Bibl. Chapel Hill 1967. – *Rudwin, M.:* Bibl. de V. Hugo. Paris 1926. – *Senelier, J.:* G. de Nerval, essai de bibl. Paris 1959. – *Shaw, M.:*French Studies. The Romantic Era, in: YWMLS. – *Villas, J.:* G. de Nerval. A Critical Bibl. 1900–1967. Columbia, Mo. 1968. – Vgl. auch ELN und YWMLS.

Texte
Charlton, D. G., Hrsg.: The French Romantics. N. Y. 1984. – *Daniels, B. V.:* Revolution in the Theatre: French Romantic Theories of Drama. Westport, Conn. 1983. – *Steinmetz, J.-L.,* Hrsg.: La France frénétique de 1832. Paris 1978.

Forschung
Cellier, L.: Où en sont les recherches sur G. de Nerval. Paris 1957. – *Lehmann, A.:* Un Demi-siècle d'études sur Sainte-Beuve. Paris 1957. – *Mercier, J.:* État présent des études françaises sur H. de Balzac. Paris 1942. – *Villas, J.:* Present State of Nerval Studies 1957–1967, in: FR 41 (1967), 221–31. –

Allgemein
Allen, J. S.: Popular French Romanticism: Authors, Readers, and Books in the 19th Century. Syracuse, N. Y. 1981. – *Barberis, P.:* A la recherche d'une écriture; Chateaubriand. Paris 1976. – *Bender, E. J.:* Charting French Ro. The Cristicism of Ch. Nodier. Diss. Indiana 1968. – *Bray, R.:* Chronologie du romantisme (1804–1830). Paris 1932, [2]1963. – *Carlson, M.:* »Hernani's« Revolt from the Tradition of French Stage Composition, in: ThS 13 (1972), 1–27. – *Castries, Duc de:* Chateaubriand ou la puissance du songe. Paris 1976. – *Courthion, P.:* Le Romantisme. Genf 1962. – *Crouzet, M.:* La poétique de Stendhal: forme et société, le sublime. Paris 1983. – *Curtius, E. R.:* Balzac. 1923. – *Delvaille,*

B.: Th. Gautier. Paris 1969. – *Denommé, R. T.:* Nineteenth Cent. French Romantic Poets. Carbondale London 1969. – *Doolittle, J.:* A. de Vigny. TWAS. N. Y. 1967. – *Eggli, E. u. P. Martino:* Le Débat romantique en France 1813–1830. Paris 1933, ²1953. – *Duhamel, R.:* Aux sources du romantisme français. Ottawa 1964. – *Gautier, Th.:* Histoire du romantisme. Paris 1874, Repr. N. Y. 1988. – *Galzy, J.:* George Sand. Genf 1970. – *Giraud, J.:* L-École romantique française. Paris 1961. – *Grant, R. B.:* Th. Gautier. TWAS 362. Boston 1975. – *Hamlet-Metz, M.:* La Critique littéraire de Lamartine. Den Haag 1974. – *Henning, A.:* »L'Allemagne« de Mme de Staël et la polémique romantique. Paris 1929. – *Hofer, H.:* Die Vor- u. Früh-Ro. in Frkr., in: »Europ. Ro.« II, 1982, 103–134. – *Houston, J. P.:* V. Hugo. TWAS 312. N. Y. 1974. – *Jan, I.:* Dumas romancier. Paris 1973. – *Kramer, K.:* A. de Mussets Stellung zur Ro. 1973. – *Krömer, W.:* Die französ. Ro. 1975. – *Lavalledieu, R. A. de:* A la rencontre de G. de Nerval. Paris 1975. – *Léon, P.:* Mérimée et son temps. Paris 1962. – *Lombard. Chr. M.:* Lamartine. TWAS 254. N. Y. 1973. – *Mallet, F.:* George Sand. Paris 1976. – *Marsan, J.:* La Bataille romantique. 2. Bde. Paris 1912–1924. – *Martino, P.:* L'Époque romantique en France. Paris 1955. – *Maugende, L-A.:* A. de Chateaubriand. Paris 1977. – *Michand, G. u. Ph. von Tieghem:* Le Romantisme, histoire, la doctrine, les œuvres. Paris 1952. – *Milner, M.:* Le Romantisme. I: 1820–1843. – *Moreau, P.:* Le Romantisme. Paris 1932, ²1957. – *Ders.:* Le Classicisme des Romantiques. Paris 1932. – *Nelson, H.:* Ch. Nodier. TWAS 242. N. Y. 1972. – *Nemoianu, V.:* French Romanticism: Two Beginnings, in: »Taming« 1984, S. 78–119. – *Neubert, F.:* Der Kampf um die Ro. in Frankr., in: Studien zur vgl. Litgesch. 1952. – *Ponilliart, R.:* Litt. française. Le romantisme. III: 1867–1896. Paris 1968. – *Posgate, H. B.:* Mme de Staël. TWAS 69. N. Y. 1968. – *Rauhut, F.:* Die klassizistische u. romant. Lyrik der Franzosen im kulturellen Zusammenhang der Epoche 1780 bis 1850 (mit Anthologie). 1977. – *Richard, J.-P.:* Études sur le romantisme. Paris 1970. – *Richardson, J.:* V. Hugo. N. Y. 1976. – *Salle, B. de la:* A. de Vigny. Paris 1963. – *Saulnier, V. L.:* La Litt. française au siècle romantique. Paris ⁴1955, ⁵1961. – *Sedgwick, H. D.:* A. de Musset, 1810–1857. Port Washington-N. Y. 1973. – *Solovieff, G.:* Mme de Staël. Choix de textes. Thématique et actualité. Paris 1975. – *Sowerby, B.:* The Disinherited. G. de Nerval. London – N. Y. 1973. – *Stowe, R. S.:* A. Dumas père. TWAS 388. Boston 1976. – *Tieghem, P. van:* Le Romantisme français. 1944, ⁶Paris 1961. – *Wais, K.:* Drei romant. Wandlungen der französ. Lit., in: ER, S. 163–230. – *Wentzlaff-Eggebert, H.:* Zwischen kosmischer Offenbarung und Wortoper: das romantische Drama Victor Hugos 1984.

5. Die italienische Romantik

Die italien. Romantiker gaben ihrer Literatur in der Zeit des Umbruchs zwischen den napoleonischen Eroberungen und dem Risorgimento ein ganz eigenes Gepräge. Dem Dichter war die Aufgabe gestellt, sich mit der politischen Wirklichkeit auseinanderzusetzen, er bekam eine nationalpädagogische Funktion, seine Werke wurden Ausdruck der Gesellschaft und seiner Vaterlandsliebe. Poesie als direkte Aktion hat ihre großen Momente, bringt aber auch Gefahren für die künstlerische Qualität mit sich, was das durchschnittlich geringe Niveau der romantischen Kampfliteratur bezeugt. Neben dieser engagierten Tagesliteratur liefen aber andere Strömungen nebenher, die sentimental-lyrische des Weltschmerzes und die historische-realistische, die ihre ersten Meisterleistungen jeweils in den Werken »neuklassischer Romantiker«, nämlich Foscolos. bzw. Leopardis und Manzonis erzielten. Obwohl man die italien. Romantik insgesamt als formbewußt, national, christlich (liberal oder konservativ) einschätzen kann, sind neben diesen Sondergestalten zumindest zwei Phasen zu unterscheiden, die erste Romantik der Mailänder (ab 1816) und die zweite Romantik mit G. Prati, A. Aleardi und N. Tommaseo, die sich ab 1840 verstärkt ausländischem (französ.-byroneskem) Einfluß öffnete. Ab 1860 geht die italien. Romantik in die Dekadenz über.

Die Mailänder Gruppe um den ›Conciliatore‹. Nach dem Vorgang Alfieris und Foscolos brach das patriotische Gefühl entscheidend in der Mailänder Romantik durch. Der unmittelbare Anlaß dazu war *Mme de Staëls* Aufsatz »Sulla maniera e utilità delle traduzioni« (1816), worin sie die Italiener zur Übersetzung ausländischer Werke anregte, um die eigene Literatur zu erneuern. Darauf spaltete sich die literarische Welt in das Lager der Traditionalisten und das der Romantiker, die Mme de Staëls Ratschlägen folgten (Unterstützung fanden sie durch Gherardinis A. W. Schlegel-Übers. 1817) und einige polemische Schriften herausbrachten: »Intorno all' ingiustizia di alcuni giudizi letterari italiani« (L. di Breme, 1816), »Avventure letterari di un giorno« (P. Borsieri, 1816) und »Sul Cacciatore feroce e sulla Eleonora de G. A. Bürger: Lettera semiseria…« (G. Berchet, 1816). Im allgemeinen wird *Berchets* Schrift als das Manifest der italien. Romantik angesehen. Er war auch der Sprecher der Gruppe, die sich um die progressive Zeitschrift ›Il Conciliatore‹ bildete (1818–19), zu deren Mitarbeitern außer Berchet noch di Breme, E. Visconti und S. Pellico (»Le mie prigioni«,

1832, heißt der berühmte psychologische Bericht seiner Rück-
kehr zum Glauben im österreich. Spielberg-Gefängnis) zählten.
Manzoni gehörte zeitweise dem weiteren Freundeskreise an.
Das *Programm* dieser Gruppe bestand aus folgenden Punkten:
Ablehnung der klassischen Mythologie, Absage an alle univer-
sellen Normen und Regeln (drei Einheiten), die nicht dem
»Volksgeist« entsprechen, Schilderung des Wahren, das in der
Geschichte zu finden und in einfacher Sprache zu gestalten wäre
(Manzoni, Visconti), psychologische Darstellung innerer Konflikte, Erziehung des Volkes durch den Schriftsteller der Nation. Wenn Romantik und Risorgimento auch nicht identisch
sind (vgl. U. Bosco, »Preromanticismo«, S. 631 f.), so liegen
doch gerade im letzten Punkt die Wurzeln für eine militante Romantik, die den Ruf nach der Freiheit des Künstlers in den nach
politischer Aktion verwandelte (vgl. Mazzini, V. Gioberti, J.
Giusti).

Die großen neuklassischen Romantiker. Foscolo, Leopardi
und Manzoni gebührt insofern eine Sonderstellung, als ihr
Werk Teil der Weltliteratur geworden ist, wozu man erklärend
hinzufügen sollte, daß dies nur geschehen konnte, weil es weit
über bloße Moderomantik bzw. politische Agitation hinaus-
reicht. Diese großen Dichter waren sich auch stärker als ihre
Kollegen der italienisch-klassischen Tradition bewußt, des Gefühls für das klassische Erbe und der Sehnsucht nach der Antike. So ist es denn auch kaum verwunderlich, daß sich sowohl
Foscolo als auch Leopardi (»Discorso di un Italiano interno alla
poesia romantica«, 1818) theoretisch gegen die Romantik aussprachen, jedoch in ihren Dichtungen romantische Züge aufweisen; wohingegen Manzoni zum Haupt der romantischen
Bewegung wurde, in seinem Werk allerdings klassisches Formgefühl verrät.

U. Foscolo schuf sein Werk auf der Schwelle zwischen dem Aufklä-
rungsklassizismus und der romantischen Strömung; er gestaltete noch
mythologische Themen (s. seine Oden), knüpfte an die Grabesdichtung
der Vorromantik an (»Dei Sepolcri«, 1807) und suchte dichterischen
Ruhm wie seine Vorgänger. Aber man sollte darüber nicht vergessen,
daß er ein leidenschaftlicher Individualist und Vaterlandsenthusiast
war, der nur aus Sehnsucht nach einem heroischen Zeitalter zur Antike
zurückblickte. Wie sehr er bereits der Mailänder Romantik
nahekommt, geht aus den »Sepolcri« hervor, aber auch den »Ultime lettere di Jacopo Ortis« (1797–1816), die beide politische Zustände zum
Anlaß ihrer Entstehung haben. Im »Ortis« drückte er nicht nur sein mit
den Stimmungen wechselndes Naturerlebnis sowie seinen wertherschen

Weltschmerz aus (vgl. »Ich bin eine Welt in mir selbst«), sondern auch seine Verzweiflung über das Elend des Vaterlandes.

Leopardi dürfte der größte Lyriker des italien. 19. Jh.s gewesen sein. Obwohl er sich als Antiromantiker ansah, der klassischen Tradition verbunden, gehört er doch in seinem an Byron gemahnenden Weltschmerz, Lebensüberdruß und Pessimismus sowie dem ständigen Schweben zwischen Gefühl und philosophischer Reflexion zu den modernen sentimentalischen Dichtern (vgl. seine Notiz im »Zibaldone« v. 1. VII. 1820). Aus der Gegenwart sehnte er sich nach der Naturidylle, dem Glück der Jugend, der heroischen Vergangenheit oder dem Tod (s. »Idilli«, 1819–21; 1830; »Canti«, 1831).

Manzoni entwickelte sich als Künstler, Kritiker und Mensch am stärksten. Am Anfang schuf er politische Oden (»Il Cinque Maggio«, 1821; Marzo 1821«), »Heilige Hymnen« (»Inni sacri«, 1815) sowie mehrere historische Tragödien (»Il Conte di Carmagnola«, 1820; »Adelchi«, 1822, s. u. S. 81), worin er den Regelzwang der drei Einheiten beseitigte. Nach seiner Rückkehr zum katholischen Glauben (1810), den er zunächst dogmatisch, dann liberal vertrat, kann man angesichts seines Meisterwerkes »Die Verlobten« (»I promessi sposi«, 1821–1842) von einer doppelten Inspiration sprechen, nämlich der patriotischen und der christlichen.

Das hier von ihm entworfene Zeitpanorama der span. Herrschaft im 17. Jh. diente Manzoni dazu, das für die Romantik wesentliche Problem, den Konflikt des Menschen mit der Gesellschaft, zu durchleuchten. Als Lösung für die von korrupten Gesetzen und angemaßter Gewalt verfolgten Menschen bietet er eine auf Demut und Glauben gegründete Haltung an, die zusammen mit dem Sinn für das klassische Maß in der Formgebung, dem plastischen Stil und der liebevollen Ironie in der Charakterisierung den Ruhm des Autors als eines klassischen Schriftstellers in der ganzen Welt begründet hat. Was die Substanz und den historischen Verismus angeht, übertrifft er damit Scott, den er zu seinen Vorbildern zählte.

Manzoni wandte sich mehrfach gegen die romantischen Exzesse der französ. Romantik sowie die seiner eigenen Landsleute und nannte sich selber »un bon et loyal partisan du classique« (in: »Lettre à M. Chauvet«, 1820). Trotzdem hatte er als Christ nichts für die antike Mythologie übrig. – Manzonis Nachfolger auf dem Gebiet des historischen Romans verfolgten entweder eine stärkere politische Tendenz (z. B. F. D. Guerrazzi) oder verfielen ins Sentimantale (z. B. Cantù), das in der historischen Versnovelle besonders gedieh (vgl. T. Grossi, »Fuggitiva«, 1815; »Ildegonda« 1820; dazu die Werke von G.

Torti und G. Prati). Erst auf die Enttäuschungen von 1848 zeichnete sich wieder eine Wende zu größerem Realismus ab, die freilich – parallel zum lyrisch-melancholischen Zug der italien. Romantik – seit den vierziger Jahren vorbereitet worden war. In den sechziger Jahren führte das Streben nach besserer Erfassung der Wirklichkeit Prati zu einem antikisierenden Stil (vgl. »Canto d'Igea«, »Incantesimo«). Im Werk des Kritikers F. de Sanctis' mündete auch die romantische Theorie in die italien. Tradition ein (»Storia della letteratura italiana«, 1870 f.).

Literatur

Bibligraphien in YWMLS unter »Ottocento«, vgl. auch ELN und RLI. – *Amorosi, G.:* G. Prati. Voci borghese e tensione romantica. Neapel 1973. – *Avitabile, G.:* The Controversy on Ro. in Italy (1816–1823). N. Y. 1959. – *Balduino, A.:* La lett. romantica dal Prati al Carducci. Bologna 1967. – *Barricelli, J.-P.:* A. Manzoni. TWAS. Boston 1976. – *Benedetti, G. de:* N. Tommaseo. Mailand 1974. – *Borsellino, N.und A. Marinari,* Hrsgg.: Leopardi. Introduzioni all' opera e antologia della critica. Rom 1973. – *Bosco, U.:* Realismo romantico. Rom ²1968. – *Ders.:* Preromanticismo e romanticismo, s. o. ›Vorromantik‹. – *Buck, A.:* Die italien. Lit. der Ro., in: Zur italien. Geistesgesch. des 19. Jh. 1961. – *Budini, D.:* Neoclassicismo e romanticismo. Chieti 1973. – *Bulla, V.:* Il romanticismo. Genesi, caratteri e sviluppo, con paritcolare riguardo a quelle italiano. Catania 1973. – *Carsaniga, G.:* Leopardi. Edinburgh 1976. – *Croce, B.:* A. Manzoni. Bari ⁶1958. – *Ders.:* Poesia e non poesia. Bari ⁵1950. – *Ferraris, A.:* Li di Breme: le avventure dell' utopia. Firenze 1981. – *Fubini, M.:* Romanticismo italiano. Bari 1953, ⁴1971. – *Ders.:* U. Foscolo. Florenz ³1962. – *Giordano. A.:* Manzoni, La vita, il pensiero, i testi esemplari. Mailand 1973. – *Graf. A.:* Foscolo, Manzoni, Leopardi. Turin 1955. – *Krömer, W.:* L. di Breme, 1780–1820. Der erste Theoretiker der Ro. in Italien. Genf 1961. – *Leube, E.:* Die ital. Lit. an der Wende vom Sette – zum Ottocento, in: »Europ. Ro.« II, 1982, 265–90. – *Marcazzan, M.:* Romanticismo neoclassico, e neoclassicismo romantico. Venedig 1958. – *Mariani, G.:* Storia della Scapigliatura. Caltanissetta – Rom 1967. – *Matteo, S. u. L. H. Peer:* The Reasonable. Romantic Essays on A. Manzoni. 1986. – *Orcel:* Langue mortelle: études sur la poétique du premier romantisme italien (Alfieri, Foscolo, Leopardi). Paris 1987. – *Puppo, M.:* Il romanticismo. Saggio monografico con antologia di testi e della critica. Rom 1967. – *Ders.:* Poetica e critica del romanticismo. Mailand 1973. – *Quaglia, P.:* Invito a conoscere il romanticismo. Mailand c 1987. – *Radcliff-Umistead, D.:* U. Foscolo. TWAS. N. Y. 1970. – *Sanctis, F.:* La lett ital. nel secolo XIX. II: La scuola liberale e la scuola democratica, hrsg. F. Catalano. Bari 1953. – *Sckommodau,*

H.: Italien. Lit. in der romant. Epoche, in: ER, S. 231–69. – *Ulivi, F.:* Il
romanticismo e A. Manzoni. Bologna 1956, ²1965. – *Vetterli, W. A.:*
Gesch. der italien. Lit. des 19 Jh. Bern 1950. – *Wilkins, E. H.:* History
of Italian Lit. Cambridge, Mass. 1966.

6. Die spanische Romantik

Als Spanien von den deutschen Romantikern als romantisches
Land der Sehnsucht wiederentdeckt wurde, lag das absoluti-
stisch regierte und zensierte Volk noch in den Fesseln der klassizistischen Tradition. Das entscheidende Jahr des politischen
Richtungswechsels (Tod Ferdinands VII., 1833) führte dann
auch zu einer »Revolution« in der Literatur, die in der Forschung unterschiedlich entweder als literarische Modeerscheinung oder als tiefgreifender Wandel verstanden wird. Gab es
überhaupt so etwas wie eine span. Romantik? Darüber streiten
sich die betroffenen Dichter der Zeit genauso wie die heutige
Forschung. Sicher ist, daß es nie zu einer bewußten Bewegung
kam, die von Meistern und Schülern getragen wurden. *A. Peers*
meinte, die *romantische Bewegung* sei in Spanien deshalb ein
Mißerfolg gewesen, weil sowohl die geistige Führung als auch
ein gemeinsames Programm gefehlt hätten (»The Romantic
Movement«, 1968, S. 107 f.). Seine eigenen Untersuchungen zu
der Renaissance der span. Vergangenheit (»historische Romantik«), die weitgehend unter ausländischem Einfluß stand (u. a.
Scott, A. W. Schlegel, Chateaubriand), und der nationalspan.
Revolte legen es jedoch nahe, daß es verschiedene Phasen gab,
die zwar nie einen vollständigen Bruch mit der Eigentradition
herbeiführten, aber eine dauernde Wirkung auf die weitere literarische Entwicklung ausübten. R. Navas-Ruiz setzt sogar drei
Generationen voneinander ab (»El romanticismo español«,
1970, S. 24 f.), die wie in Frankreich ihre eigenen »cénacles«
hatten (vgl. dazu A. Peers, ebd., S. 68 f.).

Die Frühphase der span. Romantik. Den Anstoß zur Befreiung der span. Literatur vom französ. Klassizismus gab bereits
N. Böhl de Faber in Cádiz (1814–20, s. u. S. 79). Seine Theorien
wurden von der Barceloneser Gruppe um die Zeitschrift ›El
Europeo‹ aufgegriffen. Hier bildete sich die »Escuela romántica
– espiritualista« unter der Leitung von C. B. Aribau und R.
López Soler.

Die Idee zu der Zeitschrift stammte von zwei Italienern, die in Barcelona im Exil lebten (L. Monteggia u. T. Gallo). Hier wurden die wichtigsten Neuerscheinungen der europ. Romantik rezensiert (Scott, Byron) und die ästhetischen Anschauungen der neuen Bewegung erörtert (z. B. Schiller, Staël, A. Schlegel). In der Tendenz entscheidend für die Romantik vor 1833 suchte diese Zeitschrift den Anschluß vor allem an die literarische Entwicklung in Deutschland, das ja das christliche Mittelalter entdeckt hatte, und strebte selbst zu den Quellen der volkstümlichen Tradition (»comedia«, »romance«).

Die Theorie spielte in dieser Phase eine größere Rolle als die Dichtungspraxis, wie ihre Hauptvertreter (u. a. auch A. Durán, A. Lista und D. Cortés) beweisen. Sie forderten Befreiung vom Joch der klassizistischen Regeln, die Literatur als Ausdruck des Volksgeistes, der Zeit und als Selbstbekenntnis des Autors, die Rückkehr zum Mittelalter und die psychologische Analyse der Helden (vgl. López Soler, »Análisis de la cuestión agitada entre románticos y clásicos«, in ›El Europeo‹ 1823–24; Durán, »Discorso« über das altspan. Theater, Ateneo – Madrid 1828). Man setzte sich für die altspan. Literatur ein und propagierte den historischen Roman und das historische Drama (s. dazu im einzelnen W. Krömer, ER, S. 281 f.).

Die Romantik nach 1833. Unter französ. Einfluß (Hugo, Dumas) begann die zweite Phase der »liberalen Romantik« (Juretschke) nach Ferdinands Tod. Man forderte jetzt »Freiheit in der Politik und Freiheit in der Literatur« (Larra, ›El Español‹, 1836). Und wiederum war es ein Katalane, Aribau, der dem neuen Geist Ausdruck verlieh (»Oda a la patria«, 1833). Die große Zeit des literarischen Schaffens kam 1834–35, als des Duque de Rivas' »Don Álvaro« unter dem Eindruck von Hugos »Cromwell« und Lord Byron aufgeführt und Bretón de los Herreros' »Elena« gedruckt wurden, Larras »Macías«, Gutierrez' »Trovador« sowie Martínez de la Rosas »La conjuración de Venecia« auf der Bühne erschienen. In seinem Essay »Poesía« (1834) verkündete Espronceda eine neue Dichtung. Alcalá Galiano definierte die romantische Dichtung als Ausdruck der Vergangenheitssehnsucht und gegenwärtigen Gefühlsausdrucks (Vorwort zu »El moro expósito«, 1834).

In der Tat behandeln die erwähnten Dramen, die Romane und Romanzen der Zeit vorwiegend historische Stoffe, die oft sentimental und politisch aktualisiert wurden. Scott, »der schottische Cervantes« (Milà y Fontanals), stand überall Pate, zusammen mit Hugo, was aufgrund einiger Übertreibung die teils antigesellschaftliche Tendenz (vgl. Larra, Espronceda, Rivas), teils den Fatalismus der Leidenschaft bei den gleichen Autoren erklärt. Die sozialrevolutionäre Richtung und die Betonung des Schauerlichen entsprachen allerdings auch dem span. Publikumsgeschmack. Eine mehr philosophische Tendenz kam durch deutsche Vermittlung zustande, der Eindruck »satanischer« Kunst im Falle Esproncedas aus Analoge zu Byron.

Scotts Siegeszug in Spanien begann schon vor 1833, aber erst die zurückkehrenden Emigranten popularisierten ihn. Das romantische Drama kam, unter völliger Auflösung der drei Einheiten sowie der Gattungstrennung, dramatisierten historischen Romanen gleich und verband sich gern mit Zügen der Schicksalstragödie (s. u. S. 128). So setzte sich das »freie System der Engländer und Deutschen« (Quintana, O. c., S. 41) zumindest zeitweilig in Spanien durch. Gleichzeitig blühte der historische Roman auf, determiniert in den Aktionen vom Fatum und subjektiv getönt wie das Drama (Beispiel: Larra, »El Doncel de Don Enrique el Doliente«, 1834; Espronceda, »Sancho Saldaña«, 1834). Ähnlich sind technische Kunstgriffe, Atmosphäre und Thematik auch in den Verserzählungen Esproncedas, des sogen. »span. Byron« (Piñeyro, 1883; vgl. »El estudiante de Salamanca«, 1836–37; »El diablo mundo«, 1840). Vorbildlich für die Erneuerung der mittelalterlich-span. Dichtung aus patriotischem Geiste wurde Duque de Rivas' »El moro expósito«. Was Böhl de Faber zu Beginn der romantischen Bewegung erstrebt hatte, die Befreiung der span. Dichtung vom franzöz. Neoklassizismus durch Anschluß an die eigene Tradition, das wurde hier Wirklichkeit (vgl. auch seine »Romances históricos«, 1841, sowie Zorillas »Leyendas« und Balladen). E. Bécquer nahm die doppelte Rezeptionslinie des Liedes, die deutsche und die andalusische, auf, als er seine »Rimas« (Ms. 1856, D. 1871) dichtete.

Die Reaktion auf die »liberale Romantik«. Gegen die unter hauptsächlich franzöz. Einfluß stehende frenetische Strömung (fatalistisch, antisozial, antiklassisch, satanisch) setzte eine Gegenbewegung ein, die eine Rückkehr zur christlichen Romantik und anderen, teilweise deutschen und span. Vorbildern forderte; *M. Milà y Fontanals* und P. Piferrer wurden zu Führern der katalanischen Romantik, die sich gegen die »unmoralische« Literatur aus Frankreich und zu der Antike, dem german. Norden und dem ritterlichen Christentum wandten (vgl. Zs. ›La Religión‹, 1837–41; Milà, »Compendio del arte poética«, (1844). – Schon nach wenigen Jahren romantischer Exzesse in Madrid, dem zweiten großen Zentrum der Romantik in Spanien, meldeten sich auch hier, besonders im Kreise der Akademie (Ateneo) um die Zeitschriften ›Semanario Pintoresco‹ und ›Revista de Madrid‹ die Stimmen der Vernunft und des Maßes, Mesonero Romanos schrieb eine Satire auf die Auswüchse des romantischen Dramas (»El romanticismo y los románticos«, 1837), im Ateneo diskutierte man erneut das Problem der drei Einheiten (Febr. 1839), dann stellte man eine Reaktion in der Literatur fest (Ateneo, 25. II. 1846; vgl. Campoamors Dichtungen). Die führenden Köpfe in Madrid waren Quadrado (s. sein »Hugo y su escuela literaria«, in ›Semanario Pintoresco‹, 1840), Hartzenbusch, E. Gil y Carrasco und Zorilla. *Lista,* zwischen Klassizismus und Romantik, zwischen der christlichen Frühphase und der christlichen Reaktion (ab 1837) vermittelnd, gilt als »Erzieher der Romantiker« weil er sie wieder auf das »Justum medium« hinwies (vgl. H. Becher, »Die Kunstanschauung«, 1933; A. Peers bezeichnete den Kompromiß zwischen klassizistischer und romantischer Position als Eklektizismus, a. a. O.). Lista ging es um die große Dichtung überhaupt, so daß er sowohl Corneille und Racine als auch Shakespeare und Calderón Romantiker nennen konnte, weil sie im Geiste christlich-modern gewesen seien (»Ensayos« 1841 II, 43 u. 62f.). Praktisch überwanden Hartzenbusch (»Los amantes de Teruel«, 1837) und Zorilla (»Don Juan Tenorio«, 1844) den leidenschaftlichen Fatalismus der liberalen Romantiker, obwohl sie beide noch deren Motivwelt benutzten (s. dazu Krömer, a. a. O., S. 310f.). Beide Dichter zeigen auch exemplarisch, wie der anfängliche Subjektivismus der entfesselten Romantik durch das Streben nach Bindung an objektive Mächte zurückgedrängt wurde. Parallel dazu verlief die Tendenz nach klarer formaler Gestaltung. So mündete die Romantik in Spanien in die Tradition ein, indem sie sich auf den Geist der klassischen Regeln und die Aufgabe des Dichters besann, sich mit der Wirklichkeit auseinanderzusetzen. Einerseits hatte die klassizistische Bildung im stillen weitergewirkt (vgl. Becher, a. a. O., S. 114) und wurde nun wieder ausdrücklich anerkannt, andererseits wandte man sich der psychologisch-realistischen Beschreibung zu. Man wollte sogar »Kopien der Natur« (L. A. Cueto, ›El Artista‹, 1835), die zwar subjektiv getönt waren, aber die Fülle des Lebens besser wiedergaben als die klassizistische Dichtung mit ihrer stilisierenden Technik.

Auf dem Weg zum Realismus entstanden die *artículos de costumbre*, die Sittengemälde aus der Wirklichkeit des span. Lebens, die von den sog. »costumbristas«, u. a. E. Calderón, Larra und Mesonero Romanos verfaßt wurden. Pate standen hier Addison und Balzac (vgl. Calderón, »Escenas Andaluzas«, D. 1847; Mesonero Romanos, »Escenas Matritenes«, 1835–42). Auch Böhl de Fabers schriftstellernde Frau Fernán Caballero hatte mit ihren Romanen Sittengemälde vorlegen wollen.

Bibliographie und Texte
Alonso Cortés, N.: Espronceda (Bibl.). Valladolid 1942. – *Durán, A.:* Disurso sobre el influjo . . . (de) la crítica moderna en la decadencia del Teatro Antiguo Español. Madrid 1828, Exeter 1973. – *Lista, A.:* Ensayos literarios y críticos. 2 Bde. Sevilla 1841. – *Quintana, M. J.:* Obras completas, hrsg. Rivadeneyra. Madrid 1852. – *Guarner, L.:* El romanticismo español. Monografía bibliográfica. Madrid 1954. – *Jacobsen, M. D.:* The Origins of Span. Ro. (Bibl.). Lincoln, Nebr. 1985. –

Allgemein
Artigas-Sanz, M. C. de: El libro romántico en España. 3 Bde. Madrid 1953–55. – *Aullon de Haro, P.:* La Poesía en el siglo XIX: (romanticismo y realismo). Madrid 1988. – *Becher, H.:* Die Kunstanschauung der span. Ro. u. Dtld. 1933. – *Carnero Arbat, G.:* Los Orígenes del romanticismo reaccionario español (= Böhl de Faber). Valencia 1978. – *Colford, W. E.:* J. Meléndez Valdés. A Study in the Transition from Neo-Classicism to Ro. in Spanish Poetry. N.Y. 1942. – *Diaz-Playa, G.:* Introducción al estudio del romanticismo español. Madrid 1936, Buenos Aires [2]1954. – *Juretschke, H.:* Origen doctrinal y génesis del romanticismo español. Madrid 1954. – *Kohut, K.:* Die Lit. Spaniens u. Portugals zwi. Klassizismus u. Ro., in: »Europ. Ro.« II, 1982, 291–322. – *Krömer, W.:* Die Ro. in Spanien, in: ER, S. 270–332. – *López Anglada, L.:* El Duque de Rivas. Madrid 1972. – *Llorens, V.:* El Romanticismo español. Madrid 1979. – *McClelland, J. L.:* The Origins of the Romantic Movement in Spain. Liverpool 1937. N. Y. [2]1974. – *Menarini, P.* et al: El Teatro romántico español (1830–1850). Bologna 1982. – *Navas-Ruiz, R.:* El romanticismo español. Historia y crítica. Salamanca 1970. – *Ortega y Gasset, J.:* España invertebrada Madrid 1922. – *Pageard, R.:* G. A. Bécquer et le romantisme français, in: RFE 52 (1969), 477–524. – *Peers, E. A.:* The Romantic Movement in Spain. A Short History. Liverpool 1968. – *Schramm, E.:* Der junge Donoso Cortés (1809–1836), in: SFGG I, 4 (1933), 248–310. – *Shaw, D. L.:* A Literary History of Spain. The 19th Cent. London–N. Y. 1972. – *Valbuena-Prat, A.:* Historia de la lit. española. 4 Bde. III, Barcelona [8]1968. – *Valera, J.:* Del romanticismo en España y de Espronceda, in: Obras completas. XIX, Madrid 1908, 7–46. – *Varela, J. L.,* Hrsg.: El costumbrismo romántico. Madrid 1970.

7. Polnische und russische Romantik

Für die slawische bzw. osteurop. Romantik hat man gelegentlich ein Ineinanderschieben von Aufklärung und Romantik behauptet; dagegen wehrt sich neuerdings V. Nemoianu (1984), der zwar die Übernahme der letzten Ausläufer der Aufklärung anerkennt, dann aber den Ausfall der Hochromantik in Osteuropa konstatiert und an ihre Stelle eine Biedermeierphase von 1820–1850 parallel zur westeurop. Entwicklung folgen läßt. Wie sich die Forschung auch dazu stellen mag, in keinem anderen Land Europas ist die literarische Entwicklung in der romantischen Epoche so eng mit dem Schicksal der Nation verknüpft wie in *Polen*. 1795 erfolgte die dritte Teilung, was dem Untergang des Staates gleichkam: das von Napoleon begründete Großherzogtum Warschau wurde 1815 größtenteils an den Zaren gegeben, 1831 wurde ein schlecht vorbereiteter Aufstand von den Russen unterdrückt, die führenden Dichter und Intellektuellen mußten ins Exil. Obwohl die Anfänge der Romantik in Polen seit dem zweiten Jahrzehnt des 19. Jh's nachweisbar sind, entstanden ihre großen Werke in der Emigration in Paris (Hôtel Lambert, u. a. Słowacki, Mickiewicz), London, Rom, Baden-Baden, Dresden (Mickiewicz, J. Kraszewski) und Sibirien. Von den Dichtern der »Großen Emigration« erhielt die romantische Literatur ihre messianisch-aktivistische Tendenz; denn im »Kongreßpolen« nach 1815 herrschten Besatzung und Zensur. Aus dem Exil kamen auch theoretische (s. dt. Idealismus: Herder, Hegel, Schelling) sowie literarische Impulse (Wertherismus, Ossianismus, Byronismus; dieser bei Mickiewicz und Słowacki). Einen Sonderfall bilden die Dichter der »Ukrainischen Schule«, die die exotische Kosakenromantik begründeten (J. Zaleski; A. Malczewski; S. Gaszczynski). Von besonderer Bedeutung war die Napoleonische Legende, die sich um den großen Mann des Schicksals wob, nachdem er das Großherzog Polen geschaffen hatte (1807) und damit der Literatur eine Richtung zu energischem politischen Pathos gab, die sich mit dem polnischen Messianismus verband. Die polnische Literatur dieser Jahrzehnte spiegelt die nationale Tragödie und die messianische Sehnsucht des Volkes nach Freiheit, sie verbindet die realistische Darstellung der trostlosen Realität mit dem elegischen Blick in die heroische Vergangenheit und mit dem visionären Traum von der Zukunft. Die starke klassizistische Tradition nach französ. Modell – ausgebildet in der Regierungszeit Stanislaus August Poniatowskis, 1764–95 – hatte noch vor der eigent-

lichen Romantik eine sentimentale Gegenreaktion ausgelöst, zu
der Lyriker wie F. Karpinski, J. P. Woronicz und Romanschriftsteller wie L. Kropinski und Fürstin Maria von Württemberg gehören. 1816 brachte J. Niemcewicz seine »Historischen
Lieder« heraus, die nach dem Vorbild engl. Balladen Themen
aus der poln. Geschichte besingen.

An der Schwelle zur Romantik verkündete *K. Brodzinski* das romantische Programm (»Über das Klassische und Romantische sowie über den
Geist der poln. Dichtung«, 1818). Auf Herder, die Brüder Schlegel und
Mme de Staël Bezug nehmend unterschied er zwischen den zwei Stilfor-
men und verwies die poln. Dichter auf die nationale Tradition. »Poesie
ist der Spiegel jedes Jahrhunderts und jedes Volkes« (zit. Lettenbauer,
ER, S. 485); damit führte er die historische Kritik ein. Lettenbauer weist
auf seine vermittelnde Position zwischen Klassizismus und Romantik
hin, weil es ihm allein um den neuen Inhalt der Poesie gegangen sei
(ebd., S. 486), um Volk und Geschichte.

Die Theorie erhielt sogleich ihr erstes überzeugendes Muster als
A. Mickiewicz seine »Balladen und Romanzen« (1822) veröffentlichte, darunter ein programmatisches Gedicht »Die Romantik«, worin er für die Volksdichtung aus den Quellen des
Gefühls und des Glaubens eintrat. Neben dramatischen Dichtungen (»Totenfeier«, 1823–1832) und historischem Versepos
(»Konrad Wallenrod«, 1827; »Herr Tadeusz«, 1834) schrieb er
auch eine Sammlung Krimsonette (1826). Gemeinsam ist allen
diesen Werken ihre patriotische Inspiration, der unter historischem Gewand versteckte politische Protest und die Sehnsucht
von Mensch und Nation nach Erlösung (vgl. sein »Ich und das
Vaterland sind eins«, aus »Totenfeier« III, 1832, zit. Lettenbauer, S. 501). Die Einflüsse der europ. Romantik stammen von
Scott, den Mickiewicz zuerst in seinem Roman »Johann von
Tenczyn« (dt. 1827) nachahmte, sowie von Byron, Schiller und
Goethe, deren Werke die Emigranten nach 1831 im Ausland
kennenlernen konnten. Neben Mickiewicz sind als große romantische Dichter Z. Krasinski, J. Słowacki und der erst im 20.
Jh. wiederentdeckte Norwid zu erwähnen. *Krasinski* trat mit
mehreren Prosadramen hervor (»Irydion«, 1836; »Die ungöttliche Komödie«, 1835), worin er das Thema des Volksaufstandes
aus aristokratischer Sicht behandelte und anstelle der geschei-
terten Revolutionen eine neue Menschheitsreligion für Polen
und Europa forderte. Beeinflußt von Shakespeare, Schiller und
Byron wetteiferte *Słowacki* mit Mickiewicz (»Kordian«, 1834,
Gegenstück zu »Totenfeier« III; »Anhelli«, 1838, zu den

»Büchern der poln. Nation und der poln. Pilgerschaft« von Mickiewicz). Vielfach entstanden seine Dichtungen aus balladeskem bzw. legendärem Kern (vgl. »Balladyna«, 1839; »Lilla Weneda«, 1840; »Geist-König«, 1846f.). »Lilla Weneda« wird heute als die »größte romantische Tragödie Polens« angesehen (J. Klein, »Słowacki«, 1927), »Geist-König« als die phantastischste Traumdichtung von der Geschichte Polens, die wie das byroneske Epos »Beniowski« (1841f.) unvollendet blieb.

Neben der Lyrik, dem Versepos und dem politischen Drama waren auch die Komödie und der historische Roman von Bedeutung. Während Alexander Fredro (1793–1878) Komödien im Stile Molières ohne politische Tendenz verfaßte, bereitete Apollo Korzeniowski (1820–1869) in seinen Stücken ein nationalpolitisches Theater vor. – Den historischen Roman der Romantik repräsentiert am besten Josef Kraszewski (1812–1887), der sich durch archivalische Studien von Scotts Einfluß zu befreien versuchte (u. a. ›Sigismunds Zeiten‹, 1846; Romane über die »Sachsenzeit« in Polen). – Die poln. Romantik endete 1849, im Todesjahr Słowackis und Chopins.

Im Vergleich zu Polen kam es in *Rußland* weder zu einer ausgeprägt antiklassizistischen Reaktion noch zu einer nationalen Literaturbewegung, jedenfalls nach sowjetischer Auffassung, die unter der Forderung nach einem sozialistischen Realismus nur die Frühwerke von Puschkin, Lermontow und Gogol in eine kurze romantische Übergangsphase einordnet. Seit M. Gorki (1928) unterscheidet die Sowjetforschung außerdem zwei Richtungen, die passive, auch individuelle bzw. reaktionäre und die aktive, soziale bzw. progressive Romantik mit stark realistischen Zügen. Ein präzises Datum läßt sich kaum für den Beginn der russ. Romantik angeben (s. B. Zelinsky, 1975, S. 4), aber aus einem verwirrenden Nebeneinander der Stile (Spätbarock, Klassizismus der Aufklärung, Sentimentalismus) lassen sich seit dem 1780er Jahren erste frühromantische Werke herauslösen; vor allem ist an Nikolai *Karamzin* (1766–1828) zu denken, der mit seinem nach ihm benannten eleganten Stil die neue literarische Richtung begründete. Bei ihm verknüpft sich die Sozialkritik des 18. Jh's (s. Sturm und Drang) mti dem nationalhistorischen Interesse, der Sentimentalismus der Zeit mit der Erfahrung der Langeweile (s. die Antizipation des »überflüssigen Helden« in ›Meine Beichte‹, 1802; dazu R. Neuhäuser. ›Europ. Ro.‹ II, 329–37). Im gleichen Jahr erschienen die Lieder von Gavrila Kamenew (›Pesni‹, 1802), in denen ein Frühromantiker zuerst mit dem Klassizismus brach. Ebenso wandte sich Konstantin Batjuschkow seit etwa 1805 als Mitglied der »Freien Gesellschaft« gegen die Neoklassizisten und Sentimentalen. Wie Wladislaus Ozerow (Drama ›Fingal‹, 1805) stand er unter dem Einfluß Ossians.

Obgleich die erste russische Definition des Romantischen als Dichtung des Wunderbaren bereits 1805 in der Zeitschrift ›Nördlicher Bote‹ zu finden ist, beginnt die eigentliche Romantik erst mit Schukowskis ›Lenore‹-Übersetzung ›Ludmila‹ (1808; s. dazu R. Neuhäuser, ebd., 348). Führend an der Vermittlung westeuropäischer Ideen waren die literarischen Kreise beteiligt, z. B. die »Freundschaftliche literarische Gesellschaft« um Andrei Turgenjew in Moskau (1799 f.), die »Freundschaftliche Gesellschaft der Liebhaber des Schönen« (bzw. »Freie Gesell. der Liebhaber der Lit.«) in Petersburg seit ca. 1800 mit ihrer Zeitschrift ›Nördlicher Bote‹ (ab 1804) und »Musenalmanach« (1802–03) und nach den Napoleonischen Kriegen die informelle Gesellschaft »Arzamas« (in Petersburg; s. Neuhäuser, ebd., 337–44). Neben Schukowski und Batjuschkow gehörten diesem Kreis zeitweise auch Küchelbecker, Puschkin und Fürst Wjasemski an. Letzterer wies nicht nur Puschkin auf Byron hin, sondern fügte den Begriff »romantisch« russischen Dichtungen ab 1817 bei und forderte Volkstümlichkeit von den heimischen Schriftstellern (1819; s. A. Flaker 1983, S. 402).

Peter der Große hatte Rußland westlichem Einfluß geöffnet, ohne daß sich das Los der Bevölkerung weder unter seiner Regierung noch unter der Katharinas der Großen gebessert hätte. Ein Symptom dafür sind die Bauernrevolten (1773–75), dann die revolutionären Adelsunruhen (1816–25). Es ging in Rußland also um soziale und politische Reformen, und, vom romantischen Geist inspiriert, um die panslawische Idee. Erst nach Napoleons Rückzug aus Moskau wurden das romantische Ideengut und die europ. »Romantiker« (Goethe, Schiller, Young, Byron etc.) weitgehend bekannt. Aber kein hervorragendes literarisches Manifest erschien . Desto wichtiger war das Wirken eines Vermittlers zwischen der westeuropäischen Romantik und Rußland von dem Range eines Wassili *Schukowski* (1783–1852), der nicht nur den Karamzinschen Stil in seiner Stimmungslyrik pflegte, sondern insbesondere auch für den Gefühlsausdruck in der Ballade eintrat (Gedichte zwischen 1806 und 1821). Er übersetzte u. a. Grays »Elegy« und machte Rußland mit den Schriftstellern der Goethezeit bekannt. Die Loslösung von klassizistischer Technik war allerdings auch bei ihm nur vorübergehend.

Auch *Puschkin* wurde nur in einer bestimmten Periode seines Lebens stärker von der Romantik angeregt (vgl. seine byronnesken Verserzählungen »Die Räuberbrüder«, 1821; »Der Gefangene im Kaukasus«, 1822; »Die Fontäne von Bachtschissarai«, 1824), während in seinen Meisterwerken meist ein Gleichgewicht zwischen romantischen Stoffen und klassischer Form erreicht ist (s. die Verserzählung »Ruslan und Ljudmila« (1820). In seinem Versroman »Eugen Onegin« (1825 bis 1833), befreite sich Puschkin von Byrons Einfluß, indem er ironisch von seinem lebensmüden ›überflüssigen‹ Helden Onegin Abstand nahm; gleichzeitig parodierte er den deutsch-idealistischen Typ des Romantikers in Lenski. Die russische Romantik führte Puschkin insofern in das »Goldene Zeitalter« der russischen Literatur über, als er Karamzins eleganten Stil durch seine Forderung nach der Angleichung der Dichtersprache an die einfache Volkssprache überwand (s. R. Neuhäuser, ›Europ. Ro.‹ II, 330).

Wenn Puschkin letzten Endes auch die realistische Darstellung des russischen Lebens im Auge hatte, so könnte man den allgegenwärtigen Erzähler, der frei mit Gegenstand und Helden schaltet, sowie die Mischung der Gattungselemente als romantisch bezeichnen. Auch in seiner Lyrik nähert er sich zwischen 1824 und 1830 klassisch überhöhten »Bruchstücken einer großen Konfession«. Mit den »Erzählungen Belkins« (1831) und dem von Scott angeregten historischen Roman »Die Hauptmannstochter« (1836) befand sich Puschkin eindeutig auf dem Wege zum Realismus. Allein die Tragödie »Boris Godunov« (1831) scheint sich in der shakespearisierenden Darstellungstechnik eines Volksschicksals völlig von der klassizistischen Tragödie zu entfernen. Zur Förderung der Romantik als Modeströmung haben zweifellos seine südlichen Verserzählungen (über Krim- und Kaukasus-Region) beigetragen (Lettenbauer, a. a. O., S. 531, gibt über zweihundert Nachfolger an). – M. Y. *Lermontow* wurde zum berühmtesten romantischen Dichter Rußlands. Seine Elegie auf Puschkin brachte ihm die Ungnade des Zaren und Jahre des internen Exils im Kaukasus ein. Seit ca. 1830 stand seine Verskunst im Zeichen Byrons und der Gattung des romantischen Poems, das ihm am besten »Selbstbekenntnisse des Geistes« erlaubte (z. B. im »Dämon«, Ms. ab 1829 f.; D. Karlsruhe 1856). Am romantischsten war er in der Lyrik; berühmt wurde er durch realistisch-psychologische Charakteranalysen im Roman »Ein Held unserer Zeit« (1840). – N. *Gogol* und Dostojewski sind die letzten großen Dichter, die in ihren Jugendwerken noch von der Romantik inspiriert wurden. Für

»Abende auf dem Vorwerk bei Dikanka« (1832) holte Gogol noch den Stoff aus der ukrainischen Volkstradition, in den Erzählsammlungen »Mirgorod« und »Arabesken« (1835) ließ er sich von E.T.A. Hoffmanns und Tiecks Phantastik beeinflussen. Dagegen zeigen sich in »Die Nase« (1836) und »Der Mantel« (1842) bereits parodistische Züge auf die Romantik. Seine Hauptwerke (»Tote Seelen«, 1842; »Der Revisor«, 1836) sind schon als Pionierarbeiten des russ. Naturalismus zu verstehen.

Literatur

Nemoianu, V.: Eastern Europ. Romanticism, in: »Taming« 1984, S. 120–160. – *Schmidt, H.* u. *G. Dudek:* Zur Synthese aufklärerischer und klassizistischer Traditionen in der russ. u. poln. Ro., in: ZS 17 (1972), 467–87. – *Sziklay, L.:* Romantik u. Nationen im Osten Europas. 1989. – *Tschiževskij, D.:* On Ro. in Slavic Literatures. 's-Gravenhage 1957. – Vgl. bibliogr. Jahresberichte in YWMLS.

Polnische Romantik
Fabré, J.: A. Mickiewicz et le romantisme, in: Recueil collectif p. p. l'Unesco pour le centenaire de Mickiewicz. 1955. – *Kleiner, J.:* J. Słowacki, 2 Bde. Lemberg 1927. – *Ders.:* Die poln. Lit. Hdb. der Litwiss. 1929. – *Kolbuszewski, J.:* Aufklärung u. Ro. in Polen, in: Prop. Gesch. IV, 1983, 456–80. – *Langer, D.:* Grundzüge der poln. Litgesch. 1975. – *Lettenbauer, W.:* Die poln. Ro., in: ER, S. 479 bis 523. – A. Mickiewicz 1855–1955, hrsg. Poln. Akademie. Breslau–Warschau 1958. – *Milosz, C.:* The History of Polish Lit. Berkeley 1983. – Problemy polskiego romantyzmu, hrsg. Poln. Akademie Breslau–Warschau etc. 1971. – *Straszewka, M.:* Romantyzm. Warschau 1964. – *Surowska, B.:* Am Anfang waren Geister u. Gespenster: Zum Durchbruch der poln. Ro., in: »Parallelen« 1983, S. 174–192.

Russische Romantik

Text
Neuhäuser, R., Hrsg.: The Romantic Age in Russ. Lit. 1975.

Allgemein
Babley, J.: Pushkin. A Comparative Commentary. Cambridge. Mass. 1976. – *Berg, E.:* Histoire de la litt. russe au XIXe siècle. Paris 1977. – *Brown, W. E.:* A History of Russ. Lit. of the Romantic Period. Ann Arbor 1986. – *Cross, S. H.,* Hrsg.: Centennial Essays for Pushkin. N. Y. 1937, [3]1967. – *Flaker, A.:* Die Entwicklung der russ. Lit., in: Prop. Gesch. IV, 1983, 400–414. – *Kodjak, A.* u. *K. Taranowsky,* Hrsgg.: A.

Pushkin. A Symposium on the 175th Anniversary of his Birth. N. Y. 1976. – *Lettenbauer, W.:* Die russ. Ro., in: ER, S. 524–67. – *Moser, Ch. A.,* Hrsg.: The Cambridge History of Russian Lit. N. Y. 1989. – *Neuhäuser, R.:* Die russ. Lit. von Karamzin bis Puškin, in: »Europ. Ro.« 1982, 323–54. – *Nilsson, N. A.,* Hrsg.: Russ. Romanticism: Studies in the Poetic Codes. Stockholm 1979. – *Reid, Ch.,* Hrsg.: Problems of Russ. Ro. Aldershok 1986. – *Shatalov, S. E.,* et al., Hrsgg.: Istoriia romantizisma russkoi literature. Moskau 1979. – *Tschižewskj, D.:* Puškin u. die Ro., in: Germanoslavica 5, 1937, 1–31; Slavische Rundschau 1937, 69–80. – *Tschižcwskij, D.:* Russ. Litgesch. des 19. Jh. 1: Die Ro. 1964. – *Vickery, W. N.:* Pushkin. TWAS 82. N. Y. 1970. – *Zbilut, J. P.:* Dostoevskian Romanticism. From Irony to Existentiality. Diss. NW Univ. 1973. – *Zelinsky, B.:* Russ. Ro. 1975.

II. Literarische Wechselbeziehungen

1. Deutsche und französische Romantik

Wenn man Deutschland als Fluchtpunkt im literarischen Wechselspiel zur Zeit der europäischen Romantik benutzt, verwikkelt sich die Sachlage dadurch, daß die deutsche Literatur überhaupt als romantisch aufgefaßt wird (besonders in Frankreich, s. Musset, Nerval etc.). Fragen wir nach der Rezeption der deutschen Romantik in Frankreich, dann handelt es sich um die gesamte Literatur der Goethezeit, wobei Goethe und Schiller eine führende Rolle spielen, während die eigentlichen Romantiker meist nur als Begleiterscheinung in Betracht kommen.

Die Vermittler. Obgleich *Mme de Staëls* Ideen erst nach ihrem Tod, im dritten Jahrzehnt des 19. Jh.s, in Frankreich zur vollen Wirkung gelangten, war sie durch Geburt und Schicksal (vgl. ihren Brief an Mme F. Brun v. 15. VII. 1806) dazu prädestiniert, den ersten Anstoß zu einem tieferen Verständnis der dt. Geisteswelt zu geben. Was sie als schwere Prüfung verstand, sollte Europa zum Vorteil gereichen. Im Exil von Coppet (Genfer See), das ihr von Napoleon aufgezwungen worden war, versammelte sie Emigranten und Geistesgrößen Europas, u. a. die Brüder Schlegel, Z. Werner, Chamisso, Constant, Byron (1816), di Breme, Oehlenschläger etc. A. Schlegel, ab 1804 ihr ständiger Begleiter, reiste mit ihr und Sismondi nach Italien (1805), so wie H. Crabb Robinson ihr Reisebegleiter in Deutschland war (1804). Coppet wurde zu einer deutsch-französischen Kolonie, während Mme de Staël sich zum »Gewissen Europas« und zur Vermittlerin europäischer Kultur entwikkelte, die die große »Chinesische Mauer« (Staël; Goethe in »Annalen«, 1804) zwischen den Nationalliteraturen einriß. Durch ihr Werk wurde Frankreich mit dem geistigen Deutschland bekannt und über Frankreich auch England, Rußland, Polen und Amerika. »Als der Kaiser unterlag, zog Frau von Staël siegreich ein in Paris mit ihrem Buche de l'Allemagne« (Heine, »Geständnisse«, Werke VI, 28).

Indem sie auf Deutschland als Beispiel verwies, wollte sie die franzos. Literatur von der »Dürre und Unfruchtbarkeit« (»Allg. Bemerkungen«, »De l'Allemagne«, S. 51) der neoklassizistischen Phase befreien. »Es gibt [. . .] im literarischen Europa nur zwei große, scharf gegeneinander abgegrenzte Gruppen: die Literatur nach dem Muster der Alten, und die, welche dem Geist des Mittelalters entspringt, d. h. die Literatur, die ihre Grundfarbe und ihren Reiz ursprünglich vom Heidentum empfangen hat, und die Literatur, deren Ursprung und Entwicklung einer wesentlich spiritualistischen Religion angehört« (ebd.). Neben England repräsentiert Deutschland die progressive romantische Richtung mit ihrem Enthusiasmus, ihrem Gefühlskult und der Darstellung des »gänzlich inneren Lebens« (II. Kap. 11). Auf Mme de Staël geht nicht nur das Klischee von der Antithese zwischen romantischer und klassischer Dichtung zurück, sondern auch das der Kluft zwischen Frankreich und Deutschland, der rationalen Klarheit und Logik Frankreichs, der formlosen Gefühlsschwärmerei (III, 18) und der metaphysischen Spekulationen Deutschlands. Sie entdeckte außerdem den Widerspruch im dt. Leben zwischen den Dichtern und Denkern einerseits sowie dem groben, untertänigen Volk andererseits (s. I, 2) und verbreitete den dt. Gretchentyp in alle Welt (I, 3). Aus ihrer Sicht wurde Deutschland zum romantischen Land par excellence, in dem Stürmer und Klassiker zu romantischen Dichtern avancierten, die aus emotionaler oder »geistiger Fieberglut« (II, 23) ihre Stücke schrieben. In diesem Sinne verzeichnete sie Goethes vom Satan beherrschten »Faust I« zur Liebestragödie und hob im »Wilhelm Meister« Mignon als romantisch Liebende hervor. Daneben erklärte sie die Eigenart von Lessing, Wieland, Bürger, Kotzebue, Klinger, Gerstenberg und Herder, aber auch einiger Dichter der »neuen Schule« (Tieck, Jean Paul, Novalis, Brüder Schlegel). Gegen die übertriebene Mittelalterverherrrlichung der Deutschen nahm sie jedoch beim französischen Geschmack Zuflucht, wie sie überhaupt, einen literarischen Kosmopolitismus vertretend, für die geistige Zusammenarbeit zwischen den Völkern eintrat. –

Wie sehr Deutschland innerhalb weniger Jahre in das geistige Blickfeld der franzôs. Dichter gerückt war, macht *Gérard de Nerval* deutlich, der »romantique allemand« (M. Brion; vgl. A. Béguin, »L'âme romantique«, 1939, S. 358). Er bereiste nicht nur Deutschland – auch Quinet, Hugo, Dumas, Lamartine und Musset besuchten den Rhein –, sondern übersetzte Goethe (»Faust«, 1828), Heine und dichtete im Geiste Jean Pauls und E. T. A. Hoffmanns (z. B. »La Main de gloire«, 1832).Wie dieser gestaltete er das Doppelgängermotiv und mischte die Traumwelt mit der Wirklichkeit aus Sehnsucht nach dem verlorenen Paradies. Wie bei Novalis tritt der Traum als das höhere Leben in die Wirklichkeit ein, die Geliebte wird identisch mit der Mutter, Isis und Maria, Gott und Weltseele (»Aurélia«, 1855). Was ihn zur Übersetzung der »Nordsee«

seines Freundes Heine hinzog, das war »l'analyse entière de l'âme du poëte« (»Oeuvre« I, 460); dazu kamen die Romantisierung der Vergangenheit, der Natur, der unglücklichen Liebe und die Form (s. auch »Le Christ aux Oliviers«, 1844 unter Jean Paul-Einfluß entstanden, und seine Übersetzungen »Poésies allemandes«, 1830).

Goethezeit in Frankreich. Mit Herder, dem Anreger der Goethezeit, hatte Mme de Staël bekannt gemacht (II, 30). E. Quinet übersetzte seine »Philosophie der Geschichte« (1827), aber Goethe und Schiller standen im Mittelpunkt des französ. Interesses. *Goethe* wurde wie ein Gott oder »Talleyrand« (Sainte-Beuve) verehrt, aber wenig gelesen, abgesehen von »Werther«, der, fünfzehnmal zwischen 1776 und 1797 übersetzt, zur Lieblingslektüre einer ganzen Generation wurde. Die empfindsamen Bekenntnisromane von Sénancour bis Sainte-Beuve verdanken ihm viel. Während Goethe für den alternden Sainte-Beuve zur kritischen Autorität wurde, entfernte sich Stendhal nach einer vorübergehenden Werther-Phase immer mehr von ihm.

Die großen Entscheidungen des Kampfes um die Romantik fielen auf dem Theater, und hier waren es die Dramen *Schillers*, die den Weg zur literarischen Revolution wiesen. »Il entre plus de choses imitées de la nature dans une tragédie de Schiller que dans dix tragédies françaises« (Stendhal, »Histoire de la peinture«, 1924 II, 379).

Die Bekanntschaft mit Schillers Werk setzte 1784/85 ein, als »Les Brigands« erschien (s. »Robert, chef des brigands« 1792 und »Les Voleuds« 1745) und wiederholte sich, als Constants »Wallenstein« (1809) und Lebruns »Maria Stuart« (1820) erschienen. Es gab sogar eine Maria-Stuart-Mode daraufhin in Paris! Besonders wirkte Schiller durch seine Frauengestalten, deren Heroismus der Tugend vielfach nachgeahmt wurde (s. u. a. Hugos Doña Sol in »Hernani«; Mérimées Catalona in »La Famille Carvajal«, 1828; sein rhetorischer Dramenstil, der klassizistische Elemente bewahrte, sein Rückgriff auf die Nationalgeschichte, seine Kunst der Spannungserzeugung hinterließen Spuren in Mussets »Lorenzaccio« (»Don Carlos«), Hugos »Marie Tudor« (»Maria Stuart«), »Cromwell« (»Wallenstein«) etc.; Dumas père bearbeitete noch 1849 »Kabale und Liebe«. »Das Lied von der Glocke« war besonders beliebt wegen seines exemplarischen Mischstils, den Lamartine (»Jocelyn«) und Vigny (»Le Bal«) bewunderten. Schillers »Geisterseher« scheint noch Nodiers »Jean Sbogar« (1818) angeregt zu haben (über den Grund für Schillers Erfolg in Frankreich vgl. schon K. F. Reinhardts Brief an Schiller v. 16. XI. 1791: »Sie verbinden die Korrektheit französ. Geschmacks mit der Innigkeit und der Vollständigkeit dt. Empfindung und engländischer Gedankenfülle«; zum ganzen Fragenkomplex vgl. K. Wais, DVj 29, 1955, 475). Die Schillerrezeption ging einer Shakespearerenaissance auf der Pariser Bühne voraus, und zusammen, im Zeichen Schillers und Shakespeares, vollzog sich dann der Durchbruch Hugos und Dumas zum romantischen Drama.

Aus dem engeren Kreis der Romantiker wurde kaum jemand so nachgeahmt wie E. T. A. Hoffmann. Seit 1807 in den französ. Salons vermittelt durch D. F. Koreff und Z. Werner, wurde das »genre hoffmannesque« bald nachgeahmt durch Nodier (seit 1821), Gautiers »contes fantastiques« (ab 1836) und noch Balzac (»L'Élixir de longue vie« und »Jesus Christ en Flandre« in »Comédie humaine«, 1830–31), vielfach übersetzt (F.-A. Loève-Veimars, 1829 f.; J. Janin, 1832, X. Marmier, 1843) und in Zeitschriftenartikeln diskutiert (z. B. ›Revue de Paris‹, 1829 mit Scott-Artikel, 1830 mit Nodier, »Du fantastique dans la littérature«). – Mme de Staël hatte das Genie *Jean Pauls* durch den fragmentarischen Abdruck der »Rede des toten Christus« (Siebenkäs«) demonstrieren wollen; da der trostreiche Schluß fehlte, wurde er nicht als Idylliker, sondern als Visionär und Geisterseher aufgenommen, der um den verlorenen Gott kämpfte. So wirkte er auf eine ganze Reihe junger französ. Romantiker (s. Nodier; Vigny, »Le Mont des Oliviers«; Nerval, »Aurélia«, II, 4). Durch de la Granges Anthologie »Pensées de Jean Paul« (1829) vertiefte sich sein Einfluß in den dreißiger Jahren zum »moraliste-poète« (Vigny); im Anschluß an ihn definierte P. Leroux den »style symbolique« (›Le Globe‹, 1829). – Obgleich de Staël auf Novalis und seine Hymnen aufmerksam gemacht hatte, kam sein Einfluß erst im Symbolismus zu voller Geltung. Wie Hölderlin ist auch Kleist erst verspätet von den Franzosen erkannt worden.

Wirkte vor allem der Sturm und Drang aufgrund des Staëlschen Werkes romantisierend auf die französ. Literatur und Geschichtsphilosophie (Quinet, Taine), so forscht man auch ziemlich vergebens nach einer direkten Rückwirkung der französ. auf die deutsche Romantik. *Goethe* war einer der wenigen Deutschen, die die französische Entwicklung beobachteten. So bemerkte er mit Genugtuung, wie Hugo sich von der »Pedanterie der classischen Partey« (zu Eckermann, 4. I. 1827) befreit hatte, verurteilte aber dessen »Notre Dame de Paris« wegen der abscheulichen Unnatürlichkeit (27. VI. 1831). *F. Schlegel* erkannte in Lamartine einen Bruder im Geiste, der die Polarität zwischen der französ. Klassik und der dt. Dichtungstradition aufgehoben hätte (vgl. dazu seinen Essay über Lamartine, KFSA III, 310). Von diesen beiden Ausnahmen abgesehen, blieb die franzos. Romantik in Deutschland fast unbeachtet, bis sich die Jungdeutschen ihrer annahmen, da sie auf sie liberalisierend-antiromantisch wirkte.

Literatur

Baldensperger, F.: Bibl. critique de Goethe en France. Paris 1907. – *Nerval, G. de:* Oeuvres Complètes. 5 Bde. Paris, o. J. – *Staël, Mme de:* De l'Allemagne – Über Dtld., hrsg. von S. Metken. Reclam 1751, 1963. – *Stendhal:* Histoire de la peinture en Italie, hrsg. P. Arbelet. 2 Bde. Paris 1924. –

Baldensperger, F.: Goethe en France. Paris 1904, ²1920. – *Behler, E.:* Mme de Staël u. B. Constant in Weimar. 1972. – Benjamin Constant, Mme. de Staël et le groupe de Coppet (= Symposium Lausanne 1980). Oxford 1982. – *Boeck, O.:* Heines Nachwirkung u. Heine-Parallelen in der französischen Dichtg. 1972. – *Brion, M.:* G. de Nerval, romantique allemand, in: Revue de Paris 69 (Juli-Dez. 1962) Nr. 8, 15–27. – *Castex, P.-G.:* Le Conte fantastique en France. Paris 1962. – *Cheval, R.-J.:* Die dt. Ro. in Frankr., in: Romantik, hrsg. Th. Steinbüchel. 1948, S. 251–71. – *Curtius, E. R.:* F. Schlegel u. Frankr., in: Krit. Essays zur europ. Lit. Bern 1950, S. 74–94. – *Dédeyan, Ch.:* V. Hugo et l'Allemagne. 4 Bde., Paris 1964–69. – *Ders.:* G. de Nerval et l'Allemagne. 3 Bde. Paris 1957–54. – *Dubruck, A.:* G. de Nerval and the German Heritage. Den Haag 1965. – *Eggli, E.:* Schiller et le romantisme français. Paris 1927. – *François-Poncet, A.:* Stendhal en Allemagne. Paris 1967. – *Fuchs, A.:* Goethe und der französ. Geist. 1964. – *Furst, L. R.:* Counterparts. The Dynamics of Franco-German Literary Relationships 1770–1895. London u. Detroit 1977. – *Dies.:* Novalis' »Hymnen an die Nachts« and Nerval's »Aurélia«, in: L. R. F.: Contours of Europ. Romanticism. 1979, 109–126. – *Dies.:* Mme. de Staël's »De L'Allemagne«: a Misleading Intermediary. Ebd., S. 56–73. – *Haase, D. P.:* Romantic Facts and Critical Myths: Novalis' Early Reception in France, in: The Comparatist 3 (1979). 23–31. – *Ders.:* Nerval's Knowledge of Novalis: a Reconsideration, in: Romance Notes 22 (1981), 53–57. – *Ders.:* Nerval's Revision of Ger. Romanticism: »Aurélia« and Novalis' »Ofterdingen«, in: Cincinnati Romance Review 2 (1983), 49–59. – *Hessmann, P.:* H. Heine u. Gérard de Nerval, in: SGG (1963), 185–206. – *Hösle, J.:* Die französ. »Werther«-Rezeption, in: Arcadia 11 (1976), 113–125. – Kleist – Gesellschaft 1968. Kleist u. Frankr., mit Beitr. von C. David, W. Wittkowski, L. Ryan. 1968. – *Kohler, I.:* Baudelaire et Hoffmann. Stockholm 1979. – *Krauss, W.:* Französische Aufklärung u. dt. Ro., in: Per spektive u. Probleme 1965, S. 266–84 – *Lambert, J.:* L. Tieck dans les lettres françaises. Paris 1976. – *Maurois, A.:* Kleist, in: Revue de Paris (Juni 1954), 3–24. – *Minder, R.:* Mme de Staël entdeckt Dtld., in: Kultur u. Lit. in Dtld. u. Frankr. 1961, S. 94–105. – Ders.: J. Paul in Frankr. Fs. E. Berend, hrsg. H. W. Weiffert u. B. Zeller. 1959, S. 112–127. – Mönch, W.: Ch. Nodier u. die dt. u. europ. Lit. Eine Studie zur romant. Denkform in Frankr. 1931, Repr. 1967. – *Nagavajara, Ch.:* A. W. Schlegel in Frankr. Sein Anteil an der französ. Litkritik 1807–1835. 1966. – *Neubert, F.:* Goethe u. Frankr., in: Studien zur europ. Litgesch. 1950, S. 54–93. – *Oppenheim, F. H.:* Der Einfluß der französ. Lit. auf die dt., in: Dt. Philol in Aufriß III, 1956, 863–960. – *Pange, P. de:* A.–G. Schlegel et Mme de Staël. D'après des documents inédits. Paris 1938; dt. Übers. 1940. – *Pankalla, G.:* E. T. A. H. und Frkreich., in: Neuere Sprachen N. I. 3 (1954), 170–180. – *Peyre, H.:* Franco-German Literary Relations. A Survey of Problems, in: CL 2 (1950), 1–15. – *Pichois, C.:* L'Image de J. P. Richter dans les lettres françaises. Paris 1963; – *Reincke, O.:* G. de Staëls Abhandlung üb. Dtld. u. ihre Auseinandersetzung mit dem dt. Sentimentalismus, in: »Parallelen« 1983, S. 140–173. – *Remak, H. H.:* Goethe on Stendhal, in: Goethe Bicentennial Studies. Bloomington 1950, S. 207–34. – *Richardson, F. C.:* Kleist in France. Chapel Hill 1962. – *Rossel, V.:* Histoire des relations littéraires entre la France et l'Allemagne. 1897, Repr. Genf 1970. – *Ruprecht, E.:* Die dt. Ro. im französ. Dtldbild. 1957. – *Schoenfeld, M.-L.:* The Criticism and Aesthetics of Ch. Nodier in the Light of German Romantic Literary Theory. Diss. U. of Wash 1972. – *Seidlin, O.:* Aufstieg u. Fall des Bürgertums. Schiller u. Dumas fils, in: Von Goethe zu Th. Mann. 1963, S. 136–47. – *Skelton, S.:* Blake, Novalis, and Nerval. The Poetics of the Apocalypse. Diss. Univ. of So. Cal. 1973. – *Sourian, E.:* Mme de Staël et H. Heine. Les deux Allemagnes. Paris 1974. – *Sohnle, W. P.:* G. H. Creuzers Symbolik u. Mythologie in Frankr. Eine Unters. ihres Einflusses auf V. Cousin, E. Quinet, J. Michelet u. G. Flaubert. 1972. – *Teichmann, E.:* La Fortune d'Hoffmann en France (1826–1840). Genf – Paris 1961. – *Ullman, H.:* B. Constant u. seine Beziehungen zum dt. Geistesleben. 1915. – *Wais, K.:* Goethe u. Frankr., in: DVj 23 (1949), 472–580. – Ders.: Schillers Wirkungsgesch. im Ausland, in: DVj 29 (1955), 475–508. – *Wiegand, H. J.:* Victor Hugo u. der Rhein. 1982. – *Wieser, M.:* La Fortune d'Uhland en France. Paris 1972.

2. Deutsche Romantik und die spanisch-italienische Literatur

Obwohl die romantische Dichtung und Theorie Deutschlands meist durch französ. Vermittlung in Spanien und Italien bekannt wurde, sah man dort in Deutschland wenn nicht nicht ein unmittelbares Vorbild, so doch ein Symbol der neuen Denk- und Schreibweise. Deutschland verwandelte sich in der Vorstellung der südlichen Völker in das Land romantischer Naturkulisse und mystischer Spekulationen. Mit England wurde es zum Modell künstlerischer Freiheit, genialischer Schaffenskraft und der Besinnung auf die eigene Vergangenheit.

Spanien
Böhl de Faber, der Herders Werk kannte und A. W. Schlegels Vorlesungen bewunderte, wies das gelehrte Spanien auch auf Schillers ästhetische Theorien hin. Böhl gab von Cádiz aus durch seine Artikel, Übersetzungen und Editionen den Anstoß zur Befreiung vom Neoklassizismus und zur Wiederentdekkung des goldenen Zeitalters.

Seine Essays über Schlegels Calderónauffassung führten zur »querelle caldéronienne« (1814), einer scharfen Auseinandersetzung zwischen den frühesten Romantikern und den Verteidigern des rigorosen Klassizismus. Seine Ideen wirkten weiter auf die Zeitschrift ›El Europeo‹ in Barcelona (1823–24), worin die Ästhetik Schillers, A. W. Schlegels und Kants erörtert wurde, auf Duráns Akademierede (1828) sowie Alcalá Galianos Manifest (Vorrede zu Duque de Rivas' »El moro expósito«, 1834). Noch Menéndez Pelayo übernahm von Böhl A. W. Schlegels Romantik-Begriff (»Historia de las ideas estéticas« III, 1883).

Die deutschen Klassiker lernte man in Spanien als Prototypen der Romantik schätzen. Seit 1800 kamen zunächst klassizistische Bearbeitungen Schillerscher Dramen nach französ. Zwischenstufen auf die Bühne. In der Zeit der christlichen Reaktion auf die frenetische, von Frankreich beeinflußte Romantik entdeckte man *Schiller* als einen geistesverwandten Dramatiker (vgl. Quadrados Artikel in der Zs. ›Panorama‹, 1841; Tamayo y Baus' »Juana de Arco«, 1847, »Angela«, 1852). Noch beliebter – bis auf den heutigen Tag – wurden allerdings die Balladen Schillers.

Von *Goethes* Werken hatte nur »Werther« einen bescheidenen Erfolg (1819 nach französ. Bearbeitung übers.). Ein stärkeres Interesse für Schiller und Goethe regte sich erst in den sechziger Jahren, als die Krausisten ein unmittelbares Verhältnis zur deutschen Kultur herstellten; es sollte seinen Höhepunkt im fin de siècle finden (»Wertherismo«). »Faust« (übers. 1856) mag vorher schon über Frankreich auf das philosophische Weltdrama Esproncedas (»El diablo mundo«, 1841) und Rivas (»El desengaño en un sueño«, 1842) gewirkt haben. Anders steht es mit Goethes Lyrik, die zusammen mit Schillers und Heines

Gedichten nordische Gegenstücke zu den alten span. Romanzen bildete. Führend an der Wiedergeburt der span. Lyrik aus deutschem und eigenem Geiste waren die katalanischen Romantiker beteiligt, die sich auch zu eigenen Balladen und Liedern anregen ließen (P. Piferrer, V. Balaguer, Milà y Fontanals). Wie Rukser feststellte, lernte man vor allem an Goethe »die Befreiung des Wortes von den Fesseln der Konvention« und »das Vertrauen auf eigene schöpferische Kraft« (»Goethe« 1958, S. 136).

Von der Affinität zwischen *Bécquer* und *Heine* ist in der Forschung viel gesprochen worden; Beweise für eine unmittelbare Abhängigkeit Bécquers sind jedoch ausgeblieben, wenn A. Ferrán ihn auch auf Heine aufmerksam gemacht hatte. Die Analogien zwischen Bécquers »Rimas« und Heines »Intermezzo« lassen darum nur auf eine indirekte Bekanntschaft mit Heine über französ. Zwischenstufen schließen. Heines Wirkung auf Rosalía de Castro ist allerdings unbestritten. Nach 1870 war der Enthusiasmus für Heines musikalische Lyrik in der hispan. Welt am größten. Inwieweit Heine noch an der Ausbildung des »Modernismo« beteiligt war, ist nicht ganz klar, da sich die Erneuerung der Lyrik hier durch Berührung mit vielen Einflüssen (Goethe, Romantik, Bécquer, Symbolismus) vollzog (vgl. R. Dario, »Azúl«, 1888).

Unter den deutschen Romantikern gewann dann nur noch *Hoffmann* mit seinen »Phantasiestücken« das besondere Interesse der Spanier von Bécquer (»Leyendas«) über R. de Castro (»El caballero de las botas azules«) und Hartzenbusch zu Zorilla. Der Grund für seine Popularität dürfte wie in Frankreich in der Mischung von Traum und Wirklichkeit liegen, die der Entwicklung der span. Romantik zum Realismus entgegenkam.

Italien

Eine gewisse Ironie der Geschichte besteht darin, daß die bereits in die Reaktion übergegangene dt. Romantik den Italienern noch als progressiv erscheinen konnte, als sie durch *Mme de Staël* verspätet darauf aufmerksam gemacht wurden. Das Feuer, das sie entzündete, fing erst gegen 1820 über den Alpen zu lodern an – um mit Goethe zu sprechen (»Kunst u. Altertum« II, 1820). Zwar hatten Gessner und Klopstock die Italiener schon auf den in Deutschland herrschenden Gefühlskult vorbereitet (Einflüsse auf Pindemonte, Bertòla, Monti), doch die entscheidenden Anregungen zur Auseinandersetzung mit der »neuen Schule« gingen von Mme de Staël aus. Ihr ist es zu verdanken, daß man in Italien Goethe, Schiller und Bürger als die Hauptrepräsentanten der Romantik betrachtete, die gegen die Herrschaft der »egoistischen Vernunft«, der »kalten Berechnung« und des »Mechanismus des Daseins« das Prinzip des Enthusiasmus verkündeten (»De l'Allemagne« IV, 10).

Goethe und Italien. Mit Goethes »Werther« (1781) gewann der Gefühlskult eine ganz neue Dimension. Er wurde gegen die Jahrhundertwende zum »livre de chevet« (V. Santoli) einer ganzen Generation und fand sein Echo bei V. Monti (»A don Sigismondo Chigi«; »Pensieri d'amore«), bei Leopardi (»Canti«) und Foscolo. In mancher Hinsicht erscheint sein Briefroman »Ultime lettere di Jacopo Ortis« (ab 1797) als »Werther«-Nachahmung (in Handlungsschema, Konfiguration und Darstellungstechnik; vgl. Foscolos Brief an Goethe v. 16. I. 1802). Die Unterschiede in der Konzeption lassen sich z. T. durch Foscolos Abhängigkeit von einer zahlreichen literarischen Ahnenreihe erklären (Rousseau – »Jacopo«; Charakterisierung der Geliebten »beltà celeste« in neuplatonisch-petrarkistischer Tradition; dazu die politischen Zustände in der italien. Gegenwart; über die Unterschiede zum »Werther« aus Foscolos Sicht vgl. Brief v. 29. IX. 1808).

Als G. Scalvini »Faust I« (1835) übersetzte, rückte Goethe in den Rang eines Klassikers der Weltliteratur auf, der die romantische »Divina comedia della coltura moderna« verfaßt hatte (De Sanctis, »Storia« 1958 II, 960). Sein Einfluß reicht von Manzoni über Prati (»Armando«, 1865 f.) zu den »Mefistofele«-Stücken von Boito.

Seit 1818 begleitete Goethe *Manzonis* Laufbahn aus der Ferne. Ohne daß von wechselseitiger literarischer Beeinflussung gesprochen werden kann, kam es zwischen beiden zu einem »hohen Geistergespräch«, das für die europ. Zusammenhänge der Romantik bedeutsam ist.

Wie in Byron erkannt Goethe in Manzoni einen Klassiker, der ihm Schiller in seinem Herzen ersetzen könnte (vgl. »Manzoni ist ein geborener Poet, so wie Schiller einer war«, zu Eckermann 23. VII. 1827). Hätte Goethe sein freundschaftlicher Ratgeber sein können, dann hätte er manche Fehler vermieden (ebd.). Goethe übersetzte (»Il Cinque Maggio«, 1821; Teile aus »Carmagnola«) und rezensierte die Werke Manzonis, weil er hier ähnliche Bestrebungen sah. Dem Verfasser des »Carmagnola« bescheinigte er, »daß er, von alten Regeln sich lossagend, auf der neuen Bahn so ernst und ruhig vorgeschritten, dermaßen daß man nach seinem Werke gar wohl wieder neue Regeln bilden kann« (Weimarer Ausg. I, 42, 154 = »Teilnahme Goethes an Manzoni«).

Daher nannte er seine Arbeiten »klassisch« (ebd.). Dem Lyriker der
»Inni sacri« sagte er einen »naiven Sinn« nach (ebd., 157), im Verfasser
des »Adelchi« nahm er »reinen humanen Sinn und Gefühl« wahr (171).
Anläßlich der Lektüre der »Promessi sposi« verstärkte sich dieser Eindruck (vgl. »Er hat Sentiment, aber er ist ohne alle Sentimentalitäten«,
zu Eckermann, 18. VII. 1827). Doch kritisierte er, daß er »zuviel Re-
spekt vor der Geschichte« (ebd., 31. I. 1827) und zwischen poetischer
und historischer Wahrheit nicht genügend unterschieden habe (vgl. WA
I, 41, 206 f.).
Wie reagierte Manzoni auf die »Teilnahme« Goethes? Goethes Stimme
regte ihn an – gegen seine eigenen Zweifel und den Proteststurm klassizistischer Gegener –, unbeirrt in seinem Streben fortzufahren (s. Dank-
schreiben an Goethe v. 23. I. 1821). Goethe bedeutete ihm die »Stimme
des Meisters«, die ihm Mut zusprach. Manzoni begrüßte Goethes Kritik anfangs, nahm aber später eine katholisch-rigorose Position ein, wonach ihm alle Kunst als lügnerisch vorkam (s. »Del romanzo storico«,
1845).

Schiller. Während von einem literarischen Einfluß Goethes nur
geringfügige Spuren zu entdecken sind, hat Manzoni Schillers
Werke sehr genau gekannt und benutzt. Schiller und Shakespeare wurden in der romantischen Theorie in einem Atem genannt; da es aber eine zu große Kluft zwischen dem klassizistischen Theater und Shakespeare gab, hatte Schiller – der seine
Tragödie aus dem Geiste des Euripides und Racine ohne mechanische Auslegung der drei Einheiten geschaffen hatte – wie in
Frankreich zunächst eine größere Resonanz.

Schiller erschien vor allem romantisch im Thema, in dem Konflikt des
Individuums mit der Gesellschaft, dem ritterlich-mittelalterlichen Gewand, der Forderung nach den Menschenrechten und dem Fatalismus
der Leidenschaft (vgl. G. Mazzini, »Della fatalità considerata come ele-
mento drammatico«, 1836). Seine Dramen wurden zum beliebten
Opernstoff (Rossini, »Tell«, 1829; Donizetti, »Maria Stuarda«, 1834;
Verdi, »Don Carlos«, 1867). Der Impuls zur Schiller-Begeisterung kam
zweifellos aus Frankreich (vgl. Constants »Wallenstein«). So verwun-
dert es nicht, wenn in Manzonis »Adelchi« und »Carmagnola« eher
Schiller- als Goethe-Echos zu finden sind (vgl. E. Rosenfeld, Litwiss.
Jb. 1960, S. 101 f.); G. Getto hat zudem auf die zahlreichen Schiller-Re-
miniszenzen in Manzonis Roman hingewiesen (›Arte e Storia‹ 35, 1965,
104 f.; vgl. J. F. Beaumont, IS 2, 1939, 131).

Abgesehen von den »romantischen« Klassikern haben die dt.
Dichter der romantischen Phase nur einen geringen Einfluß
ausgeübt. *Novalis* ist fast unbekannt geblieben, nur bei N.
Tommaseo finden sich einige Spuren, die über französ. Über-

setzungen oder W. Menzels Ausführungen (»Della poesia tedesca«, übers. 1831 von G. B. Passerini) zu erklären sind. Von Tieck, Jean Paul und Hoffmann nahmen erst die Mailänder Scapigliati Kenntnis, die sich für die Nachtseiten der Seele interessierten. Eine Ausnahme bildet alleine *Heine*, der in den fünfziger Jahren entdeckt wurde und zusammen mit Hegel durch sein anti-Staëlsches Deutschlandbuch »Die romantische Schule« eine nüchterne Sicht der dt. Romantik bei den führenden Literaturhistorikern der Zeit, De Sanctis und Carducci, einleitete. Vermittler Heines war T. Massarani (»Enrico Heine e il movimento letterario in Germania«, 1857; s. M. Puppo, LI 20, 1968, 317 f.).

Das Spanien- und Italienbild der deutschen Romantik
Die zeitgenössische Dichtung Spaniens konnte auf die dt. Romantiker keine Wirkung ausüben, weil sie noch ganz unter klassizistischem Vorzeichen stand. Dagegen war Deutschland damals die philosophisch und literarisch führende Nation, die nun zum erstenmal Spanien, das seit der Renaissance der dt. Literatur so viele Anregungen gegeben hatte, seine Dankesschuld abtragen konnte. Wenn es auch nicht die derzeitige Literatur war, die man beachtete, so trug doch die span. Dichtung der »älteren Modernen« (F. Schlegel, »Brief über den Roman«) wesentlich zur Gestaltung der frühromantischen Auffassungen von Weltliteratur, »progressiver Universalpoesie«, Gesamtkunstwerk etc. bei. Denn das Spanien der »reconquista«, des Cid und des Goldenen Zeitalters wurde den dt. Dichtern zum romantischen Land katexochen (vgl. dazu im einzelnen den Verf., »Spanien und Deutschland« 1976, S. 123 f.). Italien fesselte die Einbildungskraft der Dichter mindestens genauso stark wie Spanien. Da es in Wirklichkeit kaum zu Italienreisen (bzw. Spanienreisen) kam, erklärt sich von daher auch die häufige Verschmischung der beiden Vorstellungsbereiche zu einem einzigen Traumbild von Künstlerleben in schöner Natur (vgl. z. B. Brentanos »Romanzen vom Rosenkranz«, die calderonisierend Leidenschaft, Erbschuld und Sünde in vierhebigen Trochäen behandeln, deren Quellen und Kulisse jedoch italienisch sind).

A. W. Schlegel nannte Dante, Petrarca und Boccaccio »die drei Stifter der romantischen Kunst« (KAWSA IV, 1965, 168). Vor allem von Herder, Goethe (»Mignon«) und Heinse (»Ardinghello«, 1787) angeregt widmeten die Brüder Schlegel, Schelling und Hegel ihre Aufmerksamkeit dieser alten christlich-›mittelalterlichen‹ Romantik, an deren Ende Ariost stand. In Dantes »Divina Commedia« entdeckte *Hegel* die »Totalität des objektivsten Lebens« (Glockner XIV, 409), einen vollendeten Ausdruck des mittelalterlichen Weltbildes, Schelling ein Gesamtkunstwerk im Sinne der Mischung des Heterogenen. Petrarcas »Canzoniere« diente A. W. Schlegel als Muster für den romantischen Liebesroman, auch darum, weil die Sonettform »die durch Philosophie gesteigerte und so auch in die Poesie übergehende Selbstanschauung des Geistes« sei

(KAWSA IV, 184; vgl. seine Petrarcaübersetzungen in »Blumensträuße italien., span. u. portugies. Poesie«, 1804). Boccaccios »Decameron« wurde zum Urbild der Rahmennovelle mit bilateraler Struktur und Sinnbild (vgl. KFSA II, 373). Diese theoretische Beschäftigung mit den italien. Klassikern leitete eine überraschende Blüte der Sonett- und Novellen-Kunst in Deutschland ein (über Tasso und Kleist vgl. Petriconi-Pabst, ›Dt. Philologie im Aufriß‹ III, ²1962, Spalte 140).

Die theoretische Vorzugsstellung Italiens für das Selbstverständnis der Romantiker konnte es nicht verhindern, daß sich in der Dichtung ein ambivalentes *Italienbild* entfaltete. Bei dem Vorläufer Heinse herrscht ein ästhetischer Amoralismus, der in antik-heidnischer Sinnlichkeit seinen höchsten Ausdruck findet. Dagegen verherrlichte Wackenroder (»Herzensergießungen«) die christliche Seite der religiös inspirierten Künstler der Renaissance. In Tiecks »Franz Sternbalds Wanderungen« führt der Weg des Helden aus der bürgerlich-christlichen Häuslichkeit Nürnbergs zum sinnenfrohen Genuß des Lebens und der Schönheit in Italien. Aber erst bei Eichendorff (»Taugenichts«, »Marmorbild«), E. T. A. Hoffmann (»Der unheimliche Gast«, »Geschichte vom verlorenen Spiegelbilde«, »Kreisler«, Elixiere des Teufels«) und Heine (»Tannhäuserlied«, »Florentinische Nächte«) nimmt Italien dämonisch-heidnische Züge an, die den Menschen seelisch gefährden und versuchen. Über das Land sinnlicher Abenteuer hinaus konnte Italien zum Bereich der Verlockung werden, weil hier die antiken Naturmächte unerlöst weiter wirksam geblieben waren. Das christliche Italien des Mittelalters hat also sein Gegenbild im heidnischen Italien, dessen Landschaft zum idealen Kampfplatz und Probefeld gerade eines christlichen Dichters wie Eichendorff werden konnte, der die italien. Renaissance als Kult des Heidentums argwöhnisch betrachtete und doch für seine Dichtung ihre mythologischen Vorstellungen brauchte. Dagegen hatte Goethe hier eine Wiedergeburt seines Griechentums erlebt.

Literatur

Spanische und deutsche Romantik
Alberta Lasierra, M.: Heine en España. Diss. Madrid 1962. – *Aregger, A. J.:* Heine u. Larra. Zürich 1981. – *Becher, H.:* Die Kunstanschauung der span. Ro. u. Dtld. 1933. – *Behler, E.:* The Reception of Calderón among the German Romantics, in: SiR 20 (1981), 437–60. – *Bertrand, J.-J. A.:* Tieck et le théâtre espagnol. Paris 1914. – *Braig F.:* Kleist u. Cal-

derón, in: LJGG 2 (1961), 41–54. – *Brüggemann W.:* Span. Theater u. dt. Ro. 1964. – *Ders.:* Cervantes u. die Figur des Don Quijote in Kunstanschauung u. Dichtung der dt. Ro. 1958 – *Hernández, A.:* Bécquer y Heine. Madrid 1946. – *Herr, E. F.:* Les Origines de l'Espagne romantique. Paris 1974. – *Hoffmeister G.:* Spanien u. Dtld. 1976 span: 1980 – *Hori, Y. C.:* Schiller's Reception and Influence in Spain. Diss. Urbana 1972. – *Juretschke, H.:* El teatro español y el romanticismo alemán, in: FMod 6 (1965–66), Nr. 21 bis 22, 59–73; dt. in: SFGG I, 9, 224–42. – *Ders.:* Die Ursprünge der span. Ro. Über den Einfluß A. W. Schlegels in Spanien, in: Ges. Aufsätze zur Kulturgesch. Spaniens 9 (1954), 224–42. – *Ders.:* Die Deutung u. Darstellung der dt. Ro. durch Böhl in Spanien, in: SFGG I 12, 147–91. – *Koch, H.:* Schiller u. Spanien. 1973. – *Montoliu, M. de:* Goethe en la lit. catalana. Barcelona 1936. – *Owen, C. R.:* Heine im span. Sprachgebiet. 1968. – *Pageard, R.:* Goethe en España. Madrid 1958. – *Rukser, U.:* Goethe in der hispan. Welt. 1958. – *Ders.:* Heine in der span. Welt, in: DVj 30(1956), 474–510. – *Schneider, F.:* E. T. A. Hoffmann en España, in: Estudios eruditos Bonilla y San Martín. I, Madrid 1927, 279–87. – *Schramm, E.:* Eichendorff u. die span. Lit., in: Bericht Realgymnasium Würzburg. 1958–59. – *Turk, H. Ch.:* German Romanticism in G. A. Becquer's Short Stories. Lawrence, Kansas 1959. – *Zantop, S.:* Gesch. u. Lit. bei H. Heine u. M. José de Larra. 1988.

Italienische und deutsche Romantik

Croce, B.: Cultura germanica in Italia nell' età del Risorgimento, in: Nomini e cose della vecchia Italia. II, Bari 1927, [3]1956. – *Deetz, M.:* Anschauungen von italien. Kunst in der dt. Lit. von Winckelmann bis zur Ro. 1930, Repr. 1967. – *Elwert, W. Th.:* Il Manzoni e la critica tedesca, in: Paideia 29 (1974), 19–44. – *Erné, Nino:* Hoffmann in Italien, in: MHG 16 (1970), 19–27 u. 17 (1970), 72 bis 79 (im 20. Jh.). – *Fiedler Nossing, A.:* Heine in Italia nel secolo decimono. N. Y. 1948. – *Frenzel, H.:* Ariost u. die romant. Dichtung. 1962. – *Friedrich, W. P.:* Dante's Fame among the Poets and Philosophers of Germany 1800–65, in: PQ 25 (1946), 173–89. – *Lohner, H.:* Dtlds. Anteil an der italien. Ro. Bern-Leipzig 1936. – *Massano, R.:* Romanticismo italiano e cultura europea. Turin 1970. – *Noyer-Weidner, A.:* Erwachendes Dtld.-Interesse u. italien. Ro., in: RF 66 (1954 bis 1955), 305–341. – *Peter, M.:* Spuren Dantes u. anderer ital. Dichter i. Cl. Brentanos Romanzen vom Rosenkranz, in: Arcadia 19 (1984), 130–152. – *Petriconi, H. u. W. Pabst:* Einwirkung der ital. auf die dt. Lit., in: Dt. Philol. im Aufriß. III, [2]1962, 107–146. – *Puppo, M.:* La ›scoperta‹ del Romanticismo tedesco, in: LI 20 (1968), 307–32. – *Requadt, P.:* Die Bildersprache der dt. Italiendichtung von Goethe bis Benn. Bern-Mchn. 1962. – *Robertson, J. G.:* Italian Influence on Aesthetic Theory in Germany, in: Studies in the Genesis of Romantic Theory in the 18th Cent. Cambridge 1923, N. Y. [2]1962. – *Ross, W., Hrsg.:* Goethe u. Manzoni. 1989. – *Rüdiger, H.:* L'immagine dell' Italia nello sviluppo della civiltà tedesca dalla controriforma all' ultimo Romanticimo, in: Acme 3 (1950), 355–81. – *Sanctis, F. de:* Storia della lett. ital., hrsg. N. Gallo. II, Turin 1958. – *Santoli, V.:* Fra Germania e Italia. Florenz 1962.

Goethe und Italien
Atkins, S.: The Testament of Werther in Poetry und Drama. Cambridge, Mass. 1949. – *Getto, F.:* Manzoni europeo. Mailand 1971. – *Rüdiger, H.:* Teilnahme Goethes an Manzoni, in: Arcadia 8 (1973), 121–73.

Schiller und Italien
Getto, G.: Il teatro di Schiller e il romanzo di Manzoni, in: Arte e Storia 35 (1965), 103–140.

Italienbild
Emrich, W.: Das Bild Italiens in der dt. Dichtung, in: Studien zur dt.-italien. Geistesgesch. 1959, S. 21–45. – *Häussler, R.:* Das Bild Italiens in der dt. Ro. Bern 1939. – *Regis, C.:* Das italien. Kulturbild der dt. ›Frühro‹. Diss. Wien. 1956.

3. Deutsche und englische Romantik

Da aus der Perspektive der latein. Romantik engl. und dt. Romantik eng zusammengehören, ist man erstaunt, außer dem gemeinsamen Datum des Aufbruchs (1798) nur wenige Berührungspunkte zwischen den beiden Literaturen dieser Periode zu entdecken. E. Mason konstatiert sogar: »jeder Versuch, die sog. englische Romantik von der deutschen Romantik her zu begreifen, oder auch umgekehrt, führt notwendig zu Mißverständnissen . . .« (»Engl. u. dt. Romantik«, 1959, S. 31; vgl. Wellek, »Konfrontationen«, 1964, S. 16). Die wenigen vorhandenen Aufzeichnungen über damalige ›Begegnungen‹ zwischen Deutschen und Engländern bestätigen dies: »Questions are here disputed with vehemence, which in England would with difficulty be made intelligible – And on the Contrary . . .« (H. Crabb Robinson, Brief aus Jena an d. Bruder v. 21. IV. 1805; vgl. auch Tiecks symptomatischen Ausruf über Wordsworths Dichtung: »Das ist ein englischer Goethe«, Robinson, Brief an Wordsworth v. 13. VIII. 1832). Der dt. Hang zu philosophisch-ästhetischen Spekulationen ist den Engländern mit ihrer empirischen Denkart fremd geblieben, vielleicht mit Ausnahme der erfolgreichsten Vermittler des dt. Idealismus, Coleridge und Carlyle. So ist es auch nicht verwunderlich, daß die Engländer sich fast ausschließlich für die Literatur zwischen Gessner und Goethe interessiert und die dt. Romantiker kaum beachtet haben; umgekehrt haben auch die dt. Romantiker nur ein geringes Interesse an den zeitgenössischen engl. Dichtern bekundet. Diese Feststellung verliert allerdings dadurch an Gewicht, daß die engl. ›Vorromantik‹ den Stürmern und Drängern entscheidende Impulse geliefert hatte, die in der volkstümlichen Heidelberger Romantik eine zweite Ernte zeitigen sollten und daß England sich nach 1830 wieder stärker dem literarischen Schaffen in Deutschland zuwandte.

Was eine fruchtbare Annäherung zwischen den beiden Nationalliteraturen erschwerte, war vor allem die völlig verschiedene *geistige Situation*. Denn während sich die dt. Romantik als Erbe der Klassik schon mit dem Epigonenproblem auseinaderzusetzen hatte, arbeiteten Wordsworth und Coleridge noch als Pioniere für eine Erweiterung der klassizistischen Tradition (vgl. dazu Mason, a. a. O., S. 33 f.). Da die Engländer mit keinem Goethe um den Lorbeer ringen mußten, brauchten sie auch nie ganz mit ihrer Dichtungstradition zu brechen, die auf Klarheit und Wirklichkeitsnähe beruhte. Demgegenüber brachen die dt. Romantiker mit einem einseitigen, in der Aufklärung zur Herrschaft gelangten Rationalismus und lösten die Gräkomanie der Klassik durch das Vorbild der mittelalterlich-volkstümlichen Literaturen antiklassizistischer Kulturen ab. – Weiterhin hat die dt. Romantik in Theorie und Praxis gleichviel zu sagen, ohne die philosophische Blüte des dt. Idealismus ist sie nicht zu verstehen. England zehrte dagegen von Lockes Empirismus und begegnete jeglicher Metaphysik mißtrauisch. Die dt. Romantik entwickelte ein Literatur- und Kulturprogramm (betr. Kunst, Wissenschaft, Gesellschaft), die engl. blieb eine vorwiegend literarische Erscheinung, die keinen Umsturz der traditionellen engl. Weltanschauung mit sich brachte. – Auch die Rangordnung der Künste und Gattungen ist unterschiedlich: R. Wellek weist darauf hin, daß die engl. Romantiker »das Groteske und die romantische Ironie« überhaupt nicht kennen (»Konfrontationen«, S. 24), daß die Musik als höchste romantische Kunst in England keine Rolle spielt, die Dichtungsarten in jedem Land eine völlig andere Ausprägung erhielten (vgl. reflexive Lyrik – »Gemütserregungskunst«; histor. Roman – »Wilhelm-Meister«-Nachfolge etc.; s. aber Byron als Meister der Ironie!).

Trotz dieser bemerkenswerten Unterschiede sollte man die *Gemeinsamkeiten* nicht vergessen, die über das bloße Datum hinaus zu manchen Begegnungen und Berührungen führten. Zu den günstigen Voraussetzungen gehört das germanische Erbe,

sicher auch die geistige Verwurzelung in der Empfindsamkeit
(Rousseau; »Werther«) und das Erlebnis der Französ. Revolution. Auch die Tendenz zur »satanischen Romantik« (s. u. S.
189 f.) scheint in der »nordischen Romantik« besonders stark
zu sein.

Die dt. romantische Literatur in England. Natürlich wurde
Goethes Werk zwischen dem »Götz« und »Faust« als Gipfel romantischer Kunst aufgefaßt (vgl. Mme de Staël, »De l'Alle-
magne«, London 1813). Seit 1811 geriet Coleridge in seinen
Vorlesungen in eine immer größere Abhängigkeit von A. W.
Schlegels Shakespeare-Interpretation. Hazlitt wollte Schlegel in
ein engl. Gewand bringen (›Edinburgh Review‹, 1816) und J.
Mackintosh bezeichnete ihn als »our National Critic« (vgl. A.
W. Schlegels Brief an Reimer, Dez. 1838). Die Deutschlandrei-
sen von Coleridge und Wordsworth enttäuschten freilich sehr:
1798 kam es nur zur Bekanntschaft mit dem alten Klopstock in
Hamburg, 1828 gipfelte eine Rheinreise in einer Godesberger
Begegnung mit A. W. Schlegel, einem »späten Satyrspiel« (W.
Schirmer, »Schriften« 1950, S. 194) der altgewordenen Roman-
tiker.

Als Vermittler zwischen Deutschland und England war *Coleridge* tätig. Nachdem er seinen Aufenthalt in Göttingen (1799)
für intensive Sprach- und Literaturstudien verwandt hatte,
machte er sich an die Übersetzung von Schillers »Wallenstein«
(1799/1800) und u. a. Tieckscher Gedichte. Von einer »Faust«-
Übertragung sah er ab, da er ihn moralisch schockierend fand
(»Table Talk«, 16. II. 1833). Doch der Einfluß seiner begeisterten Schillerlektüre (»Geisterseher«; »Die Räuber«) zeigt sich in
seinem Drama »Osorio« (Ms. 1797; vgl. später das Dr. »Re-
morse«, 1813), Spuren seiner Wieland-, Gessner- und Bürger-
Kenntnis in »The Ancient Mariner« (vgl. dazu das Urteil von
Southey: »the clumsiest attempt at German sublimity«, Brief an
Taylor v. 5. IX. 1798). Gessner wirkte auf sein Fragment »The
Wanderings of Cain« (1798); Wielands »Oberon«, romantisches Gesamtkunstwerk in Stanzen in der Chaucer- und Shake-
spearetradition, veranlaßte ihn zu einem Übersetzungsversuch
(Brief an Cottle v. 20. XI. 1797). Bürgers »Lenore« gefiel ihm
damals am besten (Brief an seine Frau v. 8. XI. 1798). Eine Bür-
gerbegeisterung hatte das damalige literarische England ergriffen (vier Lenore-Übertragungen 1796), die sich auch auf die
Ritterromatik Scotts und Lewis' »The Monk« auswirken sollte.
Coleridge ist aber auch der »einzige englische Romantiker, der
sich mehr oder weniger systematisch in einer dem deutschen

Idealismus vergleichbaren Weise um die Formulierung einer eigenen Kunsttheorie bemüht« (H. Oppel, »Engl.-Dt. Litbeziehungen« 1971, II, 31). Wieweit er sich dabei an den dt. Vorbildern orientierte, ist noch immer umstritten, da Coleridge sei-
nerseits auf der Eigenständigkeit seiner Theorien bestand (vgl.
»Anima Poetae«, 1895, S. 106), die Forschung ihn andererseits
des Plagiats beschuldigte (z. B. Wellek, »Litkritik« II, S. 405 f.).
Bewiesen ist allerdings Coleridges intensive Beschäftigung mit
Kant (seit 1801, s. »Biographia Literaria« Kap. IX) und Schiller.
Wenn er auch meist unsystematisch-eklektisch verfuhr, blieb
Schellings Theorie des Schönen nicht ohne Nachhall auf seine
Imaginationslehre. Wurde sein Verständnis des dt. Idealismus
auch behindert durch seine »christlich-orthodoxe« Einstellung
(Mason, a. a. O., S. 77 f.), bleibt das, was er von seinen Ideen
Deutschland verdankt, überwältigend (vgl. im einzelnen E.
Wilkinson, »Forschungsprobleme« II, 1958, 7–24; Wellek,
ebd., 406, 410 f.).

Will man Goethe glauben, dann hat *Th. Carlyle* alle anderen, engl. Vermittlungsbemühungen an Verständnis weit
übertroffen (zu Eckermann 25. VII. 1827). Carlyle wies auf
seinen »Faust« hin (›The New Edinburgh Review‹, April
1822), verglich ihn mit Shakespeare und bestimmte ihn als
»antique nobleman under these new conditions« (»Essays on
the Greater German Poets«, 1832). In Goethes Werk erkannte er eine revolutionäre Tendenz; nicht zufällig übersetzte er den »Wilhelm Meister« (1824; Wanderjahre 1827). –
Zahlreiche Essays über die dt. Romantiker bestätigen, daß
auch Carlyle sich den Zugang zur dt. Romantik teilweise
durch seinen puritanischen Moralismus versperrte (vgl.
Übers. des »Goldnen Topfes« und negatives Urteil über den
Verfasser in »German Romance« 1827, II, 19). Dafür
schätzte er Fouqué sowie Z. Werner und übersetzte Tieck. Er
widmete Novalis einen ersten verständnisvollen Aufsatz und
drei Essays Jean Paul, dem seine besondere Liebe galt, da er
wie er selber aus der Bibel und Sterne als Hauptquellen der
Inspiration schöpfte (vgl. Carlyle, »Sartor Resartus: The Life
and Opinions of Herr Teufelsdröckh« 1838; dazu Wellek,
»Konfrontationen«, S. 65 f.). Wellek hat den merkwürdigen
»Januskopf« Carlyles dadurch erklärt, daß »sein geistiger
Ausgangspunkt . . . vor der Zeit der eigentlichen englischen
und deutschen Romantik« liegt, »deren Einstellung ihm immer unklar blieb«, und daß er chronologisch »der Flutwelle
der Romantiker« folgte (ebd., 84).

Goethe und England. Carlyles Bemühungen um Goethe haben erst in der viktoriansichen Zeit Früchte getragen. Hingegen war man mit dem Schaffen des jungen Goethe schon weitgehend vertraut. Die im »Werther« analysierte Modeerscheinung der »englischen Krankheit« verhalf dem Buch zu einem ungeheuren Erfolg (vgl. Goethe: »Werther« bald übersetzt, aber aus dem Französischen« – 1779 –, »Studien z. Weltliteratur«, 1826). »Götz« folgte 1799 in der Scottschen Übertragung und ließ Goethe als Haupt der vom Mittelalter begeisterten dt. Romantik erscheinen. Der »Faust I« hatte es schwerer, akzeptiert zu werden (übers. 1823). Byron mußte sich noch durch Lewis aus dem Werk übersetzen lassen (1816; vgl. Goethe, ebd.). Goethe hatte nach seiner »Werther«-Phase England weitgehend den Rücken gekehrt und sich nur einigermaßen durch Zeitungslektüre über die engl. Entwicklung auf dem laufenden gehalten, bis er 1816 seine Teilnahme an *Byrons* Schicksal und Werk bekundete, und zwar so ausschließlich, daß er »Byron allein« neben sich gelten ließ (s. zu Kanzler Müller, 2. X. 1823).

Aus W. Schirmers Studie (»Forschungsprobleme« 1951, S. 47 f.) erhellt, wie Goethe seinen anfänglichen Antagonismus gegenüber Byrons leidenschaftlicher Lebensweise überwand im Zuge wachsenden »Verstehens der Dichtung als Ausdruck der Persönlichkeit« (48). Selber in einer tiefen persönlichen Krise befindlich, sympathisierte er mit Byrons Schicksal und bewunderte schließlich seine Dichtung (s. sein Byron-Denkmal in der Euphorion-Gestalt, »Faust« II). Neben manchen Gedichten las er auch die Dramen und Epen Byrons. In seinen Rezensionen (»Kunst und Altertum«) verteidigte er Byron gegen den Vorwurf des Plagiats, indem er z. B. »Manfred« als »Umbildung« des »Faust« interpretierte, wobei er freilich nicht leugnen wollte, daß ihm »die düstere Glut einer grenzenlosen reichen Verzweiflung am Ende lästig wird« (WA I, 41, 188). Die Umbildung der Elemente aus der Schauerliteratur und dem »Faust« bestand eigentlich darin, daß Byron hier die »Quintessenz der Gesinnungen und Leidenschaften des wunderbarsten, zu eigener Qual geborenen Talents« zog (ebd.). Als Goethe das satirische Epos »Don Juan« las, fühlte er sich innerlich verjüngt, denn er nannte es toll und erhaben, genialisch und frech in bezug auf den »wilden, schonungslosen Inhalt« und die ihm gemäße technische Behandlung (ebd., 247). In »Cain« (1821) spürte er wohl wieder die Nähe zum »Faust«, denn den Helden bezeichnete er als »Repräsentanten der Menschheit«, als »Ursohn«, der, von »Satan sittlich beunruhigt, sodann aber wundersam durch alle Welten« geführt werde (ebd., 2. Abt., 98). Abgesehen von seinem Meisterwerk »Don Juan« hat Goethe Byron zweifellos überschätzt.

Als der sehr verständnisvolle, im ganzen aber gescheiterte »Privatmann« H. Crabb Robinson (Wellek) Wordsworth in Deutschland bekannt machen wollte, fand er natürlich bei Goethe kein Gehör, denn dieser hatte sich inzwischen an Byrons Literatursatire »English Bards and Scotch Reviewers« ein wenn auch verfehltes Bild von der engl. Lit. gemacht. Es gehört geradezu zu den Ironien der Literaturgeschichte, daß Goethe in Byron den progressiven genialen Neuerer sah, der sich gegen den veralteten »vorzüglichen Litterator« Wordsworth (Goethe zu Eckermann, 24. II. 1823) wandte, während doch, und darauf weist Mason mit Nachdruck hin (a. a. O., S. 117), Byron als Popeverehrer die Ästhetik der Aufklärung gegen die literarischen Neuerungen Wordsworths verteidigte. Jedenfalls war Byron von Goethes Teilnahme sehr beeindruckt und widmete seinem »Patron« und »Protector« den »Werner« (1823).

Während F. Schlegel ihn als dämonisch-nihilistischen Dichter des Unglaubens einer bereits untergegangenen Strömung der Romantik zurechnete (»Geschichte der alten u. neuen Literatur«, 14. Vorlesg.), übersetzte der junge Heine aus Byrons Gedichten und drückte sein »Byron-Fieber« in eigenen lyrischen (»Hebräische Melodien«) oder dramatischen Versuchen (»Almansor«, »Ratcliff«) aus. Anläßlich seines Todes meinte er sogar, »Byron war der einzige Mensch, mit dem ich mich verwandt fühlte« (Brief an Moser v. 25. VI. 1824).

Neben Burkes politischen Ansichten hat nur noch *Scott* Furore in Deutschland gemacht. Scott, der in seinen Anfängen Bürger (»The Chase« and »William and Helen«, 1796) und Goethe (»Götz«, 1799, »Erlkönig«) übertragen hatte, wird im Anschluß an die dt. Romantik durch seine historischen Romane zum größten Erfolgsautor der Zeit (vgl. J. Schmidt, »Bilder aus dem geistigen Leben unserer Zeit«, 1862). Diese Wirkung ist um so erstaunlicher, wenn man bedenkt, daß F. Schlegel Scott zusammen mit Byron der »ehemaligen, verlorenen oder völlig untergegangenen Poesie« zuzählte (a. a. O.); man muß sie aber auf die historische Treue, die genaue Kenntnis der schottisch-engl. Sitten zurückführen – Heine nannte das »Kleider-Kenntnis« (VII, 153; s. den Einfluß auf W. Hauff, W. Alexis, H. Zschokke).

Es fehlte zwar nicht an Versuchen, andere engl. Romantiker in Deutschland bekannt zu machen (so Robinsons Versuch mit Wordsworth, vgl. Mason, S. 92 f.), aber der »Missionär der englischen Literatur« (Goethe an Zelter, 20. VIII. 1829) scheiterte, weil Byron unumschränkt herrschte. Shelley und Keats blieben weithin unbekannt (s. Goethe zu Müller, 20. XI. 1824). Die triviale Schauerromantik hatte es dagegen viel leichter, eine Brücke zwischen den Literaturen zu schlagen. Es sollte den Jungdeutschen vorbehalten bleiben, die ersten Entdeckungen im Bereich der engl. Romantik zu machen.

Literatur

Ashton, R.: The German Idea; Four English Writers and the Reception of German Thought 1800–1860. London 1980. – *Astaldi, M. L.:* Influenze tedesche sulla lett. inglese del primo 800. Mailand 1955. – *Behler, D. I.:* H. Crabb Robinson as a Mediator of Early German Romanticism in Engld., in: Arcadia 12 (1977), 117, 155. – *Boening, J., Hrsg.:* The Reception of Classical German Literature in Engld. 1760–1860. N. Y. 1977. – *Bonarius, G.:* Zum magischen Realismus bei Keats u. Novalis. 1950. – *Brandi-Dohm, B.:* Der Einfluß B. Sternes auf Jean Paul. 1964. – *Burwick, F.:* The Haunted Eye. Perception and the Grotesque in English and German Romanticism. 1986. – *Charles, R. A.:* French Intermediaries in the Transmission of German Lit. and Culture to England, 1750–1875. Diss. Pennsylvania 1952. – *Conger, S. M.:* M. G. Lewis, Chr. Mazurin and the Germans. 1977. – *Dowden, W. S.:* Byron through Austrian Eyes, in: Anglo-German and American-German Crosscurrents, hrsg. P. A. Shelley u. A. O. Lewis. II, Chapel Hill 1962, 175–224. – *Ewen, F.:* The Prestige of Schiller in Engld., 1788–1859. N. Y. 1932. – *Gish, Th.* u. *S. G. Frieden,* Hrsgg.: Dt. Ro. und Engl. Romanticism (= Houston Symposium 1981). 1984. – *Glick, R. A.:* Imagery of Light and Darkness in three Romantic Poets. Novalis, Keats, and Wordsworth. Diss. Indiana 1972. – *Goodson, A. C.:* Coleridge and Hölderlin. Studies in the Poetics of Space. Diss. Buffalo 1972. – *Greiner, W.:* Dt. Einflüsse auf die Dichtungstheorie von S. T. Coleridge. Diss. Tübingen 1957. – *Hanke, A. M.:* Spatiotemporal Consciousness in English and German Romanticism: a Comparative Study of Novalis, Blake, Wordsworth, and Eichendorff. Berne-Las Vegas 1981. – *Hirsch, E. D.:* Wordsworth and Schelling. A Typological Study of Ro. New Haven 1960. – *Jacobs, C.:* Uncontainable Romanticism: Shelley, Brontë, Kleist. Baltimore 1989. – *Kaiser, G.:* »Impossible to subject tales of this nature to criticism.« W. Scotts Kritik als Schlüssel zur Wirkungsgesch. E. T. A. Hoffmanns im 19. Jh., in: Kontroversen IX, 1986, 35–47. – *Kipperman, M.:* Beyond Enchantment: German Idealism and English Romantic Poetry. Philadelphia, Pennsylvania 1986. – *Korff, H. A.:* Scott u. Alexis. Diss. Heidelberg 1907. – *Kuenzli, R. E.:* The Reception of Novalis in Engld. and America in the 19th Cent. Diss. Madison 1972. – *Kupper, H. J.:* R. Burns im dt. Sprachraum. Bern – München 1979. – Liptzin, S.: Shelley in Germany. N. Y. 1924, Repr. 1966. –

Ders.: The Engl. Legend of H. Heine. N. Y. 1954. – *Marquardt, H.:* H. C. Robinson u. seine dt. Freunde. Brücke zwischen Engld. u. Dtld. im Zeitalter der Ro. 2 Bde. 1964 bis 1967. – *Mason, E. C.:* Dt. u. engl. Ro. 1959, ²1966. – *Mielke, G.* u. *H. Oppel:* Engl. Lit., Einfluß auf die dt., in: RL I, ²1956, 383–72. – *Milburn, D. H.:* German Drama in Engld., 1750–1850, with a List of German Plays Published and Performed. Diss. Rice Univ. 1964. – *Morgan, B. Q.* u. *A. R. Hohlfeld:* German Lit. in British Magazines 1750–1860. Madison 1949. – *Morley, E. J.,* Hrsg.: Crabb Robinson in Germany 1800–1805 (= Correspondence). London 1929. – *Nieschmidt, H. W.:* Ch. D. Grabbe. I: Byron and Grabbe. 1951. – *Ochojski, P. M.:* W. Scott and Germany. A Study in Literary Crosscurrents. Diss. Columbia. U. 1960 – *Oppel, H.:* Engl.-dt. Litbeziehungen. 2 Bde. 1971. – *Peterson, J. A.:* The Young Carlyle as a Biographer. The Life of F. Schiller. Diss. Kent State 1974. – *Pick, R.:* Schiller in Engld. 1787–1960, a Bibl. compiled by R. Pick. London 1961. – *Motekat, H.:* Wechselbeziehungen zwi. d. dt. u. engl. Lit. im 18. Jh. 1950. – *Pipkin, J.,* Hrsg.: English and German Romanticism: Cross-Currents and Controversies. 1985. – *Price, L. M.:* Die Aufnahme der engl. Lit. in Dtld. 1500–1960. Bern-München 1961. – *Schacht, F. E.:* J. Paul im Lichte der engl. u. amerikan. Kritik des 19. Jhs, in: Fs. E. Berend. 1959, S. 128–134. – *Schirmer, W. F.:* A. W. Schlegel u. Engld., in: Kleine Schriften. 1950, S. 184–200. – *Ders.:* Der Einfluß der dt. Lit. auf die engl. im 19. Jh. 1947. – *Scholz, J.:* Blake and Novalis. A Comparison of Romanticism's High Arguments. 1978. – *Schüren, R.:* Die Romane Walter Scotts in Deutschland. 1969. – *Smeed, J. W.:* Th. Carlyle and J. P. Richter, in: CL P (1964), 226–253. – *Stelzig, E. L.:* Some Notes on Romantic Subjectivity in the Context of German and Engl. Ro., in: Fs. Remak. 1986, 357–368. – *Tippkötter, H.:* W. Scott – Gesch. als Unterhaltung. Eine Rezeptionsanalyse der Waverley Novels. 1971. – *Vida, E. M.:* The Influence of German Romanticism on Carlyle. A Reinterpretation of his Early Works. Diss. Toronto 1969. – *Vijn, J. P.:* Carlyle and J. Paul. Amsterdam-Philadelphia 1982. – *Wellek, R.* German and Engl. Romanticism. A Confrontation, in: SIR 4 (1964), 35–56; abgedr. in: Confrontations. Princeton 1965, 3–33; dt.: Konfrontationen. Suhrkamp 82. 1964. – *Wieden, F.:* S. T. Coleridge as a Student of German Lit. Diss. Toronto 1963. – *Wilkinson, E. M.:* Coleridge u. Dtld., 1794–1804, in: Forschungsprobleme der vgl. Litgesch., hrsg. F. Ernst u. K. Wais. II, 1958, S. 723 f. – *Willoughby, L. A.:* Wordsworth and Germany, in: German Studies Presented to H. G. Fiedler. Oxford 1937. – *Witte, W.:* Schiller and Burns. 1959. – *Wormley, S. L.:* Heine in Engld. Chapel Hill 1943. – Woodyer, F.: German Influence in the Engl. Romantic Period 1788–1818. 1926. Repr. N. Y. 1963. – *Zeydel, E. H.:* L. Tieck and Engld. Princeton 1931. – *Zylstra, H.:* E. T. A. Hoffmann in Engld. and America Diss. Harvard. 1940.

Goethe und England
Butler, E. M.: Byron and Goethe. Analysis of a Passion. London 1956. – *Carré, J. M.:* Goethe en Angleterre; (separat dazu unter gleichem Titel die Bibl.) Paris 1920. – *Fairley, B.:* Goethe and Wordsworth. Engl. Goethe Society 1934. – *Hauhart, W. F.:* The Reception of Goethe's »Faust« in Engld. in the 1st Half of the 19th Cent. N. Y. 1909, Repr. 1968. – *Henning, J.:* Goe. and the Engl. Speaking World. Bern 1988. – *Kippenberg, A.:* Th. Carlyles Weg zu Goethe. 1946. – *Kitzinger, E.:* Goethe u. Byron. Diss. Münster 1958. – *Klapper, M.:* The German Literary Influence on Shelley and Byron with Special Reference to Goethe. Diss. N. Y. U. 1974. – *Metzger, L.:* »Faust« in Engld.: 1800–1850. Diss. Columbia U. 1956. – *Needler, G. H.:* Goethe and Scott. Toronto 1950. – *Schirmer, W. F.:* Goethe u. Byron, in: Forschungsprobleme der vgl. Litgesch., hrsg. K. Wais, I, 1951, 47–56. – *Strich, F.:* Goethe u. Byron, in: Die Horen 5 (1929), 203–232; 351–362.

Exkurs:

Deutsche Romantik in den Vereinigten Staaten
Nordamerika wurde durch franzòs. (Mme de Staël) und engl. Vermittlung (Coleridge, Carlyle) mit den Ideen und der Dichtung des romantischen Deutschland vertraut; es kamen allerdings schon früh direkte Kontakte zwischen den beiden Literaturen hinzu. J. Quincy Adams war einige Jahre in Berlin tätig (ab 1797), bereiste Deutschland, las Bürger und Goethe (»Werther«) und übersetzte Wielands »Oberon« (D. 1940). Mit E. Everett verbrachte G. Ticknor einige Wander- und Studienjahre (ab 1816 Göttingen) in Deutschland, ihnen folgten Longfellow (ab 1826, s. »A Pilgrimage Beyond the Sea«, 1833–34, »Hyperion«, 1839), Washington Irving (1822–23), Emerson (1832–33), J. Motley (1831–33; vgl. »Morton's Hope«, 1839) und G. Bancroft (1867–74). Für die meisten waren Göttingen und Goethes Weimar, dann aber auch der Rhein die Hauptattraktionen. Die wichtigsten Anregungen kamen von den Klassikern, sie gingen aus von Goethes »Faust« (vgl. das Faustthema bei Irving; St. Benet) und »Wilhelm Meister« (vgl. Melvilles »Madrid«, »Moby Dick«; Irving, »Buckthorne«), aber auch Schiller hatte seine Jünger (s. Longfellow, »The Building of the Ship«, 1849). An der Rezeption dt. Gedankengutes beteiligten sich führende literarische Journale der Zeit (›North American Review‹, ab 1817; ›American Quarterly‹, ab 1827; ›The Dial‹, ab 1840), die den Einfluß der engl. Zeitschriften ergänzten. Zu den engl. Übersetzungen dt. Dichtungen (vgl. Carlyle, »German Romance«) gesellten sich amerikan. Übertragungen, z. B. der Vorlesungen der Brüder Schlegel (»Lectures on Ancient and Modern Lit.«, 1818; »Lectures on Dramatic Lit. and Art«, 1833), so daß Amerika direkt oder indirekt sowohl zu der idealistischen Theorie als

auch zu den Kunstwerken Zugang fand. Die Periode zwischen 1815 und 1850 könnte man als romantisch-transzendentale Phase im Zeichen eines überwiegend dt. Einflusses bezeichnen. Zeugnis dafür ist eine Bemerkung aus der ›North American Review‹: »Within a few years German literature has made great progress in this country« (Bd. 50, 1840, 279). Von besonderem Interesse für die dt.-amerikan. Beziehungen der Zeit sind Emerson, Poe und Longfellow.

Emerson hatte in England Carlyle, Wordsworth und Coleridge kennengelernt und war von diesen in den dt. Idealismus eingeweiht worden. Nach seiner Rückkehr schrieb er seine Naturphilosophie (»Nature«, 1836) und »The American Scholar« (1837), »our intellectual Declaration of Independence« (O. Holmes). Diese Schrift und der gleichzeitig gegründete »Transcendental Club« in Concord (1836 bis 1844) steigerten das Interesse an Deutschland zu einem nie wieder erreichten Höhepunkt. »Alle Jünglinge und Mädchen lasen deutsche Dichter und Denker und befolgten Schillers ernste Mahnung, dem Traum der Jugend treu zu bleiben. Sie vertieften sich in Novalis' ›Heinrich von Ofterdingen‹; mehrere Harvard-Studenten verbrachten einen ganzen Sommer damit, diese »Apotheose der Poesie in die Sprache ihres Herzens zu übersetzen« (van Wyck Brooks, zit. in Holthusen, ›Merkur‹, 1959, 680). Obwohl im Concord-Kreis um Emerson, dem auch Thoreau, Margaret Fuller und Hawthorne angehörten, viele Strömungen zusammenflossen (so der Platonismus, oriental. Philosophie, Swedenborgs Mystik etc.), waren der dt. Idealismus von Herder bis Schelling und die Dichter der Goethezeit (u. a. Novalis, Jean Paul) ausschlaggebend. Hier im »amerikan. Weimar« Concord (J. Hofmiller) spekulierte der »amerikan. Goethe« Emerson über die Immanenz Gottes in der Welt, die Identität von Geist und Natur sowie die Korrespondenz zwischen Mikro- und Makrokosmos. Wie *Goethe* im Mittelpunkt der kritischen Bemühungen stand (vgl. ›The Dial‹), so wurde sein Werk auch durch Übersetzungen weithin bekannt (vgl. M. Fuller, »Torquato Tasso«, »Eckermann, Gespräche mit Goethe«).

Über ein ganzes Jahrhundert lang ist *Poes* Stellung zu E. T. A. Hoffmann umstritten gewesen. »If Hawthorne's master is Tieck, as Poe declared, the master of Poe, so far es he had one, was Hoffmann«, erklärte der Poe-Herausgeber Stoddard (»Works«, 1844, S. XIV). Blättert man heute im »Oxford Companion to American Literature« von J. D. Hart (1968), dann fehlt erstaunlicherweise jeder Hinweis auf Hoffmann. Statt dessen werden Tennyson, Coleridge und C. B. Brown genannt. Wenn das Bild der dt. Romantik aus der politischen Sicht des II. Weltkrieges mitbestimmt sein mag (Erstdruck 1941), so bleibt dieses völlige Totschweigen doch unverständlich, da schon die zeitgenössische Kritik Poe »Germanism und gloom« vorgeworfen hatte und G. Gruener (1904) sowie P. Cobb (1908) die Hoffmannsche Einwirkung auf Poes Erzählungen zumindest indirekt über Carlyle und Scott (Essay »On the Supernatural in Fictitious Composition« in ›Foreign Quarterly Review‹

1827) oder Übersetzungen in ›Blackwood's Magazine‹ wahrscheinlich gemacht hatten (s. auch Bürgers Einfluß auf Poes »The Raven«). Allein der Titel »Tales of the Grotesque and Arabesque« (1840) läßt aufhorchen. Heute nimmt man sicherlich Poes Behauptung, sein »terror is not of Germany, but of the soul« (zit. n. Stedman, Hrsg. »Works«, I, CVII) zu ernst. Wenn es auch keine Frage des Plagiats ist, sondern schöpferischer Anverwandlung und Umbildung von Eindrücken, die er auf eine Hoffmann-Lektüre hin erhalten haben mag – wozu noch eine »verwandte Sensibilität« (L. Dieckmann) kam –, so sind auffallende Spuren seiner eingehenden Beschäftigung mit dem romantischen Deutschland doch auch in seinen poetologischen Essays zu bemerken. Hier finden sich überraschende Anklänge an A. W. Schlegels Vorlesungen (dazu s. A. Lubell, JEGP 52, 1953, 6 f.).

Longfellow fühlte sich zeitweilig stark von der dt.-romantischen Literatur, besonders von Jean Paul, Hoffmann und Novalis angezogen (1829 studierte er in Göttingen und machte insgesamt drei Deutschlandreisen). Im Stile Jean Pauls beschrieb er die Erfahrungen eines Amerikaners in Frankfurt (»Hyperion«, 1839), im Stile des Novalis dichtete er seine »Hymn to the Night« (1839; daß auch Poe Novalis kannte, geht aus seiner Erzählung »A Tale of the Ragged Mountains« hervor).

Literatur

Dameron, J. L. u. *J. B. Cauthen:* E. A. Poe. A Bibl. of Criticism, 1827–1967. Charlottesville, Va. 1974. – *Schelling, H. B.:* The Role of the Brothers Schlegel in American Literary Criticism as Found in Selected Periodicals, 1812–1833. A Critical Bibl., in: AL 43 (1972), 563–79. – *Poe, E. A.:* Works, hrsg. E. C. Stedman u. G. E. Woodberry, N. Y. 1914. – *Poe, E. A.:* Works, hrsg. R. H. Stoddard. N. Y. 1884. – *Armond, A. J. de:* Longfellow and Germany, in: DN 25 (1952), 15–34. – *Bauschinger, S.:* Die Posaune der Reform. Dt. Lit. im Neuengland des 19. Jhs. Bern–Stuttgart 1989. – *Burwick, F.:* Longfellow and German Romanticism, in: CLS 7 (1970), 12 42. – *Cobb, P.:* The Influence of E. T. A. Hoffmann on the Tales of E. A. Poe. Chapel Hill 1908. – *Dieckmann, L.:* E. T. A. Hoffmann u. E. A. Poe. Verwandte Sensibilität bei verschiedenem Sprach- u. Gesellschaftsraum, in: Dichtung, Sprache, Gesellschaft, hrsg. V. Lange u. H.-G. Roloff. 1971, S. 273–80. – *Els, R.:* R. W. Emerson u. die »Natur« in Goethes Werken. 1977. – *Gruener, G.:* Notes on the Influence of E. T. A. Hoffmann on E. A. Poe, in: PMLA 12 (März 1904), 1–25. – *Holtbusen, H. E.:* Das klassisch-ro. Dtldbild. in Frankr., Engld. u. Amerika, in: Merkur (Juli 1959), 668 bis 684, 752–69. – *Kuenzli, R. E.:* The Reception of Novalis in Engld. and America in the 19th Cent. Diss., Univ. of Wisc. 1972. – *Lubell, A. J.:* Poe and A. W. Schlegel, in: JEGP 52 (1953), 1–12. – *Maucher, G. M.:* Das Problem der dichterischen Wirklichkeit im Prosawerk von E. T. A. Hoffmann u. E. A.

Poe, Diss. Wash. Univ. 1964. – *Myerson, J.*, Hrsg.: The Transcendentalists. N. Y. 1984–85. – *Vogel, S. M.:* German Lit. Influences on the American Transcendentalists. New Haven 1955.

4. *Deutsche und slawische Romantik*

Von einer »slawischen Romantik« läßt sich in dem Sinn sprechen, wie man etwa von der westeurop., der latein. oder schließlich auch der europ. Romantik redet, wobei man zu einem derart übergreifenden Begriff aufgrund eines Abstraktionsverfahrens gelangt, das die Unterschiede zwischen den nationalen Sonderformen der romantischen Strömung ignoriert und statt dessen ihre Gemeinsamkeiten unterstreicht. Die von der Forschung erarbeiteten Unterschiede zwischen der poln. und der russ. Romantik sind bereits unübersehbar; das Problem, einen gemeinsamen geistigen Nenner zu finden, kompliziert sich zudem, wenn man die vielen slawischen Nationalitäten (z. B. Bulgaren, Tschechen, Slowaken) mitberücksichtigt. Das sind Einzelfragen, die hier nicht behandelt werden können, wie es überhaupt die Kenntnisse und das Urteilsvermögen des Referenten übersteigt, mehr als einen kurzen Überblick über das Verhältnis der dt. zur russ. bzw. poln. Romantik zu geben. Insofern die slawischen Kulturen auf mannigfaltige Impulse der Romantik in Mittel- und Westeuropa reagierten, bildete sich eine *Slavenska Renesansa* (M. Prelog) heraus, die über sprachliche, literarische und philosophische Aspekte hinaus das »nationale Erwachen« der Slawen (J. Matl) berührte und das gesamte Leben der Nationen erneuerte. Die stärksten philosophischen Antriebe kamen dazu aus Deutschland, dessen Denker von Herder bis Hegel einen wesentlichen Einfluß ausübten. Im literarischen Bereich galt die gesamte Literatur der Goethezeit als romantisch. Hier kreuzen sich die Einströmungen freilich in viel stärkerem Maße, als es in der Philosophie der Fall ist (Rousseau, Byron, Scott waren genauso wichtig wie Goethe). Die Gegensätzlichkeit zwischen Rußland und Polen auf der einen, der dt. und slawischen Romantik auf der anderen Seite soll nicht beschönigt werden (über Rußland u. Polen, s. o. S. 66 f.). Im slawischen Raum entstand eine Symbiose von Aufklärungsdenken und Romantik, während bei uns noch bis vor kurzem eine klare Antithese behauptet werden konnte (Korff). Zu beachten ist auch eine erstaunliche Phasenverschiebung im Rezeptionsverhältnis: die Slawen traten erst mit Herder in das literarische Bewußtsein der Deutschen, Goethes Werk und mit ihm die romantischen Elemente des dt. Idealismus kamen zwischen 1820 und 1840 in Osteuropa zur vollen Entfaltung; die slawische Romantik wurde in Deutschland z. T. erst in den vierziger Jahren bekannt (Krasinski, Słowacki).

In den »Ideen zur Philosophie der Geschichte der Menschheit« (1791, Werke XIV, 280) stellte *Herder* die sog. »Taubentheorie« auf, wonach die Ostvölker zu zukünftigen Repräsentanten der Humanität, zur messianischen Mission berufen waren. Bestärkt durch F. Schlegel (›Concordia‹, 1820) und Hegel (»Philosophie der Geschichte«, 1823; s. auch noch Heine, Werke III, 277) sollte diese Idee noch weit ins 19. Jh. hinein wirken. Aus reaktionärer Sicht stellt A. W. Schlegels Vorstellung von den Polen und Russen die Kehrseite des dt. Slawenbildes dar (»Vorlesungen über Enzyklopädie«, Berlin, Ms. 1803).

An der Vermittlung romantischen Ideengutes und romantischer Literatur nach Osteuropa beteiligten sich Institutionen und Zeitschriften, Gruppen und Einzelreisende. Studenten aus Polen und Rußland studierten in Göttingen, Jena und Leipzig und wurden an diesen Zentren dt. Kultur mit dem Geist der Zeit vertraut. Dresden war nach 1831 ein Zentrum polnischer Emigranten. »Wir wissen von starker persönlicher Wirkung der Ideen und Reformpläne des Freiherrn von Stein auf führende russische Persönlichkeiten« (Matl, ›Volksforschung‹ 4, 1934, 30), wir kennen die Namen der großen poln. Dichter, die nach dem Aufstand von 1830–31 ins Exil gingen und Goethe, A. W. Schlegel u. a. besuchten. Auch die literarischen pro-deutschen Gruppen mit ihren Zeitungsorganen sind bekannt (z. B. die »Liebhaber der Weisheit« mit der Zs. ›Moskauer Bote‹, 1827–30; der Kreis um Stankewitsch, Moskauer Zs. ›Teleskop‹, 1830er Jahre; F. V. Bulgarins u. N. I. Grečs ›Nordische Biene‹).

Deutsch-polnische Literaturbeziehungen in der Romantik
Die ausländischen Einflüsse auf die polnische Literatur sind oft schwer zu scheiden, etwa im Falle der »Historischen Lieder« Niemcewicz', für die Bürger sowohl als auch engl. Vorbilder (Percy) Anregungen gaben. Goethes »Werther« leitete den poln. »Wertherismus« ein (vgl. Kropinski, »Julia und Adolf«, 1810), Spuren »Werthers« mischen sich mit denen »Fausts« in Mickiewicz' »Totenfeier« (II; IV). Auch Krasinski und Słowacki inspirierten sich an »Faust« (vgl. »Irydion«, »Kordian«). Schiller war genauso beliebt (s. Mickiewicz, »Ode an die

Jugend«; »Konrad Wallenrod«; Słowacki bearbeitete die »Maria Stuart« nach Scottschen Motiven). Während Schlegels Ideen über klassische und romantische Dichtung ein Echo in den theoretischen Schriften von Brodzinski und Mickiewicz fanden, entdeckten polnische Literaturkreise Shakespeare über A. W. Schlegels Übersetzung und lernten dessen Wiener Vorlesungen über ›Dramatische Kunst und Lit‹ in französ. (1809; 1814) Sprache u. polnischer Teilübersetzung (1830) zusammen mit den in Mme de Staëls Deutschlandbuch enthaltenen Ideen zur deutschen Romantik kennen. Schellings Naturphilosophie wirkte vor allem auf M. Mochnacki (dazu vgl. W. Lettenbauer, ER, S. 471 bis 521). – Zu direkten Kontakten mit Polen kam es um 1800 allein durch Z. *Werner*, der sich seit 1793 auf dem poln. Lande und zwischen 1796 und 1805 in Warschau aufhielt.

Er erlebte den Kościuszko-Aufstand (1793) aus unmittelbarer Nähe und wurde dadurch zum begeisterten Sänger der poln. Freiheit. In mehreren Liedern verschmilzt seine Kenntnis poln. Volkslieder mit seinem patriotischen Enthusiasmus für Polen (»Schlachtgesang der Polen unter Kościusko«; »Fragment«; »An ein Volk«). In Warschau, wo Kotzebues Dramen wie überall in Europa auf dem Theater herrschten, entdeckte Werner sein dramatisches Talent. Sein Stück über den Kampf des Ritterordens »Das Kreuz an der Ostsee« (1806) bringt »die wohl noch in keinem deutschen Kunstwerke so treu dargestellte Schilderung des pohlnischen National Charackters, besonders des weiblichen« (Brief an Iffland v. 10. II. 1805). Noch in einem zweiten Drama, dem Fragment »Wanda, Königin der Sarmaten« (1810), benutzte Werner einen poln. Stoff. G. Kozielek notiert literarische Rückwirkungen seines Werkes besonders auf Z. Krasinski (»Unbeendetes Poem«; »Ungöttliche Komödie«; s. ›Zs. f. Slavistik‹ 16,1971, 446).
Fragt man nach der Rezeption der poln. Romantik in Deutschland, so läßt sich aufgrund der Phasenverschiebung erst nach der poln. Revolution (1830–31) eine verstärkte Übersetzertätigkeit ausmachen, u. a. im Kreise der schwäbischen Romantiker. Bekannt beim Publikum wurden allein Mickiewicz (Gaudy übers. »Geschichtl. Gesänge der Polen«, 1833) und Tschaikowski (»Nationalsagen der Kosaken«, 1838).

Deutsche und russische Romantik
Naturgemäß empfingen die russ. Romantiker stärkere Anregungen für ihr eigenes Schaffen aus Deutschland als umgekehrt. Eine erste bedeutende Vermittlerrolle hatte Nikolai *Karamzin*, der zwischen 1789 und 1799 Herder, Wieland, Lavater und Goethe besuchte und seit den 80er Jahren neben englischen (Shakespeare; Thomson) auch deutsche Dichter in Rußland bekannt machte (u. a. Gessners »Das hölzerne Bein«,

1783; »Emila Galotti«, 1788). In seiner Erzählung »Die arme Lisa« (1792) verknüpfte er Rousseausche Ideen von der Gewalt der Leidenschaft mit dem Wertherschen Selbstmordmotiv. Im Geiste des jungen Schiller plädierten vor allem die Mitglieder der Moskauer »Freundschaftlichen Literarischen Gesellschaft« für eine Erneuerung der Literatur, u. a. Andrei Turgenjew und Alexei Merzljakow, der eine Versepistel »Brief Werthers an Charlotte« (1801) verfaßte. Iwan Born setzte sich für das russische Volkslied ein und übersetzte mehrere Goethe-Gedichte (s. R. Neuhäuser, »Europ. Ro.« II, 1982, 332–39). Zu den ersten Übersetzern von Schiller, Goethe, Bürger, Uhland etc. gehören *Schukowski* – er ist der große Schiller-Übersetzer (zwischen 1806 und 1821 übertrug er »Die Räuber«, »Kabale und Liebe« und die »Jungfrau von Orleans«, ahmte Bürgers »Leonore« nach in »Ludmila«, 1808) – und der Heinefreund *Tjutschew* (übers. fünfzehn Gedichte Goethes). Wie Schiller mit seinen »Räubern« und »Don Carlos«, so wirkte *Goethe* mit »Götz«, »Werther« (übers. 1781) und »Faust« als Repräsentant der romantischen Literatur (vgl. *Puschkin*, der Goethe als »Titan der romantischen Literatur« bezeichnete; s. seine »Szene aus dem Faust«). Goethe und Schillereinschläge mischen sich in »Boris Godunov« mit denen Shakespeares; Schiller scheint auch die »Räuberbrüder« und »Eugen Onegin« angeregt zu haben. Da Puschkin kein Deutsch konnte, war er auf Mme de Staëls Analysen und franzos. Übersetzungen angewiesen. Aus zweiter Hand war er auch mit A. W. Schlegels Vorlesungen und Schellings »Philosophie der Kunst« vertraut. Lettenbauer vermutet, daß er seine Petersburger Großstadtnovellen (»Der eherne Reiter«; »Pique Dame«) z. T. Anregungen seiner Hoffmann-Lektüre verdankte, den er »durch das Prisma französischer . . . Übertragungen« (ER, S. 555) kennengelernt hatte. In Deutschland wurden Puschkin-Gedichte seit 1825 übersetzt, »Boris Godunov« 1831, doch zu einiger Berühmtheit gelangte der Verfasser erst durch seinen Tod im Duell (1837), den man als symptomatisch für die katastrophalen Verhältnisse im zaristischen Rußland ansah. *Varnhagen von Ense* war der erste Deutsche, der Puschkin von dem Makel befreite, ein bloßer Byronist zu sein: »In dieser Richtung zur Heiterkeit, zum Guten und Kräftigen . . . möchten wir ihn mit Goethe vergleichen« (›Jahrbücher f. wiss. Kritik‹, 1838; Varnhagen übers. auch zuerst Lermontows »Bela«, 1840). – Goethes Naturanschauung – sein »Faust« wurde seit den zwanziger Jahren zumindest in Teilübersetzungen vorgelegt (z. B. im ›Moskauer Boten‹) – kreuzt sich mit der *Schellings* in V. Odojewskis »Russischen Nächten« – die auch E. T. A. Hoffmanns »Serapionsbrüdern« verpflichtet sind (1844; vgl. Lettenbauer, ebd., S. 542). Schelling wurde für die russ. Dichter der romantische Denker par excellence. Seine Organismuslehre, Identitäts- und Kunstphilosophie hatten eine erstaunliche Wirkung.

Mit seinem romantischen Idealismus setzte sich nicht nur Odojewski auseinander (in Zs. ›Mnemosyne‹, 1824–25), sondern auch Wenewitinow, F. Tjutschew, Grigorjew, P. Tschaadaew (»Philosophische

Briefe«, 1836 f.), I. Kirejewski und V. Solovjow. Spuren dieser schöpferischen Aneignung Schellingschen Gedankengutes finden sich in der philosophischen Lyrik und philosophischen Erzählung bei einigen von ihnen. Grigorjew gilt als Vermittler dieser Ideen an Dostojewski.
Neben Goethe und Schelling haben noch zwei Deutsche Erfolg in Rußland gehabt: *Hoffmann und Heine.* Die große Übersetzungsperiode für Hoffmann fällt in die Zeit zwischen 1822 und 1831. »Die Serapionsbrüder« und »Kater Murr« wurden erst 1836 bzw. 1840 aus dem Original übertragen. Vorher wurde auch die französische Gesamtausgabe von F.-A. Loève-Veimars (1829 f.) benutzt. Spuren der Hoffmann-Nachfolge finden sich bei Odojewski; in den »Russischen Nächten« führen vier Freunde jede Nacht »unter Leitung von Faust Diskussionen, in denen sie fremde Aufzeichnungen und eigene Erzählungen benützen« (A. Flaker 1983, S. 412; s. auch Odojewskis »Briefe an den liebenswürdigen Onkel Kater Murr von seinem ergebenen Neffen Kotobaski«). Ebenso ist an Puschkins »Pique Dame« (1834) und Gogols Frühwerk zu denken, u. a. »Abende auf dem Vorwerk bei Dikanka« (1832) und »Petersburger Novellen« (1835–1842). (Einen Index Hoffmannscher Motive und ihrer russischen Varianten bietet C. Passage, 1963). Im Stankewitsch-Kreis der revolutionären Demokraten schrieb A. Herzen einen Aufsatz über ihn (Zs. ›Teleskop‹, 1836), worin er ihn aufgrund seines ätzenden Humors von Byron unterschied. W. Belinski fühlte sich nicht nur durch die Serapionsbrüder an den Moskauer Kreis erinnert (Brief an Botkin v. 16. IV. 1840), sondern auch durch den »Schwanz des Satans« aus den »Elixieren des Teufels« in seiner Weltanschauung bestätigt (Brief v. 1. III. 1841). Hoffmann galt ihm gleichviel wie Goethe oder Schiller; in Hoffmanns Zeichen vollzog er die Abkehr von der Romantik zu einer materialistischen Wirklichkeitsauffassung. Belinski bemühte sich außerdem um Rezensionen und Übersetzungen Hoffmanns (1840–41), er wandte sich dann allerdings von ihm ab, weil er ihm in einen »nebelhaften Bereich der Phantasterei« zu fliehen schien (Zitate nach einer Belinski-Rez. über eine Jean Paul Anthologie, s. Düwel, ›Aufbau‹ 13, 1957, 639 f.). Ob Dostojewski durch Belinski oder Gogol auf Hoffmann aufmerksam gemacht wurde, ist umstritten. Nach K. Wais stehen Schillers »Räuber« und Hoffmanns »Elixiere« Pate bei den »Brüdern Karamasow« von Dostojewski.
»Seit den vierziger Jahren . . . wird Heine zur überragenden Gestalt im Literaturprozeß Rußlands. Sein Name, seine Gedichte, die Stationen seines schöpferischen Weges rücken in das Zentrum der Aufmerksamkeit von Autoren, Redakteuren und Herausgebern von Zeitschriften. Die russische Literatur ist ohne Heine schon kaum mehr vorstellbar, ja seit den sechziger Jahren des 19. Jahrhunderts ist er der bekannteste, meist gelesene und geschätzte ausländische Dichter« (Gordon 1982, S. 11). Als wichtigster Heine-Vermittler war Fedor *Tjutschew* in München tätig (1822–1837). Im Salon der Tjutschews vergötterte man Heine (s. Gordon, S. 37). Die Übersetzungen und freien Variationen Tjutschews

führten Heine in Rußland als reinen Lyriker von Gedichten wie »Ein Fichtenbaum« ein. A. Fet setzte diese Ästhetisierungstendenz in den vierziger Jahren fort (Übers. aus »Buch der Lieder«). Aber erst mit Lermontow wurde Heine »zum festen Bestandteil der russischen Poesie« (Gordon, S. 83). Dagegen sah A. Herzen in Heine einen großen Repräsentanten »im Kampf gegen die reaktionäre Romantik« (ebd., S. 81). Erste Heine-Parodien entstanden in den fünfziger Jahren (S. 106).

Literatur

Slawische und dt. Romantik
Kaiser, F. u. *B. Stasiewski,* Hrsgg.: Wechselbeziehungen zwischen dt. u. slavischer Lit. Wien – Köln 1978. – *Körner, J.:* Die Slawen in Urteil der dt. Frühro. Histor. Vjschr. 31 (1937), 565–576. – *Kostka, E.:* Glimpses of Germanic-Slavic Relations from Pushkin to H. Mann. Lewisburg 1975. – *Lednicki, W.:* Goethe and the Russian and Polish Romantics, in: CL 4 (1952), 23–43. – *Matl, J.:* Die Bedeutung der dt. Ro. für das nationale Erwachen der Slawen, in: Dt. Hefte für Volksforschung 4 (1934), 20–40. – *Prelog, M.:* Slavenska Renesansa 1780–1848. Zagreb 1924.

Polnische und dt. Romantik
Burgsted, I.: Das Bild der Dt. in Mickiewiczs Dichtung u. Prosaschriften. Diss. München 1949. – *Dedecius, K.:* Dtld. u. Polen. Studien über die Wechselbeziehungen der poln. u. dt. Lit. Reclam 9464, 1975. – *Fischbach-Pospelova, M.:* Poln. Lit. in Dtld. in: Dt. Philol. im Aufriß. III, ²1962, 525–550. – *Górski, K.:* Die poln. Ro. u. Goethe, in: Goethe u. die Welt der Slawen, hrsgg. H. B. Harder u. H. Rotke. 1981, S. 268–282. – *Kahlenborn, U.:* Goethes Lyrik in russ. Übers. (Schukowski u. Tjutschew). 1985. – *Klin, E.:* Die Wechselwirkungen zwischen der dt. u. poln. Ro.; Forschungsstand u. Aufgaben, in: WB 8 (1962), 189–196. – *Ders.:* Dt.-poln. Wechselbeziehungen i. d. romant. Epoche, in: Acta Univ. Lodziensis I, 54. Lódz 1980, S. 59–68. – *Kozielek, G.:* Z. Werner u. Polen, in: ZS 14 (1971), 431–49. – *Krzywon, E. J.:* H. Heine u. Polen: Ein Beitr. zur Poetik der polit. Dichtung zwischen Ro. u. Realismus. 1972. – *Namowicz, T.:* Probleme der Wirkungsgesch. Herders im literar. Polen der Aufklärung u. der beginnenden Ro., in: WB 24, H. 10 (1978), 24–37. – *Schroeder, H.:* Mickiewicz in Germany, in: A. Mickiewicz in World Lit.; A. Symposium, hrsg. W. Lednicki. Berkeley-Los Angeles 1956, S. 159–195. – *Werner, Z.:* Briefe, hrsg. O. Floeck. 2 Bde. 1914.

Russische und dt. Romantik
Botnikowa, A. B.: Die ästhet. Verarbeitung künstler. Prinzipien E. T. A. Hoffmanns im frühen Schaffen Dostojewskis, in: »Parallelen«, 1983,

S. 336–62. – *Brand, H. E.:* Kleist u. Dostojewskij. 1970. – *Düwel, W.:*
Das Hoffmann-Bild der russ. revolutionären Demokraten, in: Aufbau
13 (1957), Nr. 12, 639–644. – *Cheauré, E.:* E. T. A. Hoffmann. Insze-
nierungen seiner Werke auf russ. Bühnen. 1979. – *Gordon, J. I.:* Heine
in Rußland (1830–1860), in: Heine-Studien, hrsg. J. Kruse. 1982. –
Greber, E.: Die russ. Serapionsbrüder und die Nachahmung E. T. A.
Hoffmanns. V. Kaverins frühe Erzählung »Das purpurne Palimpset«,
in: Poetica 21 (1989), 98–163. – *Gronicka, A. von:* The Russian Image of
Goethe in Russian Lit. of the First Half of the 19th Cent. Philadelphia
1968. – *Harder, H.-B.:* Schiller in Rußland. Materialien zu einer Wir-
kungsgesch. 1789–1814. 1969. – *Ingham, N. W.:* E. T. A. Hoffmanns
Reception in Russia. 1974. – *Kopelew, L.:* Zwei Epochen dt.-russ. Lit-
beziehungen, übers. H. Pross-Wierth. 1973. – *Kostka, E.:* Schiller in
Russian Lit. Philadelphia 1965. – *Lyngstadt, A. H.:* Dostoevskij and
Schiller. Den Haag 1975. – *Marcell, N.:* Impact and Influence of Russian
Lit. upon German Writers in the 18th and beginning of 19th Cent. Diss.
Urbana 1970. – *Müntjes, M.:* Beitr. zum Bild der Dt. in der russ. Lit.
von Katharina bis auf Alexander II. 1971. – *Passage, C. E.:* The Russian
Hoffmannists. Den Haag 1963. – *Raab, H.:* Dt.-russ. Litbeziehungen
von der Aufklärung bis zur Ro., in: Neue dt. Lit. 5 (1957), 91–94. –
Ders.: Die Lyrik Puškins in Dtld. 1820–1870. 1964. – *Rammelmeyer,
A.:* Russ. Lit. in Dtld., in: Dt. Philol. im Aufriß III, ²1962, 439–470. –
Rehm, W.: Jean Paul-Dostojewski. Eine Studie zur dicherischen Ge-
staltung des Unglaubens. 1962. – *Reissner, E.:* Dtld. u. die russ. Lit.
1800–1848. 1970. – *Wais, K.:* Schillers Wirkungsgesch. im Ausland, in:
DVj 29 (1935), 475–508. – *Zhitomirskaia, Z. V.:* J. W. Goethe. Kritische
Bibl. der Sekundärlit. 1780–1971. Moskau 1973 (russisch).

5. Das Bild des Auslandes von der deutschen Romantik

»Le romantisme, c'est la poésie allemande« (Musset, »Lettres de
Dupuis et Cotonet« 1, 1836) und »L'Allemagne a produit toutes
les idées de notre âge historique« (H. Taine, »Histoire de la litt.
anglaise« 1864, S. 277), diese zwei Zitate aus französ. Warte
scheinen Qualität und Überlegenheit der dt. Kultur in der romantischen Epoche zu bezeugen. Doch verbergen sich manche
Probleme hinter diesen Äußerungen; so fragt man sich z. B., ob
sie repräsentativ für das gesamte europ. Ausland sind.

Während die nationalen Romantiken des Auslandes durchweg realistisch bzw. antiromantisch auf Deutschland wirkten
(vgl. slawische und französ. Romantik bei den Jungdeutschen),
wurden die dt. Klassiker von Lessing bis Goethe, die Idealisten
von Herder bis Schelling ins Romantische umgedeutet, die

103

eigentlichen Romantiker von Wackenroder bis Eichendorff dagegen nur selten beachtet. Das ist nicht nur der französ. Standpunkt, sondern, da die Franzosen maßgeblich an der Vermittlung der dt. Literatur und Philosophie beteiligt waren, überhaupt die europ. Perspektive.

Bezeichnend dafür ist etwa Y. Utrillas Bemerkung, Sturm und Drang sei der Name für die dt. Romantik (»Literatura española comparada con la extranjera«, 1928, S. 277) oder »The World Book Encyclopedia« 1973, wo es heißt: »The name ›Romantic school‹ is usually applied to a group of men whose main centre of activity was first at Weimar« (Bd. 16). Dies sind besonders anschauliche Beispiele für die vom Ausland vorgenommene Phasenverschiebung, die teils auf völliger Unkenntnis der dt. Literatur, teils auf der von Mme de Staël eingeleiteten Rezeption beruht.

Der einzige Dichter, der neben Gessner schon vor 1810 (»De l'Allemagne«) berühmt war, ist der Autor des »Werther«, der die Modekrankheit der Melancholie und des Subjektivismus zur Explosion brachte: »Deutschland ahmte mich nach, und Frankreich mochte mich lesen. England! freundlich empfingst du den zerrütteten Gast« (*Goethe*, »Epigramme«, Venedig 1790). Als Roman der Gefühlsentfesselung half »Werther« die »Tyrannei der klassizistischen Tradition« überwinden und gehört darum zur Frühgeschichte der europ. Romantik, weil sein Held zu dem Prototyp der frühromantisch-bekenntnishaften Werke von Chateaubriand bis Nodier, von Foscolo und Mickiewicz wurde.

Wenn Goethes »Werther« auch der europ. Romantik den Boden bereitete, so spielte *Mme de Staël* mit ihrem Buch die entscheidende Rolle für das sich formende romantische Deutschlandbild und die Ausstrahlung dt. Gedankengutes in alle Welt. Wie wichtig ihr Werk ist, geht aus J. S. Blackies Äußerung hervor: »We think that her book like that of Tacitus on the same subject, is a work that forms an era in the great history of international appreciation – a history naturally and almost necessarily synonymous with the history of civilisation« (›Blackwood's Magazine‹ 48, 1840, 122). *Heine* hatte in der »indirekten Satire gegen . . . [ihre] Landsleute« die taciteische Tendenz erkannt und deshalb seine »Romantische Schule« (1836) zur Korrektur des idealisierten Deutschlandbildes entworfen. Aus einer nationalpädagogischen Absicht hatte de Staël Deutschland nämlich zur »nation metaphysique par excellence« erklärt (III, 7). *A. W. Schlegel* und dem Einfluß seines Bruders

Friedrich (vgl. II, 31) ist es zu verdanken, wenn sie Goethe zum Repräsentanten der ›neuen Schule‹ und zum poetischen Statthalter auf Erden machte (vgl. II, 7: »Il dispose du monde poétique, comme un conquérant du monde réel«) und Weimar neben dem Rhein und Göttingen zur Pilgerstätte der jungen romantischen Generationen wurde (vgl. noch Ortega y Gasset, der Goethe als den ersten Romantiker bezeichnete, NRs 1932, 560). Kaum von den Schlegels dürfte dagegen ihr *Schiller*-Bild angeregt sein, das sie anhand zahlreicher Dramenanalysen entwickelte. Dadurch, daß sie auf die historischen Stoffe hinwies, die enthusiastischen Jünglinge und tugendhaften Frauen in spannenden Auftritten hervorhob, trug sie wesentliche Züge zu einer romantischen Schiller-Auffassung bei, die zündend auf die gesamte europ. Dramatik wirken sollte, und das um so stärker, als Schiller anders als Shakespeare dem klassizistischen Formwillen verbunden blieb, den man in der latein. Romantik und vielfach in der slawischen nie aufgab.

Schiller und Goethe in Weimar, das war und ist oft heute noch die dt. Romantik aus europ. Sicht. Romantiker im engeren Sinne wurden – bei oberflächlicher Betrachtung – leicht zur Begleiterscheinung der romantisierten Klassik, so vor allem Hoffmann, Jean Paul und der junge Heine, während esoterische Dichter wie Novalis oder Hölderlin erst im Symbolismus oder im 20. Jh. entdeckt wurden. Zu Hoffmann und Jean Paul kommen als Welterfolge jedoch hinzu: Grimms Märchen, das romantische Lied und die Dramentheorie A. W. Schlegels. Trotzdem fragt man sich: Warum hat das Ausland die romantische Dichtung der Jenaer und Heidelberger Phase nicht genauso verstanden und geschätzt wie die Klassiker? Ein Grund wird sein, daß man oft nicht über die Lektüre der Schriften Mme de Staëls und Schlegels hinausgelangte und so die Klassiker oft durch ein französ. Prisma aus zweiter Hand kennenlernte, außerdem nur die Dichter der historisch-christlichen Romantik zwischen Mittelalter und Barock aus A. W. Schlegels Perspektive. Über die ›modernen‹ Romantiker erfuhr man kaum etwas. Ein zweiter Grund dürfte die differenzierte nationale und literarische Situation in jedem Lande gewesen sein, die ein Selbstverständnis zur Folge hatte, das sich von der Einschätzung Deutschlands und seiner Literatur unterscheiden mußte. Die außerdeutschen Dichter konnten die dt. Romantik in ihrem Wesen gar nicht richtig begreifen, weil sie selber viel enger mit der klassischen bzw. klassizistischen Tradition (»la tradition érudite gréco-latine«, van Tieghem) und auch dem aufklärerischen Denken verknüpft waren als die deutschen. Obgleich die Wahl der Stoffe und Themen auch im Ausland meist ›romantisch‹ ausfiel, blieb die gewählte Kunstform fast überall klassisch. In der Tendenz zeichnet sich die Literatur der europ. Romantik außerdem, besonders in Drama und Roman, durch eine größere Wirklichkeitsnähe aus sowie durch eine politisch liberale Position.

Dagegen erschien die transzendentale Ausrichtung der dt. Frühromantik und die Phantastik, die Entdeckung der Nachtseiten den realistisch gesonnenen Dichtern des Auslandes vielfach als Flucht aus der Wirklichkeit in eine Traumwelt, die auch formal nach alogischen, irrationalen Gesichtspunkten gestaltet schien. Hinzu kam, daß die ausländische Romantik fast überall progressiv und ins Leben eingreifend wirkte, während die deutsche unter dem Einfluß Burkes und der napoleonischen Eroberungen reaktionär wurde, sich aus der Zeitnähe in die Vergangenheit zurückzog und zwischen Erinnerung und Sehnsucht ansiedelte. Indessen ging z.B. ein romantischer Dichter wie Keats vom engl. Sensualismus des 18. Jhs., der Hingabe an den sinnlichen Eindruck aus. Bei Coleridge ist die Schilderung des Übersinnlich-Imaginären so konkret, daß sie realistisch wirkt. Aus demselben Grund wurde Hoffmann zu einem Welterfolg, denn das Ausland erkannte hier einen geistesverwandten Romantiker. F. Strich formulierte es so: »Was der [dt.] Romantik in Frankreich entgegensteht, ist die französische Vernunft, in England: der englische Empirismus und Sensualismus, in Italien: das italienische Formgefühl.« (›Fs. Wölfflin‹ 1924, S. 61). Vom Standpunkt der Vernunft aus, den die Literaturhistoriker in Deutschland und im Ausland später unter Hegels und Heines Einfluß einnahmen, wertete man das romantische Deutschland sowie die dt. Romantik als krankhaft ab (vgl. De Sanctis, Carducci). Es fehlte nur noch die Konsolidierung des preußischen Machtstaates nach 1870–71, obendrein die imperialistische Politik Wilhelms und der Nationalsozialismus vor und während des Zweiten Weltkrieges, um die dt. Romantik unter politischen Vorzeichen als Keimzelle einer irrationalen Massenpsychose in Verruf zu bringen. Tat man das nicht, so blieb noch ein letzter Ausweg, die Lehre von den zwei Deutschland, dem Reich der ewigen Werte und dem preußischen Obrigkeitsstaat (vgl. K. Doderer, BB, S. 386 f.).

Boening, J. Hrsg.: The Reception of Classical German Lit. in Engld. 1760–1860. N. Y. 1977. – *Boerner, P.:* Die dt. Klassik im »Urteil des Auslands«, in: Die Klassik-Legende, 2. Wisc. Workshop, hrsgg. R. Grimm u. J. Hermand. 1971, S. 79–107. – *Ders.:* Die dt. Lit. der Goethezeit in ihrer europ. Ausstrahlung, in: »Europ. Ro.« II, 1982, 25–56. – *Dédéyan, Ch.:* Le Thème de Faust. III: Le Romantisme en Allemagne, in: RLM 3 (1956), 705 ff. – *Doderer K.:* Das engl. u. französ. Bild von der dt. Ro., in: GRM 36, NF 5 (1955), 128–47. – *Grunewald, W.:* Studien zum Dtld.-Bild der engl. Ro. Diss. Heidelberg 1959. – *Hoffmeister, G.:* Goethe und die europ. Ro. 1984 (UTB 1295). – *Holthusen, H. E.:* Das klassisch romant. Dtld.-Bild in Frankr., Engld. und Amerika, in: Merkur 13 (1959), 668–84; 752–69. – *Klein, J.:* Die dt. Ro. in französ. Dtld.-Bild. 1957. – *Leiner, W.:* Das Dtld.-Bild der französ. Lit. 1989. – *Martini, F.:* Goethe u. Frankr., in: Goethejb. NF 31 (1969) 15–42. – *Eggli, E.:* Schiller et le romantisme français. Paris 1927, Repr. 1970. – *Naumann, M.:* Dtld. im Urteil Stendhals, in: Beitr. zur französ. Aufklärung. 1971, S. 219–55. – *Ortega y Gasset, J.:* Um einen Goethe von innen bittend, in: NRs (1932), 554–68. – *Strich, F.:* Die Romantik als europ. Bewegung, in: Fs. Wölfflin. 1924, S. 47–61.

6. Der Europäische Wirkungsbereich der Romantik

Die europ. Romantik im Sinne einer geistigen Krise, eines Bewußtseinswandels und eines Aufbruchs nach neuen Ufern in Literatur und Kulturleben existiert. Wer nur die dt. Literatur der Zeit als romantisch anerkennt, mag ein höheres Poesieverständnis haben oder der dt. Romantik allein den Bruch mit der abendländischen Tradition vorwerfen, er spricht ihr dann allerdings auch eine Ausstrahlungskraft ab, die wesentlich zur Ausbildung der nationalen Romantiken beigetragen hat. Die führenden Köpfe der Epoche haben – bei aller Anerkennung der literarisch-philosophischen Überlegenheit Deutschlands und trotz aller politischen Gegensätze – den sie alle bewegenden Gemeingeist gespürt (vgl. Shelley: »there must be a resemblance, which does not depend upon their own will, between all the writers of any particular age . . . They cannot escape from subjection to a common influence . . .«, Preface, »The Revolt of Islam«, 1818). Keineswegs stammten die ersten Impulse zu einer Neuorientierung aus Deutschland, sondern aus dem vorromantischen England und Frankreich.

Die europ. Wechselbeziehungen etwa zwischen der span., französ. und italien. Literatur (mit Hugo und Dumas im Zentrum) oder zwischen der engl., französ. und russ. Literatur (mit Byron und Scott) konnten hier selbstverständlich nur gestreift werden. Natürlich empfingen auch sie entweder indirekt (Mme de Staël) oder direkt (A. W. Schlegel) fruchtbare Antriebe aus Deutschland. Hinzu kamen die Übersetzungen dt. Dichtungen, die musterhaft wirkten.

Das entscheidende Jahr für die Vermittlung romantischen Ideengutes aus Deutschland war 1813, als »De l'Allemagne« in London erschien, Sismondis »De la littérature du midi de l'Europe« in Genf und *A. W. Schlegels* »Cours de littérature dramatique« in Paris (Teil I: 1809, II: 1814) im Druck waren.

Böhl de Faber wies 1814 in Cádiz auf Schlegels Calderónauffassung hin, 1817 übertrug Gherardini seine Vorlesungen ins Italienische, nachdem Berchet ein Jahr vorher an die Staëls Ausführungen angeknüpft hatte. Inzwischen hatte Schlegel auf Coleridge (»Lectures on Shakespeare and Milton«, 1811 f.) gewirkt, sein Werk erschien 1815 auf Englisch; Carlyle wurde durch de Staël auf Schiller verwiesen. Ebenso ging Puschkin von ihrem Werk und der französ. Schlegel-Übersetzung aus (Diskussion von A. W. Schlegels Vorlesungen in Moskauer Zs. 1815; 1830 Teilübers. in Warschau). Allein in Kopenhagen kam es schon 1802 durch die persönliche Begegnung Henrich Steffens, der in Berlin A. W. Schlegel gehört und Schellings Philosophie studiert hatte, mit Oehlenschläger zum literarischen Umbruch. – Die Schlegelschen Ideen fanden fast überall ein starkes Echo in den romantischen Manifesten (s. V. Hugo, »Préface« zu »Cromwell«, 1827). Zu dieser Rezeption der theoretischen »Botschaft der deutschen Romantik in Europa« (J. Körner) kamen die praktischen Beispiele hinzu. So begann der »›romantisme‹ auf dem Theater . . . 1800 und 1809 mit den ›Wallenstein‹-Bearbeitungen von Coleridge und von Benjamin Constant, 1820 mit der ›Maria- Stuart‹ . . . von Pierre Lebrun, die ihrerseits ins Spanische und Italienische übersetzt wurde. Manzonis ›Carmagnola‹-Drama baut 1816 auf dem ›Wallenstein‹ Constants weiter, sein ›Adelchi‹ auf dem Lebrun-Text. 1820 gibt in Rußland Vassili Zukovskijs (1783–1852) Übersetzung das Zeichen zum Beginn einer vaterländischen Geschichtsdramatik und zu der durch Schiller mitgeprägten Dramatik Lermontovs« (K. Wais, DVj. 29, 1955, 483).

Wir hatten bereits mehrfach Gelegenheit, darauf hinzuweisen, wie unter dem Einstrom deutscher Ideen und in Verbindung mit der Rückkehr zu den eigenen Quellen nationale romantische Bewegungen entstanden, die trotz des gemeinsamen Etiketts Romantik oft ein ganz anderes Gepräge haben. So erinnert die engl. Romantik an den poetischen Realismus, die französ.

an den Sturm und Drang, die italien. an Jungdeutschland etc.
Hält man sich die eklatanten Unterschiede zwischen der Romantik in den romanischen Literaturen und der deutschen vor Augen, scheint die Frage berechtigt, ob es außerhalb Deutschlands überhaupt eine vergleichbare Romantik gegeben habe. M. Puppo stellt fest: »Die größte Eroberung der modernen Romantikkritik ist die Unterscheidung zwischen lateinischer und deutscher Romantik« (»Il Romanticismo«, 1972, S. 32). Vorbereitet war diese Erkenntnis im Werk de Staëls, A. W. Schlegels, Bouterweks und Jean Pauls (»südliche und nordische Romantik«). Für Goethe schien es sich um eine fünfzigjährige Verspätung des Sturm und Drang auf dem französ. Theater zu handeln (zu Eckermann, 6. III. 1830). Und mit Recht sind die Gegensätze zunächst genrebedingt.

Jedes »lateinische« Land hatte seine »Hernani-Schlacht«, wogegen in Deutschland das romantische Drama kaum eine Rolle spielte. Wie im Sturm und Drang ging es um das Eigene und Echte, die Freiheit in der Kunst und das Charakteristische. Darum wandte man sich gegen die mechanische Befolgung klassizistischer Regeln und befürwortete eine »Stilmischung« im Drama; ein der Genieperiode vergleichbarer Umbruch in der Poetik vollzog sich, als nicht mehr die Beziehung des Kunstwerkes zur aristotelischen Norm, sondern zur Wirkung auf das Publikum untersucht wurde.
Während in Deutschland der Wanderroman in der »Wilhelm-Meister«-Nachfolge gedieh, blühte der von Scott kreierte historische Roman auf der iberischen Halbinsel, in Frankreich und Italien. Übersprang der dt. Roman die Wirklichkeit, indem er sie romantisierte, so entwickelte sich in der Romania neben dem historischen der realistisch-soziale Gesellschaftsroman und die psychologisch-realistische Autobiographie. Mit der Wirklichkeitsauffassung ist ein Hauptunterschied zwischen der *dt. und latein. Romantik* bezeichnet. Im transzendentalphilosophischen Ansatz entwickelten die dt. Dichter eine »Transzendentalpoesie«, die die Welt durch Poesie in Poesie verwandeln sollte. Magie und Metaphysik, Sehnsucht nach dem Unendlichen und Schilderung einer Traumwirklichkeit, das ist typisch für die dt. Romantik, die nur zeitweilig tatkräftig die Lösung der nationalen Probleme anstrebte. Thema der latein. Romantik ist gleichberechtigt neben der Selbstaussprache das Volk, die Nation. Die Literatur wird als Ausdruck der Gesellschaft verstanden, wodurch der Schriftsteller eine entsprechende soziale oder auch nationalpädagogische Funktion erhält. Die metaphysischen Spekulationen isolierten den dt. Dichter in der Gesellschaft, sein romanischer Kollege, ob im Exil oder im Vaterland, fühlte sich im allg. als integriertes Glied der Gesellschaft.

Weitere Unterschiede kommen hinzu. Den dt. Romantikern kam es sowohl auf neue Themen als auch auf neue Formen an, die unter der Herrschaft der Ironie ausgebildet wurden; den latein. Romantikern vordringlich auf neue Themen. Zudem erhellt gerade die Vorherrschaft der Ironie, wie sehr die dt. Romantik, Parallelbewegung zum Idealismus, von einem stark reflexiven Zug geprägt ist, von einem »geistigen Gefühl« (F. Schlegel), das in der latein. Romantik kaum zu finden ist, wo in der Nachfolge Rousseaus ein Gefühlskult einsetzte. Zum Beispiel war es Rousseau zu verdanken, daß man Gott mit der Natur identifizierte (vgl. Puppo, a. a. O., S. 42), während er in Deutschland als Naturgeist oder Weltseele verehrt wurde (über die unterschiedliche Einstellung zur Mythologie s. u. S. 146).

Worin besteht aber nun das Gemeinsame dieser vielen Facetten der »europäischen Romantik«? Betont man dies, wobei man notgedrungen generalisierend vorgehen muß, dann zeichnen sich mehrere Bereiche ab, wo *Übereinstimmung* zumindest im Theoretischen vorliegt:

1. Auf dem Hintergrund der *Französ. Revolution* entstand im geistigen Leben die Forderung nach der Emanzipation des Künstlers von den Regeln der Alten und ihren jahrhundertealten »Fabeln«. Alle Werke, die im Zeichen dieser neuen künstlerischen Freiheit gestaltet waren, galten als ›romantisch‹ (vgl. Goethe und Schiller). Der Ruf nach Freiheit von der Herrschaft der Vernunft brachte den Wunsch nach neuen Schaffensprinzipien mit sich: Schöpfung nach inneren Regeln, Einbildungskraft und Empfindungsausdruck. Man brach mit der rhetorischen Tradition und der normativen Gattungspoetik.

2. Die Französ. Revolution, politische Haupttendenz des Zeitalters, bildet die Folie für die geistige Erneuerung, aber angesichts der »*Terreur*« 1794/95 verwandelte sich die anfängliche Begeisterung fast durchweg in Entsetzen. Von nun an kämpfte man gegen die Französ. Revolution oft im Anschluß an Burke und gegen alle Formen politischer Tyrannei – außer in Deutschland, wo die liberale Tendenz schon ab 1806 durch eine reaktionäre auch bei den Schriftstellern verdrängt wurde.

3. Der in Deutschland ausgeprägte *Historismus* führte zu einer Hinwendung zum Mittelalter als der eigenen volkstümlichen Quelle der Tradition (»historische Romantik«). Was in Deutschland vielfach als Flucht in die Vergangenheit bzw. Exotik erscheint, stellt sich in der ausländischen Romantik oft als Kostümierung aktueller, sozialer oder nationaler Probleme heraus.

4. Die *Befreiung vom Gattungszwang* der normativen Poetik ermöglichte das Experimentieren mit alten und neuen Formen, ergab nie geahnte Stilmischungen und eine Akzentverschiebung auf bisher vernachlässigte Mischgattungen wie Versepos, Roman, Romanze, Schauspiel. Percy und »Ossian«, Young, Herder und Bürger regten überall Volksliedersammlungen bzw. Balladenanthologien und entsprechende Nachdichtungen an. Unter dem Einfluß volkstümlicher Muster erneuerte sich die Kunstpoesie.

5. Das Interesse für die *»Weltliteratur«* schaffte zusätzliche Voraussetzungen für die ziemlich rasche Verbreitung romantischer Ideen. Wechselseitige Teilnahme am Schicksal und Werk benachbarter Dichter förderte die Inspiration und führte zu sich überkreuzenden Einflußströmungen. Im Exil zu Coppet entwickelte sich Mme de Staël (in Zusammenarbeit mit A. W. Schlegel) zur Vermittlerin deutscher Literatur und europäischer Kultur. Östliche oder Mittelmeer-Länder übten eine besonders starke Anziehungskraft aus.

6. Allgemein hat die Dichtung der europ. Romantik eine »Richtung . . . auf die Natur« (F. Schlegel, »Geschichte der alten u. neuen Lit.«, 16. Vorlesg.). Gessner, die »Nouvelle Héloïse« und »Werther« hatten diese Tendenz in dem doppelten Sinne des »Zurück zur Natur« und der Analyse des Herzens vorbereitet. In England und Deutschland findet das dem Norden eigentümliche *Naturgefühl* vielleicht seinen reinsten Ausdruck, während die latein. Romantik mehr zur kräftigen Wirklichkeitsdarstellung neigte.

7. Durch ihre Mittelalterbegeisterung entstand in der europ. Romantik eine christlich-reaktionäre Tendenz, durch den Bruch mit der griechisch-lateinischen Bildungstradition zugleich eine progressive Ausrichtung. Der *Angriff auf das Christentum* durch die »satanische Romantik« signalisiert die Endphase der mit der Reformation begonnenen Säkularisierung Europas. Nun entwickelten die Philosophen die dialektische Methode (Hegel) und die Naturwissenschaften die Evolutionstheorie (Darwin). In der Literatur spiegelt sich die Auflösung des alten Weltbildes im Zerfall der Gattungen. Der Dichter zieht sich schließlich aus der sich verfremdenden Realität ins Reich der Worte zurück (s. Symbolismus).

8. Nach den jüngsten Forschungen von V. Nemoianu (1984) ergibt sich die verlockende Möglichkeit, die *Gleichzeitigkeit* aller europ. Romantiken zu überdenken. Demnach begann die europ. Bewegung in England etwa mit Wood und Young (s. S.

26), in Frankreich (Rousseau) und Deutschland in den siebziger Jahren (Sturm und Drang) und ging überall bis etwa 1800 in die Hochromantik über – mit Ausnahme der slawischen Literaturen (s. S. 97).

Nach der napoleon. Phase setzte ab 1815 in ganz Europa verstärkt die »Zähmung« der Romantik zu einer Art Biedermeier ein. Entsprechend funktioniert N. die Französ. Revolution von der Ursache zur Konsequenz der Romantik um.

Literatur

The Romantic Movement Bibl. 1936–1970. A master cumulation from ELH, PQ and ELN, hrsg. A. C. Elkins u. L. J. Forstner. Bd. 1 f. Ann Arbor 1973 f. – *Bray, R.:* Chronologie du romantisme. Paris 1932. – *Croce, B.:* Storia d'Europa nel secolo XIX. Bari 1948. – *Dahnke, H.-D.:* A. W. Schlegels Berliner u. Wiener Vorlesungen u. die romant. Lit. Zum Problem einer europ. Ro., in: WB (1968), 782–95. – *Dmitrijew, A. S.:* Zu den zwei Strömungen i. d. europ. Ro., in: W. Dietze et al., Hrsgg.: Impulse I, 1978, 44–54. – *Farinelli, A.:* Il romanticismo nel mondo latino. Turin 1927. – *Furst, L. R.:* Romanticism in Perspective. London-N. Y. 1969. – *Dies.:* Romanticism. N. Y. 1969, ²1976. – *Dies.:* The Contours of Europ. Romanticism. London-Basingstoke 1979. – *Dies.:* Europ. Romanticism: Self-Definition. London-N. Y. 1986. – *Hazard, P.:* Romantisme italien et romantisme européen, in: RLC 6 (1926), 224 bis 246. – *Heitmann, K.,* Hrsg.: Europ. Ro. II, 1982 (= N. Hdb. der Litwiss. 15). 1982. – *G. Hoffmeister,* Byron u. der europ. Byronismus. 1983. – *Ders.:* Goethe u. die europ. Ro. 1984. – *Locker, M.:* Les Romantiques. Allemagne, Angleterre, France. Paris 1964. – *Lützeler, P. M.:* »Kosmopolitiker der europ. Kultur«. Romantiker üb. Europa, in: E. Ribbat, Hrsg., Ro. Ein litwiss. Studienbuch, 1979, S. 213–36. – *Ders.,* Hrsg.: Europa. Analysen u. Visionen der Romantiker. 1982. – *Mandelkow, K. R.,* Hrsg.: Europ. Ro. I (= N. Hdb. d. Litwiss. 14). 1982. – Mme de Staël et l'Europe. Colloque de Coppet 1966. Paris 1970. – *Nemoianu, V.:* The Taming of Romanticism. Europ. Lit. and the Age of Biedermeier. Cambridge, Mass.-London 1984. – *Paulini, H. M.:* August Wilhelm Schlegel und die vergleichende Literaturwissenschaft. 1985. – *Peckham, M.:* The Culture of the 19th Cent. N. Y. 1965. – *Peter, K.:* Der spekulative Anspruch. Die deutsche Romantik im Unterschied zur französischen und englischen. In: JbFDH (1985), 105–50. – *Puppo, M.:* Il romanticismo. Rom 1963, ⁵1972. – *Ders.:* Romanticismo italiano e romanticismo europeo. Mailand 1985. – *Remak, H. H.:* West European Ro. Definition and Scope, in: Comparative Lit., Method and Perspective, hrsgg. N. P. Stallknecht u. H. Frenz. Carbondale 1962, S. 223–259. – *Ders.:* A Key to W. Europ. Romanticism, in: CollG 1

(1968), 37–46. – *Ders.:* Trends of Recent Research on W. Europ. Ro., in: H. Eichner, Hrsg.: Romantic and its Cognates. History of a Word. Toronto 1972, S. 475–500. – *Ders.:* New Harmony: The Quest for Synthesis in W. Europ. Ro., in: ›Cross-Currents‹ 1989, S. 331–352. – *Schenk, H. G.:* The Mind of the European Romanticists. An Essay in Cultural History. London 1966; dt: 1970. – *Ségur, N.:* Histoire de la litt. européenne. IV: L'Epoque romantique. Paris 1952. – *Strich, F.:* Zwei Vorträge. Europa u. die Ro. Bern 1966. – *Tieghem, P. van:* Le Romantisme dans la litt. européenne. Paris 1948, [2]1969. – *Walzel, O.:* Klassizismus u. Ro. als europäische Erscheinungen, in: Propyläen-Weltgeschichte. XII, 1929, 251–328. – *Wolpers, Th.,* Hrsg.: Motive u. Themen romant. Naturdichtg. Textanalysen u. Traditionszshänge im Bereich der skandinav., engl., dt., nordamerikan. u. russ. Lit. 1984.

III. Wesenszüge der europäischen Romantik

1. Ästhetik und Poetik der Romantik

a) Deutscher Idealismus

Man hat zwar behauptet, es fehle in der Romantik an der tieferen Gemeinsamkeit zwischen Philosophie und Dichtung (vgl. H. Zeltner, RL III, 1966, 96), doch kann man gerade für die dt. Romantik und ihre europ. Wirkung die philosophischen Voraussetzungen der ästheischen Theorie und Literaturkritik nicht hoch genug einschätzen. Der Idealismus von Herder bis Hegel hat deutliche Spuren im Denken der Dichter hinterlassen, die Transzendentalphilosophie wurde von den Frühromantikern zur Transzendentalpoesie umgebildet, Romantik bedeutete für sie »poetisierter Idealism« (Novalis) »Der Idealismus ist der Mittelpunkt und die Grundlage der deutschen Literatur,« meinte F. Schlegel in »Europa« (1803 = KFSA III,5). Wir beschränken uns im folgenden auf die Skizzierung der wichtigsten Denkmodelle, soweit sie für die Literaturtheorie der Zeit Bedeutung gewannen.

Kant: Mit seiner »Kritik der Urteilskraft« (1790) wurde Kant für die ästhetischen Anschauungen der Goethezeit wegweisend. Hier schied er das Reich der Kunst streng vom Nützlichen, Angenehmen und Guten und vernichtete dadurch das alte Prinzip des prodesse et delectare. Das Schöne kommt nach Kant durch die Urteilskraft in Verbindung mit dem Gefühl zustande und erweckt ein interesseloses, freies Wohlgefallen. – Das poetische Genie schafft immer aus dem Unbewußten, weil es angeborene Naturgabe ist. Darum wirkt es original und mustergültig. Im Ansatz überwand Kant damit bereits die Imitationslehre des Klassizismus. Kunst sah er in Analogie zur Natur: sie verraten beide in ihren Schöpfungen eine »Zweckmäßigkeit ohne Zweck«, das Kunstwerk ähnelt deshalb einem Organismus, in dem die Gegensätze aufgehoben sind (Allgemeines und Besonderes, Vernunft und Einbildungskraft, Freiheit und Notwendigkeit). So bietet die Kunst die Möglichkeit, den Dualismus der Welt (Reich der Erscheinung, Reich der sittlichen Freiheit) zu überwinden. Kant glaubte letztlich an die Harmonie zwischen Geist und Universum, wobei das schöpferische Indivuduum zum Dolmetscher von Natur und Gesellschaft wird; er bewies, wie die menschliche Freiheit durch Verlegung des Erkenntnissitzes aus der Außen- in die Innenwelt erhalten werden kann; am erhabensten zeigt der Mensch seine sittliche Freiheit, wenn er im Untergang die Macht des Schicksals bezwingt. Mit diesen Ideen leitete Kant eine »Revolution der Denkart« ein, auf der Schiller und die folg. Idealisten fußten. Nach dem Zeugnis der Zeitgenossen, z. B. Schellings, stand diese intellektuelle Revolution gleichrangig neben der Französischen Revolution. Coleridge vermittelte sie an die angelsächsische Welt, man lernte sie in Rußland und Italien kennen – Gioberti bezeichnete Kant als Philosophen der Romantik –, in Frankreich vertrat Gautier seinen ästhetischen Standpunkt.

Schiller: »Schillers Theorien wurden zur Quelle aller späteren deutschen Literaturkritik« (Wellek, »Litkritik«, S. 236) und dienten den romantischen Denkern als Anreiz zu einem vertieften Selbstverständnis ihres Schaffens. In seinen »Briefen über die ästhetische Erziehung des Menschen« (1795) entwickelte er Kantische Ideen weiter. Der Tiefpunkt der französ. Revolutionszeit bedeutete ihm Aufgabe und Ausgangspunkt für eine bessere Zukunft, zu der das Griechentum als Maximum der Kultur die Leitidee gab. Höchster Gewinn war ihm die poetische Freiheit von dem dichterischen Stoff, von der Subjektivität des Künstlers, dem Moralismus etc. Freiheit als Produkt des harmonischen Zusammenspiels aller Kräfte in der ästhetischen Stimmung ermöglichte erst die wahre Freiheit, die zum ganzheitlichen Menschen , der Voraussetzung für die politische Freiheit, führte. Damit erhält die Kunst bei Schiller eine eminent zivilisatorische Funktion. – In »Über naive und sentimentalische Dichtung« (1795–96) setzte sich Schiller mit der antiken Kunst auseinander und bahnte den Weg für eine innere Befreiung von dem klassischen Dogma, indem er dem klassisch-naiven Dichter gegenüber einen sentimentalisch-modernen postulierte. Schillers Begriff des sentimentalischen Dichters präludiert in seiner reflektierten »Kunst des Unendlichen« F. Schlegels Auffassung von romantischer Dichtkunst. Seine Einwirkung auf Schelling, Solger, Hegel und Huizinga, aber auch Coleridge weist Wellek im einzelnen nach (a. a. O., S. 236, 257).

Fichte: Auch Fichte ging von Kant aus, wie bei ihm und Schiller steht die Idee der Freiheit des Ich im Mittelpunkt seiner philosophischen Überlegungen (»Grundlage der gesamten Wissenschaftslehre«, 1794). Fichte sah im Ich die absolute schöpferische Einheit, auf die bezogen alle Wirklichkeit erst Sinn erhält. Dieses absolute Ich setzt sich selbst und geht somit jedem Gegensatz von Subjekt und Objekt voran, ist aber gezwungen, sich ein Nicht-Ich (als Bewußtseinsgegenstand) zu schaffen. Indem die Wirksamkeit des Nicht-Ich vom Ich erborgt ist, entsteht die Schöpfung der Welt gleichsam nur in bezug auf die Einbildungskraft. Fichtes Vergöttlichung des Ich macht die romantische Auffassung der Poesie als Akt des freien Subjekts und letztlich auch die Selbstüberhebung über Ich und Werk in der Ironie (F. Schlegel) und im Humor (Jean Paul) möglich, obwohl Fichte mit dem sich selbst setzenden Ich noch die Vernunft meinte und erst die Frühromantiker das absolute Ich mit dem empirischen verwechselten – was dem Subjektivismus freien Lauf ließ. Das Selbst als ontologischer Begriff wurde also durch das psychologisch verstandene Individuum ersetzt. Fichtes Transzendentalphilosophie (Wirklichkeit = Produkt des Ich) spiegelt sich auch in Schleiermachers Religionsbegriff und Schellings Identitätsphilosophie. Novalis fand bei ihm den Zauberstab für die poetische Verwandlung der Welt.

Schleiermacher: Im Pietismus wurzelnd und von Kant und Fichte ausgehend, entwickelte Schleiermacher seine romantische Religionsphilosophie in »Über die Religion. Reden an die Gebildeten unter ihren Verächtern« (1799). Wie sehr er hier frühromantischer Weltanschauung entgegenkam, macht vor allem die 2. Rede deutlich: »Mitten in der Endlichkeit eins werden mit dem Unendlichen und ewig sein in einem Augenblick, das ist die Unsterblichkeit der Religion.« Er entkirchlichte den Religionsbegriff zu einem persönlich-subjektiven Gefühl, das sich nach der Einheit mit dem Unendlichen sehnt. Die Provinz der Religion, von Metaphysik und Moral befreit, wird ins Gemüt, in die Innerlichkeit verlegt, weil der Mensch dort den Schlüssel zum Universum findet, zu dem sich das Ich ausbilden soll. Die Affinität von Religion und Frühromantik brachte Schleiermacher selbst zum Ausdruck, indem er in der 3. Rede eine Synthese von dem religiösen und dem Kunstsinn anstrebte; die Kunst soll danach die neue Religion schaffen (Kunstreligion), und das kann sie, weil der Gläubige wie der Dichter »ein neuer Priester, ein neuer Mittler, ein neues Organ« sei. Der romantische Zirkel, worin jedes Individuum ein anderes ergänzt, sollte die neue Kirche zeitweilig verwirklichen.

Schelling: Plato, Kant und Fichte dienten Schelling als Anreiz für die Ausbildung seiner Identitätsphilosophie, mit der er seinerseits auf die Brüder Schlegel, Tieck und Novalis einwirkte. Im Ausland vermittelte Coleridge seine Ideen nach England, V. Cousin nach Frankreich, Odojewski nach Rußland. Bei Fichte war die Außenwelt ein Erzeugnis des Ich, Schelling sieht Außen und Innen als Seiten eines Ganzen an. Das ist möglich, weil »Über die Natur philosophieren heißt die Natur schaffen«, »sie aus dem toten Mechanismus, worin sie befangen scheint, herausheben, sie mit Freiheit gleichsam beleben und in eigne freie Entwicklung versetzen« (Werke III, 13). Der Naturphilosoph konstruiert die Natur durch eine zweite Schöpfung im Geiste, der dabei zum Bewußtsein seiner selbst kommt, sich gleichzeitig aber auch als Organon Gottes versteht. Ebenso gelangt die Natur auf ihrer »Odyssee des Geistes« allmählich zum Selbstbewußtsein (s. »System des transzendentalen Idealismus«, 1800). Gott hat die Natur geschaffen. Nun ist der Geist in ihr geronnen. Diesen erstarrten Geist in der Natur wiederzugewinnen und zu vergegenwärtigen, ist die Aufgabe des Denkers. Dies gelingt ihm, indem er den Geist, die »Weltseele« in sich selber erkennt. So wird der Mensch zum »Erlöser der Natur« (»Erster Entwurf eines Systems der Naturphilosophie«, 1799). Nur ein kleiner Schritt bleibt zu tun, um den »Übergang vom Unendlichen zum Endlichen« auch auf die poetische

Art zuwege zu bringen, denn auch für Novalis sollte die Natur in eine Geisterwelt übergehen. Daß die Natur ursprünglich verborgener Geist ist, liefert dem alles beseelenden Pantheismus der Frühromantik das theoretische Fundament. Ihrem Subjektivismus kommt die These entgegen, daß die Natur nur Realität durch das Ich hat, das sie als vergeistigte Natur konstruiert. Objektive Wirklichkeit ist dagegen nur bewußtlose Poesie des Geistes.

Hegel: Der letzte romantische Philosoph des dt. Idealismus war Hegel, der in der Romantik den Durchbruch des Geistigen und die Ablösung von der klassischen Harmonie (Stoff und Form) erkannte. Über die Einteilung der Künste, die Abfolge der Epochen, die romantische Kunst im Vergleich zur klassischen vermittelte er entscheidende Einsichten, wenn er auch als Kritiker des romantischen Subjektivismus von der Literatur der Zeit Abstand nahm. Seine Wirkung war zunächst auf seinen Vorlesungskreis beschränkt, weil die »Ästhetik« erst postum erschien (1835–38; zur Ro-Kritik Hegels s. oben S. 9).

b) Dichter und Dichtkunst

Man würde eine Vielzahl von Bänden brauchen, um nur die wichtigsten Äußerungen über den romantischen Dichtungsbegriff in den verschiedenen Nationalliteraturen vorlegen zu können, einen Begriff, den die Romantiker selbst vergeblich zu definieren versuchten. Man war sich darüber klar, daß sich über Poesie eigentlich nur in Poesie reden lasse, da sie im Grunde einen spontanen Ursprung außerhalb der Verstandessphäre habe. Die Beimischung von Bewußtsein, Besonnenheit oder Vernunftkontrolle zum Gemütsausdruck variiert von Dichter zu Dichter, genauso wie die Funktion der Dichtung und die Auffassung vom Dichtertum. Der Darstellbarkeit halber sei die Vielfalt der Meinungen und Äußerungen zur poetischen Theorie in den verschiedenen Abschnitten dieses Kapitels in der Hoffnung skizziert, am Schluß wenigstens eine Art Mosaik der Hauptaspekte entworfen zu haben.

Hauptsächlich lassen sich wohl zwei Haltungen zu »Dichtung und Leben« unterscheiden, erstens die Darstellung des Innenlebens, der Leidenschaften als Folge des Verlangens nach Echtheit in der Literatur, nach der Einheit von Literatur und Leben, eine Forderung, die bereits im Sturm und Drang verwirklicht worden war und nun in den Nachbarliteraturen erhoben wurde (s. Hugo: »La poésie, c'est tout ce qu'il y a d'intime dans tout«, Préface, »Odes«, 1822; Musset: »la cœur, c'est là qu'est la génie«, in »A mon ami Edouard B«, 1832);

zweitens die Auseinandersetzung mit der sozialen Wirklichkeit, wobei sich der Dichter entweder der Realität annähert (romantischer Realismus), die Welt verbessern möchte (Sozialutopismus, s. u. S. 201) oder die *Poesie als Mittel der Weltverwandlung* betrachtet. Gerade in diesem Fall konnten die dt. Frühromantiker an den Idealismus anknüpfen und manche Ideen auch durch ihr Werk ins Ausland vermitteln. Dem Dichter geht es hier weniger um Gefühlsausdruck in volkstümlichem Tone als um die Überwindung der Spannung zwischen dem Realen und dem Transzendenten. Hier wird er zum Priester oder Magier, der die Welt einerseits durch seine Phantasie verzaubert, indem er sie romantisiert und dabei von der Realität befreit, andererseits sie wiederum entzaubert durch sein Dichterwort, indem er die Natur zum Geist zurückführt und zum Gespräch erlöst. Der Dichter mit seinen hochentwickelten Organen offenbart die Weltseele und konstruiert die Welt als Poesie aus sich. Das Reelle wird damit in die Poesie verlegt. – Ähnliche Gedankengänge wie bei *Novalis* finden sich, teils ins Mystische gewandt, bei Blake, Ballanche und slawischen Romantikern, der Begriff des »rêveur sacré«, des »poète mage« taucht bei Hugo auf (»Fonction du poète« in »Odes et Ballades«, 1826; »William Shakespeare«, 1864). Im Unterschied zum Ausland konzentriert sich die dt. Frühromantik jedoch wie nirgendwo sonst auf den Begriff der »Sehnsucht nach dem Unendlichen«, ihre Dichtung wiegt sich »zwischen Ahnung und Gegenwart« (A. W. Schlegel; doch wird Sehnsucht zum lyrischen Motiv etwa auch bei Chateaubriand, Lermontow oder Bécquer!). Damit ist auch die formale Abwendung von der klassizistisch, rational begründeten Regelpoetik und die Hinwendung zum Schaffen aus dem »geistigen Gefühl« vollzogen. Mit Einschränkung trifft dies auch auf die europ. Romantik zu (Gefühlskult), in inhaltlicher Hinsicht kommt freilich überall die Wendung zum national-volkstümlichen, christlich-mittelalterlichen Raum hinzu.

Wie hoch die Poesie von den Dichtern selbst eingeschätzt wurde, erhellt daraus, daß man das Heil der Welt von ihr erwartete. Gott spricht – außer durch die Natur – in der Zeit der franzö. Revolutionswirren nur noch durch die Kunst; sie wird darum häufig zum Religionsersatz; mancher Dichter erwartete sogar eine existentielle Verwandlung, eine Weise der Selbsterlösung von der Dichtung (vgl. Wackenroder, Brentano, Byron, Musset, Espronceda).

Über die persönlichen Erwartungen hinaus entwickelte man in Deutschland im Anschluß an den dynamischen Werdecha-

rakter der Dichtung und der »Sehnsucht nach dem Unendlichen
– die Theorie von der *Universalpoesie.*

F. Schlegel, vom dt. Idealismus und Novalis inspiriert, entwarf ein
»Weltsystem der poetischen Vernunft« (Behler, JDSG 1, 1957, 217) in
Fragmentform, ein System der Dichtkunst, das er auf die moderne Kultur übertrug, und zwar aus dem »revolutionären Wunsch, das Reich
Gottes zu realisieren« (›Athenäum‹, Nr. 222). Das bedeutete die Projektion der goldenen Zeit in die Zukunft. Für die Anwendung auf die
Literatur gibt das 116. Athenäum-Fragment Zeugnis. Aber auch hier,
wo alle wichtigen Begriffe der Schlegelschen Poetik angelegt sind,
zeichnet sich deutlich ein Universalismus ab, der weit über bloße Form-
und Inhaltsfragen hinaus die Poesie der Welt und das Bild des Zeitalters
betrifft. Poesie romantisiert das Leben und macht die Gesellschaft poetisch, sie gehört der Gemeinschaft und ist zukunftsorientiert (vgl. Behler, ebd., 211 f.). »Universalpoesie« signalisiert zudem ein neues Kunst-
verständnis, das sich in der europ. Romantik durchsetzen sollte: die
große Synthese ästhetischer Empfindungsweisen, die von Kant, Goethe
(»Von Arabesken«, 1789) und F. Bouterwek im Begriff der *Arabeske*
ausgedrückt wurde. Damit trat die unregelmäßige Schönheit der regelmäßigen des Klassischen gegenüber, weil sich in ihr die Freiheit einer
unerschöpflichen, spielerischen Phantasie äußert (vgl. Bouterwek,
»Ästhetik«, 1806, S. 215 f.; vgl. F. Schlegel, »Rede über die Mythologie«). Im Grunde handelt es sich hier um ein Schönheitsideal, das ähnlich wie im Barock auf dem Reizkontrast zum Häßlichen und Schauri-
gen basiert.

Was in Deutschland seit Lessing und dem Sturm und Drang zunächst unter dem Eindruck der Shakespeare- und dann der Calderónrezeption zum Durchbruch kam, wurde mit anderen
Worten auch von der europ. Romantik zur Forderung erhoben.
Manzoni verlangte etwa nach der »mélange du grave et du bur-
lesque, du touchant et du bas« (»Lettre sur les unités de temps et
de lieu«, 1823); *Hugo* behauptete, daß die Mischung des Erhabenen und *Grotesken* eine größere Vollkommenheit gewähre
als die antike Schönheit, weil sie besser der christlichen Doppelnatur des Menschen, der Harmonie der Gegensätze entspreche
(Préface de »Cromwell«, 1827; vgl. auch Gogols »Arabesken«,
1835; Poes ›Tales of the Grotesque and Arabesque«, 1840).
Durch eine leichte Akzentverlagerung konnte dann in der »satanischen Romantik« (s. u. S. 189 f.) eine Ästhetik des Grausigen
ihre Triumphe feiern, die nach *M. Praz'* Ausführungen von
Walpole über Swinburne zu D'Annunzio reichte, in Deutschland in der Schicksalstragödie gipfelte und in Spanien sowie
Frankreich ihre ersten Anhänger in der »école frénétique«

fand. Das Ideal der häßlichen Schönheit prägt freilich nur die eine Seite romantischer Dichtkunst, auf der anderen Seite besteht die Anlehnung an die platonische Schönheitsidee weiter (vgl. Keats, Hölderlin).

c) Nachahmung und Schöpfung

Die Voraussetzungen für ein neues Dichtungsverständnis, für den poetologischen Umbruch von der klassizistischen Nachahmungstheorie zur Geniedichtung wurden fast überall in Europa in der Vorromantik geschaffen (s. o. S. 26 f.).

In Deutschland faßte zuerst Winckelmann *Nachahmen* im Sinne eines Schaffens wie die Alten schufen; Lessing und Herder (»Über die neuere dt. Literatur« III, 1767) führten seine Anregung im Zeichen des Nacheiferns aus, der junge Goethe gab ihr die symbolische Kraft (»Prometheus«), Kants Geniebegriff brach mit der Nachahmung von Regeln. Aber die Klassik stellte ein neues Kunstideal mit eigener Gesetzlichkeit auf. Nachahmen in der Bedeutung des Kopierens von Wirklichkeit oder Modellen wurde allerdings verworfen.

Endgültig kehrten sich die dt. Romantiker vom Grundsatz der Nachahmung ab, wobei sie zunächst an *Schiller* anknüpfen konnten, der dem naiven Dichter die Möglichkeit der Nachahmung der Natur zugestanden, den modernen sentimentalischen dagegen auf das Bewußtsein und die Sehnsucht als Dichtungsquellen verwiesen hatte. Nur insofern ließ er den Terminus Nachahmung noch gelten, als es sich um die der wahren Natur handelte, und dies bedeutete Schiller die menschliche Natur in ihrem Wesen. Nach ihm nahm *Schelling* in der »Rede über das Verhältnis der bildenden Künste zur Natur« (1806) zu dem Problem Stellung. Für ihn konnte die Kunst keine Nachahmung der äußeren Natur sein, weil in der Natur keine Idee vollkommen zum Ausdruck kommt, doch hielt er das künstlerische Schaffen für einstimmig mit der bildenden Natur selbst. Wie bei Schiller hat der Künstler die Aufgabe, sich von der Natur zu entfernen, um ihr »reines Sein« zu erkennen, was am besten im Menschen zu erfassen ist. Anstelle der Nachahmung tritt bei ihm, bei Jean Paul, Novalis etc. die produktive Phantasie, die sich bis zur symbolischen Konstruktion der transzendentalen Welt aufschwingen kann. Die bloße Natur nimmt demnach einen unwahren Charakter an, während die Poesie »das echt absolut Reelle vertritt« (Novalis).

Nirgends sonst in Europa brach man so radikal mit dem Nachahmungsprinzip wie in Deutschland, dazu war vor allem in der latein. Romantik die klassizistische Dichtungstradition noch zu lebendig. Zwar nicht Nachahmung der Alten, aber doch Nachahmen, Wetteifern mit und Anverwandlung der »romantischen« Literatur Europas gehörte geradezu zum literarischen Programm der aus dem Exil in die Heimat zurückkehrenden Franzosen, Spanier, Italiener und Polen (s. auch Mme de Staëls Einfluß).

Leopardi macht die typische Zwischenstellung der klassizistischen Romantiker deutlich. Im »Discorso di un Italiano« (1818) plädierte er gegenüber den neumodischen Dichtern für die Imitation der Natur, dachte aber auch daran, daß der Dichter die verlorengegangene Natur wiederherstellen sollte. Im »Zibaldone« (Ms. 1817–32) identifizierte er sich sogar mit den sentimentalischen Poeten, deren Herz an der Gegenwart leide und machte sich über diejenigen lustig, die die Natur nachahmen, als wenn Griechenland noch vorhanden wäre.

Für *di Breme* hieß Nachahmung einerseits Nachahmung der Natur des Landes und des Zeitgeistes, andererseits Wetteifer mit der Natur in schöpferischen Werken, deren Gegenstand der Mensch sei (»Intorno all'ingiustizia di alcuni giudizi letterari italiani«, 1816). *Manzoni* versuchte in seinen Dramen und in seinem Roman die historische Wahrheit dokumentarisch zu untermauern und seine Kunst zu einem wahren Spiegel der Wirklichkeit zu machen, sich zunächst die poetische Freiheit erlaubend, die geschichtliche Wahrheit auch zu interpretieren; im Alter verzweifelte er aber an seiner künstlerischen Sendung und er verstummte als Dichter vor der historischen Wahrheit.

In der Poetik der latein. Romantik spielt der Begriff der *Wahrheit* (»vérité«, verità, verdad) überhaupt eine entscheidende Rolle – im Gegensatz zu Deutschland. Zwar erhoben Hugo, Musset, Vigny etc. die Forderung nach innerer Wahrheit, nach dem Ausdruck der echten Empfindung ohne Rücksicht auf klassizistische Theorien, auf der anderen Seite und oft gleichzeitig nahm man aber die Lokalfarbe als oberstes Gebot, die ganz getreu die Atmosphäre der Vergangenheit schaffen sollte. »La couleur locale est . . . la base de toute vérité« (Constant, Préface de »Wallenstein«, 1809). Vom Drama führte der Weg zum romantisch-realistischen Roman, einer Gattung, die besonders geeignet ist für die Analyse des äußeren und inneren Lebens (Scott, Hugo, Stendhal). Balzac als »historien des mœurs« bildete die Methode der synthetischen Wahrheit aus, um aus verschiedenen wirklichen Charakteren einen poetisch wahren zu komponieren (Préface de »Cabinet des antiques«, 1839).

In *Wordsworths* »Preface« der »Lyrical Ballads« (1800) meint man zunächst eine entsprechende Tendenz zur naturgetreuen Darstellung vorzufinden. Denn Wordsworth forderte »a selection of language really used by men« und die Schilderung von »humble and rustic life«. In Wirklichkeit war er noch stark der Dichtungstradition des 18. Jh.s verpflichtet, der es um die ewige Natur ging, die Läuterung der Gefühle, den Anteil der Reflexion am Schaffensprozeß. Coleridge stimmte ihm im Grunde zu: »The artist must imitate that which is within the thing . . . the Natur-geist, or spirit of nature« (»On Poesy or Art«, 1818; vgl. Wellek, »Litkritik«, S. 388–426).

Die produktive Gegenkraft zum bloßen Kopieren der Wirklichkeit ist die *Einbildungskraft*, die nach Kant »nämlich sehr mächtig in Schaffung gleichsam einer anderen Natur aus dem Stoffe, den ihr die wirkliche gibt« (»Kritik der Urteilskraft«, § 49). Dadurch wird die Poesie zum Gegenteil der Naturnachahmung erklärt. Dichtung bekommt dadurch eine außerordentliche Würde, weil sie alle übrigen Wissenschaften und Künste übertreffend die Welt verwandelt und an die Stelle der Mimesis die vorbildlose Arabeske der Phantasie rückt. – Der Begriff der Einbildungskraft spielt vor allem in den Überlegungen der angelsächsischen Romantik eine wichtige Rolle.

Für *Wordsworth* ist Imagination gleichbedeutend mit »absolute power / And clearest insight« (»The Prelude«, Kap. XIV) des Geistes; Einbildungskraft geht hier in intellektuelle Anschauung, in die geistige Schau allgemeiner Wesenheiten über (s. Plato, Kant und Wordsworth über »the intellectual eye«, ebd. XIII). In »The Prelude« (D. 1850) verdankt der Dichter diesem Vermögen eine visionäre Kraft, die von der Voraussetzung ausgehend, daß Geist und Welt identisch sind, bis in den unsichtbaren göttlichen Weltgrund vordringt. Wordsworth entwickelte keine klare Vorstellung von der Einbildungkraft – u. a. definierte er sie auch psychologisch als Assoziations- bzw. Kombinationsfähigkeit –, doch versuchte er zwischen ihr und der Phantasie zu differenzieren. Dabei stimmte er grundsätzlich mit Coleridge überein, (vgl. »Biographia Literaria« = BL, Kap. XII: »the imagination, or shaping or modifying power; the fancy, or the aggregative and associative power«). Seinerseits sah Poe kaum einen Unterschied in der ganzheitlichen schöpferischen Kraft beider Vermögen (»Marginalia«, 1839 f.).

Vergleicht man zwischen der dt. und engl. Anschauung, so ergibt sich eine interessante Umkehr in der Rangordnung. Die Phantasie wird in England mehr als eine Form des Gedächtnisses (BL, XIII Ende) eingeschätzt, während die Einbildungskraft in Deutschland öfter wie bei Jean Paul als potenzierte Erinnerung bewertet und davon die Phantasie abgehoben wird: »Die Phantasie macht alle Teile zu einem Ganzen . . . führt gleichsam das Absolute und das Unendliche der Vernunft näher und anschaulicher vor die sterblichen Menschen« (»Vorschule der Ästhetik«, § 7). Trotz der terminologischen Umkehrung ist das Erlebnis des Schöpferischen für die romantischen Dichter allgemein und grundlegend. Nur die historisch-dokumentarischen Dramen, Romane, die Sittenschilderungen des »Costumbrismo« und der »couleur locale« machen eine gewisse Ausnahme (zum Begriff der Einbildungskraft vgl. Wellek, »Litkritik«, S. 399 f.)

d) Gattungstheorie und -praxis

Die strikte Beachtung der *Gattungstrennung* war von Horaz bis Lessing oberstes Gebot klassizistischer Dichtkunst gewesen. Mit der Klassik verlagerte sich die Diskussion auf die inneren Formgrenzen (s. Briefwechsel Goethe – Schiller). Durch das bürgerliche Trauerspiel und im Zusammenhang mit der Shakespeare- und Calderónrezeption entdeckte man das Prinzip der Stilmischung wieder (›Athenäum‹, Nr. 116). An anderer Stelle (Nr. 324) forderte *F. Schlegel* die Gattungszugehörigkeit, verwarf indessen die mechanische Einteilung der Poesie und entwickelte seine eigene Theorie der Dichtarten auf der Grundlage der philosphischen Begriffe des Subjektiven und Objektiven (vgl. LN, Nr. 1750). Die »drei herrschenden Dichtarten« ordnete er dann einzelnen Geschichtsphasen zu (vgl. LN, Nr. 32). Vom Roman her trat er für die Überwindung der klassizistischen Gattungspoetik ein. Dagegen lehnte A. W. Schlegel jede Verwischung der Gattungsgrenzen ab (»Berliner Vorlesungen« u. »Allg. Übersicht«, S. 39).
  Radikal wandte man sich in Frankreich gegen die Gattungstrennung (s. Hugo, Préface, »Odes«, 1826); von hier aus gingen zahlreiche Impulse an die latein. Romantik. Überall traten an die Stelle überlieferter Dichtarten in der Praxis mehr und mehr neue Formen wie Lied und Ballade, dramatische Dichtung, Schicksalstragödie, Märchennovelle, historischer Roman und

historisches Drama. Als Ideal schwebte vielen Dichtern das *Gesamtkunstwerk* vor, das im Zeichen der Mischung des Heterogenen alle Gattungen, Disziplinen, Sinneswahrnehmungen und Stile verschmelzen sollte. Coleridge befürwortete die Vermischung der Gattungen, Foscolo lehnte alle Unterscheidungen ab, Hugo forderte die Einheit des Grotesken und Erhabenen. Nach Shakespeares Vorbild wurde die Tragikomödie als zeitgemäßer Typ entdeckt (vgl. KFSA XVIII, 23). Sieht man von dem vereinzelten Vorläufer, Wielands »Oberon« (1780) ab, dann glaubten die Romantiker vor allem im Roman das Ideal am besten verwirklichen zu können.

Der *Roman* hat den großen Vorteil, durch die traditionelle Poetik nicht berücksichtigt worden zu sein. Darum ist er für die moderne Dichtung gleichsam prädestiniert, denn jeder Roman kann eine Gattung für sich bilden (vgl. KFSA XVIII, 24). Romanhaft wurde von *F. Schlegel* mit romantisch identifiziert, seine Theorie der Universalpoesie auf den Roman hin entwickkelt, der als »Mischung aller Dichtarten« die alte Poetik überwinden und sogar zur Mythologie zurückkehren sollte (s. Romantiker = Romanschreiber bei Novalis). Für Schlegel war der Roman die wichtigste nachantike Gattung, der sich, abgesehen von Cervantes, Dante und Shakespeare annäherten. Er begeistete sich für den ironisch-arabeskhaften Roman Sternes und Jean Pauls (»Brief über den Roman«). »Wilhelm Meister« galt als Muster, da er die Aussicht auf eine neue Poesie eröffnete. Die Hochschätzung und Entwicklung des Romans ist um so erstaunlicher, als er bis zu Schillers Tagen allgemein zur Trivialliteratur gerechnet wurde. In der Romanpraxis macht sich der Einfluß der trivialen Abenteuer- und Liebesromane deshalb auch noch sehr bemerkbar (s. u. S. 191). Es lassen sich einige Romantypen genauer bezeichnen, so der sentimentale Briefroman (»Werther«-Nachfolge), der Künstlerroman (»Wilhelm-Meister«-Tradition), der gotische Schauerroman (besonders in England), der psycholgische Roman (bes. in Frankreich), aber vor allem der *historische Roman.*

Scott, vom engl. Schauerroman und Goethes »Götz« inspiriert, schuf die Vorbilder mit »Ivanhoe« (1819) und »Kenilworth« (1821); Dichter aller Nationalliteraturen folgten ihm, so daß jedes Land, oft sogar zahlreiche Landschaften einen eigenen historischen Roman entwickelten. Die Mode wurzelt in der Sehnsucht nach der ritterlichen Zeit, der Volksgemeinschaft und den Kreuzzügen, es mischen sich Wirklichkeitsflucht mit nationalem Pathos. In Italien erschien Manzonis Meisterwerk »I promessi sposi« 1827 zugleich mit vier weiteren historischen Romanen, fast gleichzeitig kam Vignys »Cinq-Mars« (1826) heraus, Hugo (»Notre-Dame de Paris«, 1831), Mérimée, A. Dumas, Balzac führten den Typ in Frankreich zur Blüte. Abgesehen von Arnims Fragment »Die Kronenwächter« (1817) und Hauffs spätromantischem »Lichtenstein« (1826) hat Deutschland hier keine Meisterleistungen aufzuweisen.

Ein gesamteuropäisches Phänomen ist auch die *Romanparodie*. F. Schlegel meinte: »Nur die höchsten, strengsten und vollendetsten Formen müssen parodiert werden« (LN 542). Insofern, als sich die deutsche Romantik die Darstellung des Höchsten und Unendlichen in der Transzendentalpoesie zur Aufgabe machte, boten sich zunächst dem kritischen Geist in Deutschland parodistische Angriffsflächen in Hülle und Fülle. Bereits die romantischen »Anti-Meister« sind Parodien, ›Gegengesänge‹ unter Beibehaltung der Form, aber mit anderem Gehalt. Auch Selbstparodie kommt vor, z. B. bei E.T.A. Hoffmann, u. a. stellt Kreisler eine geniale Parodie der romantischen Künstlerfigur dar, während Kater Murr den Bildungsphilister parodiert. Eichendorffs »Taugenichts« läßt sich als Parodie auf die Verrätselungstechnik romantischer Romane deuten. Klingemanns »Nachtwachen« gehen allerdings noch einen Schritt weiter über den »Anti-Meister« zum »Anti-Roman« hinaus, indem Kreuzgangs Lebensgeschichte gleichsam die Heinrichs von Ofterdingen invertiert, der Briefwechsel Ophelia-Hamlet die Einlagen des romantischen Romans parodiert und der Nachtwächter die Gefühlseligkeit sowie die romantische Kunstreligion attackiert.

Die europäische Romantik hat drei herausragende Parodien geschaffen: Thomas Love Peacocks »Nightmare Abbey« (1818), deren Protagonisten ganz gezielt führende englische Romantiker aufs Korn nehmen (Flosky als Coleridge; Cypress als Byron; Scythrop als Shelley); Puschkins »Eugen Onegin« (1823–31), eine Abrechnung mit dem europäischen Byronismus (s. G. Hoffmeister, 1983) und dem verstiegenen Idealismus deutscher Transzendentalphilosophen (Lensky); und schließlich Flauberts »Madame Bovari« (1857), eine vernichtende Kritik an allem romantischen Illusionismus (s. Lubich, 1989).

Deutschland bildete vor allem Dichtarten wie das Märchen, die Märchennovelle, das Fragment, die Schicksalstragödie und das Lied aus, die als typisch deutsch in die Literaturgeschichte eingegangen sind.

Das *Märchen* ist gleichsam darum der »Kanon« (Novalis) der romantischen Poesie in Deutschland, aber auch in Rußland (vgl. Puschkin, Lermontow) und Spanien, (vgl. Bécquer, »La corza blanca«, in »Leyendas«, 1857 f.), weil es wie kaum eine andere Gattung den Übergang vom Unendlichen zum Endlichen darstellen kann, den Geheimnis- und Traumcharakter der Welt (vgl. Novalis in »Allg. Brouillon«: Märchen ist »wie ein

Traumbild ohne Zusammenhang«). Der Roman soll ins Märchen übergehen, weil so die Verwandlung der Welt in den Traum zu zeigen sei. Auch das Fragment, die »Chamfortsche Form« (F. Schlegel), verhindert die Erstarrung im alten poetologischen System.

Auf die Verwandtschaft zwischen Novelle und Märchen, Legende und Fragment machte F. Schlegel aufmerksam (LN 951, 1452). Die *Märchennovelle* wurde geradezu zur typischen Ausprägung der deutschen Romantik, indem sich die ursprünglich erzromantische in eine zusehends »erzdeutsche Form« (Remak, Europ. Ro. I, 291) verwandelte. Außerdem ist in der Romantik der Übergang von der »Formdisziplin der klassischen Novellistik« (ebd., 297) mit gesellschaftlicher Rahmenfassung in italienischer Tradition zu einer aufgelockerten Form nach eher spanischem Modell (s. Cervantes bei Kleist, E.T.A. Hoffmann, Tieck) typisch. Kennzeichnend für die romantische Novelle ist die direkte Konfliktstellung des einzelnen gegenüber dämonischen Mächten, Staat und Gesellschaft. Die Grenzen zwischen Traum und Wirklichkeit verwischen sich, Stimmung und Phantasie sind vielfach ausschlaggebend. Die Autoren schildern die romantisierte Welt in akausalen Zusammenhängen, die formal in der Tendenz zu kleinen Gesamtkunstwerken bzw. Gesprächs- oder lyrischen Stimmungsnovellen ihren Ausdruck fanden.

Die Märchennovelle läßt sich in Glücks- (Eichendorff, »Taugenichts«) und Schauergeschichten mit Schicksalszügen einteilen (s. Kleist, »Die Verlobung in St. Domingo«; Brentano, »Die Geschichte vom braven Kasperl und schönen Annerl«; Arnim, »Der tolle Invalide«; E. T. A. Hoffmann, »Das Fräulein von Scuderi«). Hoffmann nannte seine Werke ›Phantasie- oder Nachtstücke‹, näherte sich aber in seinen Novellen psychologischen Fallstudien (»Der Sandmann«; »Scuderi«), die auch in Frankreich (s. Mérimée, »Columba«, 1840; Stendhal), Rußland und später in Spanien (»costumbrismo«, s. S. 64) gepflegt wurden.

Tieck war führend auf dem Gebiet der humoresken Novelle (z. B. »Des Lebens Überfluß«). Gleichzeitig gilt er auch als Hauptvertreter der Komödie, die Literatursatire und phantastisches *Märchendrama* miteinander verknüpft. Für diesen Typ konnte er sich auf Shakespeare, die Commedia dell'arte und Gozzi berufen (s. Skaramuz in »Die verkehrte Welt«, 1799). Das wichtigste Beispiel ist »Der gestiefelte Kater« (1797; s. auch »Ritter Blaubart«, 1796), worin Tieck auf mehrfache Weise mit der theatralischen Illusion spielt, um das traditionelle Lustspiel zu parodieren (z. B. Iffland und Kotzebue) und seine eigene Märchenwelt in einem autonomen Spiel freizusetzen. Tieck folgten u. a. Clemens Bretano mit »Ponce de Leon« (1804), einer »Komödie des isolierten Subjekts« (J. Brummack Europ. Ro. I, S. 282) und später noch Büchner mit »Leonce und Lena« (1838).

Ihrerseits ging die Zauberposse der österreichischen Volkskomödie auf Shakespeare, Gozzi und Perrault zurück und stellte den Eingriff übernatürlicher Mächte in die menschlichen Verhältnisse dar (s. Raimund, »Das Mädchen aus der Feenwelt oder der Bauer als Millionär«, 1826). Nestroy parodierte diese Tradition des Wiener Zauberstücks erfolgreich z. B. in »Der böse Geist Lumpazivagabundus oder Das liederliche Kleeblatt«, 1835.

Neben Roman und Märchen tritt in der europ. Romantik gleichbedeutend die *Lyrik*, sei es in der Form des Volksliedes (Lied, Ballade, Romanze), sei es im Sinne der volkstümlichen Kunstlyrik. Überall kam es seit der Vorromantik zu einer Revolution der Lyrik, die der didaktischen Poesie den Rücken kehrte und unter Anregung von Herder, Percy (»Reliques of Ancient English Poetry«, 1765), Scott (»Border Minstrelsy«, 1802–3) und Arnim und Brentano (»Des Knaben Wunderhorn«, 1806–08) die Muttersprache des Menschengeschlechts im Kindes- und Jugendalter wiederentdeckte (s. in Italien N. Tommaseo, »Canti popolari toscani, corsi, illirici, greci«, 1841), Die Französ. Revolution gab der Tendenz zur volkstümlichen Literatur entscheidenden Antrieb. An die Seite der gesammelten Volkspoesie rückten fast zur selben Zeit Mystifikationen von z. T. durchschlagender Wirkung (auf Macphersons »Ossian«, 1760, u. Th. Chattertons »Rowley Poems«, 1777, folgten u. a. Nodier, »Smarra«, 1821 u. Mérimée, »La Guzla«, 1827). Im Wetteifer mit der originalen Volkspoesie entstand überall Lyrik im Volkston. Rivas und Zorilla verfaßten Romanzen; Scott, Burns, Goethe, Mörike und Heine Balladen; Berchet und Prati ließen sich von ihnen anregen. Romantische Lyrik ist allerdings nicht nur volkstümlich-traditioneller Art, sondern als subjektivste Gattung oft Medium melancholisch-musikalischer Selbstaussprache auf höchst artistische Weise (vgl. Brentano, Musset, Espronceda).

Typisch deutsch ist auch das *Lied* als Kombination von Text und Melodie, wie es sich seit dem Sturm und Drang entwickelt hatte (Herder, Goethe) und dann seine Blüte im volkstümlichen

Kunstlied in der Hochromantik erzielte. Auf Texte von Goethe, Brentano, Eichendorff, Uhland und Heine komponierten Beethoven, Schubert (s. »Erlkönig«; »Mondnacht«), Schumann, Brahms, H. Wolf und Liszt ihre Lieder, die bald überall auf den Liederabenden des Bürgertums in Europa gesungen wurden. So erfolgreich war die neue Gattung im 19. Jh., daß *the lied* und *le lied* bald von den beiden Fremdsprachen adoptiert wurden. Es inspirierte Meyerbeers, Gounods und Massenets *mélodies*, außerdem Tschaikowski und Grieg, jedoch keine englischen Musiker, weil die viktorianische Ballade beliebter war, und kaum einen Italiener, da die Operntradition vorherrschte (s. S. P. Scher, »Cross-Currents« 1989, S. 127–41).

Die Brüder Schlegel stellten eine neue *Dramentheorie* auf, die kaum in Deutschland, wohl aber in der latein. und slawischen Romantik verwirklicht wurde. *F. Schlegel* bestimmte das Schauspiel einmal als angewandten Roman (»Brief ü. d. Roman«), Shakespeares Dramen gelegentlich als »Romanspiele«. Von den gattungsstrengen klassischen Tragödien und Komödien trennte A. W. Schlegel das »romantische Schauspiel« (1. Wiener Vorlsg.), dessen Stilgesetz die Mischung der tragischen und komischen Elemente sei (vgl. Shakespeare). In Calderón entdeckte er eine ganz neue Provinz der Weltliteratur, was besonders für die außerdeutschen Literaturen wichtige Konsequenzen nach sich zog, weil man den Streit um Calderón als Hebel im Kampf gegen die Überfremdung und für die Eigentradition benutzen konnte (vgl. den Verf., »Spanien u. Deutschland«, S. 128 f.). Wie sehr gerade das romantische ›Drama‹ in den Überlegungen der Zeit dominierte, zeigen die Manifeste der europ. Romantik. Die an Shakespeare studierten Kontrasteffekte und die Einheit des Interesses verdrängen bei Hugo, Durán, Manzoni etc. die Regel der drei Einheiten. In der Dichtungspraxis der latein. Romantik entschied oft das Drama die Karriere eines Autors und die weitere Entwicklung der Literatur. »Das Theater ist in diesem Jahrhundert das Ziel aller dichterischen Ambitionen« (Zorilla, »El. poeta«, 1843). Die dt. Versuche, Shakespeare und Claderón auch in der Dichtungspraxis nahezukommen, sind durchweg als gescheitert anzusehen (s. F. Schlegel, »Alarcos«, 1802; Kleist, »Robert Guiskard«, 1807).

Zwei Typen ragen im Dramenschaffen der Zeit heraus. Das *Schicksalsdrama* galt bislang als typisch deutsch. Man ließ es mit Z. Werners »Der 24. Februar« (1810) beginnen (Minor 1899), übersah aber die Vorstufen bei Schiller (»Die Braut von Messina«) und Kleist (»Familie Schroffenstein«, 1803). Ein Blick über die Grenzen Deutschlands belehrt uns außerdem, daß fast jedes Nachbarland seine eigene Schicksalstragödie ausgebildet hat (vgl. Słowacki, »Lilla Weneda«, 1840; Shelley, »The Cenci«, 1819; Duque de Rivas, »Don Álvaro«, 1835 etc.). Satiren auf diesen erfolgreichen Dramentyp blieben denn auch nicht aus (vgl. Platen, »Die verhängnisvolle Gabel«, 1826; R. de Mesonero Romanos, »Ella y El« in »El romanticismo y los románticos«, 1837). Nach *A. W. Schlegel* ist »die würdigste Gattung des romantischen Schauspiels . . . die historische« (KAWSA VI, 290), indessen lehnte er die naturalistische und bloß *historische* Variante ab, weil es ihm um die poetische Wahrheit ging. Nur wenige Stücke genügen diesem Anspruch (z. B. Kleist, »Der Prinz von Homburg«, Ms. 1810; Puschkin, »Boris Godunov«, 1831), während die meisten als dramatisierte historische Romane im Sinne eines mißverstandenen Shakespeare auf der Bühne scheiterten; momentane sensationelle Theatererfolge bestätigen die Regel (s. Hugo, »Cromwell«, 1827; Dumas père, »Henri III et sa cour«, 1829; Z. Werner, »Luther«, 1806).

e) Stil und Ironie, Groteske und Humor

Spätestens seit der Renaissance stand die Literatur unter dem Gesetz der Rhetorik, der Schaffensprozeß wurde rationalisiert nach der Aufteilung in inventio, dispositio, elocutio (vgl. Opitz, »Deutsche Poeterey«, Kap. V), wobei der Ständeklausel die soziale Schichtung dreier Stilarten entsprach. Die Gelehrtendichtung vor der Romantik bevorzugte den »genus sublime« oder »grande« für die anspruchsvollen Gattungen der höheren Literatur. Doch unter dem Einfluß von Shakespeare und dem Volkslied bildete sich schon in der ›Vorromantik‹ ein neuer Stil aus, der die Forderung nach dem Bruch mit der rhetorischen Distanzhaltung und ihrem Ersatz durch echte Ausdruckskunst zu verwirklichen strebte.

In der Romantik kam es zu einer endgültigen Reaktion auf den abstrakten, ›aristokratischen‹ *Stil* der Bildungskunst, zu einem Umschwung, der viel den Ideen der Französ. Revolution verdankt (Vgl. Stendhal: »J'ai tâché que le mien [= style] convînt aux enfants de la Révolution«, »Racine et Shakespeare«, 1823). In den Werken der europ. Romantik durchbricht nun die Sprache der Leidenschaft die Syntax klassischer Würde (Musset, Espronceda), in Polen entwickelten Mickiewicz und Krasinski einen apokalyptischen Stil des politisch-christlichen Messianismus, der frühe Byron und Hugo beeindruckten die literarische Welt durch ihre grotesken Übertreibungen. In Deutschland folgte auf die Phase des Sturm und Drang und der Klassik eine Stilperiode, in der sich höchste, oft ironische Bewußtheit mit phantastischer Einbildungskraft und Begeisterung mischen. Autoren wie Jean Paul und Novalis lassen sich allerdings nicht auf den gleichen Nenner bringen, ebensowenig wie Byron und Wordsworth. In England dürfte die Reaktion im Stilistischen im allgemeinen am besonnensten ausgefallen sein. Wordsworth (»Preface«), Shelley (Preface, »The Cenci«) und Hazlitt (»Familiar Style«, 1821) wollten den Gegensatz zwischen Dichter- und Alltagssprache aufheben (vgl. ähnliche Bemühungen von Manzoni u. Karamzin, † 1826, in Moskau). Unter dem Ruf nach Freiheit, Einfachheit und Leidenschaft brach in der Romantik mit dem Gesetz der Gattungstrennung auch das der drei Stilebenen zusammen. Ob es überhaupt einen spezifisch »romantischen Stil« gab? Unseres Erachtens nicht. Autoren, Werke und Literaturnationen sind jeweils zu individuell bedingt, als daß man über einen allen gemeinsamen Stil sprechen könnte. Von Fall zu Fall verschiebt sich der Akzent von einem realistischen zu einem sentimentalen, bzw. von einem phantastischen zu einem ironisch reflektierten Stil in arabesker Tradition. Jean Paul und Klingemann, Brentano und E.T.A. Hoffmann gelang in der deutschen Romantik die Synthese der verschiedensten Stilebenen, genauso etwa wie Lord Byron in England und Puschkin in Rußland.

Symptomatisch für die Revolution im Stil ist der Wandel in der *Literaturkritik*, die ja ebenfalls unter dem Regelzwang ewiggültiger Normen stand. Seit Vico, Young und Lessing war man deshalb darum bemüht, sich von der messenden Untersuchung der Beziehung zwischen Werk und Norm zu befreien und an deren Stelle das Verhältnis von Werk und Wirkung zu analysieren. *Herder* verdankten die Romantiker die Methode des »historischen Relativismus«, der jedes Werk, von Ort und Zeit seiner Entstehung beeinflußt, als einmalig ansieht. Durch die Schriften der Brüder Schlegel fand dies Prinzip auch im Ausland schnell Anklang. Ihrerseits hatte *Mme de Staël*, von Montesquieus »De l'Esprit des lois« (1784) angeregt, auf die Relativität der Geschmacksurteile hingewiesen und ihre Kritik von dem Verständnis der Gesellschaft, der Politik, der Religion und des Klimas abhängig gemacht. *Coleridge* übernahm die neue Methode für seinen »Shakespearean Criticism« (ab 1811), Hazlitt, Lamb und De Quincey folgten ihm. Auch die Mailänder Gruppe war beeindruckt: »Eine andersartige Kritik weiß, daß man keine künstlichen Gesetze vorschreiben darf [. . .] sie hat ihren Sitz heutigentags in vielen Städten Oberdeutschlands und in Edinburgh« (di Breme, »Osservazioni sul Giaurro«, in ›Spettatore‹ 1816, S. 116). Literaturkritik hatte von nun an schöpferisch zu sein, die Wirkung des Kunstwerkes auf den Lesenden nachzuzeichnen und in einem Kunstwerk eigener Prägung (vgl. ›Lyceum‹, Nr. 117) weiterzuvermitteln. Sainte-Beuve und De Sanctis wurden die großen Vollender dieser Richtung.

Der Begriff der *romantischen Ironie* läßt sich insofern hier erörtern, als er sich im Stil manifestiert. Andererseits hat eine derartige Diskussion ihre Tücken: es handelt sich um einen Begriff, der gleichsam immer im Werden war. Hinzu kommt, daß er – wie die meisten ästhetischen Begriffe – in Deutschland am gründlichsten durchdacht wurde. Trotzdem betrifft er auch die europ. Romantik, wie die von Schlegel gewählten Beispiele vielfach aus diesem Bereich der Weltliteratur stammen. Nicht *F. Schlegel* ist der Erfinder der Ironie, sondern Sokrates (vgl. ›Lyceum‹, Nr. 108). Schlegel aktualisiert im Grunde die sokratische Ironie, indem er den Begriff in den Kontext der »größten Tendenz des Zeitalters« rückt (s. ›Athenäum‹ Nr. 216). Die Philosophiegeschichte gibt Anregungen, die Politik liefert den letzten Anreiz zur Anwendung auf die Poesie, Goethes »Wilhelm Meister« ein wichtiges Modell. Es lassen sich hauptsächlich drei Bedeutungsschichten voneinander abheben: romantische Ironie als philosophisches Vermögen, als Lebenshaltung und als literarisches Prinzip.

»Die Philosophie ist die eigentliche Heimat der Ironie« (›Lyceum‹, Nr. 42). Das Fichtesche Prinzip höchster Selbständigkeit und freien Selbstdenkens kehrt in Schlegels transzendentalem Ironiebegriff wieder, wenn Fichte auch das Ich durch die Teilhabe an der Realität wiederum eingeschränkt hatte. Etwas von dem Antagonismus zwischen höchster Freiheit und gleichzeitiger Einschränkung bleibt erhalten: »Sie enthält und erregt ein Gefühl von dem unauflöslichen Widerstreit des Unbedingten und des Bedingten, der Unmöglichkeit und Notwendigkeit einer vollständigen Mitteilung« (ebd., 108). So könnte man die romantische Ironie zunächst als *philosophisches Vermögen* der Unterscheidung und Vermittlung unüberbrückbarer Gegensätze verstehen, denn sie hält das Bewußtsein von dem Paradox wach, daß das Unendliche sich im Endlichen manifestiert. Das Bewußtsein von diesem Konflikt treibt das Ich, sich über sich selbst zu erheben, das Endliche zu vernichten und das Unendliche zu ermöglichen. Damit enthüllt sich die Ironie als metaphysisches und dialektisches Prinzip, das sich mit der Welt als Ironie Gottes auseinandersetzt (objektive Ironie).

Das Bewußtsein von der paradoxen menschlichen Situation kann sich in der ironischen *Lebenshaltung*, dem Spiel mit dem Unendlichen und dem Irdischen, dem Spiel mit Vermittlungen ausdrücken. So kennzeichnet Schlegel die Ironie als »Stimmung, welche alles übersieht, und sich über alles Bedingte unendlich erhebt« (›Lyceum‹, Nr. 42), sogar über »unsere eigne Liebe« (KFSA II, 131). Es kommt darauf an, sich zwischen »Selbstschöpfung und Selbstvernichtung« (›Athenäum‹, Nr. 51) frei bewegen zu können, weil der Sinn für das Unendliche gewahrt bleiben soll. In der Schlegel-Nachfolge möchte der Romantiker sein Selbst nicht festlegen, weil er ein höheres Selbst gewinnen möchte (vgl. Fichtes absolutes Ich). Die Gefahren einer solchen Lebenshaltung, wonach der Mensch um eines höheren Zieles willen überlegen mit Mensch und Welt spielt, liegen auf der Hand. Ohne eine konkrete Bindung an die Philosophie oder die Religion entartet die subjektiv-ironische Haltung zum willkürlichen Spiel einer kranken Seele. Ironie kann im zynischen Lachen des Nihilisten enden, der sich selbst verloren hat (s. u. S. 170 f.); sie wirkt dann auflösend mit Ausnahme des Selbstischen (Kierkegaard, »Über den Begriff der Ironie«, 1841). Andererseits kann sich das Ich über die Welt ins Heil Gottes flüchten und damit der Ironie entsagen (s. die späten Schlegel und Eichendorff).

Die Franzos. Revolution bedeutete Insurrektion in der Politik; Fichte machte das freie Selbstdenken zum Hebel der philosophischen Revolution, die F. Schlegel nun auf die Poesie übertrug. Als *literarisches Prinzip* berührt die Ironie einen ganzen Komplex von Phänomenen (Witz, Allegorie, Arabeske, Groteske, Illusion etc), doch sollen hier nur zwei Aspekte skizziert werden: die Auswirkung der Ironie auf den Schaffensprozeß sowie auf Struktur und Stil.

»Um über einen Gegenstand gut schreiben zu können, muß man sich nicht mehr für ihn interessieren . . . solange der Künstler erfindet und begeistert ist, befindert er sich für die Mitteilung wenigstens in einem illiberalen Zustande« (›Lyceum‹, Nr. 37). Der ironische Künstler schafft nach Schlegel also in einem liberalen Zustand der Entscheidungsfreiheit, der Besonnenheit und der geistigen Distanz, in den er sich kraft seines Bewußtseins und im Gegensatz zu seiner anfänglichen begeisterten Stoffbefangenheit versetzt hat. Ironische Selbstreflexion und Enthusiasmus sollen sich die Waage halten, wodurch der Forderung nach dem »steten Wechsel von Selbstschöpfung und Selbstvernichtung« bzw. Selbstbestimmung und Selbstbeschränkung bei der Arbeit entsprochen wird. Beim Schaffensprozeß vermittelt die Ironie also zwischen Begeisterung und Reflexion, insbesondere zwischen dem »Dargestellten und dem Darstellenden« (›Athenäum‹, Nr. 116).

Die Ironie des Dichters äußert sich in seinem Über-dem-Werk-Schweben, in der bewußten Rückwendung auf seine eigene Schöpfung und zwar »durchgängig im Ganzen« (›Lyceum‹, Nr. 42). Den

»steten Wechsel« (s. o.) auf das Kunstwerk beziehend, zerstört der freie Dichtergeist die organische Form, indem er die Illusion durchbricht, um den »progressiven Universalcharakter«, den Charakter des Werdens zu bewahren. »Auf den Flügeln der poetischen Reflexion« (›Athenäum‹, 116), durch wechselseitige Spiegelungen (Goethe), betont die Ironie dadurch den Prozeßcharakter des Kunstwerkes und ermöglicht sogar die Hineinnahme der Selbstkritik in das Werk. Während die Klassik Schein und Wirklichkeit bewußt auseinanderhielt, verwischen sich ihre Grenzen im romantischen Kunstwerk. Schlegelsche »Willkür« als höchste Bewußtheit zielt auf einen neuen Formtyp ab, doch wurde seine Ironie von den zeitgenössischen Dichtern und auch von der Literaturkritik meist als »Illusionsdurchbrechung« mißverstanden. Schlegel glaubte in »Wilhelm Meister« sein Ironieideal annähernd realisiert zu sehen, denn er sei »eins von den Büchern, welche sich selbst beurteilen [. . .] es stellt sich auch selbst dar« (KFSA II, 133 f.). Des weiteren dachte er an »Don Quijote« und an Shakespeare, während Tiecks »Gestiefelter Kater« oder Brentanos »Godwi« als Musterbeispiele der Forschung gelten (vgl. Schlegel über Tiecks »poetische Arabesken« in ›Athenäum‹, Nr. 418; dazu s. R. Immerwahr, GQ 42, 1969, 673). Bei Schlegel gehen arabeske und »phantastische Form« (»Brief üb. den Roman«) groteske und ironische Brechung der Illusion leicht ineinander über. So manifestiert sich romantische Ironie auch bei ihm u. a. in dem arabesken Spiel mit der Illusion, ihre Bedeutung erschöpft sich allerdings nicht darin. Durch Ironie wird ja die Transzendentalphilosophie zur Transzendentalpoesie, d. h. zu einer Poesie, die über das Irdische hinaus das Tor zum Unendlichen öffnet, die die »Tendenz nach einem tiefen unendlichen Sinn« ausdrückt (KFSA II, 323). Weit über die subjektive Erzählhaltung eines Tieck hinaus konstituiert sich die Ironie somit als transzendentales Prinzip (vgl. LN, Nr. 727). – Adam Müller bezeugt, daß »ein Heer von poetisierenden Modephilosophen« über das Wort hergefallen sei, nur den halben Sinn aufgenommen und ihn durch ekelhaften Mißbrauch zertreten habe (»Vermischte Schriften« 1812, II 178). Wir können hier weder auf die Ergänzungen K. Solgers (in »Erwin«, 1815; »Vorlesungen üb. die Ästhetik«, D. 1829), noch auf die Kritik der Antipoden der Romantik eingehen, Hegels Verdammung (s. o. S. 9), Kierkegaards Ansicht der Ironie als Prinzip der Selbstzerstörung (a. a. O.) oder Jean Pauls Furcht vor dem »poetischen Nihilismus« (»Vorschule« § 2). Die Brüder Schlegel wandten sich später von der Ironie als Programmpunkt ab (s. A. W. Schlegels Brief an Fouqué v. 12. III. 1806).

Was das Echo dieser Auffassungen im Ausland betrifft, so scheint sich die Theorie allein im deutschsprachigen Raum entwickelt zu haben, in der Dichtungspraxis kommt ein starker historischer Einfluß aus Spanien (Cervantes) und England

(Sterne; »Spiel-im-Spiel« Tradition seit Shakespeare). Ähnliche literarische und kulturpolitische Bedingungen führen in diesen und anderen außerdeutschen Ländern zu einer Stilart, die man als Epochalstil im Ansatz betrachten könnte. Für den Transzendentalcharakter der Ironie fehlt doch freilich der Spürsinn, dagegen schlägt sich »die Stimmung, welche alles übersieht« vielfach als subjektiv-arabeske Ironie nieder. Der Ausgang des Erzählers aus der selbstverschuldeten Knechtschaft in den liberalen Zustand wird zumindest zeitweise zum Stilprinzip von Musset, Stendhal und Hugo, Heine, Puschkin, Mickiewicz, Espronceda und Larra, Shelley und Byron; Byron erneuert die literarische Brücke zwischen Sterne und den dt. Romantikern (vgl. »Don Juan«).

Über die verschiedenen Manifestationen der Ironie in der west- und osteuropäischen Romantik vergleiche man die einschlägigen Beiträge in »Romantic Irony« hrsg. von F. Garber (N. Y. 1990); dort auch die Ausführung zur Ironie als Prinzip der Musik von Beethoven über R. Strauß zu Schönberg, sowie zur nachromantischen Ironie vor allem in der modernen Literatur des Absurden (Pirandello)

Macht man – etwa mit *Jean Paul* – den Teufel zum größten Humoristen der verkehrten Welt (»Vorschule« § 33), dann entsteht eine Art »nihilistischer« oder »schwarzer Humor« auf der Grundlage eines grotesken Stils, der zwischen Ironie, Arabeske und Humor oszilliert, und dennoch einen Eigenbereich darstellt; denn die *Groteske* als Produkt des satanischen Humors vernichtet die Ordnung der Welt, indem er sie verfremdet. Bestes Beispiel dafür ist die »Rede des toten Christus vom Weltgebäude herab, daß kein Gott sei« (»Siebenkäs«), die so entscheidend auf die satanische Schule der europ. Romantik wirkte, weil Mme de Staël sie ohne den gläubigen Schluß widergab.

Nach F. Schlegels Auffassung sind Jean Pauls Romane Ausgeburten eines »kränklichen Witzes«, »die einzigen romantischen Erzeugnisse unsers unromantischen Zeitalters« (Brief über den Roman«), dessen Französische Revolution die »fruchtbarste Groteske« darstellt (»Athenäum«, Nr. 424). Somit ergibt sich für die Groteske eine ganze Bedeutungsskala von der kontrastierenden Mischung heterogener Bilder im arabesken Stil über die groteske Geistesverfassung eines Autors bis zur Groteske als Manifestation einer gesichtslosen chaotischen Welt (s. daher die Vorliebe der Romantiker für Masken, Narren, Teufel, Marionetten und Automaten; als weitere Beispiele bringt W.

Kayser (1960) die »Nachtwachen von Bonaventura« sowie Arnims (»Die Majoratsherren«) und Hoffmanns Nachtgeschichten; außerdem E. A. Poes »Tales of the Grotesque and Arabesque«, 1840).

Die Auswirkungen dieser neuen Ästhetik des Häßlichen und Grotesken lassen sich aber auch bei Victor Hugo und De Quincey sowie Coleridge nachweisen.

In seinem Vorwort zu »Cromwell« (1827) forderte Hugo einen grotesken Stil für die Darstellung der Doppelnatur der Menschen, die aus Leib und Seele besteht. Die Verbindung, aber auch die unauflösbare Spannung zwischen dem Sublimen und Grotesken, zwischen Horror und Burleske, Tragödie und Komödie habe Shakespeare vorbildlich für die neue Zeit gestaltet. Bei Hugo geht es also genauso wie bei Jean Paul um den Aufweis und gleichzeitig um die Überwindung der dämonischen Zersetzung der Welt. Auf Jean Paul beriefen sich ihrerseits De Quincey (»Analects from Richter«, 1824; »System of the Heavens«, 1846) und Coleridge (s. »Limbo«, 1811; s. »Christabel« D. 1816; s. F. Burwick, auch über das Psychodrama von Schuld und Sühne bei weiteren deutschen und europ. Romantikern, in »Cross-Currents«, 1989, S. 46–49).

Unter Abwandlung eines F. Schlegel Wortes forderte *Jean Paul*: »alles muß romantisch, d. h. humoristisch werden« (»Vorschule«, § 32), womit er die Blüte des *Humors* in der Romantik theoretisch begründete. »Humoristische Totalität« fand er vorgebildet bei Shakespeare (z. B. in Hamlets »Weltverlachung«), bei Cervantes, dessen »Zwillingsgestirn der Torheit« mythologische Züge annimmt, und bei Sterne (z. B. Onkel Tobys Feldzüge in »Tristam Shandy«). Indem Jean Paul den Humor als »das umgekehrt Erhabene« erklärt, als Vernichtung des Endlichen »durch den Kontrast mit der Idee«, als Ausmessen der kleinen Welt an der Unendlichkeit (s. § 33), tendiert er zu einem Humor-Verständnis, das auf der komischen Diskrepanz von Realität und subjektiver Wahrnehmung beruht und diese miteinander kontrastierend zu verknüpfen oder aufzulösen bestrebt ist. Humor entsteht aus der Freiheit des Geistes und einem freien Selbstbewußtsein, das sich über die Torheit von Mensch und Welt lachend hinwegsetzt, »worin noch ein Schmerz und eine Größe ist« (§ 33).

Zu unterscheiden ist nach Jean Paul ein humoristischer Dichter von einem humoristischen Charakter (§ 34); wichtig sind der Abstand des »komischen Weltgeistes« (41) zu Ironie (§ 37–38) und Witz (§ 42–55) sowie die Sonderung zwischen »epischen, dramatischen und lyrischen Humor« (§ 36). Humor manifestiert sich im literarischen Stoff, in Darstellungstechnik und Werkstruktur. Das beste Beispiel liefert für Jean Paul die Stoff- und Formwahl von L. Sterne. Er denkt aber auch an sein eigenes Werk, hatte er doch bereits als Knabe die umwälzende Entdeckung seines Ich gemacht. Dementsprechend heißt es in der »Vorschule der Ästhetik«: »Daher spielt bei jedem Humoristen das Ich die erste Rolle« (§ 34), »das schreibende Ich«, das in Deutschland vor der Romantik selten vorkam, nun aber seit Jean Paul zum Prinzip wurde: »Da er ein eigener Hofnarr und sein eigenes komisches italienisches Maskenquartett ist, aber auch er selber der Regent und Regisseur dazu, so muß der Leser einige Liebe (. . .) mitbringen« (§ 34). Sein »Siebenkäs« wird zum trefflichen Beispiel, denn darin macht sich das schreibende Ich zum Hauptgegenstand des Erzählflusses in Abschweifungen; gleichzeitig stellt es die humoristischen Charaktere Leibgeber und Siebenkäs (§ 32) in Situationen, in denen die bürgerliche Weltordnung durch den subjektiven Kontrast mit der Idee vernichtet wird (s. Scheintod). Das humoristische Motiv des fingierten Todes aus äußerster Freiheit des Geistes wirkt so explosiv, daß die gesamte Werkstruktur davon geprägt wird.

Ähnliches läßt sich auch von *Tiecks* Märchendrama (s. S. 126) sagen, verweist doch Jean Paul selber auf dessen »Prinz Zerbino« (1799; § 33). Wie sich Jean Paul gegen den Philister im Ehealltag wendet, so Tieck gegen den Philister im Theater in »Der gestiefelte Kater«, 1797, worin die Komik zwischen Satire, Humor, Ironie und Parodie hin- und herspringt. Neben das Märchendrama tritt bei Tieck gleichbedeutend die novellistische Humoreske (s. Novelle S. 126, z. B. »Die Gesellschaft auf dem Lande« und »Des Lebens Überfluß«).

Jean Paul scheint aber auch bei E. T. A. Hoffmann Pate gestanden zu haben, denkt man an in sich zerrissene Gestalten wie den Kapellmeister Kreisler, dessen wahnsinnige Eskapaden eines gehetzten Genies die Scheinwelt höfischer Konventionen zerbrechen, oder an Anselmus in »Der goldne Topf« (1814). Einerseits dürfte das Über-den-Dingen-Schweben des Humoristen für die Märchenwelt besonders fruchtbar sein, denn hier ergibt sich weiter Spielraum für »die Erniedrigung des Großen und die Erhöhung des Kleinen« (s. Jean Paul, § 32). So mischen sich auch Heiterkeit und Melancholie in Eichendorffs Märchennovelle »Aus dem Leben eines Taugenichts« (1826). Andererseits bedient sich die humoristische Welthaltung eines witzig-arabesken Stils, den F. Schlegel so sehr an Sterne und Jean Paul lobte (»Brief über den Roman«) und auch an Tieck bewunderte (s. »Athenäum«, Nr. 418), wobei allerdings die Grenzen zur ironischen Illusionsbrechung verfließen. (s. Brentanos »Godwi«, »ein verwilderter Roman«).

Sieht man sich im europäischen Literaturbereich der Romantik um, so fällt der Mangel an großen Humoristen um 1800 ins Auge. Ausnahmen sind Byron und Puschkin, die in Sternescher Manier in ihren Meisterwerken »Don Juan« (1819–24) und »Eugen Onegin« (1825–33) einen humoristischen Darstellungsstil entwickelten, und zwar mit Hilfe von Perspektivewechseln, Abschweifungen, ironischen Reflexionen und Stilmischungen.

Literatur

Allgemein
Abrams, M. H.: The Mirror and the Lamp. Romantic Theory and the Critical Tradition. N. Y. 1953. – *Dischner, G.* u. *R. Faber*, Hrsgg.: Romant. Utopie, utopische Ro. 1979. – *Croce, B.:* Estetica. Bari ³1946. – *Hale, M. R.:* Horn of Oberon. Jean Paul Richter's School for Aesthetics. Detroit 1973. – *Hoffmeister, J.:* Die Heimkehr des Geistes. Studien zur Dichtung u. Philos. der Goethezeit. 1946. – *Krömer, W.:* Zur Weltanschauung, Ästhetik u. Poetik des Neoklassizismus u. der Ro. in Spanien. 1968. – *Mainusch, H.:* Romantische Ästhetik, Untersuchungen zur engl. Kunstlehre des späten 18. u. frühen 19. Jh. 1969. – *Markwardt, B.:* Gesch. der dt. Poetik, III· Klassik u. Ro. 1958. – *Menéndez Pelayo, M.:* Historia de las ideas estéticas en España. 1883. – *Nivelle, A.:* Frühromant. Dichtungstheorie. 1970. – *Petrocchi, G.:* Le poetiche del romanticismo. Rom 1973. – *Saintsbury, G.:* A History of Criticism and Literary Taste in Europe, from the Earliest Texts to the Present Day. Edinburgh–London 1900. – *Thalmann, M.:* Romantiker als Poetologen. 1970. – *Wolff, T.:* Pushkin on Lit. London-N. Y. 1971.

Idealismus
Behler, E.: F. Schlegel u. Hegel, in: Hegel-Studien 2 (1963), 203 ff. – *Ders.,* Hrsg.: Philosophy of German Idealism. N. Y. 1987. – *Ders:* Studien zur Romantik und zur idealistischen Philosophie 1988. – *Berlin, J. A.:* The Ideal Poet. The Aesthetic Thought of Tennyson, Browning and Arnold and Its Relation to German Idealism. Diss. Ann Arbor, Michigan 1975. – *Dilthey, W.:* Das Leben Schleiermachers. I: 1870, II: 1966, in: Ges. Schriften 14. – *Frank, M.:* Die Philosophie des sog. ›magischen Idealismus‹, in: Euphorion 63 (1969), 88–116. – *Hartmann, N.:* Die Philosophie des dt. Idealismus. I: Fichte und Schelling u. die Ro. 1923 Repr. 1960. – *Hoffmeister, J.:*Hölderlin u. die dt. Philosophie 1942; ²1944. – *Howard, B. S.:* European Romantic Variations on

Themes from Schiller's »Über naive u. sentimental. Dichtung«. Diss. Georgia 1972. – *Jacobs, W. G.:* Johann Gottlieb Fichte. 1984 (mit Bibliographie). – *Kantzenbach, F. W.:* Schleiermacher. rm 126. 1967. – *Krüger, E.:* Heine u. Hegel. Dichtung, Philosophie u. Politik bei H. Heine. 1977. – *Kuster, B.:* Transzendentale Einbildungskraft u. ästhetische Phantasie: zum Verhältnis von philosophischem Idealismus u. Ro. 1979. – *Leistner, M.-V.:* Ro.-Kritik im Zeitraum zwischen Goethe u. Marx. Diss. Leipzig 1972. – *Lindeman, K.:* Geistlicher Stand u. religiöses Mittlertum. Ein Beitr. zur Religionsauffassung der Frühro. in Dichtung u. Philos. 1971. – *Mueller-Vollmer, K.:* Politique et esthétique: l'idealisme concret de B. Constant, G. de Humboldt et Mme de Staël, in: D. Constant, Mme de Staël et le groupe de Coppet. Oxford 1987, S. 453–473. – *Nowak, K.:* Schleiermacher und die Frühromantik: eine lit. geschichtl. Studie zum romant. Religionsverständnis u. Menschenbild am Ende des 18. Jh's in Dtld. 1986. – *Orsini, G. N. G.:* Coleridge and German Idealism. Carbondale, III.-London 1969. – *Paul, F.:* H. Steffens. Naturphilosophie u. Universalro. 1973. – *Pöggeler, O.:* Hegels Kritik der Ro. Diss. Bonn 1956. – *Ders.:* Idealismus u. neue Mythologie, in: »Europ. Ro« I, 1982, 179-204. – *Röttgers, K.:* Fichtes Wirkung auf die Frühromantiker, am Beispiel F. Schlegels, in: DVj 51 (1977), H. 1. – Schelling-Sonderheft. EP (1974), Nr. 2. 1858. – *Sommer, W.:* Schleiermacher u. Novalis. Die Christologie des jungen Sch. u. ihre Beziehungen zum Christusbild des Nov. Bern–Frankft. 1973. – *Szondi, P.:* Poetik und Geschichtsphilosophie. 1974; französ. Paris 1975. – *Tice, T.:* Schleiermacher-Bibliography. Princeton 1966. – *Timm, H.:* Die heilige Rev.: das religiöse Totalitätskonzept der Frühro. 1978. – *Welleck, R.:* Kant in Engld. Princeton 1931. – *Winkelmann, E:* Coleridge u. die kantische Philos. Palaestra 184. 1933. – *Zeltner, H.:* Philos. u. Dichtung, in: RL III, 1966, 93–99.

Dichter und Dichtkunst

Behler, E.: The Origins of the Romantic Literary Theory, in: CollG 2 (1968), 109–126. – *Ders.:* F. Schlegels Theorie der Univeralspoesie, in: JDSG 1 (1957), 211–52. – *Belgardt, R.:* Romant. Poesie. Begriff u. Bedeutung bei F. Schlegel. Den Haag 1969. – *Bollacher, M.:* Wackenroder u. die Kunstauffassung der frühen Ro. 1983. – *Carvounis, B. Z.:* Art and the Artist. A Study of Chateaubriand's Theory of Literary Aesthetics. Diss. Rutgers 1972. – *Caserta, E. G.:* Manzoni's Aesthetic Theory, in: CLS 10 (1973), 229 f. – *Dick, M.:* Die Entwicklung des Gedankens der Poesie in den Fragmenten des Novalis. 1967. – *Eichner, H.:* F. Schlegel's Theory of Romantic Poetry, in: PMLA 71 (1956), 1018–41. – *Fabik, A.:* Kunst u. Künstler im Werk A. de Mussets. 1976. – *Franke, Chr.:* Ph. O. Runge u. die Kunstansichten Wackenroders u. Tiecks. 1974. – *Haering, Th.:* Novalis als Philosoph. 1954. – *Hegener, H.:* Die Poetisierung der Wissenschaften bei Novalis, dargestellt am Prozeß der Entwicklung von Welt u. Menschheit. 1975. – *Heine, R.:* Transzendentalpoesie. Studien zu F. Schlegel, Novalis u. E. T. A. Hoffmann. 1974. – *Hugo, E.:* Poesie u. Reflexion in der Ästhetik des frühen F. Schlegel. 1971 – *Humphrey, G. R.:* L'Ésthétique de la poésie de G. de Nerval. Paris 1969. – *Immerwahr, R.:* Reality as an Object of Romantic Experience in Early German Ro., in CollG 2 (1969), 133–61. – *Janz, R.-P.:* Autonomie u. soziale Funktion der Kunst. Studien zur Ästhetik von Schiller u. Novalis. 1973. – *Klabes, G. F.:* Das Dichtertum bei Hölderlin u. Shelley. Prophetische Dichtung u. dichterische Eigengesetzlichkeit. Diss. Chapel Hill 1973. – *Kurz, G.:* Ästhetik, Littheorie u. Naturphilos., in: Glaser V, 1980, 92–109. – *Lacoue-Labarthe, Ph.:* The Literary Absolute: the Theory of Lit in German Romanticism; transl. by Ph. Bernard and Ch. Lester. Albany, N. Y. 1988. – *Mandelkow, K. R.:* Kunst u. Littheorie der Klassik u. Ro., in: »Europ. Ro.«, 1982, 49–82. – *Mennemeier, F. N.:* F. Schlegels Poesiebegriff dargestellt anhand der literaturkrit. Schriften. Die romant. Konzeption einer objektiven Poesie. 1971. – *Menninghaus, W.:* Unendliche Verdopplung: die frühromantische Grundlegung der Kunsttheorie im Begriff absoluter Selbstreflexion. 1987. – *Neubauer, J.:* Bifocal Vision; Novalis' Philosophy of Nature and Disease. 1971 – *Newsome, D.:* Two Classes of Men. Platonism and Engl. Romantic Thought. London 1974. – *Polheim, K.-K.:* Die Arabeske. Ansichten u. Ideen aus F. Schlegels Poetik. 1966. – *Rehm, W.:* Orpheus. Der Dichter u. die Toten. Selbstdeutung u. Totenkult. 1949. – *Schanze, H.,* Hrsg. Friedrich Schlegel und die Kunsttheorie seiner Zeit. 1985. – *Schulze, E. J.:* Shelley's Theory of Poetry. A Reappraisal. Den Haag 1966. – *Wellenberger, Georg:* Der Unernst des Unendlichen: die Poetologie der Romantik und ihre Umsetzung durch E. T. A. Hoffmann. c 1986. – *Willson, A. L.:* Dichter-Priester. Bestandteil der Ro., CollG 2 (1968), 127–136. – *Ziegler, K.:* Mythos u. Dichtung, in: RL II 1959, 572–581.

Nachahmung und Schöpfung
Barth, R. J., S. J.: Coleridge and the Symbolic Imagination. Princeton 1977. – *Beatty, A.:* W. Wordsworth. His Doctrine and Art in Their Historical Relations. Madison [3]1969. – *Bowra, M.:* The Romantic Imagination. London 1961. – *Hayter, A.:* Opium and the Romantic Imagination. London 1968. – *Hefferman, J. A. W.:* Wordsworth's Theory of Poetry. The Transforming Imagination. Ithaca 1969. – *Hill, J. S.:* The Romantic Imagination. London 1977. – *Lenz, G. H.:* Die Dichtungstheorie S. T. Coleridges. 1971. – *Matt, P. von:* Die Augen der Automaten. E. T. A. Hoffmanns Imaginationslehre als Prinzip seiner Erzählkunst. 1971. – *Neubauer, J.:* Intellektuelle, intellektuale u. ästhet. Anschauung. Zur Entstehung der romant. Kunstauffassung, in: DVj 46 (1972), 294–319. – *Piper, H. W.:* The Active Universe; Pantheism and the Concept of Imagination in the Engl. Romantic Poets. London–N. Y. 1962. – *Preisendanz, W.:* Die Abkehr vom Grundsatz der Naturnachahmung, in: Die dt. Ro., hrsg. H. Steffen. [2]1970, 54–97. – *Richards, I. A.:* Coleridge on Imagination. London 1934.

Anton, B.: Romant. Parodieren: e. spezif. Erzählform d. dt. Romantik. 1979. – *Bausch, W.:* Theorien des epischen Erzählens in der dt. Frühro. 1964 – *Beaujean, M.:* Frauen-, Familien-, Abenteuer-, und Schauerroman, in: Glaser V, 1980, 216–228. – *Behler, D.:* The Theory of the Novel in Early German Romanticism. Bern-Las Vegas 1978. – *Behler, E.:* Der Roman der Frühromantik, in: H. Koopmann, Hrsg., Hdb. des dt. Romans. 1983, S. 273–301. – *Bevilacqua, G.:* Romantische Lyrik, in: Glaser V, 1980, 229–245. – *Bieringer-Eyssen, J.:* Das romant. Kunstmärchen in seinem Verhältnis zum Volksmärchen. Diss. Tübingen 1953. – *Blackall, E. A.:* The Novels of the German Romantics. Ithaca, N. Y. 1983. – *Böckmann, P.:* Der Roman der Transzendentalpoesie in der Ro., in: Geschichte, Deutung, Kritik. Litwiss. Beitr. zum 65. Geb. W. Kohlschmidts. Bern 1969, 165–185. – *Borman, A. von:* Romantische Erzählprosa, in: Glaser V, 1980, 164–189. – *Brednich, R.,* Hrsg., et al.: Hdb. des Volksliedes. I: Die Gattungen. 1973. – *Brown, M.:* A Philosophical View of the Gothic Novel, in: SIR 26 (1987), 275–301. – *Brummack, J.:* Komödie u. Satire der Ro., in: »Europ. Ro.« I, 1982, 273–290. – *Castex, P.-G.:* Le Conte fantastique en France de Nodier à Maupassant. Paris 1962. – *Cincura, A.:* Märchen-Drama. A Paradox-in-progress. A Genetic-Critical Study of Italian, German, and Russian Fairy Dramas. Diss. U. of Cal., Riverside 1973. – *Conrad, P.:* Romantic Opera and Literary Form. Berkeley – Los Angeles 1977. – *Dippel, G.:* Das Novellenmärchen der Ro. im Verhältnis zum Volksmärchen. Versuch einer Analyse des Strukturunterschiedes. Diss. Frankft. 1953. – *Elschenbroich, A.:* Die Romanze in der Dichtungstheorie des 18. Jh. u. der Frühro., in: JFDH 1975, 124–52. – *Emmel, H.:* Roman, in: RL III, 1972, 501 ff. – *Feldmann, H.:* Die Fiabe C. Gozzis. Die Entstehung einer Gattung u. ihre Transposition in das System der dt. Ro. 1971. – *Fischer, H.:* Die romant. Verserzählung in Engld. Versuch einer Gattungsgeschichte. 1964. – *Fletcher, M.:* Engl. Romantic Drama. 1795–1843. A Critical History. 1966. – *Fontaine, C.-M.:* Das romantische Märchen. Eine Synthese aus Kunst und Poesie. 1985. – *Frühwald, W.:* Romantische Lyrik im Spannungsfeld von Esoterik u. Öffentlichkeit, in: »Europ. Ro.« I, 1982, 355–392. – *Germer, H.:* The German Novel of Education 1792–1805 (Bibliogr.). Bern 1968. – *Gillespie, G.* Hrsg.: Romantic Drama. N. Y. 1991. – *Glaser, H. A.:* Klassisches und romantisches Drama, in: Glaser V, 1980, 276–312. – *Grimm, R.,* Hrsg.: Dt. Romantheorien. 1968. – *Hadley, M.:* The Undiscovered Genre. A Search for the German Gothic Novel. Bern 1978. – *Hahl, W.:* Reflexion u. Erzählung. Romantheorie von der Spätaufklärung zum Realismus. 1971. – *Heselhaus, C.:* Die Wilhelm-Meister-Kritik der Romantiker u. die romant. Theorie des Romans, in: Nachahmung u. Illusion, hrsg. H. R. Jauß 1964, ²1969, 113–127, 210–218. – *Hoffmeister, G.:* The Tragedy of Fate in Europ. Romanticism, in: G. Gillespie, Hrsg.: Romantic Drama. N. Y. 1991. – *Ders.:* A. W. Schlegels Rezeption des europ.

Barockdramas (Shakespeare u. Calderón), in: K. Garber Hrsg.: Rezeption der europ. Barocklit. 1990. – *Jäger, G.:* Das Gattungsproblem in der Ästhetik und Poetik von 1780 bis 1850. In: J. Hermand und M. Windfuhr (Hrsg.), Zur Literatur der Restaurationsepoche 1815–1848. Forschungsreferate und Aufsätze. 1970, 371–404. – *Kapitzka, P.:* Die frühromant. Theorie der Mischung. Über den Zusammenhang von romant. Dichtungstheorie u. zeitgenöss. Chemie. 1968. – *Katz, M. R.:*The literary Ballad in Early 19th Cent. Russian Lit. Oxford 1976. – *Kiely, R.:* The Romantic Novel in Engld. Cambridge, Mass 1972. – *Kluckhohn, P.:* Die Dramatiker der dt. Ro. als Shakespeare-Jünger, in: Shakespeare-Jb. (1938), 31–49. – *Klotz, V.:* Das europäische Kunstmärchen. 25 Kapitel seiner Geschichte von der Renaissance bis zur Moderne. Stuttgart 1985. – *Kluge, G.:* Spiel und Witz im romantischen Lustspiel. Zur Struktur der Komödiendichtung der deutschen Romantik. Köln 1963. – *Ders.:* Das Lustspiel der dt. Ro., in: Das dt. Lustspiel, hrsg. H. Steffen. 1968, 181–203. – *Kohlschmidt, W.:* Drama, in: RL I, 1958, 301–310. – *Kratz, H.:* Das Schicksalsdrama. Interpretation u. Kritik einer literar. Reihe. 1974. – *Kreutzer, H. J.:* Der Mythos vom Volksbuch. 1977. – *Kunz, J.:* Die dt. Novelle zwischen Klassik u. Ro. 1966. – *Lubich, F. A.:* The Parody of Romanticism: Quixotic Reflections in the Romantic Novel in: »Cross-Currents« 1989, S. 305-330. – *Mahoney, D.:* Der Roman der Goethezeit (1774–1829), Slg. Metzler 241. 1988. – *Mandelkow, K. R.:* Der Roman der Klassik u. Ro., in: »Europ. Ro.« I, 1982, 393–428. – *Maurer, K.:* Ästhet. Entgrenzung u. Auflösung des Gattungsgefüges in der europ. Ro. u. ›Vorro.‹, in: Poetik u. Hermeneutik, hrsg. H. R. Jauß 1968, 319–341. – *Minor, J.:* Zur Gesch. der dt. Schichsalstragödie u. zu Grillparzers »Ahnfrau«. Wien 1899. – *Mönch, W.:* Das Sonett. Gestalt u. Gesch. 1955. – *Moser, H.:* Sage u. Märchen in der dt. Ro., in: Die dt. Ro., hrsg. H. Steffen. 1967, S. 253–276. – *Nemoianu, V.:* The Biedermeier Historical Novel, in: »Taming« 1984, S. 194–232. – *Neumamm, A. R.:* The Evolution of the Concept ›Gesamtkunstwerk‹ in German Ro. Diss. Ann Arbor 1951. – *Polheim, K.-P.:* Theorie u. Kritik der dt. Novelle von Wieland bis Musil. 1970. – *Pongs, H.:* Grundlage der dt. Novelle des 19. Jh., in: JFDH 1930. – *Post, K. D.:* Der spätromant. Roman, in: H. Koopmann, Hrsg.: Hdb. des dt. Romans. 1983, S. 302–322. – *Rauber. D. F.:* The Fragment as Romantic Form, in: MLQ 30 (1969), 212–32. – *Reavis, S. A.:* A. W. Schlegels Auffassung der Tragödie. Bern–Frkft. 1978. – *Reed, E. E.:* The Union of the Arts in the German Romantic Novel. Diss. U. of Texas 1954. – *Remak, H. H.:* Die Novelle i. d. Klassik u. Ro., in: »Europ. Ro.« I, 1982, 291–318. – *Rüdiger, H.,* Hrsg.: Die Gattungen in der vgl. Litgesch. 1974. – *Santangelo, G.:* Il dramma romantico in Italia. 2 Bde. Palermo 1971–72. – *Schanze, H.:* F. Schlegels Theorie des Romans, in: Dt. Romantheorie, hrsg. R. Grimm. 1974, S. 61–80. – *Ders.:* Romantheorie der Ro., in: P. M. Lützeler, Hrsg.: Romane u. Erzz. der dt. Ro. 1981, S. 11–33. – *Scher, S. P.:* The German Lied: A Genre and its Europ.

Reception, in: »Cross-Currents« 1989, S. 127–144. – *Schlegel, A. W.:*
Allg. Übersicht des gegenwärtigen Zustandes der dt. Lit. Reclam Nr.
8898. 1964. – *Schmidt, P.:* Romant. Drama. Zur Theorie des Dramas in
Dtld., hrsg. R. Grimm. 2 Bde. 1971, I, 245–63. – *Schneider, D.:* Romantic Comedy and the Theater in Germany 1795–1815. Diss. Harvard
1974. – *Schumacher, H.:* Narziß an der Quelle. Das romant. Kunstmärchen. 1977. – *Seemann, E.:* Die europ. Volksballade, in: Hdb. des
Volkslieds, hrsg. R. W. Brednich, et al. I., 1973, 37–56. – *Selbmann, R.:*
Der deutsche Bildungsroman. 1984. – *Sengle, F.:* Das deutsche Ge-
schichtsdrama. Geschichte eines literarischen Mythos. 1952. – *Skreb,
Z.:* Die dt. sog. Schicksalstragödie, in: JGG 9 (1972), 193–237. – *Staiger, E.:* Grundbegriffe der Poetik, dtv. 1971, [3]1975. – *Stein, J. M.:* Poem
and Music in the German Lied from Gluck to H. Wolf. 1971. – *Stei-
necke, H.:* Wilhelm Meister oder Waverley? Zur Bedeutung Scotts für
das dt. Romanverständnis der frühen Restaurationszeit, in: B. Allemann und E. Koppen Hrsg., Teilnahme u. Spiegelung 1975, S. 340–59.
– *Swales, M.:* The German Novelle. Princeton 1976. – *Staub, M.:* Die
span. Romanze in der Dichtung der dt. Ro. Diss. Hamburg 1970. –
Steffen, H.: Märchendichtung in Aufklärung u. Ro., in: Formkräfte der
dt. Dichtung. [3]1967, S. 100–123. – *Stilwell, R. L.:* The Long Poem in
Engl. Romantic Criticism, 1750–1850. Diss. Ohio 1965. – *Szondi, P.:* F.
Schlegels Theorie der Dichtarten. Versuch einer Rekonstruktion auf
Grund der Fragmente aus dem Nachlaß, in: Euphorion 64 (1970), 181–
99. – *Tapia, J. R.:* Structure and Themes of the Span. Romantic Theatre.
Diss. Utah. 1968. – *Teyssandier, H.:* Les Formes de la création roma-
nesque à l'époque de W. Scott et de J. Austen. Paris 1977. – *Thalmann,
M.:* Provokation u. Demonstration in der Komödie der Ro. 1974. –
Dies.: Das Märchen u. die Moderne. Zum Begriff der Surrealität im
Märchen der Ro. 1961, [2]1965; engl. Ann Arbor 1964. – *Thiergard, U.:*
Schicksalstragödie als Schauerlit. Diss. Göttingen 1957. – *Tismar, J.:*
Volks- und Kunstmärchen, Volks- und Kunstlieder, in: Glaser V, 1980,
196–215. – *Ueding, G.:* Leben als Puppentheater (= Tieck), in: Klassik
u. Ro. 1988, S. 299–312. – *Varma, D. P.:* The Gothic Flame. Being a History of the Gotic Novel in Engld. London 1957. – *Wiese, B. von:* Die
deutsche Novelle von Goethe bis Kafka. Interpretationen. 2 Bde. Düs-
seldorf 1964. – *Zorilla, J.:* El Poeta, in: Los Españoles pintados por si
mismos. Madrid 1840, S. 237 f.

Stil

Greenbie, M. L.: Wordsworth's Theory of Poetic Diction. N. Y. 1966.
– *Hilmann, H.:* Bildlichkeit der dt. Ro. 1971. – *Kroeber, K.:* The Arti-
fice of Reality. Poetic Style in Wordsworth, Foscolo, Keats and Leopardi. Madison 1964. – *Thalmann, M.:* Ro. u. Manierismus. 1963. –
Dies.: Zeichensprache der Ro. 1967; engl. Detroit 1972.

Literaturkritik
Allemann, B.: Der frühromant. Begriff einer modernen Litwiss., in: Über das Dichterische. 1956. S. 53–71. – *Benjamin, W.:* Der Begriff der Kunstkritik in der dt. Ro., in: Schriften. II, 1955, 420–528; u. einzeln 1973; französ. Übers. 1986. – *Coleridge, S. T.:* Shakespearean Criticism, hrsg. Th. M. Raysor. 1930, London – N. Y. ²1960. – *Eichner, H.:* F. Schlegels Theorie der Litkritik, in: Ro. heute. 1972, S. 18–30; engl. in: Ro. Today. 1973, S. 17–26. – *Haas, H.-E.:* Eichendorff als Lithistoriker, in: Jb. f. Ästhetik u. allg. Kunstwiss. 2 (1952–54), 103–177. – *Hohendahl, U.,* Hrsg.: Gesch. der dt. Litkritik 1730–1980. 1985; engl. Übers. Univ. of Nebraska Press 1988. – *Kuttenkeuler, W.:* H. Heine. Theorie der Lit. 1972. – *Lange, V.:* F. Schlegel's Literary Criticism, in: CL 7 (1955), 289–305. – *Michel, W.:* Ästhetische Hermeneutik und frühromant. Kritik: F. Schlegels fragmentarische Entwürfe, Rezensionen, Charakteristiken und Kritiken. 1982. – *Moreau, P.:* La Critique selon Sainte-Beuve. Paris 1964. – *Naumann, D.:* Literaturtheorie und Geschichtsphilosophie. Teil I: Aufklärung, Romantik, Idealismus. Stuttgart 1979. – *Oesterle, G.:* Entwurf einer Monographie des ästhetisch Häßlichen, in: D. Bänsch, Hrsg., Zur Modernität der Ro. 1977, S. 217–298. – *Sauer, Th. G.:* A. W. Schlegels Shakespearean Criticism in Engld., 1811–1846. 1981. – *Simpson, D.:* The Origins of Modern Critical Thought. German Aesthetic and Literary Criticism from Lessing to Hegel. N. Y. 1988 (Texte). – *Simpson, D.,* (Hrsg.): German Aesthetic and Literary Criticism. Kant, Fichte, Schelling, Schopenhauer, Hegel. Cambridge 1984. – *Weber, H.-D.:* F. Schlegels »Transzendentalpoesie«. Unters. zum Funktionswandel der Litkritik im 18. Jh. 1973. – *Willoughby, L. A.:* Engl. Romantic Criticism, in: Weltlit., Fs. F. Strich, Bern 1952.

Ironie, Groteske u. Humor
Allemann, B.: Ironie, in: Fischer Lexikon. Literatur II, 1, hrsg. W. H. Friedrich u. W. Killy. 1965, 305–312. – *Behler, E.:* Klass. Ironie, romant. Ironie, tragische Ironie . Zum Ursprung dieser Begriffe. 1972. – *Booth, W.:* The Rhetoric of Irony. Chicago 1974. – *Bourgeois, R.:* L'Ironie romantique. Spectacle et jeu de Mme de Staël à Gérard de Nerval. Grenoble 1974. – *Brüggemann, F.:* Die Ironie als entwicklungsgeschichtl. Moment. Ein Beitr. zur Vorgesch. der dt. Ro. 1909, Repr. 1976. – *Burwick, F.:* The Haunted Eye: Perception and the Grotesque in English and German Romanticism 1987. – *Ders.:* The Grotesque in the Romantic Movement, in: »Cross-Currents« 1989, S. 37–58. – *Conrad, P.:* Shandyism. The Character of Romatic Irony.Oxford 1978. – *Deblue-Bernstein, V.:* Anima naturaliter ironica. Die Ironie im Wesen u. Werke Heines. 1970. – *Fetzer, Jr., F.:* Romantic Irony, in: »Cross-Currents« 1989, S. 19–36. – *Furst, L. R.:* Fictions of Romantic Irony. Cambridge, Mass. 1984. – *Garber, F.,* Hrsg.: Romantic Irony. N. Y. 1991 – *Hass, H.-E.* u. *G.-A. Mohrluder,* Hrsgg.: Ironie als literar. Phä-

nomen. 1973. – *Heinrich, B.:* Fiktion u. Fiktionsironie in Theorie u. Dichtung der dt. Ro. 1968. – *Hofe, G. von:* Die Ro.-Kritik S. Kierkergaards, 1972. – *Howarth, W. D.:* Sublime and Grotesque. A Study of French Romatic Drama. London 1975. – *Immerwahr, R.:* The Subjectivity or Objectivity of F. Schlegel's Poetic Irony, in: GR 26 (1951), 173–91. – *Kayser, W.:* Das Groteske in Malerei u. Dichtg. rde 107. 1960. – *Kierkegaard, S.:* Über den Begriff der Ironie mit ständiger Rücksicht auf Sokrates in: Ges. Werke, 31. Abt., 1961, S. 295 ff. – *Lussky, A. E.:* Tieck's Romant. Irony, with Special Emphasis on the Influence of Cervantes, Sterne and Goethe. Chapel Hill 1932. – *Meller, A. K.:* Engl. Romantic Irony. Cambridge, Mass. 1980. – *Moering, M.:* Witz u. Ironie in der Prosa H. von Kleists. 1972. – *Muecke, D. C.:* The Compass of Irony. London 1969. – *Müller, A.:* Vermischte Schriften über Staat, Philos. u. Kunst. 2 Bde. Wien 1812. – *Müller, G.:* J. Pauls Ästhetik u. Naturphilos. 1982. – *Müller, V. U.:* Narrenfreiheit u. Selbstbehauptung: Spielräume des Humors im Werk J. Pauls. 1979. – *Nemoianu, V.:* Romantic Irony, in: »Taming« 1984, S. 161–193. – *Niederhäuser, J. S.:* Comic Figures and the Theory of Humor in the Works of E.T.A. Hoffmann. Diss. Abstracts 1981. Nov. 42 (5). – *Nutting, D. W.:* Dissonant or Conciliatory Humor? (= J. Paul u. E. T. A. Hoffmann), in: Neophilologus 69 (1985), 414–20. – *Obschatz, P. M.:* Jean Paulscher Humor. 1985. – Poetics Today 4 (1984). – *Prang, H.:* Die romant. Ironie. 1972. – *Profitlich, U.:* J. Pauls Humortheorie, in: ZPD 89 (1970), 161 ff. – *Schraub, R. E.:* Die romant. Ironie in der Lyrik C. Brentanos. Diss. Rice U. 1974. – *Schnell, R.:* Die verkehrte Welt. Literarische Ironie im 19. Jh. 1989. – *Simpson, D.:* Irony and Authority in Romantic Poetry. Totowa, N. Y. 1979. – *Solger, K. W. F.:* Erwin. Vier Gespräche über das Schöne u. die Kunst. 1907, hrsg. W. Henckmann. 1971. – *Ders.:* Rez.: Über dramat. Kunst u. Lit., Vorlesungen von A. W. Schlegel (1809–1811). 1819. – *Strohschneider-Kohrs, I.:* Romant. Ironie. Theorie u. Gestaltung 1960; [2] 1977. – *Szondi, P.:* F. Schlegel u. die romant. Ironie, in: Euphorion 48 (1954), 397–411. – *Vogt, G.:* Die Ironie in der romant. Komödie. Diss. Frankft. 1953. – *Wheeler, K.,* Hrsg.: German Aesthetic and Literary Criticism: the Romantic Ironists and Goethe. Cambridge 1984.

2. Weltliteratur

Als einer der ersten wandte sich *Herder* von der Kunstdichtung der Zeit ab und der Volkspoesie (»Stimmen der Völker«) sowie der vernachlässigten »Naturdichtung« zu, die er für den Ausdruck des Volksgeistes ansah (vgl. Essays über Ossian und Shakespeare, »Vom Geist der ebräischen Poesie«, 1782–83; »Der

Cid«, Ms. 1802). So bahnte Herder in der Tat den Weg zur »Weltliteratur«, wofür Goethe erst 1827, 23 Jahre nach A. W. Schlegels Berliner Vorlesungen, den Begriff prägte (Brief an Streckfuß v. 27. I. 1827).

Goethe zog freilich die Bilanz aus den eigenen und den Bemühungen der Romantiker, wenn er meinte, die Poesie gehöre der gesamten Menschheit. »Nationalliteratur will jetzt nicht viel besagen, die Epoche der Weltliteratur ist an der Zeit« (zu Eckermann, 31. I. 1827). Natürlich beschäftigte er sich mit Shakespeare, Calderón, Hafis und den modernen Romantikern, aber er meinte etwas anderes unter »Weltliteratur« als die Brüder Schlegel: »Wechselwirkung«, »Weltkommunikation«, also die besseren Kommunikationsmöglichkeiten zwischen den Völkern, wodurch »die Nationen die Verhältnisse aller gegen alle kennen lernen« sollten (Entwurf zur Carlyle-Einleitung, 5. IV. 1830), damit sie »duldender« und »nachsichtiger« würden.

Weder für den Begriff noch für die Sache selber interessierte man sich zunächst im Ausland, da die im Klassizismus befangenen Nationalliteraturen erst zur Eigentradition zurückfinden mußten. Dazu war die »Wechselwirkung« untereinander allerdings wesentlich. Die dt. Romantiker folgten den Spuren Herders, wenn Wackenroder z. B. für universale Toleranz sowohl gegenüber gotischer Baukunst als auch gegenüber dem »Tempel der Griechen« aufrief (»Herzensergießungen«, 1797, Kap. V). Auch Tieck bezeugt das weltliterarische Interesse der Deutschen: »So wie jetzt wurden die Alten noch nie gelesen und übersetzt, die verstehenden Bewunderer des Shakespeare sind nicht mehr selten, die italienischen Poeten haben ihre Freunde, man liest und studiert die spanischen Dichter so fleißig, als es in Deutschland möglich ist [. . .], es steht zu erwarten, daß die Lieder der Provenzalen, die Romanzen des Nordens und die Blüten der indischen Imagination uns nicht mehr lange fremd bleiben werden« (»Minnelieder aus dem schwäb. Zeitalter« 1803, S. 189). Die treibende Kraft hinter dieser Tendenz zur Öffnung des geistigen Horizontes waren neben Tieck (Übers. »Don Quijote«, 1799–81) die Brüder *Schlegel*.

Für Friedrich bedeutete Poesie soviel wie Weltdichtung oder »Universalpoesie«, seine Theorie der Ironie verschaffte den Zugang zu den bisher vernachlässigten »witzigen Constructionen« (LN, Nr. 1709) der historischen Romantik, des »Zeitalters der Ritter, der Liebe und der Märchen« (»Brief üb. den Roman«). Die von Herder übernommene historisch-einfühlende Kritik lieferte August die Methode, sich »in die Eigenheiten anderer Völker und Zeitalter zu versetzen« (KAWSA V,

18). *Universalität, Kosmopolitismus* wurden zu Leitbegriffen der Jenenser Romantik, weil man sich darüber klar war, daß romantische Poesie über Raum und Zeit hinweg miteinander verbunden ist, daß sie einen der antiken Dichtung und ihren Nachfolgern ebenbürtigen Zweig der poesia perennis darstellt, der Homer und die altdt. Zeit, das Christlich gewordene Römische (s. KAWSA IV, 23) vom Mittelalter bis zum Barock und die Moderne umfaßt. Methode (historischer Relativismus) und poetisches Ideal (»Universalpoesie«, Mischung des Heterogenen, Ironie etc.) verschmelzen so zu einem Konzept des literarischen Kosmopolitismus, wie es in Deutschland einmalig und zugleich vorbildlich für die Nachbarliteraturen ausgebildet wurde (vgl. August: die Deutschen sind die »Kosmopoliten der europäischen Literatur«, in »Abriß von den europ. Verhältnissen der dt. Lit.«, 1825). Dieses weltliterarische Interesse beschränkte sich allerdings weitgehend auf die Frühromantik, nach deren Auflösung und besonders nach der Katastrophe von 1806 eine nationalpatriotische Linie vertreten wurde, die zu den Anfängen der romantischen Germanistik führen sollte. Der Wendepunkt von der Welt- zur Nationalliteratur kündigt sich deutlich in A. W: Schlegels »Wiener Vorlesungen« an, die die verschiedenen Literaturen von ihrer historischen Eigenart und Bedingung her zu verstehen suchen.

Mit dem Phänomen der Weltliteratur im weiteren Sinne sind einige übernationale Aspekte verknüpft:

a) Mythologie

Romantische *Mythologie* erweitert insofern auch den literarischen Horizont, als der Mythos mit Poesie schlechthin (»Naturpoesie«) und dem Naturzustand gleichgesetzt wird, als die gesamte Menschheit an mythologischen Vorstellungen teilhat und schließlich die verschiedenen Mythologien auch zur Entdeckung neuer literarischer Provinzen anreizen. *F. Schlegel* gab um 1800 das Signal: »Im Orient müssen wir das höchste Romantische suchen« (Rede üb. die Mythologie«), obwohl Schelling ihm mit seinen mythologischen Spekulationen vorausging (»Über Mythen, histor. Sagen und Philosopheme der ältesten Welt«, 1793). 1808 erschien Schlegels Werk »Über die Sprache und Weisheit der Indier«, 1810 Görres' »Mythengeschichte der asiatischen Welt« sowie F. Creuzers »Symbolik und Mythologie der alten Völker« (vgl. J. Grimm«, 1835 u. später J.J. Bachofen, »Das Mutterrecht«, 1861).

Wie die »Naturpoesie« hat der Mythos seinen Ursprung im kollektiven Unbewußten, ist Produkt der göttlichen Natur, die sich im Mythos offenbart. Der Mythos prägt die orientalische und die abendländische Vor- und Frühgeschichte, also die seit Vico ersehnte goldene Zeit der Weltharmonie, die der eisernen bzw. prosaischen Gegenwart des Verfalls und des Pluralismus gegenübersteht (zum Mythos der »goldenen Zeit« vgl. Gessner, Rousseaus »Naturzustand«, Chénier, Foscolo, Leopardi etc; die Figur des ›edlen Wilden‹). Mit ihrer Sehnsucht nach Griechenland und dem romantischen Mittelalter hat man den Romantikern Flucht vor den Problemen der Zeit vorgeworfen. Die geschichtsmythologische Sicht hat jedoch sowohl ihre ästhetische als auch ihre utopische Seite. Nach *Schelling* müssen Ideen ästhetisch, d.h. mythologisch werden, damit sie der Menschheit nützen können. Mythologie und Poesie bilden so im Grunde eine Einheit: zwischen Mythologie und romantischem »Witz«, der »in der Konstruktion des Ganzen sich zeigt«, entdeckt F. Schlegel eine überraschende Analogie (»Rede«). Der auf die Ästhetik angewandte Mythos ist identisch mit Symbolismus (Symbolbildung). Schlegel sagt Cervantes und Shakespeare eine »indirekte Mythologie« nach, und zwar aufgrund des steten »Wechsels von Enthusiasmus und Ironie«, in ihren Werken (ebd). Danach kann der Ursprung des Mythos auch im Genie eines einzelnen liegen, so wie Schelling in Don Quijote und Sancho Pansa oder auch in Dantes Ugolino mythologische Figuren sah (»Philosophie der Kunst«, 1859, S. 679), die dem modernen Dichter – neben Shakespeare – als Modell dienen könnten. Neben die griechische ist damit gleichberechtigt die ritterlich-katholische Mythologie getreten, die in Calderón gipfelt. Görres rückte dann noch die asiatische neben die klassische und mittelalterliche Mythologie.

»Es fehlt [. . .] unsrer Poesie an einem Mittelpunkt, wie es die Mythologie für die Alten war, und alles Wesentliche, worin die moderne Dichtkunst der antiken nachsteht, läßt sich in die Worte zusammenfassen: wir haben keine Mythologie« (»Rede«). Aus diesem Mangel projizierte F. Schlegel (vgl. auch August, Novalis und Schelling) die goldene Zeit des Mythos in die Zukunft. Denn die moderne Dichtung braucht ebenfalls eine wirkende Mitte, eine neue Mythologie und Symbolwelt, in der die Gegensätze des Allgemeinen und Besonderen versöhnt sind und deren Ursprung auch ins kollektive Unbewußte verlegt wird. Die geistigen Quellen suchte er im Idealismus (Fichte), in der »Physik« (Naturphilosophie Spinozas und Schellings) und dem Orient. Das Ergebnis sollte eine neue Verbindung von Poesie und Wissenschaft (»Physik«) sein (vgl. Novalis; Hölderlins eigentümlichen Mythos). Die Wirkung dieser teils geschichtlich-philosophischen, teils ästhetischen Spekulationen blieb naturgemäß weitgehend auf Deutschland beschränkt (s. Nietzsche, Wagner).

Demgegenüber ging es in der außerdt. Romantik, besonders der lateinischen, hauptsächlich um die Frage des mythologischen Redeschmucks, Metaphern, Personifikationen und Periphrasen der klassizistischen Stiltradition.

In *Italien*, wo sowohl das römische Altertum in den Ruinen weiterlebte als auch die klassizistische Poetik nahezu unangetastet ihren Einfluß ausübte, bildeten sich zwei Lager. Die Mailänder Gruppe griff die Verwendung des mythologischen Repertoires im Namen individueller Wahrheit und charakteristischer Kunst scharf an (s. E. Visconti, »Idee elementari sulla poesie romantica«, 1818; Tedaldi-Fores, »Meditazioni poetiche«, 1825), während der klassizistische *V. Monti* die griechische Mythologie im Namen des Wunderbaren verteidigte und alle Versuche ablehnte, sie durch nordisches Arsenal zu ersetzen (»Sermone sulla mitologia«, 1825). Auch Foscolo und Leopardi konnten sich noch nicht entschließen, auf die poetischen Personifikationen der griech. Religion zu verzichten. *Manzoni* lehnte dagegen von seinem christlichen Standpunkt aus den Gebrauch mythologischer Fabeln ab, denn es handele sich dabei um Götzendienst und ein moralisch fragwürdiges Unternehmen, die irdischen Dinge so zu verherrlichen, als gäbe es keinen Himmel darüber (»Sul romanticismo«, 1823).

Im scharfen Gegensatz zur Pléiade, die die heidnische Mythologie und die imitatio der Alten in der Dichtung durchgesetzt hatte, wandten sich die *französ. Romantiker* im Gefolge Chateaubriands (»ce troupeau de dieux ridicules, s. »Genie« II, IV, 1) der christlichen Tradition zu, indem sie sogar versuchten, die Götter des Olymp durch die kleinen und großen Geister des Kirchenhimmels zu ersetzen. (Die Spanier folgten ihnen wie auch die slawischen Romantiker, die die heidnische Mythologie durch volkstümliche Vorstellungen verdrängten). Das schöpferische Prinzip sah *Hugo* im Grotesken: »N'est-ce pas parce que l'imagination moderne sait faire rôder hideusement dans nos cimetières les vampires, les ogres, les aulnes, les psylles, les goules, [. . .] qu'elle peut donner à ses fées cette forme incorporelle, cette pureté d'essence dont approchent si peu les Nymphes païennes?« (Préface de »Cromwell«). Lamartine, Musset, Nodier unterstützten ihn in seinen Bemühungen, vom Parnaß in die Gefilde der gallischen »vieille mythologie« herabzusteigen.

In *England* und Deutschland war man sich genauso wie in Italien und Frankreich über die lächerliche Verwendung des alten mythologischen Apparats im klaren, doch scheute man sich nicht davor, die von der Kirche verteufelte antike Götterwelt wiederzubeleben bzw. umzuwandeln. So taten es Keats (»Endymion«) und Shelley (»Prometheus Unbound«), so steht es in

Jean Pauls »Titan«: »Der Dichter bildet an den Marmorsärgen der ungehegten, schlafenden Vorzeit und erweckt die zerfallenen Gestalten, die die edle Seele begrub, zu neuem Leben.« Ja, der pantheistische Künstler scheint die kleinen Geister der Natur zu brauchen, darin waren sich Foscolo und *Eichendorff* einig, doch machte letzterer gerade den Konflikt zwischen den diesseitigen alten Göttern und den christlichen Mächten zum Thema: »ein redlicher Dichter kann viel wagen, denn die Kunst, die ohne Stolz und Frevel, bespricht und bändigt die wilden Erdengeister, die aus der Tiefe nach uns langen« (»Das Marmorbild«, vgl. auch »Gesch. der poet. Lit. in Deutschland«, 1857, S. 41; außerdem Heine, »Elementargeister« u. »Die Götter im Exil«). Wer mit der hellenistischen Mythenwelt nichts mehr anfangen konnte, hatte immerhin die Möglichkeit, die christkatholische als Kunstmythologie zu verwenden (vgl. Z. Werner, »Das Kreuz an der Ostsee«, dazu seinen Brief an Iffland v. 15. VI. 1805). Die christliche Mythologie ging aus dem Mittelalter hervor: »Diese Zeit hatte auch ihre Mythologie, aus Ritterfabeln und Legenden bestehend, allein ihr Wunderbares und ihr Heroismus war dem der alten Mythologie ganz entgegengesetzt« (A. W. Schlegel, 1. »Wiener Vorlesg.«; zu »Mythen und Mythologien« s. G. Schulz, De Boor-Newald, VII, 2, 1989, 228–235).

b) Griechenbild

Bis der Philhellenismus (ab 1821) als europ. Hilfsbewegung für die unterdrückten Griechen entstand, spielte Griechenland in der latein. und engl. Romantik kaum eine Rolle.

In Deutschland hatte seit *Winckelmann* die Klassik die römisch-französ. Grundlagen der Bildung verdrängt und durch eine einzigartige Synthese von griechischem und dt. Wesen ersetzt. »Der einzige Weg für uns, groß, ja wenn es möglich ist, unnachahmlich zu werden, ist die Nachahmung der Alten« (»Gedanken üb. die Nachahmung der griech. Werke«, 1755), worunter W. künstlerisches Schaffen im Wetteifer mit den Griechen verstand. Er was es, der das griech. Schönheitsideal (apollinischer Ausgleich von Extremen) von der griech. Natur und Plastik auf das Ethos übertrug und dadurch den Anstoß für die Klassiker gab, das Land der Griechen mit der Seele zu suchen. »Griechenland« wurde Symbol einer geistigen Wiedergeburt Deutschlands, es wurde Vorbild für die Wiedergewinnung der goldenen Zeit, die vergangen war, aber über die ästhetische Erziehung fruchtbar gemacht werden sollte. Die Frage war nur, ob die Romantiker mit dem apollinischen Griechenland die neue harmonische Zeit heraufführen konnten, ergab sich doch bereits bei Winckelmann ein Konflikt zwischen der klassizistischen Forderung zur Nacheiferung der Antike und der historischen Einsicht in die Unwiederholbarkeit der Geschichte. Diesen Widerspruch versuchten Herder, Schiller und F. Schlegel durch die Projektion der goldenen Zeit in die Zukunft zu überwinden.

F. Schlegels »Gräkomanie« (Schiller) begann mit seinem Wunsch, der »Wickelmann der griechischen Poesie« (1794) zu werden. Er erhob die Griechen wie seine Vorgänger ins Ideale, entdeckte dann aber unter der Hoheit der Griechen den Orgiasmus. In »Vom ästhetischen Werthe der Griechischen Komödie« (1794) leitete er die Gattung von den Bacchusriten ab, betonte die Freude gegenüber dem Schmerz, weil durch sie alle rationalen Bewußtseinsgrenzen fielen. Die Kunst ermöglicht auch bei Schlegel die zweite Schenkung der Menschheit, indem sie die unbegrenzte Autonomie der Person herstellt. Er erkannte dann auch die göttliche Trunkenheit des Dionysos in Sophokles's Tragödie (»Über das Studium der griech. Poesie«, 1797). Sein Erlebnis des dionysischen Eros findet Ausdruck in der »Lucinde« (1799).

Das Dionysosverständnis war schon in der Lessingzeit (Winckelmann, Klopstock, Lessing) und im Sturm und Drang (Hamann, Herder) vorbereitet worden (vgl. M. Baeumer, ›Monatshefte‹ 57, 1965); fast gleichzeitig mit Schegel tauchte *Dionysos* bei Novalis in der erotischen Sprache der Nacht und des Todes (»Hymnen an die Nacht«) und bei Schelling in der Abgrenzung des Begriffspaares »apollinisch-dionysisch« (Ges. Werke 1858 II 4, 25) auf. Nimmt man Kleist (»Penthesilea«) und später Wagner hinzu, dann wird Dionysos zu einer Symbolfigur der dt. Romantik, die darin ihren Drang aus der Zerrissenheit des modernen Menschen zum ganzheitlichen Leben, aus der Spaltung des Bewußtseins zur Entgrenzung der Person ausdrückt. Dieser Dionysos hatte apollinische Elemente in sich aufgenommen und stellte eigentlich die Synthese von Klassik und Romantik dar (vgl. Hölderlins Versöhnung zwischen den Göttern Griechenlands und Christus in seiner Spätdichtung). Die offene Absage der Romantik an den Griechenkult der Klassik ist spätestens in Klingemanns ›Nachtwachen‹ (1804) zu finden.

Dem dt. Griechenkult der »hesperischen« Goethezeit läßt sich im Ausland kaum etwas Ebenbürtiges an die Seite rücken. Allein in England gab es Ansätze dazu, etwa bei Keats und Shelley, die die griech. Mythologie unter starkem Einstrom platonischer Gedanken umbildeten (s. Keats, »Ode to a Grecian Urn«, 1819).

Die Vorstellung von »Griechenland« nahm sogleich politische Töne an (vgl. Byron, »Don Juan« III, Strophe 86 f.; Shelleys Chöre in »Hellas«,

1821). Landor benutzte viel die griech. Kulisse, doch drückte er meist seine eigenen enzyklopädischen Gedanken darin aus (»Pericles and Aspasia«, 1836; »The Hellenics«, 1846–47; »Imaginary Conversations of Greeks and Romans«, 1853). Zu Beginn der Dekadenz entstand in Swinburnes Drama »Atalanta in Calydos« (1865) auch ein dionysisch-zerstörerisches Griechenland (vgl. M. Praz, a. a. O., s. 201 f.). Außer den Philhellenisten in Frankreich (Hugo) und Spanien (Espronceda, E. de Ochoa) seien der Italiener G. Baretti erwähnt, der in seinem »Discours sur Shakespeare et sur Monsieur Voltaire« (1777) Shakespeare als Naturgenie auf den Schild hob und den Bruch mit dem klassizistisch verstandenen Griechenland forderte; dagegen betonte G. Montani in Mailand, von F. Schlegel beeinflußt, gerade die Ähnlichkeit des griech. Dramas mit dem romantischen, weil beide einem inneren Formgesetz folgten (»Sul ›Carattaco‹, poema drammatico di G. Mason«, 1824; vgl. auch Leopardis Klage über das verlorene Griechenland in »Alla primavera o della favole antiche«, 1824).

c) Die Mittelalterauffassung

Die Rückkehr zum Mittelalter und seine Romantisierung zur idealen goldenen Zeit mit »echt katholischen oder echt christlichen Zügen« (Novalis, »Die Christenheit od. Europa«, 1799) ist wohl kaum als das Zentralerlebnis der ›Romantik‹ aufzufassen, dafür war die Beschäftigung mit dieser Epoche vielfach zu sehr von der Mode bestimmt. Trotzdem erlaubt die Konturierung des Mittelalterbildes, manche schon berührten Aspekte zusammenzuziehen oder neu zu beleuchten. Zunächst bekommt der Begriff Romantik von daher seine historische Füllung (s. F. Schlegel, s. o. S. 2 f.). A. W. Schlegel sah im Mittelalter den Idealzustand; gegenüber der Griechenwelt habe »die Anschauung des Unendlichen das Endliche vernichtet; das Leben ist zur Schattenwelt und zur Nacht geworden« (1. »Wiener Vorlsg.«). Das ist freilich nicht mehr die aufklärerische Nacht des finsteren barbarischen Mittelalters, sondern die Nacht der Poesie, der Sehnsucht, in der sich die Flügel des Gemüts auftun. Im In- und Ausland wurde die dt. Romantik vielfach mit der »Wiederentdeckung der Poesie des Mittelalters« (Heine, »Die romantische Schule« I, 1836) gleichgesetzt; so schrieb Stendhal an seine Schwester: »Je ne sais pourquoi le moyen âge est lié dans mon cœur avec l'idée de l'Allemagne« (3. XII. 1807). Im Mittelalter fanden die Deutschen den ersehnten Naturzustand, eine nordische Mythologie, »Weltliteratur« und das Stilideal der »Heterogeneität der Mischungen« (A. W. Schlegel), d. h. die Synthese des Römischen und Christlichen, des dt.

Nordens mit dem religiös orientalischen Idealismus in ritterlichem Geiste, des Rittertums mit dem Mönchstum (s. KAWSA IV, 83). Vor allem galt das Mittelalter als »Zeitraum der vorherrschenden Fantasie« (F. Schlegel, »Gesch. d. alten u. neuen Lit.«, 11. Vorlsg.), als Phase noch vor der mit der Reformation und Aufklärung beginnenden Säkularisierung durch das freche »Tageslicht der Vernunft« (ebd.), so daß Tieck, Novalis, Uhland, Eichendorff, Arnim und Grimm hier die romantische Märchenwelt ansiedeln konnten. Jeder Dichter entwickelte darüber hinaus seine individuelle Vorstellung vom Mittelalter: Tieck blieb im Reiche des Wunderbaren und der Phantasie; Novalis fand hier das geistige »katholische« Prinzip zur Überwindung der Spaltung Europas; nach ihrer Rückkehr zum Glauben (s. Konversionen S. 192) identifizierten viele das Mittelalter mit dem Christlich-Romantischen, einer Kunstreligion im engeren katholischen Sinne. Alle waren sich jedoch im Grunde darüber einig, daß das Mittelalter das 15., 16. und 17. Jh. einschließt; so wurden Shakespeare und Milton, der »Amadís«, Cervantes und Calderón, Dürer, Petrarca und Ariost zum ›Mittelalter‹ gerechnet.

Seit der ›Vorromantik‹ hatten sich Theoretiker und Dichter mit einem Problem beschäftigt, das alle nationalen Literaturgrenzen durchbrach, nämlich dem barbarischen Mittelalter und seiner *Umwertung ins Gotische*. Bis ins späte 17. Jh. hinein bedeutete »gothic« in England soviel wie »barbarous, rude, uncouth, in bad taste, savage« (OED) und hielt sich sogar im Sinne von »roh« und »geschmacklos« im Frankreich und Deutschland des 18. Jh.s (Kluge), während die Engländer Burke (1756), Hurd (1764) und Warton (1774) das Gotische als antiklassischen Stilbegriff entdeckten (s. o. S. 2). »Gothic«, auf die Zeit und die Künste des Rittertums bezogen, besagte nun »grandios, erhaben, dem Griechischen ebenbürtig«. Gefördert wurde der Geschmack für das Gotische durch die Shakespearerenaissance und die Modeströmung des Schauerromans (Walpole, 1764) sowie der Bardendichtung (Th. Gray, »The Bard«, 1765). Die ossianische Bardendichtung (1760) wurde mit Begeisterung in ganz Europa aufgenommen (s. »Werther«, 12. X. 1771: »Ossian hat in meinem Herzen den Homer verdrängt«), neben Shakespeare und Goethe trug sie entscheidend zur Wandlung des literarischen Klimas zu Beginn der europ. Romantik bei. Der gotische Roman erblühte überall, beeinflußte Scott und die Schicksalstragödie.
Von Hurd ausgehend rehabilitierte vor allem *Herder* für *Deutschland* den gotischen Stil (vgl. »Auch eine Philosophie der Geschichte«, 2. Abschnitt, 1774; »Journal meiner Reise«, 1769: »Mein Leben ist ein Gang durch gotische Gewölbe«). Obwohl er sich um Einsicht in die Eigenart des Mittelalters als selbständiger Epoche zwischen Antike und Aufklärung bemühte, es als Versuch zur Synthese aller bisherigen Kulturen verstand, haftete seiner Verwendung des »Gotischen« noch etwas von

dem Geschmacklosen, »oft ins Abenteuerliche und Leere« (»Journal«) Gehenden der Aufklärung an (vgl. Goethes »Von dt. Baukunst«, 1773). Ein völliger Wandel in der Auffassung des gotischen Mittelalters vollzog sich erst in der Auseinandersetzung mit der Franzos. Revolution (s. Schillers »Antrittsrede«, 1789).

Wackenroder sollte dann keine Schwierigkeiten mehr haben, Toleranz gegenüber dem »Gotischen Tempel« zu fordern (vgl. A. W. Schlegel über die Ebenbürtigkeit von »Pantheon« und »Westminster-Abtei«, 1. »Wiener Vorlsg.«; F. Schlegel unter dem Einfluß der Brüder Boisserée). Novalis' »Christenheit oder Europa« zeigt die endgültige Umwertung des Mittelalters. Aus England und Deutschland kamen die ersten Anregungen für die Neueinschätzung des Gotischen in *Frankreich*. Mme de Staël hatte die christlich-mittelalterliche Kunst noch als »dans la carrière des arts . . . la plus absurde des barbaries« (»De la littérature« 1800, Kap. 8) bezeichnet, mit *Chateaubriands* »Génie du Christianisme« (1802, T. III, Buch 1, Kap. 8) änderte sich das alles, denn er begegnete der christlichen Architektur als Monument gallischer Vergangenheit mit Ehrfurcht: »tout retrace les labyrinthes des bois dans l'église gothique, tout en fait ressortir la religieuse horreur, les mystères et la divinité«. »Gothique« und »pittoresque« werden identisch, die christliche Religion im Vergleich zu der heidnischen als Quelle einer höheren übersinnlichen Kunst geschildert (vgl. »Ruinenromantik« s. u. S. 187). *Hugo* bekannte sich in seinen Balladen und »Nouvelles Odes« (1824, s. »La Bande Noir«) zum gotischen Mittelalter, die gotische Stilart gab ihm vielleicht den ersten Anreiz zur Formulierung seiner ästhetischen Theorie der Mischung des Erhabenen und Grotesken (vgl. »Notre-Dame de Paris«, 1831, seinen Roman, der ganz von der gotischen Kathedrale beherrscht wird). J. Michelet konnte das französ. Interesse an der Gotik noch steigern (»Historie de France«, 1833 f., Buch II). Schneller als in Deutschland klang die gotische Mode in Frankreich ab, obwohl Hugo noch ein mißglücktes Drama über die rheinischen Raubritter (»Les Burgraves«, 1843) und Dumas père noch zahlreiche Schauspiele in mittelalterlichem Kostüm schrieb.
Zwischen Italien und Frankreich schlug einerseits Stendhal, der den Mailänder Dom verherrlichte, eine Brücke, andererseits *Mme de Staël* (übers. Artikel 1816, Buch 1817). A. W. Schlegel hatte sie auf *G. A. Bürger* aufmerksam gemacht (»De l'Allemagne« II, 13), dessen »Wilde Jagd« und »Lenore« von Berchet übertragen zum Modell der italien. Mittelalterbegeisterung wurden (»Lettera semiseria«, 1816). Doch verurteilte *Manzoni*

diese Italien etwas fern liegende Art der Vergangenheitsbelebung (»Sul romanticismo«, 1823), nahm aber T. Grossi von seiner Kritik aus, obwohl dieser nach Bürgers Muster eine tränenselige unglückliche Heldin in den Mittelpunkt seiner Verserzählung »Ildegonda« (1820) gestellt hatte. Manzoni selber verlegte seine historischen Dramen in das langobardische 8. bzw. das 15. Jh. der Renaissance.

In *Rußland* verschob sich das Mittelalter ins 16. Jh., als die Herrschaft der Zaren gegenüber den Tartaren gefestigt wurde (s. Puschkin, »Boris Godunow«), während in *Spanien* die christlich-maurischen Grenzkämpfe, wie sie in den »romanceros« überliefert sind, die Phantasie inspirierten (vgl. die »romances« und »leyendas« von Rivas, Zorilla; Rivas Drama »Don Álvaro«; »El moro expósito«; Esproncedas »El estudiante de Salamanca«).

Fast überall begann man, die *›mittelalterliche‹ Poesie zu sammeln*, denn hier glaubte man die Quellen der literarischen Eigentradition wiederentdecken und durch Erneuerung der Kunstpoesie so endgültig dem Klassizismus den Rücken kehren zu können.

Um das deutsche Beispiel heranzuziehen, so folgte auf den Sturm und Drang die Entdeckung der hochmittelalterlichen Dichtung durch die Frühromantik; die ersten Texte wurden noch ohne Anspruch auf Wissenschaftlichkeit ediert (s. Tieck, »Minnelieder«, 1803), darauf kam die Phase der konsequenten Sammlung der Volksdichtung (vgl. Brüder Grimm; »Des Knaben Wunderhorn«; Görres; »Teutsche Volksbücher« etc.), wobei sich eine Wende im Interesse vom ritterlichen Mittelalter zum Volkstum abzeichnet. Man dichtete im volkstümlichen Ton, versuchte auch ohne Rücksicht auf nationale Grenzen die Dichtarten des europ. Mittelalters zu erneuern (Volkslied, Ballade, Romanze) und sogar die alten Versformen wiederzubeleben (über die span. Romanzendichtung in Deutschland vgl. den Verf., »Spanien u. Deutschland«, S. 134–38; zur Sammlung alter Lieder vgl. Scotts »Border Minstrelsy«, 1802 f.; zur Erneuerung von Miltons Vers s. Wordsworth, Shelley, Keats; zu dem von Spenser s. Byron; zur Umdichtung alter Legenden und Sagen etwa Keats »Eve of St. Agnes«, 1819; Coleridge, »The Ancient Mariner«, 1798; Zorillas, Bécquers, Rivas »leyendas«; Fouqués »Undine« etc.).

Und noch eins sei erwähnt: Herders historisches Bewußtsein hatte sich in der Romantik vertieft, so daß mehrere *wissenschaftliche Disziplinen* aus der Wendung zur Vergangenheit hervorgingen: Naturgeschichte, Philosophie und Geschichte, Altertumskunde und Philologie, sei es germanische oder romanische; das romantische Bild des Mittelalters hat diese Forschungszweige so stark geprägt, daß sie sich lange nicht davon befreien konnten (s. die Theorie der »Volksdichtung«; dazu vgl. E. R. Curtius, »Europ. Lit. u. latein. Mittelalter«, 1948, S. 508: »Altgermanisches Reckentum, Minnesang und Ritterzeiten – um sie wob die Romantik duftige Bilder«, – über verschiedene Motivationen zur Rückkehr zum MA. s. jetzt G. Schulz = De Boor-Newald, VII, 2, 1989, 246-51).

d) Exotik

Romantische Sehnsucht äußert sich nicht nur im deutschen Gemüt als Fernweh und Heimweh. Franzosen oder Russen zieht es genauso in die Weite, wenn sich ihre Sehnsucht auch kaum je als metaphysische Sehnsucht nach dem Unendlichen äußert. Aus dem Leiden an der Gegenwart entsteht meist ein Verlangen nach zeitlicher Ferne – Sehnsucht nach den Griechen, nach dem Mittelalter –, aber dann auch nach der räumlichen Ferne in romantischen Gegenden. Man sucht dort nach dem »einfachen Leben«, das noch nicht von den Problemen der Zivilisation belastet ist, nach malerischen Reiseabenteuern unter fremden Völkern, die nicht dem Regelzwang sittlicher Konventionen ausgesetzt zu sein scheinen. Während die mythologischen Spekulationen der Deutschen auch geistig neue Räume erschließen, geht man nun tatsächlich auf Reisen. Wohin zieht es die Sehnsucht? »Ex oriente lux.« Der *Orient* wird zur magischen Formel für Weisheit und Mysterium, für Orgien und Exotik, dies Verlangen kristallisiert sich in Parolen wie »Away to Egypt« (Keats; dazu Byrons »Know ye the land where the cypress and myrtle . . .« in »The Bridge of Abydos«, Canto I) oder »L'Orient! L'Orient! qu'y voyez-vous, poètes? Tournez vers l'Orient vos esprits et vos yeux!« (Hugo, »Les Orientales«; oder s. Goethes »Herrlich ist der Orient« (»Divan«; vgl. F. Schlegel, s. o. S. 146). Dabei ist die Welt des Orients geographisch nicht auf den Nahen Osten bzw. den Mittelmeerraum (Kairo, Jerusalem) begrenzt, sondern schließt Indien ein und sogar das maurische *Spanien* (vgl. Hugo: »l'Espagne c'est encore l'Orient, l'Espagne est à demi africaine«, a. a. O., Préface 1829). Neben Spanien lockt freilich auch Italien und der ferne Strand Amerikas. Neue Eindrücke bringen zurück: »de l'Espagne Gautier, de la Corse Mérimée, de l'Italie Lamartine ou Stendhal, de la Sicile Dumas, de l'Egypte Nerval, de la Grèce ou du Levant Byron, Chateaubriand, Lamartine, de la Crimée Mickiewicz ou Pouchkine, du Caucase Lermontov«, so faßt van Tieghem die vielen Reisen bekannter Dichter zusammen

(»Romatisme . . . européenne« 1948, S. 259). Die *Rheinroman-tik* wird allerdings sowohl von Deutschen (von Brentano bis Heine) als auch von ausländischen Besuchern (u. a. Hugo, »Le Rhin«, 1842; Nerval; »Loreley. Souvenirs d'Allemagne«, 1852; s. auch Byrons »The Castled Crag of Drachenfels« in »Childe Harold« III, Strophe 55) entdeckt.

Die erste Anregung für eine literarische Beschäftigung mit dem ›Orient‹ kam von *Hamann*, der die Erneuerung der ausgestorbenen »Sprache der Natur« durch »Wallfahrten nach dem glücklichen Arabien, durch Kreuzzüge nach den Morgenländern, und durch die Wiederherstellung ihrer Magie« erhofft hatte (»Aesthetica in nuce«, 1792). *Herder* griff diese Anregung auf (»die älteste Sprache das Hebräische oder Arabi-sche«, in: »Fragmente üb. die neuere dt. Lit.«, 1767), aber erst von den Romantikern wurde der Orient als neue literarische und mythologische Provinz der Weltliteratur erschlossen.

Schelling und die Brüder Schlegel waren sich darüber einig, daß vor allem Indien als Heimat aller Weisheit anzusehen sei; Nova-lis verherrlichte die Kreuzzugsidee und versuchte, die orientali-schen Theorien dichterisch im »Heinrich von Ofterdingen« zu verwirklichen. Goethe hatte zweifellos den größten Erfolg mit der Assimilierung orientalischer Dichtung im »Westöstlichen Divan« (1819), wo ihm eine Synthese von Hafis und Calderón, von klassischer und romantischer Dichtung gelang. Im Ver-gleich dazu spielen die von Hafis übernommene Form der Gha-sele und ghaselartige Verse in der Geschichte der dt. Lyrik nur eine geringere Rolle (s. Brüder Schlegel, Platen, Rückert etc).

Spanien stellt für das romantische Deutschland sowohl Mittelalter als auch Orient dar, weshalb es wie kein anderes Land exemplarische Bedeutung erlangte. Denn »nirgends hat der ritterliche Geist die politische Existenz des Rittertums länger überlebt als in Spanien« (A. W. Schlegel, 35. »Wie-ner Vorlsg.«). »Wenn Religionsgefühl, biedrer Heldenmut, Ehre und Liebe die Grundlagen der romantischen Poesie sind, so mußte sie in Spa-nien [. . .] den höchsten Schwung nehmen« (ebd). Man erkannte die Affi-nität zwischen der span. und arabischen Poesie (11. »Wiener Vorlesg.«). A. W. Schlegel selber schrieb eine maurische Liebeserzählung (»Moray-zela, Sultanin von Granada«, 1796), und Brentano ließ sich von ihm und Tieck zum Studium span. Literatur anregen. Seine Spaniensehnsucht drückte er in der Romanze »Nach Sevilla, nach Sevilla« aus (»Ponce de Leon« IV, 22); er verfaßte die »Alhambra« (Ms. ca. 1803), ein Pilgermär-chen im Romanzenton, worin die *Alhambra* als »Traumpalast« und Le-benstraum erscheint, der den Menschen aus einer prosaischen zu einer poe-tischen Existenz hinaufhebt (über weitere Beziehungen des romantischen Deutschland zum Spanien Pérez de Hitas vgl. den Verf., a. a. O., 136f.).

Brentano steht mit seiner »Alhambra« nicht allein (man vgl. auch Heines Tragödie »Almansor«, 1823); in Frankreich begeisterte man sich ebenfalls für Granada, so etwa Chateaubriand in »Les Aventures du dernier Abencérage« (1826), Hugo in »Grenade« (»Les Orientales«, 1829), Washington Irving mit »A Chronicle of the Conquest of Granada«, 1829 und »Tales from the Alhambra« (1832; vgl. auch Byrons »Alhama«-Ballade, 1818; selbst für Spanien verschmolz der Orient mit Granada (s. Zorilla, »Granada«, 1852). Espronceda und Rivas verarbeiteten die maurischen Legenden und Romanzen (Rivas; »Romances históricos«, 1841). Granada könnte man überhaupt als die Wiege des Orientbildes betrachten, das erst von den Franzosen und Deutschen zur literarischen Mode zugeschnitten und dann von Spanien wiederum begeistert rezipiert wurde (vgl. Diaz-Plaja, »Introducción«, 1954, S. 143).

Begründer der Exotismus-Mode in *Frankreich* war sicher Chateaubriand, der mit seinem »Natchez«-Zyklus (»Atala«, »René«, »Les Natchez«) auch den Weltschmerz und den amerikanischen Wilden in die französ. Literatur einführte. Doch Hugos »Odes et Ballades« (1826) und »Les Orientales« (1829; vgl. Mussets Parodie dieses orientalischen Stils in »Namouna«, 1833) lenkten den Blick zurück auf das leidenschaftliche Erlebnis des Orients in Spanien (s. auch Hugo »Ruy Blas«, 1858 u. Mérimées pseudospan. »Le Théâtre de Clara Gazul«, 1825). Musset griff diese Thematik in seiner ersten Gedichtanthologie auf (»Contes d'Espagne et d'Italie«, 1830, z.B. »Don Paëz«), *Gautier* bekannte sich zeitweise ausdrücklich zum Fernweh: »Ce qui nous distingue c'est l'exotisme« (›Journal des Goncourt‹, 1863). Gleichzeitig mit seinem »Voyage en Espagne« erschienen die »Nouvelles« (1845), worin er den Orient als Kulisse für erotische Abenteuer, als Metapher für das Land des Bösen in der Wollust, der vampirhaften Frauen benutzte. »Das exotische und das erotische Ideal gehen Hand in Hand« (M. Praz, a. a. O., S. 175, bes. in seiner arabischen »Fortunio«-Erzählung und in »Une Nuit de Cléopâtre«). Bei Flaubert ist es kaum anders (»Novembre«, D. 1914; »Salammbô«, 1862).

Viel von dem orientalischen Milieu und Personal heroischer Piraten, wollüstiger Odalisken und rachedurstiger Paschas, das sich in der Literatur der europ. Romantik anfindet, dürfte auf Impulse zurückzuführen sein, die von *Byrons* ersten Verserzählungen ausgegangen sind (»The Giaour«, 1813; »The Bride of Abydos«, 1813; »The Corsair«, 1814; »Lara«, 1814). Byron bediente sich der griechisch-türkischen Kulisse, in »Lara« freilich auch der spanischen. Th. Moore (»Lalla Rookh«, 1817) und vielleicht noch Swinburne wandelten auf seinen Spuren (s. »The Masque of Queen Bersabe«). De Quinceys oriental. Opiumträume vermischen indische, chinesische und ägyptische Elemente (»Confessions of an English Opium Eater«, 1822). Bei Swinburne macht sich auch noch einmal die Faszination der Engländer für Italien bemerkbar, nachdem Byron, Keats, Shelley und die Brownings es zu ihrer Wahlheimat gemacht hatten; neben der Exotik gab es dafür – wie für die Griechenlandbegeisterung – auch den politischen Antrieb durch das Risorgimento. – Für die slawische Welt entdeckten Puschkin, Lermontow und Mickiewicz die malerische Landschaft des Kaukasus und der Krim, ja Puschkin beteiligte sich auch an der byronesken Mode (s. Fragment »Ägyptische Nächte«, 1825).

Literatur

Allgemein

Huyssen, A.: Die frühromant. Konzeption von Übers. u. Aneignung. Zürich, 1969. – *Emrich, W.:* Der Universalismus der dt. Ro. 1964. – *Lange, V.:* Nationallit. u. Weltlit., in: Weltlit. u. Volkslit., hrsg. A. Schaefer. 1972, S. 15–35. – *Schäfer, A.,* Hrsg.: Weltlit. u. Volkslit. Probleme u. Gestalten. 1972. – *Schrimpf, H. J.:* Goethes Begriff der Weltlit. 1968. – *Tgahrt, R.,* Hrsg.: Weltliteratur. Die Lust am Übersetzen im Jahrhundert Goethes. Marbach 1982. –

Mythologie

Bloom, H.: Shelley's Mythmaking. New Haven 1959. – *Bohrer, K.- H.:* Der Mythos vom Norden. Studien zur romant. Geschichtsprophetie. Diss. Heidelberg. 1962. – *Bush, D.:* Mythology and the Romantic Tradition in Engl. Poetry. N. Y. 1963. – *Feldman, B.* u. *R. D. Richardson:* The Rise of Modern Mythology 1680–1862. Bloomington 1972. – *Guthke, K. A.:* Die Mythologie der entgötterten Welt. 1971. – *Koopmann, H.:* Mythos u. Mythologie in der Lit. des 19. Jh. 1978. – *Poulet, G.:* Trois essais de mythologie romantique. Nerval, Gautier, Piranese. Paris 1966. – *Seznec, J.:* La Survivance des dieux antiques. London 1940. – *Strich, F.:* Die Mythologie in der dt. Lit. 1910. – *Willson, A. L.:* Romantic Neomythology, in: Myth and Reason. A Symposiium, hrsg. W. D. Wetzels. Austin-Lond. 1973, 41–69.

Griechenland

Baeumer, M.: Die romant. Epiphanie des Dionysos, in: Monatsh. 57 (1965), 225–36. – *Behler, E.:* F.Schlegel. rm 123. 1966. – *Buller, E. M.:* The Tyranny of Greece over Germany. Cambridge, Engld. 1935. – *Canat, R.:* L'Hellénisme des romantiques. 3 Bde. Paris 1951–56. –

Hatfield, H.: Aesthetic Paganism in German Lit. From Winckelmann to the Death of Goethe. Cambridge, Mass. 1964. – *Kastinger Riley, H. M.:* Das Bild der Antike in der deutschen Romantik. Amsterdam 1981. – *Miller, N.:* Europäischer Philhellenismus zwischen Winckelmann und Byron. In: Propyläen Geschichte der Literatur. Bd. 4. Berlin 1983, 315–66. – *Praz, M.:* Liebe, Tod und Teufel. Die schwarze Ro. dtv. 4051–52. 1970. – *Rehm, W.:* Griechentum u. Goethezeit. Gesch. eines Glaubens. Bern-Mchn. ⁴1968. – *Ders.:* Götterstille u. Göttertrauer. Aufsätze zur dt.-antiken Begegnung. Bern 1952. – *Schulz, G.:* Griechen, in: De Boor- Newald, VII, 2, 1989, S. 156–164. – *Stern, B. H.:* The Rise of Romantic Hellenism in Engl. Lit., 1732–1786. Menasha Wis. 1940. – *Uhlig, L.,* Hrsg.: Griechenld. als Ideal. 1988.

»Mittelalter«

Brinkler-Gabler, G.: Wissenschaftlich-poet. Mittelalterrezeption i. d. Ro., in: Ribbat, E. Hrsg.: Ro., ein litwiss. Studienbuch. 1979, S. 80–97. – *Curtius, E. R.:* Europ. Lit. u. lat. Mittelalter. Bern 1948. – *Friedrich, W. P.:* Dante's Fame Abroad, 1350–1850. Rom 1950. – *Gundolf, F.:* Shakespeare u. der dt. Geist. 1911. ¹¹1959. – *Hoffmeister, G.:* The Petrarchan Mode in Europ. Ro., in: »Cross-Currents« 1989, S. 97–112. – *Horton, G. S.:* Die Entstehung des Mittelalterbildes in der dt. Frühro. Wackenroder, Tieck, Novalis u. die Brüder Schlegel. Diss. U. of Wash. 1972. – *Jeffers, C. R.:* Medievalism in the Writing of the Span. Romanticists. Diss. Iowa. 1954. – *Klein, U.:* Die Entwicklung frühromant. Kunstanschauung im Zusammenhang mit der Shakespearerezeption durch F. u. A. W. Schlegel im letzten Jahrzehnt des 18. Jh. Diss. Berlin 1972. – *Kozielek, G.,* Hrsg.: Mittelalter-Rezeption (Texte). 1977. – *Krogoll, J.:* Geschichte im Drama u. im Roman der Ro., in: »Europ. Ro.« I, 1982, 319–354. – *Lanson, R.:* Le Goût du moyen âge en France au 18ᵉ siècle. Paris–Brüssel 1926. – *Mähl, H.-J.:* Die Idee des goldenen Zeitalters im Werke des Novalis. 1965. – *Mittner, L.:* Galatea. Die Romantisierung der italien. Renaissance-Kunst u. Dichtung in der dt. Frühro., in: DVj 27 (1953), 555–581. – *Morris, K. L.:* The Imagery of the Middle Ages in Romantic and Victorian Lit. London 1984. – *Pitwood, M.:* Dante and the French romantics. Genf 1985. – *Poag, J. F. – Scholz-Williams, G.,* Hrsg.: Das Weiterleben des Mittelalters in der deutschen Literatur. Königstein/Ts. 1983. – *Polt, E.:* Die Wiederentdeckung des dt. Dramas des 16. und 17. Jh. in der Ro. Diss. Wien 1930. – *Rehm, W.:* Das Werden des Renaissancebildes in der dt. Dichtung vom Rationalismus bis zum Realismus. 1924. – *Schmid, C.:* Die Mittelalterrezeption des 18. Jh. zwi. Aufklärung u. Ro. 1979. – *Ueding, G.:* Vom Charakterstück zum histor. Drama, in: Klassik u. Ro. 1988, S. 190–285.

Gotisches Mittelalter

Addison, A. E.: Romanticism and the Gothic Revival. N. Y. 1967. – *Elkins, C. A.:* Wordsworth and Gothicism. Diss. Cornell 1969. – *Gilpa-*

tric, M. E. P.: Gothic Elements in Engl. Romantic Poetry. Diss. Kent, Ohio 1966. – *Haferkorn, R.:* Gotik u.Ruine in der engl. Dichtung des 18. Jh. 1924, N. Y. ²1967. – *Levy, M.:* Le Roman ›gothique‹ anglais, 1764–1824. Toulouse 1968. – *Robson-Scott, W. D.:* The Literary Background of the Gothic Revival in Germany. A Chapter in the History of Taste. Oxford 1965. – *Summers, M.:* The Gothic Quest. London 1938, N. Y. ²1960. – *Thalmann, M.:* Die Romantik des Trivialen. 1970. – Vgl. auch die Lit. unter »Christliche u. satanische Romantik«.

Historismus
Heinrich, G.: Geschichtsphilosophische Positionen der dt. Frühro. F. Schlegel u. Novalis. 1977. – *Meinecke, F.:* Die Entstehung des Historismus. 2 Bde. 1936.

Exotik
Babinger, F.: Orient u. dt. Lit., in: Dt. Philol. im Aufriß III, 1960, 565–87. – *Balke, D.:* Orient u. oriental. Literaturen (Einfluß auf Europa u. Dtld.), in: RL II, 1965, 816–69. – *Behler, E.:* Das Indienbild der dt. Ro., in: GRM, NF 18 (1968), 21–37. – *Brand, Ch. P.:* Italy and the Engl. Romantics. The Italian Fashion in early 19th Cent. Engld. Cambridge, Engl. 1957. – *Close, A.:* The Romantic Approach to »Don Quixote«. London 1977. – *Couprie, A.:* Voyage et exotisme au XIXe siècle: Chateaubriand, Hugo, Nerval, Flaubert, Baudelaire, Rimbaud, Leconte de Lisle, Mallarme: thèmes et questions d'ensemble. Paris 1986. – *Diaz-Plaja, G.:* Introducción al estudio del romanticismo español. Madrid ²1954. – *Dischner, G.:* Ursprünge der Rheinro. in Engld. Zur Gesch. der romant. Ästhetik. 1972. – *Dufrenoy, M. L.:* L'Orient romantique en France 1704–1789. 3 Bde., Amsterdam 1976. – *Fechner, J.-U.:* Erfahrene u. erfundene Landschaft. A. de G. Bertolas Dtld.-Bild u. die Begründung der Rheinro. 1974. – *Fuchs-Sumiyoshi, A.:* Orientalismus in der deutschen Literatur. Untersuchungen zu Werken des 19. und 20. Jh. von Goethes »West-östlichen Divan« bis Thomas Manns »Joseph«-Tetralogie. 1984. – *Garber, F.:* Beckford, Delacroix and Byronic Orientalism, in: CLS 18 (1981), 321–331. – *Gérard, R.:* L'Orient at la pensée romantique allemande. Paris 1963. – *Hoffmeister, G.:* Exoticism: Granadas Alhambra in Europ. Romanticism, in: »Cross-Currents« 1989, S. 113–126. – *Jeoffroy-Faggianelli, P.:* L'Image de la Corse dans la litterature romantique française: le mythe cors. Paris 1979. – *Taha-Hussein, M.:* Le Romantisme français et l'Islam. Beirut 1962. – *Jourda, P.:* L'Exotisme dans la litt. française dupuis Chateaubriand. 2 Bde. Genf 1956–70, Repr. 1970. – *Kern, Hp.:* Tiecks Calderonismus, in: Ges. Aufsätze zur Kulturgesch. Spaniens, hrsg. J. Vincke, 1967, 189–356. – *Larat, J.:* La Tradition et l'exotisme dans l'oeuvre de Ch. Nodier, 1780–1844. Paris 1923, Repr. Genf 1973. – *Luedke, L. S.:* N. Hawthorne and the Romance of the Orient. Bloomington 1989. – *Margueron, D.:* Tahiti dans toute sa littérature. Paris 1989. – *Michel, P.:* Les

Barbares, 1789–1848: un mythe romantique. Lyon 1981. – *Remak, H. H.:* Exoticism in Romanticism, in: CLS 3 (1978), 53–65. – *Wiegand, H.:* V. Hugo u. der Rhein. 1982.

3. Themen, Motive und Gestalten

Die Motive und Themen, die die europ. Romantiker beschäftigten, sind so zahlreich und auch so unterschiedlicher Art, daß es unmöglich ist, auch nur einen geringen Teil hier systematisch zu erfassen. Oft interessiert man sich in einem Land, aufgrund der eigenständigen Tradition oder sozialpolitischer Umstände, für ein Thema, das in anderen Literaturen überhaupt nicht aufgegriffen wird. Doch sind wir der Ansicht, daß ein derartiger Querschnitt durch die europ. Romantik zumindest im Ansatz versucht werden sollte. Dabei wird es nicht immer möglich sein, einen bestimmten Komplex scharf von einem anderen abzugrenzen.

a) Kampf gegen die Aufklärung

Die wesentlichen Grundzüge der geistigen Auseinandersetzung zwischen Aufklärung und Romantik sind bereits konturiert worden (s. o. S. 32). Wie am Beispiel der deutschen Romantik gezeigt wurde, hat die Forschung zu Unrecht eine klare Antithese zwischen beiden Perioden aufgestellt, denn in der Tat bereitete ja die ›Vorromantik‹ auf die Romantik vor, der Kosmopolitismus der Frühromantik entwickelte sich folgerichtig aus den Ideen der Aufklärung, die anfängliche Begeisterung über die von Aufklärungsphilosophen antizipierten Prinzipien der Französ. Revolution war allgemein. Trotzdem ergeben sich auf verschiedenen Gebieten des Dichtens und Denkens auch unverkennbare Gegenpositionen.

Weltanschauung: Ob man die Welt rationalistisch wie Descartes auslegte oder wie Locke empiristisch verstand, mit gewissen Abstrichen und besonders aus dem Blickwinkel der Romantiker läßt sich die aufklärerische Weltsicht als relativ geschlossen ansehen. Trotz seiner monistisch-organischen Theorie hatte Leibniz in Deutschland dazu beigetragen, daß man die Welt als beste aller möglichen betrachtete, in der alles von der göttlichen Vorsehung geordnet und im Grunde wie ein »präfabriziertes Uhrwerk« abläuft. Den meisten Aufklärern ging »die Welt rein wie ein Rechenexempel« auf, weil sie mit ihrem endlichen Verstand »lauter Endlichkeiten« auf ihren Nutzen hin untersuchen konnten (A. W. Schlegel, »Allg. Übersicht des gegenwärtigen Zustandes der dt.

Lit.«, 1802). Mit ihrer naturwissenschaftlichen Denkmethode waren sie
darum bemüht, sich die Herrschaft über die Dinge zu verschaffen;
Ökonomie, Materialismus, Mechanismus waren die Leitgedanken der
Zeit, während die »höhere Realität« keine Beachtung fand. Man drang
auf universale Prinzipien, um das Ganze zu durchschauen, suchte nach
einer allgemeingültigen Ordnung, nach der alle Menschen verbinden-
den Konvention, man interessierte sich mehr für die Gattung Mensch
als für das Individuum, mehr für das Prinzip Toleranz als für den
menschlichen Einzelfall. Wenn auch ein wenig böswillig könnte man so
mit Schlegel die Leitideen der Aufklärung simplifizieren. (Denker wie
Rousseau, Herder oder Kant sind eigentlich nicht betroffen, denn
Rousseau bog den Aufklärungsoptimismus bereits in einen Kulturpessimismus um, Herders Methode der Genese und Kants transzendental-
philosophischer Ansatz legten das Fundament zu einer neuen Epoche).

Der *Gegensatz zur Aufklärung* entzündete sich vor allem am
Prinzip des alle Aspekte des öffentlichen Lebens tyrannisieren-
den Verstandes. »Der Sonnenschein ist die Vernunft als Sittlich-
keit – auf das tätige Leben angewandt, wo wir an die Bedingungen der Wirklichkeit gebunden sind. Die Nacht aber umhüllt
diese mit einem wohltätigen Schleier und eröffnet uns dagegen
durch die Gestirne die Aussicht in die Räume der Möglichkeit;
sie ist die Zeit der Träume« (Schlegel, ebd.). Das Licht der Aufklärung (»enlightenment«, »illuminación«, »siècle des lumières«) wurde dem zauberhaften Dunkel entgegengesetzt; durch
die Phantasie wurde die Welt des Nutzens vernichtet und die
wahre konstruiert. Das Schlegelsche Zitat trifft den Kern der
romantischen Weltanschauung, weil es den Ausweg zeigt aus
einer mechanistisch-statischen Ordnung zu einer noch zu
schaffenden, möglichen. Es weist zudem auf wichtige Themen
hin, nämlich die Umwertung der Nacht, auf die Welt des Traumes und der Phantasie (s. o. S. 120). Diese Gegenseite der Realität wurde allerdings in der außerdeutschen Romantik nie so ex-
plizit angesprochen.

Die Unterschiede in der Auffassung der *Religion* machen den Wandel
im Weltbild besonders deutlich. Nur die orthodoxen Lehren galten im
18. Jh. Wer sich nicht einordnete, wurde ausgeschlossen. Überspitzt
ausgedrückt: »Alles soll toleriert werden außer die Religion« (Schlegel,
ebd.). Am Rande der etablierten Kirchen entwickelten sich freilich zwei
Strömungen, die einander fast ausschließen: erstens die deistische Richtung, in England, Frankreich und Deutschland weit verbreitet, die in
Übereinstimmung mit dem fertigen Weltbild der Zeit nur eine natürli-
che Wissenschaft von Gott behauptete, zweitens der Pietismus innerhalb des deutschen Protestantismus, der die Forderung nach Toleranz

erhob. So ist diese religiöse Richtung nicht gemeint, sondern das System der orthodoxen Kirchen, wenn der Kirchenreligion der Kampf angesagt wurde (s. o. S. 116f; vgl. als Symbol dafür »Prometheus« von Goethe, Shelley; »Adán« bei Espronceda; Byrons Werk; noch Baudelaires »Fleurs du mal«, s. u. S. 217).

Kampf gegen den Klassizismus: Was wir in Deutschland als Sturm (gegen die Überfremdung) und Drang (nach dem Eigenen) bezeichnen, das brach ähnlich, aber mit fünfzigjähriger Verspätung (Goethe) als literarische Revolution in den Ländern aus, in denen bis dahin eine Symbiose von Absolutismus und Klassizismus geherrscht hatte. »Romantisme, c'est la liberté dans l'art« (Hugo), das bedeutete Freiheit in der Stoffwahl und in der Form, und zwar gegen die vom französ. Klassizismus überall verbreiteten und bis zu Napoleons Sturz gültigen Thesen von der rationalen Kontrolle des Schaffensprozesses, seiner mechanischen Zerlegung in verschiedene Phasen nach dem Muster der Rhetorik, der Beobachtung der Ständeklausel und der »règles des genres« sowie der ihnen zugerechneten Stilschichten. Klassizismus bedeutete, in Übereinstimmung mit der Weltanschauung der Aufklärung, die Darstellung universeller Wahrheiten nach ewigen poetischen Normen, die aus antiken Werken abgeleitet worden waren (»Le vrai peut quelquefois n'être pas vraisemblable«, Boileau, »L'Art poétique«, 1676). Dekorum (»bienséance«) und Geschmack (»le goût«) gaben die entscheidenden Richtlinien für den klassizistischen Schriftsteller, nicht das, was er erlebte oder fühlte.

Von *England* aus faßte *Hazlitt* die Erneuerung der Gesellschaft und der Literatur (»renewal of the world and of letters«), die sich damals überall in Europa in verschiedenen Etappen ereignete, so zusammen: »This school of poetry had its origin in the French revolution, or rather in those sentiments and opinions which produced that revolution; and which [. . .] were indirectly imported into this country in translations from the German about that period. Our poetical literature had, towards the close of the last century, degenerated into the most trite, insipid, and mechanical of all things, in the hands of the followers of Pope and the old French school of poetry. It wanted something to stir it up.« Seine weitere Analyse bringt folgende Punkte: alles sollte natürlich und neu sein, nichts Überkommenes geduldet werden; Stilfiguren und heidnische Mythologie wurden sofort verworfen; Könige und Königinnen wurden in Tragödie und Epos entthront, wie sie sonst wohl enthauptet wurden; der Reim wurde als Überbleibsel des Feudalismus angesehen, regelmäßiger Versfuß zusammen mit legitimer Regierung abgeschafft; Einfachheit herrscht in Kleidung und Benehmen, in Stil und Gefühlsäußerung; in der Stoffwahl gab es überall Gleichberechtigung (s. Hazlitt, »Lectures on the English Poets«, 1818, VIII, 3/2 f.).

Die *Franzosen*, die als wichtige Vermittler der europ. Romantik gelten, hatten dem nur wenig Neues hinzuzufügen. Man trat für die Aufhebung der Gattungstrennung ein, weil die Literatur Ausdruck der Gesellschaft sein sollte (Mme de Staël); die drei Einheiten wurden besonders für das historische Drama ersetzt durch die Einheit der Handlung oder die des Interesses (Schiller und Goethe galten hier als Vorbilder). In der Wendung zur nationalen Geschichte (vgl. Stendhal: »J'aimerais à voir, je l'avoue, sur la scène française, la mort du duc de Guise à Blois, ou Jeanne d'Arc . . .«, »Racine et Shakespeare«, 1823), sollte endlich eine charakteristische, individuelle Kunst der »Wahrheit«, der inneren und der äußeren (»couleur locale«) möglich werden. Die Franzosen unterscheiden sich indessen durch den revolutionären Ton von den Engländern (s. »la guerre aux règles«, ›Le Globe‹, 2. IV. 1825; »les marteaux dans les théories, les poétiques et les systèmes«, Hugo, Préface zu »Cromwell«). – In *Spanien* forderte man ab 1834 Freiheit von den Regeln (Larra) und den Bruch mit jeglichem Dekorum (Espronceda, »Canto a Teresa«), einigte sich jedoch bald auf ein »justo medio«, wie auch in Italien. Gegen die Überfremdung durch ausländische Literaturprinzipien kämpfte man dort und in Spanien (Durán, Milà) sowie in der slawischen Romantik. A. W. Schlegel gab neue Hinweise darauf, wie man sich von der mechanischen Form befreien und zur organischen durchdringen konnte (25. »Wiener Vorlsg.« = KAWSA VI, 109 f.).

b) Der romantische Held

Es ist kaum möglich, ein allgemeingültiges ›synthetisches Bild‹ des romantischen Helden zu entwerfen. Dazu sind die Schicksale der Autoren, ihr Milieu und ihre Auffassung von der Funktion der Dichtung, die sich in ihren Werken spiegeln, aber auch die romantischen Gruppen und Nationalliteraturen, viel zu unterschiedlich. Doch wird es möglich sein, durch abstrahierendes Verfahren wenigstens zahlreiche Dichter und Werke zusammenzurücken und so zu einer Art Mosaik zu gelangen.

Der romantische Dichter als Held
Der romantische Dichter antizipiert in seinem eigenen Leben viel von dem, was seinen Protagonisten geschieht, was er tut

und phantasiert. Der romantische Held ist oft nur eine Projektion des Autors, ein Symbol seiner Leidenschaft, der er im Leben nachgibt oder die er am Schreibtisch ins Werk verwandelt (s. Carlyle: »the hero as a man of letters,« in: ›Heroes, Hero-Worship‹, 1841). Indessen kommt es dem echten Romantiker gar nicht so sehr darauf an, ein fertiges Kunstwerk zu produzieren, viel wichtiger erscheint es ihm, eine ästhetische Existenz zu führen, sein Leben in ein romantisches Abenteuer umzugestalten. – Daß dem Selbst überhaupt so viel Bedeutung beigemessen wird, hängt mit der Genese des Individualismus seit der Renaissance zusammen, in philosophischer Hinsicht – und ausschlaggebend für die Romantik in Deutschland und Rußland – mit der Entwicklung der Transzendentalphilosophie (s. o. S. 114 f.), in religiöser Hinsicht mit der antiorthodoxen Bewegung des Pietismus, in psychologischer freilich mit dem Rousseauismus, in politischer mit dem Ruf der Franzöß. Revolution nach Freiheit. Dies sind die Tendenzen des Zeitalters, die im romantischen Subjektivismus zusammenströmen. Symptomatisch für den Sturm auf die Typisierung des Menschen im rationalistischen Jahrhundert steht Rousseaus Bekenntnis: »Un homme dans toute la vérité de la nature; et cet homme, ce sera moi, moi seul« (Vorwort, »Les Confessions«, D. 1781 f.). V. Klemperer gewinnt geradezu seine Bestimmung des Romantischen aus diesem Wesenszug: »so nenne ich romantisch den Menschen, der sein Ich ständig entgrenzt, der um sein körperliches, sein bürgerliches, sein fühlendes, sein denkendes Ich keine Grenzen duldet« (BB S. 61). Echos dieser Einstellung finden sich überall in der europ. Romantik, wenn die dt. Romantiker ihrem Selbstgefühl auch ein metaphysisches Fundament zu geben versuchten. Der metaphysische Anspruch hielt jedoch – von wenigen Ausnahmen wie Novalis oder Jean Paul abgesehen – nicht die Wirklichkeit aus. Es war Dichtern wie Kleist, Brentano oder Lenau nicht gegeben, eine wirkliche Existenz, bürgerlich oder poetisch, zu begründen. Antiromantiker haben derartige Dichterschicksale einfach abgetan: Das Verharren im bloßen *Subjektivismus*, ohne wie Kant oder Fichte zu seinen objektiven Grundlagen vorzustoßen (ethischer Idealismus), kam im Grunde einem ohnmächtigen Allmachtsgefühl gleich, das sich als überzogener Egoismus äußerte, dem man auf die Dauer wieder entfliehen wollte (vgl. »Weg vom Ich« in »Nachtwachen von Bonaventura« X). Mit Hegel zu sprechen: das an seiner Endlichkeit festhaltende Ich ist das »harte Herz«, »die höchste Empörung des seiner selbst gewissen Geistes«, dem nur noch das Schicksal bleibt, gebrochen zu werden (»Phänomenologie«, ⁶1952, S. 469). Der größte Egoist der Zeit war zweifellos Byron, aber man denke auch an Stendhals Eigenliebe (»Souvenirs d'égotisme«, D. 1892), an den »russischen Byron« Lermontow und den »spanischen« Espronceda. Alle waren von ihrer Mission auf Erden überzeugt, sei es einer gesellschaftlich-volkserzieherischen (latein. Romantik), sei es der weltverwandelnden metaphysischen Macht der Poesie. Kein Wunder, daß die *Melancholie* zur psychischen Krankheit der Zeit wurde, wenn sie oft auch nur affektiert war. Die Dichter waren der bürgerlichen Gesellschaft ausgesetzt, konnten sie kaum aushalten, geschweige denn verwandeln.

Taedium vitae, »ennui« (Chateaubriand), »Weltschmerz« (Jean Paul, »Selina«, S. W. II, 4,485), «tristeza«, »malinconia« (Prati) ergriff die Herzen zwischen 1815 und 1840 stärker denn je. Die Empfindsamkeit (Young, Ossian) hatte sie gefördert, bis sie von den englischen (s. Keats, »Ode to Melancholy«), von den französ. Romantikern (s. Musset, »Confessions d'un enfant du siècle« 1836; Lamartine, »L'Automne«), in Deutschland von Lenau und Heine, in Italien von Foscolo und Leopardi, in Spanien von Larra und Zorilla, in Rußland von Lermontow ihrem Höhepunkt zugeleitet wurde. Die Melancholie wurde zur Quelle der Inspiration (Mme de Staël, »De la littérature«, Teil II, Kap. 5) und dem Kennzeichen der modernen Literatur erklärt (Schiller, »Über naive und sentiment. Dichtung«). Subjektivismus und Melancholie, Enttäuschung über den nicht realisierten Traum von einer schöneren Welt, führen den romantischen Dichter genauso wie seine Helden an den Abgrund des Nichts. »La mort les frappe prematurément: mort naturelle – Novalis, Shelley, Keats [. . .] disparaissent avant d'avoir dépassé la trentaine – causée souvent par une maladie qui explique ce que leur inspiration de fievreux ou de mélancholique; mort en duel (Pouchkine, Lermontov); le champ de bataille (Petöfi), ou en luttent por une noble cause (Byron); suicide (Larra, Kleist, Nerval). D'autres ont été arrêtés en pleine carrière par la démence (Hölderlin, Lenau)« (van Tieghem, »Romantisme . . . européenne«, S. 226f.).

Das Todeserlebnis ist eine Zentralerfahrung der Romantik. – Gelegenheit zur Flucht vor der Problematik des Lebens bot sich auch im Rauschgift (für De Quincey, Baudelaire), während sich andere Dichter schließlich wieder im Objektiven zu verwurzeln strebten, indem sie entweder zur Religion zurückfanden (s. Konversionen S. 192; dazu J. H. Voß, »Wie ward F. Stolberg ein Unfreier?«, 1819) oder ihr Werk in den Dienst des Vaterlandes und der Gesellschaft stellten (s. o. S. 199f.). So kann man mit einem gewissen Recht sagen, die Geschichte der romantischen

Generationen sei die der Überwindung des Subjektivismus (vgl. Korff, a. a. O. III. 1949, 54). Unter den Dichtern, die ihr Leben oft notgedrungen zu einem »romantischen Abenteuer« machten, ragen *Byron*, Espronceda und Lermontow heraus. Byron wird zur legendären Figur, die vielfach nachgeahmt Anlaß zur Satire gab: »Der Dichter im Gefolge Byrons flucht und verwünscht alles, was die Erde trägt, ist aber in der Tat wohlgenährt und kräftig, zeigt eine heitere Miene, ist furchtsam in seinem Auftreten und sucht eine Stelle als Hilfsarbeiter im Ministerium« (H. Becher, »Die Kunstanschauung« 1933, S. 86, faßt so eine in der ›Gaceta de Madrid‹ erschienene Satire von 15. IV. 1839 zusammen).

Der rebellische Außenseiter

Dem Charakter und den Sehnsüchten ihrer Autoren entsprechend könnte man aus der Vielzahl romantischer Protagonisten zunächst zwei Gruppen bilden, eine um den guten bzw. edlen ›Helden‹ (Heldin) und die andere um seinen Gegentyp, den gefallenen Engel. Gemeinsam ist beiden ein scharf ausgeprägter Individualismus, ungewöhnliche Leidenschaftlichkeit und soziales oder religiöses Außenseitertum. Der romantische Held läßt alle bürgerlichen Maßstäbe und Konventionen hinter sich, denn er will gerade er selber sein, nicht typenmäßig festlegbarer Massenmensch, sondern Sieger über die Gesellschaft, oder wie die Franzosen damals sagten, eine »nature ondoyante« (Montaigne; dazu Constant, Préface zu »Wallenstein«; Mme de Staël, »De l'Allemagne« II, 18). Der Eindruck der Schwarz-Weiß-Malerei täuscht: gerade unter Banditen, Piraten, Verbrechern, Wilden, Bohemiens und Rebellen jeglichen Kalibers verbirgt sich oft eine schöne Seele; während umgekehrt der Edelmann, der Mönch, der Künstler zum Verbrecher oder Libertin wird. Außerdem kann sich die Leidenschaft des Helden selbstzerstörerisch oder weltvernichtend auswirken, indem sie gegen die Gesellschaft und gegen Gott rebelliert. Sie kann beim Publikum Bewunderung für den edlen Helden, Abscheu gegen den luziferischen und Mitleid mit dem passiv-träumerisch nach innen gerichteten Helden auslösen, der seine ästhetisch empfindende Seele vor dem Zugriff der Welt zu schützen versucht. Hier wäre an den Typ des Waisen, des Pilgers, des Bettlers, des Gefangenen, des Selbstmörders und besonders des enthusiastisch-melancholischen Künstlers zu denken. Nach den großen mythologischen Gestalten der Weltliteratur könnte die Vielzahl an romantischen Gestalten auch etwa in den Prometheus-, den Don-Juan-, den Hamlet-Typ aufgeteilt werden.

Der edle Räuber. Hier handelt es sich um die seit dem Sturm und Drang zu literarischem Ruhm gelangte Gestalt des Außenseiters oder Ausgestoßenen, der mit der Gesellschaft in Konflikt lebt, sie durch Verbrechen zu bessern trachtet und als geheimer Wohltäter auftritt, als Beschützer der Unterdrückten sowie als Empörer gegen die Tyrannei. Das Muster lieferte Schillers Karl Moor; von Goethes »Götz«, Alfieris Dramen und Zschokkes »Abällino« (1794) mögen einige Züge hinzugekommen sein, um nach dem Absinken in die trivale Räuberliteratur bei Byron und Scott wieder weltliterarisches Niveau zu erreichen.

Byron idealisierte einen Piratenhäuptling und seine tragische Liebesgeschichte im »Corsair« (1814), Scott verknüpfte den deutschen Rezeptionsstrang mit der englischen Legendengestalt Robin Hood (Locksley in »Ivanhoe«, 1819, siehe vorher seinen »Marmion«, 1808). *Nodier* kannte den englischen Schauerroman und Byron sowie »Werther« und die deutsche Romantik, als er seinen »Jean Sbogar« (1818) schrieb, einen edlen Banditen in den Mittelpunkt rückend, der gegen die gesellschaftlichen Konventionen und Gesetze kämpft (s. auch seine Erzählung »Ines de las Sierras«, 1837). Erst 1830, mit dem Erfolg des »Hernani«, wurde die Karl-Moor-Figur in Frankreich berühmt. Hernani ist Bandit, der geächtet wird, weil er aus Liebe zu seinem Vater und Doña Sol Verbrechen gegen die intrigante aristokratische Hofgesellschaft begangen hat (s. ähnlich in span. Kostüm *Hugos* »Ruy Blas«, 1838). Hernani kann für viele romantische Helden stehen, die die ganze Welt leidenschaftlich herausfordern und geradewegs in ihren Tod rennen (vgl. Akt II, 5: »Tu me crois peut-être un homme comme sont tous les autres . . . Je suis une force qui va! Agent aveugle et sourd de mystères funèbres! Une âme de malheur faite avec des ténèbres! Où vais-je? je ne sais«). Wie kein anderer hatte *Espronceda*, von Hugo inspiriert, Leidenschaft und Freiheit auf seine Fahnen geschrieben. Sein Pirat verkörpert die Freiheit des Meeres (»Canción del pirata«, vgl. »El mendigo«). Neben Scott, Byron und Hugo lieferte er das Vorbild für den idealisierten Verbrecher in López Solers »Jaime el Barbudo«, Bretón de los Herreros »Elena« (1834) und Zorillas »El desafío del diablo«. Duque de Rivas' »Don Alvaro« (1835), eine mysteriöse, aber auch gezeichnete Rebellengestalt à la Byrons Manfred, begeht Selbstmord aus Freiheitsdurst. Für die slawische Romantik spielt der ukrainische Kosak Mazeppa eine entsprechende Rolle, da er den Annexionsgelüsten des Zaren entgegentritt. Auf erste Anregungen von Byron (Verserz. 1819), vielleicht auch Hugo (»Les Orientales«) schrieb sowohl Słowacki ein Mazeppadrama (1840) als auch Puschkin sein Versepos »Poltava« (1829; s. noch Tschaikowskis Oper, 1884, aber auch Puschkins edlen Räuber »Dubrowski«, D. 1841).

Der prometheische Rebell. Der edelmütige Räuber ist nur eine Sonderform des kühnen Außenseiters, der prometheisch auf das heilige Recht des Individuums pocht und lieber an die Peripherie der Gesellschaft zieht als seine Ideale kompromittiert. Nachdem er mit allen sozialen (Klassenschranken, Ehekodex) und religiösen Bindungen gebrochen hat, bleibt ihm allein noch seine Leidenschaft und sein Glaube an die absolute Liebe, die mit dem Tode eins ist. Einen solchen Rebellen stellt Larra in »Macías« (1834) dar, Byron in seinen Verserzählungen seit 1813; den Mythos erneuerten Goethe, Monti, (»Prometheo«, 1797), E. Quinet (»Prométhée«, 1838) und *Shelley* in ihren Prometheus-Werken. »Prometheus Unbound« (1820) zeichnet sich durch seine Opposition gegen die allmächtige Tyrannei Jupiters aus, nach dessen Sturz Prometheus, »the type of the highest perfection of moral and intellectual nature« (Preface), das platonische Reich der Liebe inauguriert.

Der gefallene Engel. Der edle Räuber kann leicht durch widrige Umstände oder eine Fehlentscheidung seines Willens zum »Verbrecher aus verlorener Ehre« (Schiller 1785) werden. Insofern ist Prometheus nicht weit von Satan entfernt, der sich, denkt man an Miltons Modellfigur, allerdings durch rücksichtslose »ambition, envy, revenge, and a desire for personal aggrandizement« (Shelley, Preface »Prometheus Unbound«) von ihm unterscheidet. In der *gothic novel* mischen sich der Miltonsche und der Schillersche Typ (vgl. Praz, S. 148).

Diabolische Gestalten, die meist ein Doppelleben führen und unschuldige schöne Frauen verfolgen, tauchen bei A. Radcliffe (»Mysteries of Udolpho«, 1794; »The Italian«, 1797) und ›Monk‹ Lewis auf (»The Monk«, 1796) und beeinflussen noch Byron und dessen Nachahmer. Raub, Inzest, Mord an Schwester und Mutter zählen zu den Untaten des dämonischen Mönches. Zu den Gestalten, die wie er eine innere Hölle mit sich herumtragen, die wie ein menschlicher Vulkan alles, was mit ihnen in Berührung kommt, vernichten, gehören der alte Cenci Shelleys, dessen Sadismus sich an seiner Tochter (Inzest), den Söhnen (Verfluchung) und der Gemahlin ausläßt (vgl. noch Emily Brontës Heathcliff in »Wuthering Heights«, 1847); in Deutschland E. T. A. Hoffmanns Cardillac (»Das Fräulein von Scuderi«) und der Mönch Medardus (»Elixiere des Teufels«), in Rußland Lermontows Dämon und Petschorin (»Ein Held unserer Zeit«) und noch Dostojewskis Mörder Raskolnikow (»Schuld und Sühne«); in Frankreich Nodiers »Smarra ou les Démons de la nuit« (1821) und »Le Vampire« (1820), aber auch als Stendhals Julien Sorel (»Le Rouge et le noir«, 1830) sowie Balzacs Vautrin-Collin (»Père Goriot«, 1834). Damit berühren wir bereits den Grenzbereich zu weiteren Heldentypen.

Der nihilistische Libertin. Freiheit fordert der romantische Held als oberstes Prinzip seiner Existenz. Das wirkt sich unmittelbar auf die Auffassung seiner Leidenschaft aus, die er auszuleben strebt, ohne sich zu binden oder moralisch zu verantworten. Als Libertin durchbricht dieser Typ alle sittlich-gesellschaftlichen Konventionen, revoltiert gegen Mensch und Gott, zerstört Menschenleben und steht so oft zum Verbrecher gestempelt am Abgrund des Nichts.

Für eine Figur wie Julien Sorel lieferte sein Ahnherr Don Juan das Vorbild, dessen literarische Stoffgeschichte sich zwischen Emanzipation, Zerstörung und Reue bewegt (vgl. den Verf., »Spanien und Dtld.«, S. 96f.). Der Antiheld Julien ist eine Projektion Stendhals, der sich hier selber glorifiziert in seiner Sehnsucht nach Freiheit, dem energischen Willen zu handeln und ein leidenschaftliches Leben zu führen (sog. »Beylisme«). Zahlreiche andere Protagonisten verraten eine auffällige Affinität zum nihilistischen Typ. An der Schwelle von Aufklärung und Romantik entstand Tiecks »William Lovell« (1795 bis 1796), der den englischen Wüstlingstyp (s. Richardsons Lovelace in »Clarissa Harlowe«, 1747–48) und die Tradition der »gothic novel« mit dem französ. Rokokolibertin verbindet (s. noch Restif de la Bretonne, »Le Paysan perverti«, 1776), sich vom phantastischen Schwärmer über die Vergötterung der Sinnlichkeit zum Spieler mit anderen Menschen und zum Räuber und Mörder entwickelt. *H. Korff* hielt diesen Briefroman für »eins der wichtigsten Dokumente für die Entwicklungsgeschichte der Romantik«, weil Lovell in den Prozeß der Gefühlszersetzung durch Ironie gerate. Die Welt werde zum Marionettentheater, das Ich zum Schauspieler von Gefühlen, wodurch der »Standpunkt des Nihilismus« erreicht sei (»Geist der Goethezeit« III, 55). Zu Beginn der europ. Romantik lieferte Tieck so bereits das erste Zeugnis für den Zusammenbruch des Subjektivismus und seine Unhaltbarkeit. *F. Schlegel* griff diese Thematik genau an diesem Punkt wieder auf: sein Julius befindet sich zu Beginn der »Lehrjahre der Männlichkeit« – zerrüttet, verwildert und sinnlich aus Verzweiflung am Geistigen – am Ende. Aus dem inneren Chaos des Libertin befreit ihn die wahre Liebe zu »Lucinde« (1799). Erst *Jean Paul* gelang eine auch dichterische Gestaltung des Wüstlings: Roquairol, ein ins Titanische gesteigerter Hedonist mit satanisch-nihilistischen Zügen, der mit dem Menschen auf der Bühne des Lebens spielt, durch seine ästhetische Haltung und seine antizipierende Phantasie das Leben entwertet, bevor es gelebt ist. Der romantische »Himmelsstürmer findet seine Hölle« (s. J. Pauls Brief an F. Jacobi v.8. IX. 1803 über »Titan«, 1800–03), nachdem er sich in einem selbst inszenierten Trauerspiel entlarvt hat und den Tod gibt (vgl. für den Libertin in der außerdt. Romantik noch B. Constant, »Adolphe« Ms. 1807, Manzonis Don Rodrigo in »Die Verlobten«, Ms. 1821–27).

Im engeren Sinne ist das *Don-Juan-Thema* durch die Gestalt und die Motivik des span., seit Tirso entwickelten Frauenhelden bestimmt. Abgesehen von E. T. A. Hoffmanns Idealsucher (»Don Juan«, 1813) und Lenaus Lebensüberdrüssigem (»Don Juan«, D. 1851) spielt Don Juan in der dt.romantik keine wesentliche Rolle mehr (s. aber noch Mörikes »Mozart auf der Reise nach Prag«, 1855; Heines Satire auf Don Juan in »Das Buch Le Grand«, Kap. I, 1827, u. »Die Nachtwachen von Bonaventura«, Kap. V, 1804), dafür um so mehr in der außerdt. Erwähnt seien wenigstens aus dem französ. Bereich Baudelaires Gedicht »Don Juan aux enfers« (1846), Mussets »Namouna« (1833), Mérimées Roman »Les Ames du purgatoire« (1834) und Dumas pères »Don Juan de Maraña« (1836). Die Interpretation der Gestalt bewegt sich auch in Frankreich zwischen den von Hoffmann und Lenau eingenommenen Positionen, nur scheint Mérimée es gewesen zu sein, der den Don-Juan-Stoff mit Maraña verschmolz und dadurch die Idee der Seelenrettung Don Juans ermöglichte (vgl. E. Frenzel, »Stoffe der Weltliteratur«, ^{2}1963, S. 135). Aus Rußland ist nur Puschkins »Der steinerne Gast« (1830) bekannt, während Spanien zwei große Dramen hervorbrachte. In *Esproncedas* »El estudiante de Salamanca« (ca. 1840) steht Don Juan als Don Felix wieder auf, als der große Ironiker, dem keiner an Arroganz und Lasterhaftigkeit, Ruhmsucht und Tollkühnheit gleichkommt. Er fürchtet sich weder vor Gott noch Teufel. So wird er zum Spiegelbild seines Autors, der selber die romantische Rebellion gegen Konvention und Mächte repräsentierte. In *Zorillas* »Don Juan Tenorio« (1844) verbindet sich die span. Tradition mit Motiven aus »Faust« und »Jedermann«: der diabolische Libertin findet über mehrere Stufen zur Reue und zu Gott zurück, wobei seine aus Kummer verstorbene Geliebte als Mittlerin für seine Seelenrettung eintritt. – Demgegenüber hat *Byrons* »Don Juan« (1819f.) wenig mit der Fabel zu tun. Byron übertrug hier seine persönlichen Probleme auf die Handlung, seinen genialen Charakter voller Ich-besessenheit, Freiheitsdurst und Melancholie auf Juan, der aus seiner langweiligen Heimat (Spanien = England) nach dem exotischen Griechenland, der Türkei und Rußland verschlagen wird; von dem nihilistischen Libertin ist dabei nichts mehr übriggeblieben, denn diesmal läßt sich der charmante Liebhaber von schönen Frauen verführen.

Zusammenfasung: Der byroneske Held. Byrons Held stellt im Grunde eine Synthese des »rebellischen Außenseiters« dar. Neben dem Dichter selbst und den Liebhabern der orientalischen Verserzählungen (s. o. S. 157) bilden vor allem »Childe Harold« (ab 1812) und »Manfred« (1817) den Prototyp: Harold flieht vor der menschlichen Gesellschaft in die Weite der Welt, um sich in der exotischen Landschaft des Mittelmeerraumes und unter unverbildeten Menschen wiederzufinden. In weltschmerzlicher Haltung nennt er sich »self-exiled« (III, 16). »most unfit Of men to herd with Man« (III, 12), einen stolzen, darum einsamen, manchmal verzweifelten Menschen, der sich über die Meinung der Welt erhoben hat (vgl. III, 112); wie Prometheus rebelliert er gegen die Gesellschaft, wie Ahasverus ist er zur ewigen Wanderschaft verurteilt (vgl. III, 70). Doch verhält er sich keineswegs gefühllos, vielmehr öffnet er seine Seele ganz rousseauistisch den Wundern, der Schönheit und der Gewalt der Natur (vgl. III, 72, 75). – Ihm zur Seite steht Manfred, der durch seine Leidenschaft aus der Masse herausragt »extreme in both [deeds of good and ill] Fatal and fated in thy sufferings« (Scene 2), jedoch vereinsamt sich selbst zerstört. Manfred, ein lebensmüder Faust ohne höhere Aspiration als seine Eigenliebe, rückt damit neben den leidenschaftlichen Don Juan, den rebellischen Prometheus, den edlen Räuber, den gefallenen Engel. Diese Synthese von weltliterarischen Typen unterstreicht nochmals den Ausbruch von Autor und Held aus beengenden Konventionen in die Einsamkeit der Natur, die Forderung nach Freiheit im Denken und Handeln, den sich mißverstanden wähnenden Egoismus, der sich über die Meinung der Leute hinwegsetzt und den weltschmerzlichen Ton einer im Grunde sensiblen Seele.

Zwischen 1815 und 1830 wurde der *Byronismus* in der Kleidung, in der liberal-revolutionären Einstellung und in der Literatur zur Modeströmung (vgl. van Tieghem, »Le Romantisme européenne«, S. 245 bis 247). In Lyrik, Drama und Roman tragen die meisten Helden dieser Periode byroneske Züge. Die bereits genannten Dichter und Werke sind zu ergänzen durch Heine, Dumas pères »Antony« (1831), einen Außenseiter, der nichts anderes kennt als Haß oder Liebe; Puschkins Eugen Onegin (Ms. 1830); Oehlenschlägers »Aladdin« (1857); Mickiewicz' »Konrad Wallenrod« (1828); Rastignac in Balzacs »Comédie humaine«, »Lorenzaccio« von Musset (1834) und Lamartines »Le Dernier chant du pélérinage d'Harold« (1825; zum Wirkungsbereich des europ. Byronismus s. den Verf. 1983).

Das Doppelgänger-Motiv
Literarisch seit der antiken Verwechslungskomödie nachweisbar (Plautus) und in der Renaissance von Lope de Vega und Shakespeare (s. »Comedy of Errors«, 1589/93) erfolgreich wiederbelebt, verdankt der Doppelgänger als Wort, Motiv und psychologisches Problem der Ichspaltung Jean Paul entscheidende Impulse (s. »Siebenkäs«, 1796–97; dazu E. Frenzel, ›Motive der Weltlit.‹ 1976, S. 102). Gleichzeitig führten satanische Mönche in der englischen Schauerromantik (s. M. G. Lewis, »The

Monk«, 1796) ein Doppelleben, aber das Motiv wurde erst von der deutschen Romantik über das Psychologische ins Metaphysische gehoben und von Dostojewski zur Vollendung geführt.

Jean Paul spaltete sich gleichsam in zwei Personen auf, von denen »Siebenkäs« (1796–97) das doppelte Bewußtsein des komischen Schauspielers und des Zuschauers erlangt. Im Scheintod, den sein Doppelgänger Leibgeber arrangiert, wird sein Wunsch nach Freiheit von der kleinbürgerlichen Beschränkung endlich Wirklichkeit. Namenstausch und Scheintod hat man als Schildbürgerstreich gegen das Philistertum aus innerer Freiheit bezeichnet; indem Leibgeber seine bürgerliche Position für seinen Freund freimacht, entpuppt er sich zwar als »Spielgeist« und »wilde weltbürgerliche Seele« (J. Paul), als »humoristischer« Freigeist, der über Mensch und Dingen steht, aber er läuft auch Gefahr, in der eisigen Einsamkeit wahnsinnig zu werden. So wird Leibgeber – neben Roquairol und Schoppe, in dem er im »Titan« fortlebt – ein frühes Opfer der romantischen Ironie als Selbstschöpfung und Selbstvernichtung. Schoppe leidet an der Fichteschen Ich-Spaltung (vgl. »da sitzt ein Herr leibhaftig und ich in ihm, wer ist aber solcher?«, 31. Jobelperiode), trifft dann auf sein Ebenbild Leibgeber-Siebenkäs, ist sich nicht klar, ob es Wirklichkeit oder Traum ist und geht im Wahnsinn in den Tod (35. Jp.). – *Tieck* »Der blonde Eckbert« (1796) wurzelt im Handlungsschema noch in der »gothic novel«, das bestätigt die Verwendung von Gruselzügen (Hexe), Inzest- und Doppelgängermotiv. Nur gelang es Tieck besser, sie in den Dienst der Stimmung und der Charakterisierung zu stellen; das Doppelgängermotiv wird bei ihm zum Ausdruck der Identitätskrise Eckberts, den das »Verformen der figuralen Umwelt« (M. Thalmann), das Verfließen der Grenzen zwischen Phantasie und Wirklichkeit, zwischen Personen und Gegenständen bedroht.
Kleist griff das Doppelgängermotiv im »Findling« (1811) auf; hier nimmt der ruchlose Findling die Züge eines Mannes an, der einst seine Pflegemutter wie ein Engel aus Todesnot gerettet hat. Das ihr heilige Andenken wird dadurch entweiht. – Man hat *E. T. A. Hoffmann* gelegentlich mit Kleist verglichen; hier ist es angebracht, denn Hoffmann variiert das gleiche Motiv vom »Don Juan« (1813) bis zum »Doppeltgänger« (1821). In den »Elixieren« spielt der nach Lewis' »Monk« geschaffene Medardus die Hauptrolle. Als erotischer Nihilist ähnelt er Satan, als aketischer Mönch, der auf die Erlösung durch die Liebe wartet, einem Heiligen. So kämpft im Traum sein Ich gegen den Teufel, der in gleicher Gestalt auftritt. Das Doppelgängermotiv signalisiert seine Selbstentzweiung. Bezeichnenderweise wird er als »Caracalla, Abälard und Boccaz« (Teil 1) charakterisiert. In einem Wahnsinnsanfall begegnet er sich selbst im Halbbruder Viktorin, womit Hoffmann das Motiv aus der schizophrenen Sphäre auf Gestalten der Handlung transportierte. Die Rollen überschneiden sich: Viktorin tritt als der mörderische Mönch Medardus auf und führt schließlich die Tat aus, die er nur ge-

dacht, nämlich die unschuldige Geliebte zu verderben. Danach vermeidet der Autor die »Verwüstung der Unschuld« (Korff IV, 572 f.), und erreicht die Erlösung des Wüstlings durch die Liebe. – Stärker an Kleist gemahnt die Behandlung des Künstlers Cardillac (»Das Frl. von Scuderi«), der bei Tage als Ehrenmann erscheint, bei Nacht als teuflischer Mörder, um aus dämonischer Werkbesessenheit seine Juwelenarbeiten zurückzugewinnen. Über seinem Künstlertum liegt von Geburt an ein Fluch, der ihn aus aller bürgerlichen Ordnung ausschließt und seine Seele der Hölle überantwortet. Romantisches Künstlertum erhält hier ein durchaus ambivalentes Gesicht, wobei sich Genialität und Dämonie die Waage halten. – Abgewandelt kehrt diese Problematik in der Kreisler-Gestalt (»Kater Murr«) wieder, die mit sich und der Welt entzweit, manchmal dem Wahnsinn nahe, manchmal Wahnsinn vortäuschend, um die höfische Welt abzuwehren, von einem Gefühlsextrem ins andere springt und dann tatsächlich Angst vor wirklichem Wahnsinn bekommt. Kreisler befindet sich in einer ironischen Gemütsstimmung, die aus dem Kampf feindlicher Prinzipien entspringt, aus dem Wunsch zur Vernichtung der Welt und zur Begründung eines Paradieses auf Erden. So werden Anklänge an das Doppelgängermotiv auch hier verwandt, um das Problem von Kunst und Dämonie zu erhellen (vgl. auch dasselbe Motiv bei Heine als Symbol seiner Unbehaustheit, s. »Der Doppelgänger« in »Buch der Lieder« III, Nr. 20; sein Freund Nerval beschrieb seine halluzinatorischen Zustände in »Aurélia«, 1853, deren Geliebte ihm ein göttlicher Doppelgänger entführt; vgl. auch Gautiers »La Morte amoureuse«, 1836 u. »Le Chevalier double«, außerdem Poes »Eleonora«, »A Tale of the Ragged Mountains« und »William Wilson«).

Der ästhetische Typ

Wer nicht gegen die angestammte Gesetzesordnung von Mensch und Gott kämpft, bleibt an den Außenbezirken der Gesellschaft als Pilger (s. Scott; Zorilla »La pasionaria«; Campoamor, »La compasión«), als Bohemien oder Wanderer zwischen den Welten, oft einer fixen Idee nachjagend, die ästhetischer Art sein kann wie bei den dt. Künstlergestalten oder religiös-methaphysischer Art wie bei Faust und *Ahasverus* (vgl. Wordsworths »Song for the Wandering Jew», 1800; *Chamisso,* »Der neue Ahasverus«, 1831; Lenau, »Der ewige Jude« 1833, 1839; Arnim, »Halle und Jerusalem«, 1811; E. Quinet, »Ahasverus«, 1833; Schukowski, »Ahasverus«), »Moby Dick« (1851) oder »Peter Schlemihl« (1814). Peter Schlemihl wird gleichsam zum Repräsentanten des romantischen Helden, des einsamen, von der Gesellschaft »durch frühe Schuld« (Chamisso) entfremdeten Außenseiters, der zwar nicht kämpft, aber immer auf der Suche nach Seelenfrieden bleibt. – Zu den edlen Helden, die nicht wie ein Vulkan alles um sich her zerstören, zählt auch der Gegentyp zum luziferischen Protagonisten, etwa der asketische Pater Cristoforo in Manzonis »Die Verlobten« oder auch der edle Wilde zwischen Rousseau (vgl. »Discours sur les sciences et les arts«, 1750; »Discours sur l'origine de l'inégalité«, 1754), Chateaubriand (»Les Natchez«) und J. F. Cooper (»The Last of the Mohicans«, 1825). Wie in der Renaissance beansprucht der Künstler der Romantik der wahre, echte Mensch zu sein, weil er Leben und Kultur nach dem Maßstab seelischer oder ästhetischer Werte beurteilt und das Absolute darstellt. Dadurch wirkt er auf die positive Ordnung der Gesellschaft auflösend, gerät also in eine Außenseiterlage, die sich jedoch in rebellischen Aktionen äußert. Der träumerisch veranlagte Held sieht nicht einmal den höchsten Ausdruck des Romantischen im konkreten Kunstwerk, sondern im Genuß und in der Begeisterung am Schönen, sei es auch nur ein witziger Einfall (F. Schlegel) oder eine malerische Inspiration, die nur nach unendlicher Mühe Gestalt gewinnen würde. Es handelt sich also nicht um den prometheischen, sondern den neuplatonisch-enthusiastischen Künstlertyp.

Modell von europ. Tragweite dürfte Goethes »Werther« sein. *Wertherismus* wurde zum Schlagwort der europ. Romantik, betraf Kleidung, Weltanschauung und Selbstgefühl, bevor der Byronismus diese Mode zumindest zeitweilig ablöste. Werther schwelgt im passiven Genuß der Natur, der Literatur (Ossian) und seiner eigenen Begeisterungsfähigkeit; resigniert wählt er den Freitod, als seine Unbedingtheit die Einschränkung durch die bürgerlichen Verhältnisse nicht mehr ertragen kann. Die Wertherkrankheit, engl. Krankheit der Melancholie und des Selbstmordes (Goethe), lebt in Byrons Helden fort. *Foscolos* »Jacopo Ortis« gab Italien das Muster für den Helden (in der Nachfolge Sternes, Alfieris und Goethes), der in exaltierten Briefergüssen eines empfindsamen Enthusiasten alles sofort und unbedingt haben will oder nichts; als er erfährt, daß er Politik und Gesellschaft als einzelner nicht verändern kann, flieht er resigniert in die Natur, die als Spiegel seiner Seele seine Verzweiflung reflektiert. Jacopo rebelliert nicht mehr gegen die Welt, sondern gegen sich selbst und fällt als Opfer seiner eigenen Leidenschaft.

Neben Werther, Childe Harold und Jacopo rückt in Frankreich *Chateaubriands* »René« (1802f.) als Vorbild eines romantischen Jünglings, in dem sich noch Sainte-Beuve wiedererkannte (vgl. »René ›c'est moi‹«, »Premiers Lundis«, Kap. »Chateaubriand«, 1865; dazu »Causeries du Lundi«, 12. IV. 1858, über »Hamlet, Werther, Childe Harold, les Renés purs«). Mahnend wie Goethe stellt Chateaubriand im Grunde den überflüssigen Menschen dar, für den der Traum die Welt bedeutet, der genießerisch in melancholischem Seelenzustand verharrt, sich unendlich nach Liebe sehnt, aber alle Erfahrungen durch die Phantasie antizipiert. Darum wird er vom Missionar auch verurteilt: »Je vois un jeune homme entêté de chimères, à qui tout déplaît, et qui s'est soustrait aux charges de la société pour se livrer à d'inutiles rêveries« (»Réne« – Ende; auch Musset kannte den ästhetischen Typ der Langeweile und der Melancholie, vgl. »Fantasio«, 1834).

Denselben Typ entwickelte die russische Romantik vor allem im Werk Lermontows (Petschorin, »Ein Held unserer Zeit«, 1840) und *Puschkins* (s. »Faust«, 1826, der sich voller Lebensüberdruß gegen Gott wendet). Eugen Onegin wird gelegentlich als »Moskowiter in Childe Harolds Gewand« (II, 44; VIII, 8) bezeichnet: moros und müßig, spleenig und blasé verläßt er die zum Überdruß genossenen Freuden der Großstadt, um bald auch vom Lande angewidert zu sein. Frauen interessieren ihn nur, wenn sie schon vergeben sind. Im Nachbarn Lenski kennzeichnete Puschkin den in Göttingen und Jena gebildeten Romantiker, der voller Illusionen die Wirklichkeit verkennt und in den Tod rennt. Puschkin rechnete also mit dem byronesken und dem träumerischen Helden der russischen Literatur ab, so wie Jean Paul es vorher für Deutschland getan hatte.

Der schaffende Künstler findet entweder sein Heil in der Kunst oder erfährt, mit sich selbst sowie der Gesellschaft zerstritten, ihre Dämonie. Religionsersatz suchten vor allem die dt. Frühromantiker im Anschluß an *Wackenroders* »Herzensergießungen« in der Kunst, denn Wackenroder hatte – im Gegensatz zu den ästhetischen Theorien der Brüder Schlegel – den heiligen Geheimnischarakter »romantischer« Malerei betont und göttliche Inspiration beim Schaffensprozeß sowie fromme Ehrfurcht als Haltung vor dem Kunstwerk gefordert.

Tiecks »Franz Sternbald« geht nach der frommen Dürerphase in Italien durch die Schule der Liebe und lernt zugleich ein anderes Kunstideal kennen. Sein Problem ist der Enthusiasmus, der ihn zum Spielball äußerer Eindrücke macht und aus Zweifel an der künstlerischen Berufung an die Grenze des Selbstverlustes bringt. Sein Glück liegt nicht im Schaffen, sondern im Ausmalen in der Phantasie. Erst nach dem Italienerlebnis bricht Sternbald aus seiner nach innen gerichteten Einsamkeit aus. – Neben Tiecks etwas oberflächlichen Künstlerroman tritt der metaphysische »Heinrich von Ofterdingen« des *Novalis*, der als »Anti-Meister« konzipiert wurde und insofern den Helden nicht mehr durch Begegnung mit der äußeren Wirklichkeit, sondern aus der Tiefe des Gemüts heraus bildet. Es ist ein Roman der Einweihung ins Dichtertum. Nicht wie Wilhelm will er sich die Welt erschließen, sondern selber Schlüssel für die Welt werden; der Roman sollte sogar zeigen, wie der magische Idealismus des Dichterpriesters die Welt erlöst, sie in die goldene Zeit der Poesie zurückverwandelt. – Gegen Ende der dt. Romantik schuf *Eichendorff* im »Taugenichts« (1826) eine märchenhaft angelegte ästhetische Figur; Taugenichts ist Hans im Glück, dem die künstlerische Begabung gleichsam in den Schoß gefallen ist, ein Mensch, der sein Leben dichtet und sich als Kind Gottes dichten läßt. Er lebt zwar in der Gegenwart, traut sich aber als »vakierendes Genie« ganz der Fügung Gottes an, wehrt sich wohl anfänglich gegen die philiströse Bürgerwelt, um am Ende doch ein Philister zu werden.

Diesen unproblematischen Künstlergestalten steht eine ganze Reihe von in sich zerrissenen und mit der Gesellschaft zerfallenen Gegentypen gegenüber, die ihr Werk erst dämonischen Mächten abgewinnen müssen. Der Künstler als der wahre Mensch – aber auf Kosten der »Wonnen der Gewöhnlichkeit« und daher im Gegensatz zum Bürgertum, das ist das Schicksal dieser Helden, deren Reigen *Wackenroders* Joseph Berglinger anführt.

Für Berglinger hat die Kunst bereits ein Doppelantlitz; einerseits löst die Kunstreligion die widrigen Erscheinungen der Neuzeit auf, andererseits kündigt sich die Kunst als eine dämonische Macht an, die den Menschen völlig beherrscht und aus der Welt »verrückt«. So gerät Joseph auch in Konflikt mit der Realität des prosaischen Lebens. Noch am Hofe erfährt er wie Tasso vor ihm die »Subordination der Kunst unter den Willen des Hofes«. Schließlich verzweifelt er, weil die Kunst nicht die hohe Rolle spielt, wie er sie ersehnt hat. Charakteristisch für seine Sehnsucht, der Erde zu entkommen, dürfte die Wahl des Musikerberufs sein, denn Musik hat nach romantischer Auffassung den am meisten übernatürlichen Charakter.
Auch nach *E. T. A. Hoffmann* ist sie die »romantischste aller Künste [. . .] Die Musik schließt dem Menschen ein unbekanntes Reich auf; eine Welt, die nichts gemein hat mit der äußeren Sinnenwelt«. Sie bewirke dionysische Ganzheit aller Leidenschaften durch Vernichtung aller Widersprüche und »erweckt jene unendliche Sehnsucht, die das Wesen der Romantik ist« (»Musikalische Schriften«, 1810). »Ritter Gluck« (1809) erscheint deshalb vom Standpunkt der bürgerlichen Welt aus betrachtet genauso wahnsinnig wie Kreisler (»Kater Murr«), der als »fremdartiges exotisches Prinzip« (Teil II) mit der Gesellschaft in Konflikt gerät. Sein Auftauchen am Hofe wirkt als »völlige Dissonanz und höhnende Verachtung aller conventionellen Verhältnisse« (I). Offen für die Herrlichkeiten der Kunst, besonders der Musik, verzehrt er wie ein »gährender Vulkan« (I) alles um sich her. Im Grunde führt Kreisler hier, wie mancher romantische Dichter im wirklichen Leben, einen »Veitstanz des freiheitstrunkenen Subjekts« auf (Eichendorff über Brentano, »Gesch. der poetischen Lit. Dtld.«, hrsg. Baumann IV, 326). Nur die heilige Musik und die unerfüllte Künstlerliebe erlösen ihn von seinem Dämon.

Künstlerroman und Künstlernovelle sind offenbar typisch deutsche Gattungen, die in der Auseinandersetzung mit Goethes »Meister« und Wackenroders »Herzensergießungen« entstanden. Auch das Doppelgängermotiv taucht vordringlich in diesem Umkreis auf. Doch das Interesse der westeurop. Romantik für die sozialen Implikationen der künstlerischen Existenz führte auch in Frankreich zur Gestaltung des Problems. 1807 erschien *Mme de Staëls* Roman »Corinne«, der das Schicksal einer genialen Dichterin schildert, die im Konflikt zwischen Ruhm und Liebesglück scheitert (vgl. Grillparzer, »Sappho«). Mit überragender Schönheit und Begabung wird sie Opfer bürgerlicher Ehekonventionen. *A. de. Vigny* ging einen großen Schritt darüber hinaus, zunächst in »Stello« (1831): um in der materialistischen Gesellschaft überleben zu können, müsse sich der Künstler von der Politik und den sozialen Illusionen trennen und in heiliger Einsamkeit ganz seiner dichterischen Mission leben. Die verlogene Gesellschaft hat gegenüber dem Genie immer unrecht. Aus »Stello« ging das Drama »Chatterton« (1835) hervor, das den Konflikt Künstler–Gesellschaft auf die Spitze treibt. Verschuldet sucht Chatterton aus seiner heiligen »Klosterzelle«, in der er nur geträumt und gedichtet hat, auszubrechen und Anschluß an die Gesellschaft zu finden, was ihm nicht gelingt, da seine zunächst verheimlichte Identität aufgedeckt wird. Als unnützer Dichter verhöhnt, vergiftet er sich. So hat Vigny hier die Kritik seiner Vorgänger an der gleichgültigen Gesellschaft beträchtlich verstärkt.

Die Heldin: Unschuldsengel oder femme fatale
Was für den romantischen Helden allgemein festgestellt wurde, gilt meistens auch für die weiblichen Protagonisten; es lassen sich auch hier zwei Typen unterscheiden, einmal der der Seelenführerin, die nach dem Stichwort »Das Ewigweibliche zieht uns hinan« das Ideal männlicher Sehnsucht verkörpert, zum anderen der der verhängnisvollen Frau, die dem Mann die Hölle auf Erden bereitet und ihn ins Verderben stürzt. Die Metamorphose aus dem Engel in eine Teufelin vollzieht sich dann, sobald eine Liebende schwer beleidigt zur Rächerin wird. Diese Verhaltensweisen sind unverkennbar zeitlosen Charakters, doch trägt die Romantik besonders viel sowohl zur Trivialisierung dieser Vorstellung bei (z. B. durch Schauerroman, Melodrama und Schicksalstragödie) als auch zu ihrer Vergeistigung durch die gehobene Literatur. Aus der Fülle der Beispiele seien im folgenden nur das romantische Frauenideal, das Antiideal und die eine oder andere Übergangserscheinung erwähnt.

Die unglücklich Liebende. Das Modell kann man einerseits in Rousseaus Julie suchen, die einem ungeliebten Mann in die Ehe folgt, aber ihre leidenschaftliche Liebe zu Saint-Preux in reine Seelenliebe verwandelt (s. »La Nouvelle Héloïse«, Teil II, 1761), andererseits in *Goethes* Gretchen, die opferbestimmt und opferbereit Faust durch ihre Liebe erlöst. Bei Goethe ist allerdings der Rousseausche Dualismus, der für die Aufklärung überhaupt charakteristisch ist (vgl. Gellerts »Schwedische Gräfin«, Jacobis »Woldemar«), nämlich die Funktionalisierung der Frau in Ehepartner und Seelenfreundin zugunsten eines ganzheitlichen Menschenbildes überwunden, in der Geist und Leib eine unverbrüchliche Einheit bilden. Das Gretchenideal, Ausdruck absoluter Liebe und Schönheit, fesselt den Mann, obwohl der Typ wenig individuelles Eigenleben besitzt, seine Stärke vielmehr im Erdulden von Verfolgungen, in der Selbstlosigkeit und Passivität liegt. Unter den engelhaften Protagonisten der latein., engl. (Byron) und russ. Romantik herrscht dieser Typ vor.

Man vergleiche Tamara, die den Dämon (Lermontow) durch ihre Liebe erlösen will, stirbt und dann von Engeln gerettet wird, mit Lucia (in Manzonis »Die Verlobten«) oder Ines (in Zorillas »Don Juan Tenorio«), der es gelingt, Don Juans Seele zu retten, oder Leonor (in Rivas' »Don Alvaro«), die alles geduldig hinnimmt und an ihrer Liebe festhält (vgl. auch Tatjana in Puschkins »Eugen Onegin«). Duque de Rivas nennt seine Heldin »Trostengel der Seele« (Akt I), womit dieser Frauentyp genau bezeichnet ist. In der dt. Romantik wird der blonde tugendhafte Engel meist dunklen, dämonischen Erscheinungen gegenübergestellt. Aurelia z. B. bewahrt trotz aller entsetzlichen Schicksalsschläge ihre Keuschheit bis in den Tod und errettet den Wüstling Medardus durch ihre Liebe (*Hoffmann*, »Elixiere des Teufels«). Auch Julia (»Kater Murr«), das Ideal weiblicher Schönheit und einer schönen Seele, erlöst den von Dämonen umgetriebenen Kreisler durch ihren Gesang, die Geliebte wird zur Muse seiner Kunst. *Jean Paul* verkörpert verschiedene Bildungsstufen seines Helden Albano (»Titan«) durch Frauen, u. a. die schwärmerische Liane, die als Heilige an Albano stirbt, während er schuldig zurückbleibt. Die liebenden Frauen gehen unter, weil das Schicksal – in Form von Verfolgern ihrer Unschuld, bösen Zufällen, Ehrenkomplexen etc. – gegen die Erfüllung der Liebe arbeitet (vgl. noch Wagners »Tristan und Isolde«, die beide unglücklich enden, weil in der Welt kein Raum für ihre Liebe ist), oder weil ihre Liebe nicht erwidert wird. So ertränkt sich das hingebungsvolle Tartaren-Mädchen in Puschkins »Der Gefangene vom Kaukasus«, die verlassene Geliebte in Constants »Adolphe« (1816) und in Lamartines »Graziella« (1849) wird krank und stirbt, Doña Elvira in Esproncedas »El estudiante de Salamanca«, dieser reine Liebesengel, verschmachtet an übervollem Herzen nach der Verführung. In ihrem Delirium mischt sich das Gretchen- mit dem Opheliamotiv; Laras Geliebte (Gulnare in Byrons »Lara«, 1814) stirbt wie die »edle Wilde« Haidée im Wahnsinn, als ihr Vater sie von Don Juan (Byron) gewaltsam trennt. Besonders eindrucksvoll stellt *Stendhal* in »Le Rouge et le noir« dar, wie aus der verfolgten und verführten Unschuld eine Liebende (Mme de Rênal) wird, die sich in ihrer Verlassenheit an dem untreuen Liebhaber rächen möchte, aber an gebrochenem Herzen stirbt, als er zum Tode verurteilt wird. So sind Liebe und Tod für das romantische Denken untrennbar, weil es eine absolute Liebe gibt, der man bis zum Tod treu bleibt oder die todbringend wirkt, falls die Treue gebrochen wird.

Übergänge. Zahlreiche Typenmischungen kommen zwischen den extremen Ausprägungen des romantischen Frauenbildes vor. Mme de Rênal kündigte bereits die sich rächende Geliebte an, die alle, auch verbrecherische Mittel einsetzt, um ihre verletzte Menschenwürde wiederherzustellen (s. Byrons Gulnare in »The Corsair«, 1814). Die Wurzeln dieses Frauentyps dürften im Machtweib der Renaissance und des Sturm und Drang liegen; auch Stendhals »la Sanseverina« (»La Chartreuse de Parme«, 1839) scheut selbst nicht vor Giftmord zurück, um ihr Ziel zu erreichen. Verletztes Selbstgefühl steigert sich in einen dämonischen Rausch der Rache in Kleists »Penthesilea« (1808; vgl. auch das Ungeheuer Zulima in Hartzenbuschs »Los amantes de Teruel«, 1837). Ähnlich verwandelt sich Beatrice Cenci in eine rächende Furie, nachdem sie ihr Vater vergewaltigt hat (Bearbeitungen von Shelley, Stendhal, Niccolini, Guerrazzi). Die junge schöne »Colomba« (Mérimée, 1840) wird nach der Ermordung ihres Vaters auf Korsika zur treibenden Kraft der »vendetta«.

Andererseits kann die Metamorphose des Frauenbildes auch ganz vom liebenden Mann ausgehen, der seine Geliebte anfänglich nach dem platonischen Ideal der Schönheit und Tugend idealisiert hat, dann aber verzweifelt, wenn die konkrete Frau den absoluten Normen nicht gewachsen ist. So ergeht es Teresa, *Esproncedas* Geliebten (»El diablo mundo«, 2. Gesang), die aus einem himmlischen zu einem gefallenen Engel wird. Den »Studenten von Salamanca« holt der Teufel, als er Hochzeit mit dem Skelett seiner sich rächenden Frau machen muß. – Weitere Variationen der mehr aktiven Heldinnen sind die wollüstige Verführerin, wie sie vor allem in den orientalischen Erzählungen Byrons und Mussets (»Namouna«) auftaucht, allerdings auch in dämonischer Leidenschaftlichkeit in Eichendorffs »Ahnung und Gegenwart« (Gräfin Romana), sowie schließlich die emanzipierte Frau, wie sie von Mme de Staël, Caroline Schlegel, George Sand etc. vorgelebt und in ihren Werken als Typ der sich über alle Konventionen hinwegsetzenden Heldin verewigt wurde. Hier konnte man wieder an den ersten Teil der »Nouvelle Héloïse« anknüpfen, denn Rousseau schildert dort die Liebe genauso überzeugend wie F. Schlegel in seiner »Lucinde« oder G. Sand in ihren Romanen (»Indiana«; »Valentine«, 1832).

Femme fatale. Innerhalb des gleichen Kunstwerks erscheinen oft dämonische Frauen als Gegentyp zur liebenden, opferbereiten Heldin. Mit der femme fatale ist indessen ein Extrem erreicht: nicht mehr beleidigte Liebe ist nun das ausschließliche Handlungsmotiv (s. aber noch Salome und Undine!), sondern die Verführung der Männer ohne Mitleid und Gewissensbisse um der Verführung bzw. der sexuellen Beute willen. (s. Marguerite in Dumas père, ›La Tour de Nesle‹, 1832). Nicht zu Unrecht hat man diesen Typ der grausamen Schönheit auch mit dem Vampir, dem dämonischen Blutsauger des Volksaberglaubens sowie mit der heidnischen und insbesondere schwarzen Venus in Verbindung gebracht. Das Opfer der femme fatale ist wie das des Vampirs und das der dunklen Venus zum Untergang bestimmt. Ob der Vampir in der ersten Hälfte des 19. Jh.s meist als grausam tötender Mann auftritt, wie *M. Praz* im Hinblick auf den Schauerroman meint (a. a. O., S. 91), in der zweiten Hälfte erst als Frau, erscheint uns fragwürdig. Außerdem führt Praz nicht nur den romantischen Helden, sondern auch den weiblichen Vampir auf *Byron* zurück (S. 90). Vor Byron bietet sich aber die lange Traditionsgeschichte des Salomestoffes an, der in der Romantik neubelebt wurde, u. a. von Heine (s. Geisterzug in »Atta Troll«: »Wird ein Weib das Haupt begehren eines Mannes, den sie nicht liebt?«), S. Pellico (»Erodiade«, 1833), später von Mallarmé und Flaubert. Hinzu kommt das Motiv der »Belle dame sans merci«, seit A. Chartier (1424) in der Literaturgeschichte bekannt und in der Romantik u. a. von Keats neu gestaltet (1819), hinzu auch das »vampyrische Gedicht« Goethes, »Die Braut von Korinth« (D. 1798). Dem Komplex der femme fatale reihen sich außerdem vor Byrons scherzhaft gemeinten »Vampire‹«-Fragment (1816) das Undine-Motiv (s. Arnim, sieben Romanzen von »Ritter Peter von Stauffenberg und die Meerfeye« in »Des Knaben Wunderhorn«) und die von Cl. Brentano erfundene »Lore Lay« (»Godwi«, 1801) an (vgl. auch E. T. A. Hoffmanns »Vampirismus« in den »Serapionsbrüdern« IV, 1821, sowie E. A. Poes »Morella«, 1835). Die von ihrem Ehemann betrogene Undine tötet ihn mit einem Kuß (Fouqué, »Undine«, 1811, s. noch Grillparzer, »Die Ahnfrau«, 1817), Heines seelenlose Lorelei verurteilt die betörten Männer gnadenlos zum Untergang (s. Lermontows »Tamara«, 1841 u. Bécquers »Los ojos verdes« in »Leyendas«, 1857 f.). Auch die Gegenüberstellung christlicher und heidnischer Frauen dürfte unabhängig vom byronesken Vampir entstanden sein. In *Eichendorffs* »Marmorbild« taucht die schwarze Venus – böse, schlangenartig und verführerisch – als »Andenken an die irdische Lust« auf, »sorglose Gemüter« blendend, die dann, »an Leib und Seele verloren . . ., in der entsetzlichsten Täuschung sich selber verzehren«. Von dem engl. und dt. Interesse für diesen Frauentyp blieb Frankreich nicht unberührt. Die Venus als Vamp, zornig und blaß, die den Mann gleichsam in einem Anfall von »sexuellem Kannibalismus« (Praz, S. 183) tötet, wurde von Nodier geschildert (»Le Vampire«, 1820; »Smarra«, 1821), von Gautier gefeiert (»La Morte amoureuse«, 1836; »Une Nuit de Cléopatre«, 1845), von Mérimeé (»La Venus d'Ille«, 1837) dargestellt, in dessen Erzählung die schwarze Venus – im Gegensatz zu Eichendorff – tatsächlich ihr Opfer findet (vgl. auch Balzac, »Le Succube«, 1833).

Im Übergang von der Romantik zur Dekadenz kam der Typ der grausamen, verderbten Schönheit allerdings erst recht zur Geltung. *Praz* hat den Vampirismus bei Flaubert, Baudelaire (»Les Fleurs du mal«, 1855 f.: Gedicht »Le Vampire«), Swinburne (»Chastelard«, 1865; »Laus veneris«), O. Wilde (»Salome«, 1893) und D'Annunzio (»Sogno d'un tramonto d'autunno«, 1898) im einzelnen nachgewiesen.

Aus den angeführten Beispielen lassen sich zusammenschauend einige Schlüsse auf die *Liebesauffassung* der Romantik ziehen. Seit der Vorromantik ist das Recht des Herzens auf Liebe gefordert worden, in der europ. Romantik hat es sich im Kampf gegen das Standesdenken und die sittlichen Konventionen z. T. im Leben (vgl. die emanzipierten Frauen, s. u. S. 205 f.) und in der Dichtung durchgesetzt. Entfesselung der erotischen Leidenschaft könnte eine Parole der europ. Romantik heißen. Das Wesen der Liebe wird zwar in jedem Land, oft von jedem Autor in verschiedenen Entwicklungsphasen anders begriffen (vgl. Stendhal: »Des nations par rapport à l'amour«, »De l'amour« II, 1822), doch bleiben die möglichen Variationen der Liebe gleich: *Stendhal* unterschied die große Leidenschaft (»l'amour passion«), den nach gesellschaftlichen Regeln verlaufenden Flirt (l'amour goût«), die Liebe aus Eitelkeit (»l'amour de vanité«) und die sexuelle Beziehung (»l'amour physique«). Damit sind die Vorlieben der Romantiker für spezifische Formen der Liebe keineswegs erschöpfend erfaßt, denn für die romantische Liebesdichtung sind gerade die Mischarten und die Extremfälle charakteristisch. Für das Phänomen der Heterogenität der Mischungen in der Liebe sei auf den Typ des nihilistischen Libertins und des Vampirs verwiesen. Es scheint, als ob Haßliebe,

Schmerzensglück, Liebestod und Liebesmord besonders beliebt bei den Romantikern waren, was der Entdeckung der Reizkontraste auf ästhetischem Felde, der Mischung des Grotesken und Erhabenen entsprechen würde. »Liebe, Tod und Teufel« (Praz) gehören deshalb zusammen, weil sich die entfesselte Leidenschaft und die befreite Phantasie am liebsten mit dem »Unsittlichen, dem geistig Tierischsten« beschäftigt (vgl. Novalis, Brief an C. Schlegel v. 27. II. 1799). Die verderbte grausame Schönheit, die die Grazie mit dem Schrecken mischt, im Bereich der Schauerromantik vorherrscht, aber auch Eingang in die gehobene Literatur von Tieck bis Baudelaire fand, bildet das eine Extrem der Liebe, sozusagen das »Absolute in der Wollust« (F. Schlegel). Ein weiteres Zeichen für diese Tendenz ist die sog. *Dirnen-Romantik*, die mehrere Auslegungen erlaubt: das Mädchen glaubt sich verschmäht und wird zur Dirne (vgl. Violette in Brentanos »Godwi« II; Lamartines Laurence in »Jocelyn«, 1835), die Kurtisane wird durch die Liebe erlöst (s. V. Hugo, »Marion de Lorme«, V, 2, 1831) oder verzichtet großmütig auf ihre Liebe (s. Mérimée, »Arsène Guillot«, 1844), und schließlich vernichtet die Dirnenliebe die konventionelle Ehe, insofern wird Ehebruch geradezu zur höheren Poesie (vgl. Korff III, 213: »In die ›Dirne‹ hat sich die Poesie der Liebe geflüchtet, die in der bürgerlichen Ehe zugrunde geht«; dazu Brentano, F. Schlegels »Lucinde«; Flaubert, »Mémoires d'un fou«, 1838; »Novembre«, 1842).

Am anderen Ende der Skala herrscht die Liebe, die sich einmal als platonische Sehnsucht nach dem unerreichbaren Ideal tugendhafter Schönheit äußert, das, durch eine Frau verkörpert, zur Muse der Dichtkunst werden kann (vgl. Diotima für Hölderlin, Sophie für Novalis, Caroline für F. Schlegel etc.), zum anderen in der absoluten, alle irdischen Grenzen überschreitenden Liebe, die, mit Tod und Religion verschmelzend, eine mystische Qualität annehmen kann. »Die wahre Frau [ist] das Ideal des Naturmenschen, sowie der wahre Mann das Ideal des Kunstmenschen« (Novalis' Brief v. 27. II. 1799). Daher erhält die Frau nicht nur ihre Musenfunktion, sondern sie wird auch zur Mittlerin der Natur und Gottes zumindest in der dt. Frühromantik, aber auch bei Blake, Shelley und R. Wagner. Unter dem Druck der Verhältnisse bleibt den großen Liebenden freilich meist kein anderer Ausweg als der Tod, der Tod als eine »nähere Verbindung liebender Wesen« (Novalis, »Allg. Brouillon«), als Tor zum höheren Leben (s. Vignys »Ange de délivrance« in »Chatterton«, III, 7). So versteht sich die romantische

Liebe als Akt höchster persönlicher Freiheit seit Rousseau, bei Byron, F. Schlegel, G. Sand und noch bei Tennyson immer auch als Affront gegen die philiströse Ehe ohne Liebe, gegen die »Konkubinate« der »Wechselverachtung« (Schlegel, ›Athenäum‹, Nr. 34), nicht gegen die Ehe überhaupt. Worauf es den Romantikern aber ankam, war, nach der dualistischen Trennung von Leib und Seele (vgl. Kluckhohn, »Die Auffassung der Liebe in d. Lit. des 18. Jh. u. in d. dt. Romantik«, 1922) nun ihre Synthese in der romantischen Ehe zu erzielen, die mit der Liebe identisch ist. Wenn *F. Schlegel* mit seiner »Lucinde« als Kunstwerk auch gescheitert ist, so bleiben seine darin vorgetragenen Anschauungen über die romantische Liebesgemeinschaft doch repräsentativ für die Sehnsucht der Romantiker nach einem neuen Ganzheitserlebnis in der Liebe und der romantischen Ehe als Zelle der Familie und des Staatslebens. Denn in der »Lucinde« gab er der Liebe, die Durchschnittsehe hinter sich lassend, ihren religiösen Sinn zurück: sie sollte progressiv ins Unermeßliche, Zukünftige und Unendliche wachsen. Prüfstein für die Gültigkeit der Idee ist aber die Anerkennung der Gleichberechtigung der Frau, für deren »selbständige Weiblichkeit« (Schlegel) Caroline das beste Beispiel in Deutschland gab (vgl. Mme de Staël und G. Sand in Frankreich, Cristina Belgiojoso in Italien, in geringerem Maße Dorothy Wordsworth und Mary Shelley in England).

c) *Natur und Mensch (Nachtseiten der Natur)*

Die Verherrlichung der Freuden und Leiden der Liebe sind undenkbar ohne ein neues Verhältnis zur Natur, die sympathisierend als Kulisse und Seelenspiegel an allem Erleben teilnimmt. Von Rousseau und Goethe waren dazu die Voraussetzungen geschaffen worden, indem sie als erste die Natur »aus dem toten Mechanismus, worin sie befangen« schien während der Aufklärung, befreiten (Schelling, Ges. W. III, 1858, 13; vgl. F. Baader an Jacobi, 16. VI. 1806 über die »stupide mechanisch-atomistische« Naturansicht seit Descartes und Newton). Aufklärungsdichtern war die Natur vorwiegend als Kausalnexus interessant gewesen (s. B. H. Brockes), bis *Rousseau* sie erlöste (s. »Les Rêveries d'un promeneur solitaire«, D. 1782; »La Nouvelle Héloïse«, D. 1761), indem er sie (pantheistisch) beseelte und in das Liebesleben seiner Romangestalten einbezog. So entstand die für sein Werk charakteristische Naturseelenstimmung, die in Goethes »Werther« ein Echo findet (Brief v. 10. Mai, 18. August 1771). Doch hat die Natur schon in der ›Vorromatik‹ ein Doppelantlitz. Einerseits flößt sie als tödlich gärendes Chaos der Elemente, die sich ewig neu schöpfen und wieder vernichten, Angst ein (bei Rousseau; bei Tobler, s. »Natur«, 1782/83; dazu Lamartine, »Jocelyn« IX, 1836; Hugo, »Tristesse d'Olympio«, 1837; Vigny, »La Maison du berger«, 1844; Leopardi, »La ginestra«, 1836, Byrons »Manfred«, 1817), andererseits, und das oft innerhalb des gleichen Werkes, wird sie als Hafen des Friedens, des Trostes, der Versöhnung gefeiert. Gerade wegen des sich allenthalben im romantischen Schrifttum bekundenden rousseauistischen Pessimismus gegenüber der Stadtkultur wirkt die Einsamkeit der Natur besonders anziehend. Zeugnis für den antiken, in der Romantik wieder aufgelebten Konflikt Stadt – Land legen sowohl die Selbstbekenntnisse der Dichter als auch ihre Werke ab (man vgl. Bettina von Arnim: »Oft ist es mir unerträglich, in unserer matten engen Stadt eingeschlossen zu sein, in kühlen Felsspalten möchte ich herumklettern, den Quellen nach«, Brief v. August 1807 an Arnim; dazu Wordsworth: » With deep devotion, Nature, did I feel, In that enormous City's turbulent world Of men and things, what benefit I owed To thee, and those domains of rural peace«, »The Prelude« VII, Vers 70 f.). Der Kontrast von Stadt und Land prägt sich besonders klar in Eichendorffs Dichtung aus, das Motiv der Einsamkeit erklingt bei Tieck (»Waldeinsamkeit«), in Arnims »Trösteinsamkeit«, ebenso bei Sénancour, B. Constant, Prati etc. Zur Stadtflucht kommen noch andere Momente hinzu, die die Sehnsucht nach der Einsamkeit der Natur erklären.

Die Begeisterung für die grandiose Bergwelt der *Alpen* (vorbereitet von Rousseau, Goethe, Haller, de Staël), fand keine Grenzen, weil man hier über den pittoresken Aspekt hinaus dem Erlebnis des Schöpferischen in der Natur am nächsten kam. Jean Paul bezeichnete die Alpen als »Olymp der Natur«, der sichtbar die Verbindung mit der Vorwelt herstelle (»Titan«, 1. Jobelperiode). Diese Landschaft – aber auch der Kaukasus in der slawischen Romantik – war bestens als Spiegel der Seele und ihrer leidenschaftlichen Auf- und Abschwünge geeignet; gleichzeitig schien hier das ersehnte Ideal des Naturzustandes erreicht. In der Schweiz konnte man noch ein Volk kennenlernen, das in Harmonie mit der ganzen Natur lebte, hier war das goldene Zeitalter noch präsent. Seelenspiegel konnte die Natur freilich nur werden, falls der Mensch bereit zur Kommunion mit ihr war (s. Byron, ›Manfred‹, 1817).

Dies Gespräch mit der Natur ist eines der großen Themen der europ. Romantik; bei Leopardi und Foscolo, bei Wordsworth und Byron, bei Novalis und Eichendorff wird es zum Gegenstand der Dichtung. Oft dient es zwar nur als Atmosphäre schaffende Kulisse, indem es stilistisch erstarrt zur »Naturbeseelung« (Ruskins »pathetic fallacy«), häufig gelingt jedoch ein echtes Gespräch (s. Novalis' Werke), manchmal steigert sich die Kommunikation zu einem Gefühl der Naturbegeisterung, der Wechselwirkung zwischen Geist und Natur (Naturgeisterfahrung), die oft einer liebenden Seele vorbehalten ist (s. Bettina, a. a. O.) oder zu einem Zustand der Selbstvergessenheit, der zu Gott führt.

Was Rousseau für die latein. Romantik vorlebte, drückt *Ph. O. Runge* stellvertretend für manchen nordischen und slawischen Romantiker aus: »es ist kein unten und kein oben mehr, keine Zeit, kein Anfang und kein Ende, ich höre und fühle den lebendigen Odem Gottes, der die Welt hält und trägt, in dem alles lebt und wirkt« (Brief an D. Runge v. 9. III. 1802). Sein Ich vereinigt sich im Naturrausch mit allem, vergißt sich und gerät in mystischen Kontakt mit Gott. Durch die Kommunion mit der Natur gelangt er zur »Empfindung des Zusammenhanges des ganzen Universums mit uns«, ebd., die Natur wird zum »Buch Gottes« (vgl. E. R. Curtius, »Europ. Lit.«, 1948, S. 322 f.; dazu s. Wackenroder, »Von zwei wunderbaren Sprachen« in »Herzensergießungen«).

Damit ist eine über den üblichen Pantheismus hinausgehende teils mystische, teils symbolische Interpretationsstufe der Natur erreicht, die für die dt. Frühromantik und teilweise auch die spätere französ. Romantik eigentümlich scheint.

Die Maxime der dt. Naturphilosophie lautet »Über die Natur philosophieren heißt die Natur schaffen« (Schelling, a. a. O.; vgl. Novalis I, 101). Weil die Welt zum Produkt der Einbildungskraft gemacht wurde, ging der erste Schritt dieses Prozesses nach Innen, der zweite »nach dem wahrhaft Äußern« (»Blütenstaub«-Fragmente). *Novalis* sprach von der »Chiffernschrift« (I, 79) der Natur, die der Dichter entziffern könne, weil er mit allen Teilen des Universums, besonders aber im Gemüt mit der Natur kommuniziere. *Franz Baader*, katholischer Mystiker und Theosoph, unterstützte in seinen Spekulationen über die Naturelemente und die organische Form die Tendenzen der Frühromantik, wobei er, von Pythagoras (vgl. »Über das pythagoräische Quadrat in der Natur«, 1798) und Jakob Böhme ausgehend, nach dem »höhern symbolischen Sinn in der Natur« forschte (Brief an Jacobi v. 19. VI. 1806).

Ähnlich wie Baader wurde auch den französ. Romantikern »das Naturstudium zur Religion« (Baader). Rousseau hatte dazu den ersten Anstoß gegeben, allerdings verstärkte die Beschäftigung mit Pythagoras, der Kabbala und dem Platonismus die Tendenz zur symbolischen Interpretation der Natur und zur Entdeckung der Entsprechungen im Sein. Ob Frankreich damals über Mme de Staëls Bemerkungen hinaus (»De l'Allemagne« III, 7) von der Naturphilosophie Schellings bzw. Baaders Kenntnis nahm, ist zweifelhaft. Novalis war dagegen wohl einem kleinen Kreise bekannt (vgl. »De l'Allemagne« IV, 9 und Nerval). Die Affinität zwischen der dt. und französ. Naturdeutung überrascht jedenfalls (s. Lamartine, »Le Vallon« in »Méditations poétiques«, 1820; Hugo, »Ce que dit la bouche d'ombre« in »Les Contemplations«, 1856 und Nerval, »Vers dorés« 1845, dazu die Passage »tout se correspond« in »Aurélia« 1855, II, Kap. 6).

Die Natur als Seelenspiegel, als Projektion des Gemütszustandes, ermöglicht nun nicht nur die Kommunion mit der göttlichen Natur, sondern bietet auch der gequälten Seele Gelegenheit zur melancholischen Selbstaussprache. Was Rousseau und Goethe eingeleitet hatten, entwickelte sich bei Chateaubriand zum »mal du siècle« (vgl. »Du vague des Passions« in »Génie du Christianisme«, T. II, B. III, Kap. 9), verbreitete sich von da aus über die europ. Romantik und wurde zu einem Merkmal des byronesken Helden.

Der Melancholiker bevorzugt für seinen Empfindungsausdruck bestimmte Tages- und Jahreszeiten, u. a. die Nacht, in der die Grenzen verfließen, der Mond sein magisches Licht wirft (s. Tiecks »Zaubernacht«), und den Herbst als Zeit des Verfalls und des nahenden Todes in der Natur. Unter den Nachtgedichten ragen Blakes »Night« (»Songs of Innocence«), Mussets »Les Nuits« (1835–37, s. dagegen seine Parodie der Mondscheinromantik in »Ballade à la Lune«, 1831; s. auch ›Die Nachtwachen‹ von Bonaventura, 1804); Hölderlins »Brod und Wein« (D. 1807), Novalis' »Hymnen an die Nacht« (1799) und Longfellows »Hymn to the Night« (1839) hervor; unter den Herbstgedichten Lamartines »L'Automne« (»Méditations poétiques«, 1820), Keats »To Autumn«, Puschkins »Herbst« und Hugos »Les Feuilles d'automne« (1831). Anziehend wirkt auf das weltschmerzliche Gemüt vor allem eine Naturkulisse, die mit der Nacht das *Ruinenmotiv* verknüpft, um die rechte Atmosphäre zu schaffen (s. schon Young, »Night-Thoughts«). Die Attraktion der Ruinen erklärt sich durch den Sieg der Natur über die Kunst (vgl. *Bettina:* »Wie hat sie [die Natur] mit sympathetischem Geist die mächtigen Ruinen aufs neue belebt, wie steigt sie

187

auf und ab an den düstern Mauern und begleitet die verödeten Räume mit schmeichelnder Begrasung«, »Goethes Briefwechsel mit einem Kinde«, 1835 I, Am 25. VI.; und Chateaubriand: »à une conformité secrète entre ces monuments détruits et la rapidité de notre existence«, a. a. O. III, V, 3). Bettina hatte die Rheinlandschaft im Sinn, und das ist gerade die Gegend, die – neben dem Mittelmeerraum (s. Byrons »Childe Harold« IV.) – der Ruinenromantik sehr entgegenkommt, weil sich hier eine malerische Szenerie sowohl mit der mittelalterlichen Vergangenheit verbindet als auch durch den Verfall der Burgen und Schlösser zu melancholischen, wenn nicht gar schauerlichen Gedanken (wie z. T. in Hugos »Le Rhin«, 1842) anregt.

Zu den großen Entdeckungen der Romantik gehört die der Nacht und der »Nachtseiten der Natur«. Die *Umwertung der Nacht* läßt sich in der Vorromantik im Übergang von Dryden zu Thomson (»The Seasons«, ab 1726), Young und Blake, von Meléndez Valdés (»Odas«) zu López Soler, oder auch von Wieland zu Novalis nachweisen. Bei *Novalis* erreicht die Nachtbegeisterung ihren ersten Höhepunkt; für ihn bedeutete die Nacht nicht nur die Zeit der Wehmut, sondern in dialektischer Umkehrung aller Werte wurde sie ihm zum Leben, zum »Schlüssel unendlicher Geheimnisse«, weil sie die Augen des Geistes in uns öffnet (»Hymnen an die Nacht«). Die Nacht befreit die schöpferischen Kräfte der Phantasie, sie eröffnet im Traum den Zugang zum Unbewußten, der vernachlässigten »Nachtseite« des Lebens. Aus den bewußtlosen Regionen der Seele erwartet man heilende Kräfte, die den Menschen aus seiner Entfremdung vom Allgemeinleben der Natur zurückführen sollen.

Bahnbrechend wirkte hier *G. H. Schubert*, der von der Naturphilosophie herkommend »Ansichten von der Nachtseite der Naturwissenschaft« (1808) und »Die Symbolik des Traumes« (1814) vorlegte. Wie Novalis erkannte er in der Nacht ein Symbol für die Harmonie von Mensch und Natur, von Einzel- und Weltseele, im Traum die Synthese aller Antagonismen, die historisch im Naturzustand der goldenen Zeit zu finden wäre, nun aber auf die Zukunft projiziert werden müsse. Für Schubert existierten allerdings noch kosmische Momente in der Gegenwart, Augenblicke der »Naturseelenwirkung« (Novalis), in denen die Weltseele der Natur auf die Seele des Menschen einwirke; den von Mesmer entdeckte tierische Magnetismus beweise dies, der hypnotische Somnambulismus, Schlafwachen, Hellsehen etc. In solchen Momenten durchstoße der Mensch die empirischen Grenzen des Selbstbewußtseins und nehme teil an dem inneren Zusammenhang der Welt.

Was Schubert wissenschaftlich darzustellen versuchte, hatte *Novalis* zum Dichtungsprogramm erhoben: »Darstellung des

Gemüths – der innern Welt in ihrer Gesamtheit« (KNA III, 650). In ihrem Deutschland-Buch behandelt Mme de Staël »Novalis als Dichter und Schubert als Physiker« (IV, 9). Schubert hat freilich erst auf die jüngere Romantik (Arnim, Eichendorff, Kleist, Hoffmann) eingewirkt, und über *Hoffmann* auch auf das europ. Ausland und Poe (so untersuchte der mit Hoffmann vertraute *Nodier* die Zusammenhänge von Schlaf und Traum, Wachtraum, Alpdruck und schöpferischer Einbildungskraft in »De quelques phénomènes du sommeil«; vgl. »Du fantastique dans la littérature«, 1830). Hoffmann mit seinen »Phantasie«- und »Nachtstücken« (1816 bis 1817) liefert gute Beispiele dafür, wie die Natur, je nachdem, in welchem Zustand sich der Held befindet, sowohl einen heilenden als auch einen zerstörenden, den Wahnsinn, das Doppelgängertum oder den Selbstmord fördernden Aspekt haben kann. Die Sehnsucht nach der göttlichen Natur enthüllt sich dann oft als zweideutig: der verzweifelte Mensch findet keinen Trost in der Natur, sondern wird mit dem Nichts konfrontiert, nach dem Wort von Novalis: »Wo keine Götter sind, walten Gespenster« (III, 520).

d) *Christliche und satanische Romantik*

Die Erforschung der »Nachtseiten der Natur« war einer der Versuche, den Erbfluch der modernen Zeit, das Selbstbewußtsein hinter sich zu lassen und in die Quellen des Unbewußten einzutauchen (vgl. besonders Kleists »Über das Marionettentheater«, 1810). Der Versuch gelang in der Rückkehr zum Glauben und poetisch im Märchen (Novalis); davon abgesehen ergab sich im allgemeinen ein ständiges Ringen der Dichter um ihre Selbsterhaltung und die Erkenntnis von Welt und Gott, die oft in Weltschmerz oder Verzweiflung endete. Da es sich dabei nicht um ein nur vorübergehendes Phänomen handelt, das etwa nur einzelne Dichter oder Literaturen in bestimmten Phasen betrifft, sondern um ein epochales Symptom, hat man in der Forschung sicher zu Recht von dem Doppelantlitz der europ. Romantik gesprochen, von der positiv-optimistischen und der negativ-nihilistischen Seite, dem lebensfrohen Pantheismus und dem »Mythos des Bösen« (Guthke, CollG 2, 1968), der christlichen und satanischen Romantik. (Mit Pascal zu sprechen: »Le cœur a son ordre; l'esprit a le sien«, »Pensées«, hrsg. Tourneur, 1938, I, 161). Damit berühren wir ein Thema, das bereits den

Hintergrund zu den drei letzten Kapiteln bildete: denn das Ringen der Dichter und Denker um die Ganzheit in der Phase der Selbstentfremdung spiegelt sich in der Ästhetik und Poetik, in der Darstellung ihrer Protagonisten und in der Naturauffassung. Ein ästhetisches Fundament erhielt die Problematik der ambivalenten romantischen Lebens- und Weltdeutung durch den Geschmackswandel vom Klassizismus zur Romantik, die neben dem Schönen das Häßliche, das Groteske und Arabeske gelten ließ und gerade dem Reizkontrast höchsten Kunstgenuß abgewann (vgl. als Beispiel hier nur Mme de Staël: »L'idée de la mort, qui décourage les esprits vulgaires, rend le génie plus audacieux, et le mélange des beautés de la nature et des terreurs de la destruction excite je ne sais, quel délire de bonheur et d'effroi«, »De l'Allemagne« II, 10).

Der Begriff *satanische Romantik* geht auf *R. Southey* zurück, der in *Byrons* Dichtung eine monströse Verbindung von »horror, lewdness, mockery and impiety« sah und seine Nachahmer mit einbegriff (Preface, »A Vision of Judgement«, 1821: »The school which they have set up may properly be called the Satanic school«). Heute zählen nicht nur Blake, Shelley und Keats dazu, sondern alle diejenigen Schriftsteller der europ. Romantik, die das Verhältnis zwischen Gott und Satan, Gut und Böse zum Gegenstand ihrer Dichtung machten, also die Frage der Theodizee, der Herkunft des Bösen anschnitten und dabei zu einer skeptischen Überzeugung gelangten. Das betrifft nun alle »byronesken« Dichter und diejenigen, die mit Vorliebe die Nachtseiten des Lebens darstellten. Selbst Goethe galt mit seinem »Faust« I zeitweise als »chef de l'école satanique« (von Mme de Staël bis Balzac).

Mit *M. Praz* könnte man diese Richtung auch als die »schwarze Romantik« bezeichnen, deren Vorbild einerseits in *Miltons* Satan (»Paradise Lost«) zu suchen ist, andererseits in dem Modell der »gothic novel«. Miltons Satan wurde in Frankreich (s. Chateaubriand, »Génie« II, IV, 9) und in England bewundert (vgl. Byrons Satan in »The Vision of Judgement«, 1822 und Shelley: »Nothing can exceed the grandeur and the energy of the Devil as expressed in ›Paradise Lost‹«, »Essay on the Devil and Devils«, Ms. ca. 1820). Doch setzte man das »satanische Prinzip« nicht mit dem Bösen schlechthin gleich, um Satan etwa als Gott an moralischer Kraft überlegen zu verherrlichen, sondern man bewunderte Miltons poetische Schöpfung, die etwa im Gegensatz zu Klopstocks »Messias« überzeugt und mitreißt. Blake, Shelley und Byron machen es zudem klar, daß sie Satan als Prinzip des Bösen ablehnten (vgl. Blake, »Milton«, 1804; Shelley, Preface zu »Prometheus Unbound«). Statt dessen interessierten sowohl *Shelley* als auch Byron viel mehr der promethische Stolz und Trotz, das enorme Selbstgefühl, das Prometheus (Byron 1816; Shelley 1820), Childe Harold, Cain und Manfred zu erhabenen Gestalten macht. Als solche überwinden sie Jupiter bzw. den Teufel, satanische Inkarnationen des Hasses und Quellen des Bösen in der Welt. Laut Guthke erscheint »das Motiv des bösen und tyrannischen Gottes« bei Blake und Shelley, aber auch bei Byron, als »polemische Konstruktion« gegen den Gott der Konvention (a. a. O., S. 9).

Das zweite Vorbild lieferte der engl. Schauerroman, der seinerseits von der dt. Ritter- und Räuberliteratur und der Friedhofsdichtung beeinflußt worden war. Von daher stammt die Motivwelt der »schwarzen Romantik«: die Schwarz-Weiß-Malerei, die Sensationslust, der männliche Vampir und die verfolgte Unschuld, der Reizkontrast von Verbrechen und Liebe (vgl. noch Heines »William Ratcliffe«, 1823), die Übersteigerung des Schauerlich-Übernatürlichen, das auf rationale Weise seine Erklärung findet, die Kulisse gotischer Schlösser und Ruinen etc. Von hier gingen wiederum Impulse aus auf den historischen Roman (Scott), das Melodrama und das hohe Drama (Byron; Shelley ›The Cenci‹). Die Schicksalstragödie mischt »das Motiv des bösen Gottes« mit dem Repertoire der *Schauerromantik* (Werner). Als erste Reaktion auf die satanische Romantik könnte man *Wordsworths* »The Borderers« (Ms. 1795–96) ansehen, ein Modedrama, in dem der satanische Oswald die Hauptrolle spielt. Selbstbezogen, ichbesessen und von Jagoartigem Intellekt beweist er, daß der Verstand in die Gottesferne verleitet. Die Freiheit des Ich, die Fichte in Deutschland von einem philosophischen Standpunkt aus verteidigte, endet in mephistophelischer Welt- und Gottesverachtung. Während das »Motiv des bösen Gottes« vielfach nur eine Übergangserscheinung bleibt, an deren Ende die Erkenntnis des gnadenreichen Gottes steht (vgl. Jean Pauls »Rede des toten Christus vom Weltgebäude herab, daß kein Gott sei« in »Siebenkäs«; Musset, »La Confession d'un enfant du siècle«; Lamartine, »Novissima verba«, 1830; dazu vgl. Guthke, a. a. O.), schlägt das positive Gottesbild, im Gegenzug etwa zu Novalis und die frühromantische Position höchster »Willkür« parodierend, in den »Nachtwachen von Bonaventura« (1804) in sein nihilistisches Gegenteil um.

Nicht nur wird die Nacht des Lebens hier wieder in die »Nacht des Nichts« (Nachtwache XIV), die Nacht des Teufels und der Todesschauer zurückverwandelt, sondern der ichsüchtige Held entdeckt die Leere des Ichs am Abgrund des Nichts, erhebt die Gegenparole des »Weg vom Ich« und setzt den Schöpfergott mit dem Nichts oder dem Teufel gleich (ebd.; vgl. »Monolog des wahnsinnigen Weltschöpfers« NW IX). Damit ist die optimistische, lebensfrohe Theodizee durch einen negativen Gegenentwurf ersetzt worden, der sich aus der Stimmung der Zeitangst und des Lebensüberdrusses entwickelt hat (s. Guthke, S. 35: »Theologie des Weltschmerzes«; dazu W. Paulsen, JDSG 9, 1965, 447 f.). Kein Wunder, daß man *Hoffmann* gelegentlich als Verfasser des unter einem Pseudonym erschienenen Werkes vermutet hat, denn der Mensch erscheint wie bei ihm als Marionette in der großen Tragikomödie des Welttheaters, die von einem verantwortungslosen Direktor gelenkt wird (vgl. Medardus' »Pharospiel« in »Elixiere des Teufels« I, Abschnitt 4, mit NW IV). »Die Nachtwachen« sprechen jedoch über Hoffmann hinaus gleichsam vielen europ. Romantikern aus dem Herzen. Genannt seien wenigstens Vigny, »Eloa« (1824), Espronceda »El diablo mundo« (1841), Leopardi »Bruto minore« (1821) und »La ginestra« (1836) sowie Mickiewicz »Diziady« (1832). Über die Unterschiede zwischen dem dt. und europ. Satanismus äußerte sich *F. Schlegel:* »Der Satan der italienischen und englischen Dichter mag poetischer sein: aber der deutsche Satan ist satanischer; und insofern könnte man sagen, der Satan sei eine deutsche Erfindung« (›Athenäum‹, Nr. 379).

Dies ist die Kehrseits der Romantik, die das Gesamtbild der Literaturepoche wesentlich mitbestimmt. Das Bild des Helden, die Weltanschauung, ja sogar die Kulisse werden davon geprägt. Wo vorher ein apollinisches Griechenbild vorherrschte, tauchen jetzt dionysisch-ekstatische Züge auf. Liebe und Tod verschmelzen zu erotischem Todestaumel. Von der tragischen Griechenauffassung wandte man sich dem exotischen Orient, dem Mittelalter oder in der Schauerliteratur Italien zu (s. Scott, »Prefatory Memoir to the Novels of Mrs. Ann Radcliffe«, 1824).

Für die *Christen,* auch die Konvertiten unter den Romantikern, gab es indessen nur eine Romantik, deren Hauptbuch die Bibel war. Am Anfang stand die Erkenntnis von der Ambivalenz Gottes und der Welt, die Novalis metaphysisch ausdrückte (»Gott ist bald $1 \cdot \infty$, ... bald 0«, KNA III, 448), *Tieck* mehr psychologisch (»Ohne diesen einfältigen Glauben, ohne diese [christlichen] Anschauungen lockt mich alles, was da ist, nur in einen ungeheuren Abgrund von Wahnsinn«, Brief an F. Schlegel v. 16. XII. 1803). Damit ist ›das‹ Problem der Romantik bezeichnet. Sieht man es von der literarischen bzw. philosophiegeschichtlichen Seite an, dann schlägt es sich offenbar – vor allem in Deutschland, aber auch in der exzessiven latein. Romantik – zunächst nieder als Aufbruch des Geistes in die Sphären absoluter Freiheit des Ich, Freiheit von allen Fesseln der Konvention, der Moral, der Tradition. Obgleich z. Z. des Aufbruchs auch christliche Stimmen zu hören waren, z. B. Wakkenroder oder Chateaubriand, so verläuft die Entwicklung der Romantik doch zur religiösen Verankerung zurück (vgl. F. Schlegel, Z. Werner, Brentano, Böhl de Faber, Manzoni, S. Pellico, Chateaubriand etc.). In Rom versuchten die Nazarener, die christliche Kunst im Sinne des Mittelalters zu erneuern, Pablo Milà y Fontanals vermittelte ihre Ideen nach Barcelona. Die politische Entwicklung begünstigte vielfach die Rückkehr in den Schoß der katholischen Kirche (z. B. unter Napoleons Konsulat Versöhnung mit der kathol. Kirche 1802; 1815 die »Heilige Allianz«).

Zwei Schriftsteller seien beispielhaft für die christliche Renaissance nach 1800 herangezogen, Chateaubriand und. F. Schlegel. *Chateaubriand* hatte es sich zum Ziele gesetzt, dem katholischen Glauben in Leben und Dichtung seine alte Würde und Überzeugungskraft wiederzugeben: »La religion chrétienne est si heureusement formée, qu'elle est elle-même une sorte de poésie« (»Génie du Christianisme« II, II, Kap. 8). Eine christliche Dichtung sei um so notwendiger, als die klassizistische Literatur auf dem inneren Widerspruch christliche Gesellschaft – heidnische Literatur gründe. Damit erteilte er der antiken Mythologie und Dichtungstradition eine klare Absage. Die Bibel und Dantes »Göttliche Komödie« seien mit ihren christlichen Mysterien viel schöner und anziehender als Homers Epen (II, V, 3–4). Hugo hielt sich an diese Anschauung (vgl. Préface des »Odes«, 1822; Préface de »Cromwell«); Desprès Definition »Le romantisme . . . est le transport du spiritualisme dans la littérature« (›Le Globe, 1. X. 1825) gilt wohl überhaupt für die gesamte latein. Romantik, die von vornherein traditionsbewußter an die Erneuerung der Dichtung heranging als die dt. Dichter (vgl. Manzoni, »Sul romanticismo«; E. de Ochoa in ›El Artista‹ I, 1835, 87 f.). In Deutschland hatten Wackenroder, Novalis und Schleiermacher den Boden für die christliche Romantik vorbereitet. Doch ging es in der dt. Frühromantik grundsätzlich nicht um eine katholische Restauration, sondern um eine geistige Revolution. Auch wenn es bei *F. Schlegel* heißt, »daß die Bibel die literarische Zentralform und also das Ideal jedes Buches sei« (Brief an Novalis v. 2. XII. 1798), ist das nicht mit Chateaubriand zu vergleichen. Ihm ging es um das Reich Gottes auf Erden, die Stiftung einer neuen Religion aus der Synthese von Goethe und Fichte, zu der Novalis vielleicht der neue Christus sein sollte (»Die neue Religion soll ganz Magie sein. Das Christentum ist zu politisch und seine Politik viel zu materiell«, ebd.; s. Novalis' Brief v. 20. I. 1799 und F.

Schlegels Antwort v. März). Die Wende zu einer orthodoxen Auslegung christlichen Ideengutes vollzog sich erst nach F. Schlegels Pariser
Aufenthalt von 1802: sie wird sichtbar in *A. W. Schlegels* »Wiener Vorlesungen« (Ms. 1808), die die christliche Religion als »lenkendes Prinzip
in der Geschichte der neueren Völker« bezeichnen (1. Vorlesg.), weil sie
gegenüber der Antike die Augen für das Unendliche geöffnet hätte, ferner in Friedrichs Vorlesungen über die »Geschichte der alten und neuen
Literatur« (Ms. 1810–12), wo »die Bibel für die Poesie und bildende
Kunst des Mittelalters, ja auch der neuern Zeit auf andere Weise dasselbe geworden, was Homer für das Altertum« (9. Vorlesg.; dazu vgl.
Eichendorff, »Gesch. des Dramas« 1854, S. 33 und die scharfe Reaktion
Heines auf diese Romantik).

Literatur

Allgemein
Bishop, L.: The Romantic Hero and his Heirs in French Literature. N.
Y. 1984 – *Brombert, V.:* La Prison romantique. Paris 1976. – *Bühler,
H.:* Studien zum Menschenbild im Roman der Frühro. – *Cooke,
M. G.:* The Romantic Will. New Haven 1976. – *Frank, M.:* Das Pro-
blem »Zeit in der dt. Ro.« Zeitbewußtsein u. Zeitlichkeit in der frühro.
Philos. u. in Tiecks Dichtung. 1972. – *Frenzel, E.:* Stoffe der Weltlit.
Kröner 300. 1963. – *Greiner, B.:* Welttheater als Montage. Darstellung
von Wirklichkeit in romant. Lit. 1976. – *Moreau, P.:* Âmes et thèmes
romantiques. Paris 1965. – *Muenzer Mehl, J. R.:* The Imagery of Time
and Season in the German Baroque and Romantic Poetry. Diss. SUNY
Binghampton 1974. – *Palmberg, A. Th.:* The Quest for Transcendence.
The Contemplation of Death in the Lyric Poems of Novalis, Keats, and
Shelley. Diss. U. of Illinois 1974. – *Rose, M. J.:* The Conquest of Time.
A Study of the Lyric Poetry of Seven Romanticists . . . Diss. Mich.
1974. – *Tieghem, P. van:* Le Romantisme dans la litt. européenne. Paris
1948, ²1969. – *Unger, R.:* Herder, Novalis u. Kleist. Studien über die
Entwicklung des Todesproblems im Denken u. Dichten von Sturm u.
Drang zur Ro. 1922, ²1968.

Kampf gegen die Aufklärung
Boeschenstein, H.: Dt. Gefühlskultur. Studien zu ihrer dichterischen
Gestaltung. I: Die Grundlagen 1770–1830. Bern 1954. – *Eichner, H.:*
The Rise of Modern Science and the Genesis of Romanticism, in:
PMLA 97 (1982), 8–30. – *Hermsdorf, K.:* Literarisches Leben in Berlin:
Aufklärer und Romantiker. Ost-Berlin 1987. – *Rasch, W.:* Zum Ver-
hältnis der Ro. zur Aufklärung, in: E. Ribbat, Hrsg.: Ro., ein litwiss.
Studienbuch. 1979, S. 7–22. – *Schlegel, A. W.:* Allg. Übersicht über den
gegenwärtigen Zustand der dt. Lit., in: KAWSA III, 1964, zit. nach:
Reclam 8898, 1964.

Dichter als Held
Bauer, J.: Die Wehmut des ro. Menschen. Diss. Freiburg 1953. – *Canat, R.:* Une Forme du mal du siècle. Du sentiment de la solitude morale chez les romantiques et les parnassiens. Genf 1967. – *Heitmann, K.:* Der Weltschmerz in der europ. Literat., in: »Europ. Ro.« II, 1982, 57–82. – *Jobst, W.:* Von L. Tieck zu E. T. A. Hoffmann. Studien zur Entwicklungsgesch. des romant. Subjektivismus. 1921, ²1969. – *Kade, J.:* Lit. u. Leben. Das Problem der Künstlerexistenz u. der Entwicklung der poet. Konzeption. Ein Beitr. zur existentiellen Dichtung H. Heines. Diss. München 1971. – *Richter, Jean Paul:* Sämtl. Werke, hrsg. E. Berend. II, 4. 1927 f. – *Rose, W.:* From Goethe to Byron. The Development of ›Weltschmerz‹ in German Lit. London–N. Y. 1924. – *Sickels, E. M.:* The Gloomy Egoist. Moods and Themes of Melancholy from Gray to Keats. 1932, N. Y. ²1969.

Der Außenseiter
Babinsky, H. F.: The Mazeppa Legend in European Ro. N. Y. 1974. – *Becher, H.:* Die Kunstanschauung der span. Ro. in Dtld. SFGG 1933. – *Berger, H.:* Das Zigeunerbild in der dt. Lit. des 19. Jh. Diss. U. of Waterloo, Can. 1973. – *Brown, J.:* Faust, in: »Cross-Currents« 1989, S. 181–196. – *Cerný,. V.:* Essai sur le titanisme dans la poésie romantique occidental entre 1815 et 1850. Prag 1935. – *Christensen, A. C.:* Heroism in the Age of Reform. Byron, Goethe and the Novels of Carlyle. Diss. Princeton 1968. – *Dédéyan, Ch.:* Le Thème de Faust dans la litt. européenne. 6 Bde. Paris 1954. – *Estève, E.:* Byron et le romantisme français. 1907, Paris 1929. – *Fairchild, H. N.:* The Noble Savage. A Study in Romantic Naturalism. N. Y. 1928. – *Gillespie, G.:* Prometheus in the Romantic Age, in: »Cross Currents« 1989, S. 197–210. – *Hoffmeister, G.:* Goethe's Faust and the theatrum mundi tradition in Europ. Ro., in: Journal of Europ. Studies 13 (1983), 42–55. – *Ders.:* Titanismus, in: Byron u. der europ. Byronismus. 1983, S. 142–152. – *Killen, A.M.:* Le Roman terrifiant, ou Roman noir de Walpole à A. Radcliffe et son influence sur la litt. franç. jusqu'en 1840. Paris 1967. – *King, M. F.:* The Influence of Byron on Italian Culture. Diss. Madison 1973. – *Korff, H. A.:* Geist der Goethezeit. 5 Bde. 1923–54. – *Mayer, H.:* Außenseiter. 1975; engl. Übers. 1982. – *Meyer, H.:* Der Sonderling in der dt. Dichtung. Amsterdam 1943, ²1963. – *Murphy, A. G.:* Banditry, Chivalry and Terror in German Fiction 1790–1830. Diss. Chicago 1935. – *Porta, A.:* Byronismo italiano. Mailand 1923. – *Praz, M.:* La carne, la morte e il diavolo nella lett. romantica. Mailand 1930; zit. dt. Ausgabe: dtv. 1970. – *Price, E.:* Don Juan. A Chronicle of his Literary Adventures in Germanic Territory. Diss. Wash. U. 1974. – *Pujals, E.:* Espronceda y Lord Byron. Madrid 1949. – *Rank, O.:* Das Inzest-Motiv in Dichtung u. Sage. Grundzüge einer Psychologie des dichter. Schaffens. ²1926, Repr. 1974. – *Reed, W.:* Meditations on the Hero. A Study of the Romantic Hero in 19th. Cent. Fiction. New Haven 1974. – *Ridge, G. R.:* The Hero in

French Ro. Lit. Athens, USA 1959. – *Riedel, H.:* Künstler u. Gesellschaft im Roman der Goethezeit. Diss. Bonn 1960. – *Spininger, D. J.:* Paradise and the Fall as Theme and Structure in Four Romantic Novels. Tieck's ›William Lovell‹, Chateaubriand's ›Atala‹ and René, Melville's ›Typee‹. Diss. Wis. 1968. – *Thalmann, M.:* Der Trivialroman des 18. Jh. u. der romant. Roman. 1923. – *Thorslev, P. L.:* The Byronic Hero. Types and Prototypes. Minneapolis 1962. – *Trousson, R.:* Le Thème de Prométhée dans la litt. européenne. 2 Bde. Genf 1964. – *Weddiger, O.:* Lord Byrons Einfluß auf die europ. Lit. der Neuzeit. 1884, ²1901. – *Zipes, J. D.:* The Great Refusal. Studies of the Romatic Hero in German and American Lit. 1970.

Doppelgänger
Hildenbrock, A.: Das andere Ich. Künstlicher Mensch u. Doppelgänger i. d. dt. u. englischsprachigen Lit. 1986. – *Krauss, W.:* Das Doppelgängermotiv in der Ro. Studien zum romant. Idealismus. 1930. – *La Cassagnère, Chr.,* Hrsg.: Le Double dans le romanticisme anglo-americaine. Clermont-Ferrand. 1984. – *Miller, K. F. G.:* Doubles. Studies in Literary History. Oxford 1985. – *Rank, O.:* Der Doppelgänger, eine psychoanalytische Studie. 1925, engl. 1971. – *Reber, N.:* Studien zum Motiv des Doppelgängers bei Dostojevskij u. E. T. A. Hoffmann. 1964. – *Rogers, R.:* A Psychoanalytic Study of the Double in Lit. Detroit 1970. – *Tymms, R.:* Doubles in Literary Psychology. Cambridge, England 1949.

Ästhetischer Typ
Bird, C. Th.: Unacknowledged Legislators. The Image of the Artist in Painting and Lit. of the Romantic Era. Diss. Florida State U. 1973. – *Blackstone, B.:* The Lost Travellers. A Romantic Theme with Variations. London 1962. – *Furst, L. R.:* ›The Imprisoning Self‹: Goethe's Werther and Rousseau's Solitary Walker, in: »Cross-Currents« 1989, S. 145–162. – *Granzow, H.:* Künstler u. Gesellschaft im Roman der Goethezeit. Ein Unters. zur Bewußtwerdung neuzeitl. Künstlertums in der Dichtung von ›Werther‹ bis zum ›Kater Murr‹. 1960. – *Guichard, L.:* La Musique et les lettres au temps du romantisme. Paris 1955. – *Hinterhäuser, H.:* Der Dandy i. d. europ. Lit. des 19. Jh's, in: A. Schaefer, Hrsg.: Weltlit. u. Volkslit. 1972, S. 168–193. – *Hoffmeister, G.:* ›Krankheit zum Tode‹. Bemerkungen zu Goethes Werther, Foscolos Ortis u. André Gides André Walter, in: G. Hoffmeister, Hrsg.: Goethezeit. Fs. Stuart Atkins. 1981, S. 81–90. – *Karoli, Chr.:* Ideal u. Krise enthusiast. Künstlertums in der dt. Ro. 1968. – *Obenauer, K.J.:* Die Problematik des ästhet. Menschen. 1933. – *Schoolfield, G. C.:* The Figure of the Musician in German Lit. Chapel Hill 1956. – *Schröder, M. Z.:* Icarus. The Image of the Artist in French Romanticism. Cambridge, Mass. 1961. – *Skorna, H. J.:* Das Wandermotiv im Roman der Goethezeit. Diss. Köln 1961. – *Sondrup, S. P.:* Wertherism and »Die Leiden des jungen Werther«, in: »Cross-Currents« 1989, S. 163–180.

Heldin

Allen, V. M.: The Femme Fatale. A Study of the Early Concept in mid-19th Cent. Poetry and Painting. Diss. Boston 1979. – *Bade, P.:* Femme Fatale: Images of Evil and Fascinating Women. N. Y. 1979. – *Berndt, A.:* Die Bedeutung der Frau in der Dichtung der dt. Ro. Diss. Königsberg 1937. – *Eichendorff.* Werke u. Schriften, hrsg. G. Baumann u. S. Grosse. 4 Bde. 1957–58. – *Fass, B.:* La Belle Dame Sans Merci and the Aesthetics of Romanticism. Detroit 1974. – *Heller, P.:* Gretchen: Figur, Klischee, Symbol, in: W. Paulsen, Hrsg.: Die Frau als Heldin u. Autorin. Bern 1977, S. 175–189. – *Hilmes, C.:* Die Femme fatale. Ein Weiblichkeitstypus in der nachromant. Lit. 1990. – *Kurth-Voigt, L. E.:* La Belle Dame Sans Merci: The Revenant as Femme Fatale in Romantic Poetry, in: »Cross-Currents« 1989, S. 247–68. – *Lüthi, K.:* Feminismus und Romantik. Sprache, Gesellschaft, Symbole, Religion. 1985. – *Sauter Bailliet, Th.:* Die Frauen im Werk Eichendorffs. Verkörperung heidnischen u. christl. Geistes. 1972. – *Tunner, E.:* The Lore Lay – A Fairy Tale from Ancient Times?, in: »Cross-Currents« 1989, S. 247–68. – *Zivers, I. M.:* Undine. Tradition and Interpretation of an Archetypal Figure in German Lit. Diss. Rutgers U. 1974.

Freundschaft u. Liebe

Aimer en France, 1760–1860: actes du colloque international de Clermont-Ferrand / recueillis et presentes par *Paul Viallaneix* et *Jean Ehrard.* Clermont-Ferrand. 1980. – *Asche, S.:* Die Liebe, der Tod und das Ich im Spiegel der Kunst: die Funktion des Weiblichen in Schriften der Frühromantik und im erzählerischen Werk E. T. A. Hoffmanns. 1985. – *Beaty, F. L.:* Light from Heaven. Love in British Romantic Lit. Dekalb, Ill. 1971. – *Bianquis, G.:* Amour en Allemagne à l'époque romantique. Paris 1961; engl. 1964. – *Kluckhohn, P.:* Die Auffassung der Liebe in der Lit. des 18. Jh. u. in der dt. Ro. 1922, ²1966. – *Lankheit, K.:* Das Freundschaftsbild der Ro. 1952. – *Roberts, M.:* The Tradition of Romantic Morality. N. Y. 1973.

Natur und Mensch

Ahrendt, D.: Der ›poetische Nihilismus‹ in der Ro. Studien zum Verhältnis von Dichtung u. Wirklichkeit in der Frühro. 1972. – *Alewyn, R.:* Eine Landschaft Eichendorffs, in: Euphorion 51 (1957), 42–60; jetzt in: Probleme u. Gestalten. Essays. 1974. – *Allorto Masso, I.:* Luna e poesia de Young a Leopardi, in: Aevum 46 (1972), 513–51. – *Badt, K.:* Wolkenbilder u. Wolkengedicht der Ro. 1960. – *Béguin, A.:* L'Âme romantique et le rêve. Marseille 1937; dt.: Bern–München 1972. – *Bousquet, J.:* Les Thèmes du rêve dans la litt. romantique. Paris 1964. – *Conrad, H.:* Die literar. Angst. Das Schreckliche in Schauerroman u. Detektivgesch. 1974. – *Curtius, E. R.:* Europ. Lit. u. latein. Mittelalter. Bern 1948. – *Dédéyan, Chr.:* L'Imagination fantastique dans le romantisme européen (Angleterre, Allemagne, France). Paris 1964. – *Hayter, A.:*

Opium and the Romantic Imagination. Berkeley-Los Angeles 1968. – *Kaiser, G.:* Wandrer u. Idylle. Goethe u. die Phänomenologie der Natur in der dt. Dichtung von Gessner bis G. Keller. 1977. – *Kander, I.:* Die dt. Ruinenpoesie des 18. Jh. bis in die Anfänge des 19. Jh. Diss. Heidelberg 1933. – *Kroeber, K.:* Romantic Landscape Vision. Madison, Wis. 1974. – *Kulm, R.:* The Demon of Noontide. Ennui in Western Lit. Princeton 1976. – *Lacoste-Veyssevre, C.:* Les Alpes romantiques: le thème des Alpes dans la littérature française de 1800 à 1850. 1981. – *Müller, A.:* Landschaftserlebnis u. Landschaftsbild. Studien z. dt. Dichtung des 18. Jh. u. der dt. Ro. 1955. – *Naumann, W.:* Traum u. Tradition in der dt. Lyrik 1966. – *Porter, L.:* The Literary Dream in French Romanticism: a Psychoanalytic Interpretation. Detroit 1979. – *Raymond, M.:* Romantisme et rêverie. Paris 1978. – *Rehder, H.:* Die Philosophie der unendlichen Landschaft. Ein Beitr. zur Gesch. der romant. Weltanschauung. 1932. – *Springer, C.:* Marble Wilderness; Ruins and Representation in Italian Romanticism. Cambridge 1987. – *Steinmeyer, H.:* Mensch u. Landschaftsbild. Studien zur Dichtung des 18. Jh. u. der Ro. 1953. – *Tatar, M.:* Romantic Naturphilosophie and Psychology. A Study of G. H. Schubert and the Impact of his Works on H. von Kleist and E. T. A. Hoffmann. Diss. Princeton 1971. – *Thalmann, M.:* Der romant. Garten, in: JEGP 48 (1949), 329–42. – *Dies.:* Die Romantiker entdecken die Stadt. 1965. – *Tieghem, P. van:* La Poésie de la nuit et des tombeaux. Paris 1921. – *Viatte, A.:* Les Sources occultes du romantisme (illuminisme, théosophie), 1770–1820. 2 Bde. Paris 1928, ²1969–1973. – *Vogelsang-Davydov, O.:* Der Traum in der russ. Ro. 1968. – *Williams, R.:* The Country and the City. Oxford U. P. 1973.

Christliche Romantik
Avni, A. A.: The Bible and Ro. The Old Testament in German and French Romantic Poetry. Den Haag. 1969. – *Fairchild, N. H.:* Religious Trends in Engl. Poetry 1780–1830. Romantic Faith. Columbia U. P. 1949. – *Hederer, E.:* Novalis' ›Christenheit oder Europa‹. Diss. München 1936. – *Magnino, B.:* Romanticismo e cristianismo. 3 Bde. Brescia 1962–1963. – *Prickett, S.:* Ro. and Religion. The Tradition of Coleridge and Wordsworth in the Victorian Church. London 1976. – *Seillière, E.:* Christianisme et romantisme. Paris 1920. – *Thornton, K. S.:* Religion in Early Romantic Novels. Diss. Columbia U. 1954. – *Wiese, B. von:* F. Schlegel. Ein Beitr. zur Gesch. der romant. Konversionen. 1927.

Satanische Romantik
Arnaud, P.: Radcliffe et le fantastique. Paris 1976. – *Baruzzi, A.:* Mensch u. Maschine. Das Denken sub specie machinae. 1973. – *Conrad, H.:* Die liter. Angst. Das Schreckliche in Schauerromantik und Detektivgesch. 1974. – *Bruffe, K. A.:* Satan and the Sublime. The Meaning

of the Romantic Hero. Diss. NW U. 1965. – *Dilthey, W.:* Satan in der christl. Poesie, in: Die große Phantasiedichtung und andere Studien zur vgl. Litgesch., hrsg. H. Nohl. 1954. – *Gillespie, G.:* The Devil's Art, in: »Cross-Currents« 1989, S. 77–96. – *Grillet, C.:* Le Diable dans la litt. au XIXe siècle. Lyon 1935. – *Guthke, K. S.:* Der Mythos des Bösen in der westeurop. Ro., in: CollG 2 (1968), 1–36. – *Ders.:* Die Mythologie der entgötterten Welt. 1970. – *Hof, W.:* Pessimistisch-nihilistische Strömungen i. d. dt. Lit. von Sturm u. Drang bis zum Jungen Dtld. 1970. – *Hoffman, L.-F.:* Le Nègre romantique. Personnage littéraire et obsession collective. Paris 1973. – *Huston, J. P.:* The Demonic Imagination. Style and Theme in French Romantic Poetry. Baton Rouge, USA, ³1969. – *Klein, J.:* Der gotische Roman u. die Ästhetik des Bösen. 1975. – *Kloocke, K.:* Le Nihilisme dans la litt. allemande vers 1800, in: B. Constant, Mme de Staël et le Groupe de Coppet. Oxford 1982, S. 204–220. – *Kohlschmidt, W.:* Nihilismus der Ro., in: Form u. Innerlichkeit. Zur Gesch. der dt. Klassik u. Ro. Bern 1955, S. 157–76. – *Leopoldseder, H.:* Groteske Welt. Ein Beitr. zur Entwicklungsgesch. der Nachtstücke in der Ro. 1973. – *Praz, M.:* Liebe, Tod u. Teufel. Die schwarze Ro. 2 Bde. dtv. 1970. – *Pribič, R.:* Bonaventura's ›Nachtwachen‹ and Dostoevsky's ›Notes from the Underground‹. A Comparison in Nihilism. 1974. – *Proskauer, P. I.:* The Phenomenon of Alienation in the Work of K. Ph. Moritz, Wackenroder and the Nachtwachen des Bonaventura. Diss. Columbia 1966. – *Railo, E.:* The Haunted Castle, the Elements of Engl. Romanticism. London 1921, ²1927. – *Romero, Chr. Z.:* M. C. Lewis' »The Monk« and E. T. A. Hoffmann's »Die Elixiere des Teufels«: Two Versions of the Gothic, in: Neophilologus 63 (1979), 574–82. – *Rudwin, M.:* Romantisme et satanisme. Paris 1927. – *Russel, J.:* The Romantic Devil, in: Mephistopheles. Cornell Univ. Press. 1986, S. 168–213. – *Sauer, L.:* Marionetten, Maschinen, Automaten: der künstliche Mensch in der dt. u. engl. Ro. 1983. – *Dies.:* Romantic Automata, in: »Cross-Currents« 1989, S. 287–308. – *Thompson, G. R.:* The Gothic Imagination. Essays in Dark Ro. Pullman, Wash. 1974. – *Trautwein, W.:* Erlesene Angst. Schauerlit. im 18. u. 19. Jh. 1980. – *Volkmer-Burwitz, E.:* Tod und Transzendenz in der dt., engl. u. amerikan. Lyrik der Ro. u. Spätro. 1987. – *Wittman, A. M.:* From Popular Gothicism to Romantisicm, in: »Cross-Currents« 1989, S. 59–76. – *Zacharias-Langhans, G.:* Der unheimliche Roman um 1800. Diss. Bonn 1968.

4. Der romantische Dichter und die Gesellschaft

Die Literatur als Ausdruck der Gesellschaft, das hatten Sismondi und Mme de Staël (»De la littérature considerée dans ses rapports avec les institutions sociales«, 1800) überall in Europa verkündet. Weiter oben (s. o. S. 17 f.) wurde bereits die Reaktion der Romantiker auf die französ. Revolutionswirren geschildert, wobei nachgewiesen werden konnte, daß selbst die so verträumte, angeblich dem Zauber der Poesie verfallene dt. Romantik gar wohl die Schüsse der Revolution und der Schlacht bei Jena (1806) vernommen hatte. Man erkannte, daß die alte mechanische Staatsauffassung, die den einzelnen vom Gesamtleben des Volkes, die Gebildeten von den Ungebildeten trennte, abgewirtschaftet hatte, daß eine neue Staatstheorie entwickelt werden mußte, damit ein neuer Staatsverband entstehen konnte.

Die Idee der Französ. Revolution und der durch sie herbeigeführte soziale Umbruch spiegeln sich in der Literatur. Laut Shelley gab es ja eine »inevitable connection between national prosperity and freedom, and the cultivation of the imagination and the cultivation of scientific truth« (»A Philosophical View of Reform«, Ms. 1819–20). So wird die literarische Revolution verständlich, die durch den Übergang von der klassizistischen Gelehrtendichtung zur volkstümlichen, aus dem Volksgut und für das Volk schöpfenden Dichtung um 1800 entstand; die die Gattungstrennung aufhob, weil die Ständeherrschaft in Frankreich weggefegt worden war (vgl. Görres: »In jedem Menschen sind, dünkt uns, eigentlich alle Stände«, Einleitung »Die teutschen Volksbücher«, 1807; außerdem s. Novalis, V. Hugo und Hazlitt). In Italien und Polen, in Spanien und Deutschland versuchte man allenthalben, das Volk im Liede zu sammeln. Dementsprechend änderte sich die Wahl der poetischen Gegenstände, das Stilideal und das Ideal der Kunst überhaupt, das im Klassizismus dem Gesetz des Schönen gehorcht hatte und sich nun dem Interessanten und Charakteristischen öffnete. Gegenüber der gesellschaftpolitischen Situation nahmen die Romantiker vor allem drei recht unterschiedliche Haltungen ein:

a) Isolation und Exil

Der wahre Mensch sollte der Künstler sein, aber die Enttäuschung war oft um so größer, wenn die Gesellschaft gleichgültig an ihm vorüberschritt oder ihn gar verlachte. Frühreif, bleichen Gesichts und träumerischen Auges, von Leidenschaften heimgesucht und häufig ein Boheme-Leben führend, erschien der ästhetische Typ der Gesellschaft als völlig unnütz, wenn nicht gar gefährlich. Der Künstler zog sich darauf gekränkt, Rousseaus Ruf von der verderbten Gesellschaft vernehmend (vgl.

»Emile« I, 1), in die heilige Einsamkeit zurück. Was Vignys
»Chatterton« oder Lermontows »Der Prophet« (1841) beispielhaft in der Dichtung zeigen, haben die zahlreichen Frühvollen-
denten und Frühverstorbenen meist am eigenen Leibe erfahren.
Andere gingen aus Protest über die katastrophalen Zustände im
eigenen Lande ins Exil oder wurden ausgewiesen, weil sie den
Liberalismus aus der Literatur in die Politik übertragen wollten
(vgl. Byron, Shelley, Lermontow, Puschkin, Mickiewicz, A.
W. Schlegel in Schweden, Hugo, Espronceda u. Rivas, Berchet
u. Gioberti). Doch suchten sie im Exil meist nicht die Einsamkeit, sondern Anschluß an Schicksalsgenossen, die vom Ausland aus den Kampf gegen den Absolutismus aufnahmen.

b) Rebellische Dichter, engagierte Literatur

Während Gautier und Puschkin in den dreißiger Jahren sich
ganz der Dichtung widmeten (»L'art pour l'art«), brach der soziale Reformeifer besonders in Frankreich (nach der Juli-Revolution 1830) und in Spanien (nach Ferdinands Tod 1833) los.
Utopische Gesellschaftsentwürfe entstanden in Sekten oder
kleinen Freundeskreisen. So sprach *Saint-Simon* davon, daß das
goldene Zeitalter nicht hinter uns, sondern vor uns läge und in
der Vervollkommnung der sozialen Ordnung bestünde (»Reor-
ganisation de la société européenne«, 1814); in Deutschland
träumte man vom Reiche Gottes, Coleridge und Southey in
England von einer kommunistischen »Pantisocracy« an den
Ufern des Susquehanna. Die Ziele der Mailänder Gruppe waren
dagegen auf das konkrete politische Ziel des Risorgimento ge-
richtet, die Literatur stand im Kampf gegen den Feudalismus.

Victor Hugo macht den Wechsel von einer ästhetischen zu einer sozialen
Haltung besonders klar. Allmählich hatte er sich von den ultra-monar-
chischen Anschauungen seiner Jugend befreit und war den Liberalen
nähergekommen. Schon in dieser Frühphase widmete er sich auch gesellschaftlichen Problemen (vgl. »Le Dernier jour d'un condamné«,
1829). Der Umsturz der Juli-Revolution verstärkte diese Tendenz. Zusammen mit Lamartine, Vigny, G. Sand leitete er die Periode des Sturm
und Drang innerhalb der franzӧs. Romantik ein; man meint den jungen
Schiller herauszuhören, wenn Hugo vom Dichter als Rächer der Verbrechen auf dem Theater, »lieu d'enseignement« (Vorwort zu »Angela«, 1835) spricht. Hugo verstand sich nicht nur als Echo seiner Zeit,
sondern er schrieb dem Dichter eine zivilisatorische Funktion zu (vgl.
Vorwort zu »Lucrèce Borgia«, 1833; »Les Voix intérieures«, 1837). Die

politischen Ereignisse zwischen der Februar-Revolution 1848 und dem coup d'état Louis Napoleons 1851 stellten Hugos republikanische Überzeugungen auf die Probe: er ging ins Exil und stellte seine Dichtung ganz in den Dienst der gesellschaftlichen Erneuerung (vgl. »Les Contemplations«, 1856; »Les Châtiments«, 1853). Sozialismus und Romantik wurden für ihn identisch (vgl. »Les Misérables«, 1862, und seine Studie über »William Shakespeare«, 1864: »L'art pour l'art peut être beau, mais l'art pour le progrès est plus beau encore. Rêver la rêverie est bien, rêver l'utopie est mieux«, Teil II, Buch VI, Kap. 1).

Noch stärker als Hugo glaubte *Shelley* an eine prometheische Mission »in tyrannos«, an die Freiheit, die er zunächst gewaltsam, später aus dem Geist der griechischen Philosophie (Plato) und des Neuen Testaments auf evolutionärem Wege durch Reformen herbeiführen wollte. In Eton und Oxford entdeckte er seine atheistischen Überzeugungen (vgl. »The Necessity of Atheism«, 1811) und W. Godwin (»Enquiry concerning Political Justice«, 1793), der an ein vernünftiges Zusammenleben der Menschen ohne Gesetze und Institutionen glaubte. »Queen Mab« (1813) zeigt Shelley als radikalen Reformer, der eine neue Weltordnung durchsetzen will; »The Revolt of Islam« (1818) schildert bereits das Scheitern revolutionärer Bemühungen und den Wechsel zu evolutionäneren Anschauungen, während der Rückzug aus dem Lebenskampf in den Elfenbeinturm in »Alastor« (1816) abgelehnt wurde. Allerdings sprach sich Shelley gegen eine unmittelbar didaktische Poesie aus (Preface »Prometheus Unbound«). Als es unter der Regierung Castlereagh zur Peterloo-Affäre kam, schrieb Shelley aus Italien »The Mask of Anarchy« (1819), eine Anklage gegen die sozialen Mißstände in England. Von Lukas IV, Vers 18 ausgehend und seine Theorien durch Plato, Diogenes und Godwin unterbauend entwickelte er im »Essay on Christianity« (ca. 1817) seine utopischen Vorstellungen einer Gesellschaft, die nicht mehr durch das tyrannische System der Leidenschaften (»fame, power, and gold«) zusammengehalten werde, sondern durch »feelings of confidence and affection«, »the wisdom of universal love« (Abschnitt »Equality of Mankind«). »A Philosophical View of Reform« (Ms. 1819–20) bringt konkrete Vorschläge, wie die neue Gesellschaft ohne Regierungssystem aussehen sollte. Kein Wunder, daß viele von dem Reformeifer Shelleys beeindruckt waren und sich gelegentlich zu satirischen Gegenhieben veranlaßt sahen. So taucht Shelley unter dem Namen Scythrop in *Th. L. Peacocks* »Nightmare Abbey« (1818) auf. Er hat den »Werther« und die dt. Schicksalstragödien, aber auch die dickleibigen Bände der Transzendentalphilosophie studiert und geht nun daran, eine perfekte Republik für die gebrechliche menschliche Natur zuerdenken.

c) Die reaktionäre Haltung

Die Entwicklung der dt. und europ. Romantik läuft in Fragen der Politik und in der Haltung der Schriftsteller zu den Zentral-problemen der Gesellschaft in entgegengesetzter Richtung. Während die Romantiker im Ausland meist progressiv, liberal und reformorientiert waren, wandten sich die dt. Dichter vom liberalen Kosmopolitismus der Frühromantik zum reaktionä-ren Nationalismus. Frühromantik und Hochromantik verhal-ten sich in der Beziehung wie These und Antithese (s. F. Schle-gels Bibelauffassung s. o. S. 193). Als Ausdruck der »Regression zur Wiege« (L. Marcuse, BB, S. 379) sind die zahlreichen Kon-versionen zu werten. So erstaunt es auch nicht, daß die liberale westeurop. Romantik nach der Juli-Revolution 1830 die Jung-deutschen beeinflußte und Heine sich unter ihrem Eindruck ge-gen die reaktionäre Romantik wandte. Natürlich ist es falsch, in der dt. Romantik nur eine rückschrittliche Bewegung zu sehen, nur die »Gegenrevolution« (vgl. Th. Mann, Ges. Werke 1960 f., X, 394), wie es andererseits auch wiederum zu weit ge-hen dürfte, Hölderlin einfach zum Jakobiner zu stempeln (Ber-taux) oder Jean Paul zum vormarxistischen Revolutionär zu er-klären (Harich). Allerdings läßt es sich nicht von der Hand wei-sen: »Adam Müller, der alte F. Schlegel, Schopenhauer . . . und der Politiker R. Wagner . . . Sie schmiedeten die geistigen Waf-fen der Reaktion« (Marcuse, ebd.). Dazu käme unter den Pro-minenten der Zeit noch Fichte, der nach 1806 seine »Reden an die deutsche Nation« hielt oder F. Gentz, der nach Anfertigung der Burke-Übersetzung wie A. Müller und F. Schlegel zum Metternich-Berater wurde. Typisch für die neue Denkrichtung sind Eichendorff und Müller.

Eichendorff, Adliger wie Byron und Shelley, vertrat im Grunde konser-vatives Denken in einer idealistischen Form; er kämpfte für eine katholi-sche Erneuerung in allen Lebensbereichen, und zwar gegen das prote-stantische Prinzip der »Freigeisterei«, scheute sich aber nicht, den reak-tionären ›morschen‹ Adel, der in den Revolutionsunruhen versagt hatte, zu verurteilen (»Der Adel und die Revolution«, D. 1866). Gegen die barbarische Gleichmacherei der Franzosen idealisierte er den mittelal-terlichen Ständestaat, der auf der organischen Verbindung von Adel und Volk gründen sollte. Dementsprechend beurteilte er die Poesie als Aus-druck »der inneren Geschichte der Nation«, die er mit Religion gleich-setzte (»Gesch. der poetischen Lit. Deutschlands«, 1857).
Der Konvertit *Adam Müller* lieferte der »Heiligen Allianz« das theore-tische Fundament. Gegenüber Shelley, der den Staat mit seinen Institu-

tionen abschaffen wollte, zog er sich auf Burkes Position zurück, den Engländer, den er am liebsten zu einem Deutschen gemacht hätte. In den »Elementen der Staatskunst« (D. 1809) vertrat er die Auffassung eines Staats von Gottes Gnaden auf christlich-katholischer Grundlage (34. Vorlesg.), nach dem Modell des mittelalterlichen Feudalstaates, inklusive Lehns- und Tugendsystem. Damit wird der Gegenentwurf zum französ. Revolutionsstaat und dem abstrakten Staatsbegriff der Aufklärung deutlich. Müller entwickelte, Ansätze von Fichte und Schelling aufgreifend, die Idee eines Staates als Selbstzweck, als Organismus und Person mit einem »Totalitätsanspurch [. . .] auf den ganzen Menschen« (Kluckhohn, »Ideengut«, S. 80). Er behauptete, Christus sei auch für den Staat gestorben. Wie Eichendorff vertrat er das Konzept des Ständestaates mit monarchischer Spitze. In der Erziehung wollte er alles auf »Nationales, Religiöses« bezogen wissen (»Über König Friedrich II. und die Natur, Würde und Bestimmung der Preuß. Monarchie«, 1810, 2. Vorlesg.). Schließlich dachte er als einer der ersten an ein gemeinsames Europa unter dt. Führung, an einen Pangermanismus, dem der Panslawismus in Osteuropa entspricht.

d) Philisterkritik

Dem Bürgertum, seinen Konventionen und Institutionen, sagten fast alle Romantiker Europas, besonders Byron in Leben und Werk, den Kampf an; die »Philisterkritik« dürfte freilich genauso wie der literarische Frauensalon der Zeit ein spezifisch dt. Phänomen sein. Zunächst überrascht, daß fast alle dt. Romantiker einen realen bürgerlichen Beruf ergriffen, auch wenn sie vom preußischen Landadel abstammten, womit sie ein Gegengewicht gegen den antibürgerlichen Ausbruch ihrer Helden schufen. Diese sind meist wandernde Künstler, die der Welt der Boheme angehören. Durch sie hindurch kritisierten die Autoren die Gesellschaft, den Hofadel und das philiströse Bürgertum und sehnten sich aus der Stadt in die Natur. Damit stellten sie sich in geistiger Hinsicht als »anti-establishment« heraus (s. dazu Gordon Craig: »Sociologically, Romanticism was always [. . .] an essentially bourgeois movement, and politically it was an escape from the bourgeois dilemma of powerlessness«, in: ›The Germans‹, 1982, S. 197).

Philister heißt soviel wie Spießbürger, mit dem Akzent auf der geistigen Engstirnigkeit und Unbeweglichkeit dieses Typs. Der dt. Michel mit seiner Schlafmütze auf dem Kopf wäre ein gutes Ersatzwort, besonders wenn man an Brentanos »Der Philister vor, in und nach der Geschichte« (1811) denkt, worin der Philister aus »traumlosem Schlaf« mit »weißer baumwollener Schlafmütze« aufwacht. Die Tabakspfeife hänge eng mit seiner Philosophie zusammen, der Spiegel sei für ihn schon etwas Transzendentales, ansonsten sei er völlig ideenlos und pedantisch! Der Typ des Taugenichts, wie ihn *Eichendorff* dargestellt hat (vgl. auch seine dramatische Satire »Krieg den Philistern«, 1823), kommt auf lange Strecken als Gegentyp in Betracht. *Novalis* definierte so: »Philister leben nur ein Alltagsleben. Das Hauptmittel scheint ihr einziger Zweck zu sein. Sie tun das alles, um des irdischen Lebens willen ... Poesie mischen sie sich zur Notdurft unter ... Ihre sogenannte Religion wirkt wie ein Opiat ... Die gegenwärtige Sensation ist die lebhafteste, die höchste eines Jämmerlings. Über diese kennt er nichts Höheres« (»Blütenstaub-Fragmente«). Daraus geht hervor, daß Novalis und mit ihm Brentano, Tieck, Hoffmann, Heine (»Die Harzreise«, 1826) etc. dem Philister vor allem seinen Materialismus übel nahmen, sein Verhaftetsein in einer vegetativen Lebensstufe, die es ihm unmöglich macht, den Bezug zur Transzendenz herzustellen. Er ist keineswegs mit dem kapitalistischen Bürger identisch (vgl. A. von Bormann, in Zs. ›Aurora‹, 30–31, 1970 bis 1971, 94 f.), sondern mit einer Lebensform, die der ästhetischen entgegengesetzt ist. Doch sei nicht vergessen, daß E. T. A. Hoffmann im ›Kater Murr‹ auch das falsche Streben des Bildungsphilisters parodiert. »Das Philistertum ist also nach romantischer Ansicht keineswegs ein Produkt sozialer Verhältnisse und geltender Herrschaftsstrukturen, sondern eine Erscheinungsform, die seit Urbeginn als eine Möglichkeit im menschlichen Wesen angelegt ist« (A. Riemen, ebd., 33, 1973, 81; G. Schulz unterscheidet außerdem zwischen dem ländlich-patriarchal. u. dem städtisch-bürgerlichen Typ, in: De Boor-Newald VII, 2, 1989, S. 191).

e) Der literarische Frauensalon

Seit der Renaissance spielt die Frau für die Literatur eine wichtige Rolle als Mäzenin, als gesellschaftlicher Mittelpunkt und als Schriftstellerin. Man denke an den Kreis um Lucrezia Borgia und Isabella d'Este in Ferrara, Marguerite de Navarre, an Elisabeth von Nassau-Saarbrücken, Eleonore von Vorderösterreich und die Pfalzgräfin Mechthild von Rottenburg a. Neckar. Vorbild für die Salons der romantischen Epoche dürften allerdings die franzöz. »Gesellschaften« des 17. und 18. Jahrhunderts sein, zumal das Hôtel de Rambouillet der Preziösen (1618–50) sowie Marquise du Deffands (ca. 1750) und Julie de Lespinasses Salons (nach 1764), die die empfindsamen Geister bzw. die Enzyklopädisten um sich versammelten. Der Salon gab der gebildeten Frau Gelegenheit, oft einen beträchtlichen Einfluß auf die Umgangsmanieren, die Ausbildung einer höflichen Sprache und den geistigen Austausch zu nehmen, und zwar besonders dann, wenn der Hof kein kulturelles Zentrum bot.

Aus England ist der Blue Stocking Zirkel (Lady Montagu) bekannt, aus Italien der florentinische Salon der Gräfin von Albanien sowie die venezianischen Kreise der Gräfinnen Albrizzi und Benzoni um 1820. *Mme de Staël* macht den Übergang von einer schöngeistigen zu einer gleichzeitig politischen Salonführung in ihrem ersten Pariser Salon und dann im Exil zu Coppet deutlich, wo sie führende Köpfe der europ. Romantik um sich versammelte. Ragt sie auch unter den literarisch gebildeten Frauen hervor, so spielen im Frankreich der Revolution und Napoleons doch zahlreiche weitere Frauen eine bedeutende Rolle (Mme de Roland, Marquise de Condorcet, la Duchesse d'Abrantès, Mme de Récamier). Nach der Juli-Revolution wurde Paris zu einem Anziehungspunkt auch für ausländische Damen: Mrs. Clarke-Mohl aus London, die Russinnen Prinzessin de Lieven und Mme Schwetchine, die italien. Prinzessin *Belgiojoso*. Diese vereinigte die im Exil lebenden Parteigänger des Risorgimento in ihrem Pariser Palais, dazu französ. Politiker und Künstler (s. Heines Belgiojoso-Porträt in »Florentinische Nächte«), von hier aus plante sie die Befreiung Italiens (Einmarsch in Mailand 1848).

Die literarische Salongesellschaft der dt. Romantik hat ihre Vorläufer in den Abendgesellschaften der Herzogin Anna Amalia am Weimarer Musenhof und im Wiener Salon von Charlotte von Greiner und ihrer Tochter Karoline Pichler, doch stellen die Berliner Salons um 1800 ein einzigartiges soziologisches und literarisches Phänomen dar. Um mit Novalis zu sprechen, hier war die Frau aus dem »eigentlichen Naturzustand« herausgetreten und hatte ein hohes Wissen »von Verhältnissen der Gesellschaft« erlangt (vgl. Brief v. 27. II. 1799); im Salon konnte sie sich sozial, erotisch und intellektuell emanzipieren und sogar zur geistigen Führerin, zum Katalysator für die Entwicklung berühmter Männer werden. Verschiedene Momente kamen zusammen, um diese einmalige Konstellation zu ermöglichen. Da war der starke Einfluß Rousseaus, der gegenüber der konventionellen Moral auf das Recht des Herzens pochte; damit mischte sich die pietistisch angehauchte Empfindsamkeit, z. B. im »Tugendbund«, den Henriette Herz seit den 1780er Jahren führte. Die in den französ. Salons gepflegte Selbstanalyse verschmolz hier mit der pietistischen Seelenbeobachtung und der Geistigkeit jüdischer Frauen. Denn abgesehen von der Halbitalienerin Bettina von Brentano-Arnim waren die Frauen dieser Salons alle jüdischer Abstammung: außer Herz auch Rahel Levin Varnhagen und Sarah Meyer; auch die Muster selbständiger Weiblichkeit (F. Schlegel), Caroline sowie Dorothea Schlegel kamen aus jüdischen Häusern.

Seit dem Generalprivileg von 1750 unter Friedrich dem Großen war die Emanzipation der Juden aus dem Getto nicht mehr aufzuhalten; Moses Mendelssohn vermittelte zwischen Judentum und Aufklärung; 1791 erhielten sie in den französ. besetzten Gebieten ihre Bürgerrechte. »Mehr noch als bei den Männern hatten die menschheitsbefreienden Ideen der Aufklärung ein Echo bei den Frauen gefunden . . . Zweifache Befreiung lockte: aus dem Getto . . . Und andererseits winkte die Emanzipation auch als eine Befreiung aus dem passiven . . . weiblichen Dasein überhaupt« (Latour, »Kulturgeschichte«, 1965, S. 141). In Berlin konnten vorerst nur die privilegierten Jüdinnen vornehmer Häuser durch ihre Schönheit oder ihren Geist glänzen, bis die Stein-Hardenbergsche Reform die Juden auch in Preußen befreite (1812). Was die Salons besonders attraktiv machte, war das geistige Klima, welches die Jüdinnen zu schaffen wußten. Aus der Gettoenge ausgebrochen, »fehlte hier jede Vermittlung durch eine Tradition, durch eine von Geschlecht zu Geschlecht sich fortpflanzende, mit dem Geist und dem Wissen der Zeit Schritt haltende Bildung; aber auch jedes aus einem solchen Bildungsgang erwachsene Vorurteil« (H. Herz, zit. Latour, a. a. O., S.144).

Tradtionslosigkeit, geistige Aufgeschlossenheit, ständisch gemischte Gesellschaft aus Adligen und Künstlern, Militärs und Diplomaten, eine für Deutschland ungewohnte Geselligkeit, das alles zusammen schuf das günstige Klima für den geistigen Austausch zwischen Schleiermacher und F. Schlegel, für Tieck, Jean Paul und noch für Chamisso und Heine. Vor allem *Rahels* Salon wurde zum Zentrum des Goethekultes der Romantik (vgl. Goethe »Geneigte Teilnahme an den Wanderjahren«, 21. II. 1822). 1806 verloren die Salons zwar ihre Bedeutung, aber nach 1819, als Rahel wieder in Berlin weilte, wurde ihr Haus noch einmal zu einer geistigen Insel. Sie konnte von den Jungdeutschen bewundert werden, weil sie sich zur Demokratin entwickelt hatte. Auch Bettina wandte sich schließlich jungdeutschen Ideen zu (s. »Dies Buch gehört dem König«, 1849). Dies waren die progressiven Ausläufer. Im allgemeinen stellten die jüdischen Frauen für die dt. Romantik nur den geselligen Rahmen des Salons bereit, während die west- und osteurop. Romantik in der Dichtungspraxis einen ausgesprochen sozialreformerischen Charakter annahm.

Literatur

Allgemein
Emmerich, I.: Die Auffassung der Ro. von der Kunst in ihrer histor. Erscheinung u. gesellschaftl. Bedeutung. 1960. – *Rodway, A.:* The Romantic Conflict. London 1963. – Vgl. die bibliogr. Angaben zu »Ro. und Politik«.

Rebellische Dichter, engagierte Literatur
Abrams, M. H.: Natural Supernaturalism. Tradition and Rev. in Romantic Lit. N. Y. 1971. – *Evans, D. O.:* Social Ro. in France, 1830–1848. Oxford 1951. – *George, A. J.:* The Development of French Ro. The Impact of the Industrial Rev. on Lit. Syracuse 1954. – *Harris, R. W.:* Ro. and the Social Order, 1780–1830. London 1969. – *Kahn, L. W.:* Social Ideas in German Lit., 1770–1830. N. Y. 1969. – *Kals, H.:* Die soziale Frage in der Ro. 1974. – *Kreuzer, H.:* Die Bohème. 1971. – *Talmon, J. L.:* Ro. and Revolt. Europe 1815 bis 1848. London 1967. – *Travi, E.:* Lett. e riforma. Testimonianze 1750–1880. Mailand 1974.

Reaktionäre Haltung
Aris, R.: Die Staatslehre A. Müllers in ihrem Verhältnis zur dt. Ro. 1929. – *Baxa, J.:* Einführung in die romant. Staatswiss. 1923. – *Bredella, L., Chr. Bürger* u. *R. Kreis:* Von der romant. Gesellschaftskritik zur Bejahung des Imperialismus. Tieck, Keller, Kipling. 1974. – *Brinkmann, C.:* Romant. Gesellschaftslehre, in: Romantik. hrsg. Th. Steinbüchel. 1948, S. 177–194. – *Kluckhohn, P.:* Das Ideengut der dt. Ro. 1941. – *Ders.:* Persönlichkeit u. Gemeinschaft. Studien zur Staatsauffassung der dt. Ro. DVj Buchreihe 5, 1925. – *Lukács, G.:* Fortschritt u. Reaktion in der dt. Lit. 1947, ²1950. – *Marcuse, L.:* Rekationäre und progressive Ro., in: Monatsh. 44 (1952), 194–201, abgedr. in BB, S. 377–85. – *Müller, A.,* Hrsg.: Germanistik u. dt. Nation 1806–1848. 1974. – *Roisch, U.:* Die Volksauffassung im Roman der dt. Ro. Diss. Leipzig 1957.

Philisterkritik
Bormann, A. von: Philister u. Taugenichte. Zur Tragweite des romant. Antikapitalismus, in: Aurora 30–31 (1970–71), 94–112. – *Brummack, J.:* Komödie u. Satire i. d. Ro., in: »Europ. Ro.« I, 1982, 283–88. – *Riemen, A.:* Die reaktionären Revolutionäre? oder Romantischer Antikapitalismus, in: Aurora 33 (1973), 77–86.

Frauensalon
Arendt, H.: R. Varnhagen. Lebensgesch. einer dt. Jüdin aus der Ro. 1959. – *Clergue, H.:* The Salon. A Study of French Society and Personalities in the 18th Cent. 1907, Repr. 1971. – *Drewitz, I.:* Berliner Salons. Gesellschaft u. Lit. zwischen Aufklärung und Industriezeitalter. 1965. – *Eaubonne, F. d':* Une femme témoin de son siècle. Mme de Staël. Paris

1966. – *Feilchenfeldt, K.:* »Berlin Sálon« und Briefkultur um 1800, in: DU 36 (1984), 77–99. – *Haberland, H.,* Hrsg.: Frauen der Goethezeit. 1960, ²1961. – *Latour, A.:* Kulturgeschichte der Dame. Fischer 688. 1965, S. 138–199. – *Miller, N.:* Literarisches Leben in Berlin im Anfang des 19. Jh. Aspekte einer preußischen Salon-Kultur, in: Kleist-Jb. 1981/82, 13–32. – *Möhrmann, R.:* Die andere Frau. 1977. – *Murtfeld, R.:* Moderne Frau in revolutionärer Zeit. Caroline Schlegel-Schelling. 1973. – *Sandhu-Cendres, M. M.:* Le Féminisme et les romancières de l'époque romantique. Diss. Yale 1970. – *Scurla, H.:* Begegnungen mit Rahel. Der Salon der R. Levin. ⁴1966. – *Starr-Guilloton, D.:* R. Varnhagen u. die Frauenfrage in der dt. R., in: Monatsh. 69 (1977), 391–403. – *Susman, M.:* Frauen der Ro. ³1960. – *Wilhelmy, P.:* Der Berliner Salon im 19. Jh. (1780–1914). 1989.

IV. Tradition und Erbe der Romantik

Die Darstellung der Wirkungsgeschichte der Romantik bedarf einer eigenen Untersuchung, deren Umrisse hier nur angedeutet werden können. Es kann sich nicht darum handeln, etwa aufgefächert nach Ländern einen Abriß der nachromantischen Literatur anzufertigen. Statt dessen sei versucht, die Grundlagen der Moderne, insofern sie in der romantischen Epoche angelegt sind, noch einmal zu benennen und dann, mit dem Akzent auf der Literatur, die von der Romantik inspirierten oder ihr zumindest affin erscheinenden Literaturphasen von europ. Relevanz herauszukristallisieren. Daran reihen sich abschließend einige spezifische Aspekte der literarischen Nachwirkung, die damals wie heute das Interesse von Künstlern und Kritikern auf sich gezogen haben.

1. Die Grundlagen der Moderne

Obgleich der vorliegende Band der romantischen Literatur gewidmet ist, hat der Überblick doch gezeigt, wie sehr diese Literaturepoche von den Zeitereignissen geprägt wurde und wie die Literatur ihrerseits auf die Zeit einwirkte. Romantik bedeutet mehr als Literatur; Romantik ist vielfach eine neue Lebensform, eine eigene Weltanschauung, sie erfaßt alle Lebensbereiche und wissenschaftlichen Disziplinen, überführt die Revolution aus der Politik in die Literatur und wirkt von dort zurück auf das Leben der Gesellschaft. Als Revolution der Denk-, Lebens- und Schreibart berührt sie auch die Bereiche der Philosophie, Psychologie und Theologie, der Musik- und Geisteswissenschaften. Romantik heißt Regeneration, ob auf dem Wege der Revolution oder der Gegenrevolution, das hängt meist von dem Entwicklungsstadium der Romantik und der Ideologie des Betrachters ab.

a) Romantik und die politischen Ideologien

Das Problem der Zeit war die Erfahrung der Trennung in allen Bereichen, der Spaltung zwischen Verstand und Gefühl, Sub-

jekt und Objekt, dem einzelnen und dem Volk, den National-
staaten und Europa. Napoleon schien die politische Einheit Europas herstellen zu wollen, die Ironie des Schicksals verwandelte seine Eroberungspolitik in den Funken der Empörung aus
unterdrücktem Nationalgeist. Die Völker sammelten sich um
die Idee der *Nation*, die Spaltung zwischen Volk und Individuum schien überwunden, doch die Trennung zwischen den
Völkern verschärfte sich. Von Burke herkommend, legte *A.
Müller* den Nationalstaat als Ganzes aus, dem sich der einzelne
einfügen müsse, um sich selbst verwirklichen zu können. Auf
diese »rechte« Interpretation des Staates, die Hegels preußischen Staatsbegriff zu unterstützen schien, meinten sich die Na-
tionalideologen des 19. und 20. Jahrhunderts berufen zu können, indem sie den Staat zum Mythos machten, der um so ge-
fährlicher wurde, als sie den organischen Begriff ins Irrationale
auflösten und mit der Idee des Werdens, der unbegrenzten Ex-
pansion fusionierten. Kein Wunder, daß man im und nach dem
Zweiten Weltkrieg von Luther über die Romantik zu Hitler
eine direkte Linie zog: z. B. sahen P. Viereck (1941) oder F.
Lion (1947), bzw. Th. Mann (»Dr. Faustus«, 1954) die Wurzel
allen Übels in der Romantik; man hatte anscheinend vergessen,
daß das »tausendjährige Reich« der Romantik die »Erziehung
zur Vernunft« (Novalis, »Blütenstaub«) voraussetzte, daß das
Individuum seit der Französ. Revolution dem Staat gleichge-
wertet und die Nation nie zum »Religionsersatz« (W. Kohlschmidt, »Die Romantik«, 1961, S. 459) erhoben wurde. – Andererseits legten die Linkshegelianer den Staat revolutionär aus
nach der Maxime »alles, was ist, soll vernünftig sein«. Sozialutopien der Romantik (Saint-Simon) studierte *Marx* bei A. W.
Schlegel in Bonn und bei Hegel in Berlin, dessen Philosophie er
vom Kopf auf die Füße stellte, um der romantischen Selbstentfremdung des Menschen in der sich industrialisierenden Gesellschaft auf seine Weise ein Ende zu bereiten: der Arbeiter sollte
wieder Mensch und damit wichtiger als die Produktionskräfte
werden.

b) Psychologie

In der politischen, aber auch in der seelischen Sphäre sollte der
Mensch das Paradies auf Erden wiedergewinnen. Die heilenden
Kräfte fanden die Romantiker in den bewußtlosen Regionen des
Traumes, wo sich durch »Naturseelenwirkung« (Novalis,

211

»Blütenstaub«) das Unbewußte äußerte. Im tierischen Magnetismus, in Hypnose und Telepathie wollte man die Seele vom Selbstbewußtsein zur Harmonie mit dem All zurückführen.

Die Romantik kannte eine Entwicklungspsychologie und Psychopathologie, die sich von den medizinischen Theorien der Aufklärung herleiteten (Brown; Mesmer; Moritz) und von Früh- und Spätromantik unterschiedlich rezipiert wurden. Lange im Schatten von Goethes und Hegels Romantik-Kritik (s. O. Pöggeler, »Hegels Kritik der Ro.«, 1956) stehend, hat die Forschung erst im letzten Jahrzehnt die Beschäftigung mit dem Triebleben dem romantischen Protest gegen die Konventionen des philiströsen Bürgertums beigeordnet und den Dichter als »transscendentalen Arzt« (Novalis II, 535) ernstgenommen, der mit dem Inneren der Seele in Traum, Hypnose, Somnambulismus, Clairvoyance etc. Kontakt herstellte.

Für die Aufwertung von *Mesmers* Ideen über den magnetischen Schlaf, ihre Verknüpfung mit der organischen Entwicklung der individuellen Seele und der Schellingschen Naturphilosophie waren G. H. *Schuberts* »Ansichten von der Nachtseite der Naturwissenschaft« (1808) verantwortlich, worin er die Vorstellung einer ursprünglich unbewußten Harmonie zwischen Innen und Außen mit Hilfe des Magnetismus als die höhere Gesundheit des Geistes glaubte wiederherstellen zu können. Das ganz Neue an Schuberts späterem Werk »Symbolik des Traumes« (1814) »ist die Systematisierung der Traumarbeit in eine Rhetorik des Traums, die durchaus Freuds Diskussion der Mechanismen der Traumarbeit in der »Traumdeutung« (1900) vorausnimmt, ihm aber nicht bekannt war« (U. Mahlendorf, Ms. »Psychologie der Ro.«, 1989). So führt der Weg zur Tiefenpsychologie des 20. Jh.s nicht direkt über Schubert, wohl aber über Mesmer und die romantische Literatur, die sich mit Seelenvorgängen wie Traum, Somnambulismus, Wahn etc. beschäftigte. Dagegen haben Mesmer und Schubert zusammen auf Kleist, Jean Paul, Arnim, Hoffmann und Caroline de la Motte-Fouqué gewirkt (s. Fouqué, »Magie der Natur«, 1812; Repr. des Verf's 1989).

Schuberts Buch »Ansichten von der Nachtseite der Naturwissenschaft« hat nur in vermittelter Form, zusammen mit der romantischen Traumdichtung, auf die Psychoanalyse Freuds gewirkt. Aber auch ein visionärer Dichter wie William Blake antizipierte auf seine Weise bereits viele Entdeckungen Freuds (s. D. H. George, 1980). *Freud* machte mit »Die Traumdeutung« (1900) das Wort von Novalis wahr, nach dem die Träume »für den

Psychologen höchst wichtig« seien (»Blütenstaub«). Die Psychoanalyse entziffert die Hieroglypensprache des Traumes, indem sie die Beziehungen zwischen dem Ich und dem unbewußten Leben der Seele erforscht. Als Erbe der Romantik rückte Freud das Ich in all seinen Schichten (Ich, Es, Überich) in den Mittelpunkt seiner Forschungen und beeinflußte seinerseits damit die surrealistische Malerei, die Literatur (innerer Monolog) und die Literaturkritik.

c) Philosophie

Schopenhauer und Nietzsche entwarfen ihre Philosophie in der Reaktion auf das romatische Denken und erzielten damit eine weltweite Wirkung. *Schopenhauers* »Die Welt als Wille und Vorstellung« (1819) ging aus Aphorismen hervor, so wie Nietzsches Philosophie später ein »System in Aphorismen« (Löwith) genannt wurde. Ihre philosophischen Grundsätze basieren auf der romantischen Überzeugung von der Verwandelbarkeit bzw. der Überwindung der Welt.

Beide gelten als Nihilisten, aber Schopenhauer vollendete den romantischen Pessimismus, indem er auf den ständigen Kampf ums Dasein im Leben hinwies. Das menschliche Dasein bewegt sich zwischen den Polen Schmerz und Langeweile. Die Welt ist meine »Vorstellung«, die schattenhafte Erscheinung einer tieferen Realität, die Sch. als Wille bezeichnete, womit eigentlich der triebhaft-unbewußte Lebensdrang, der blinde Wille gemeint ist, den er mit dem Sein an sich jeden Dinges identifizierte. Der Wille beherrscht das Leben; so kann Lukács sagen, Sch. »führte in modernisierter Form die romantische Vorliebe für Krankheit, Tod und Verwesung zum Siege« (»Grablegung«, S. 15). Denn Leben heißt leiden; nur zwei Auswege bieten sich an: einmal die Kunst, besonders die Musik, die den geheimnisvollen Sinn hinter den Erscheinungen enträtseln und zumindest momentan Trost stiften kann, zum anderen bietet die »Erlösungslehre« Schopenhauers eine Möglichkeit, nämlich durch die totale Verneinung des Willens, seine Läuterung und die Einkehr des Menschen in ein mysteriöses Nichts, das zwischen Eckeharts und Buddhas Bedeutung schillert und die Bemühungen der Romantiker um die Erschließung des Orients abrundet. Schopenhauer wirkte unmittelbar auf Wagner weiter, beide zusammen beeinflußten die Dekadenz (s. u. S. 217).
Der Nihilismus war als Umbildung des romantischen Idealismus bereits innerhalb der Romantik als Komplementärerscheinung angelegt (s. o. S. 189 f.). Im politischen Bereich wurde der Begriff zuerst auf die russ.

Anarchisten angewandt, die jede Art von Autorität, Gesellschaftsord-
nung und Wertwelt ablehnten (s. Turgenjew, »Väter und Söhne«,
1862). *Nietzsche* formulierte einen ethischen Nihilismus und ersetzte
den bisherigen Pessimismus durch einen »Pessimismus der Stärke«.
Den romantischen Kulturpessimismus ergänzte er durch ein positives
Gegenbild, das im Zeichen des Dionysos steht. Denn dionysisch hieß
für Nietzsche vor allem »Das Jasagen zum Leben selbst noch in seinen
fremdesten und härtesten Problemen, der Wille zum Leben, im Opfer
seiner höchsten Typen der eignen Unerschöpflichkeit frohwerdend«
(Werke, 1899, VIII, 173). Dionysisch nannte er aber auch sein *Grie-*
chenbild, womit er die romantische Auffassung des Griechentums theoretisch vollendete (übrigens sagte er von sich: »Ich bin zu sehr Musiker,
um nicht Romantiker zu sein«, Brief an G. Brandes v. 27. III. 1888;
über seine Romantikkritik s. besonders seinen Nachlaß). Indem er erkannte, »daß es keine wahrhaft schöne Fläche ohne eine schreckliche
Tiefe gibt« (»Die Geburt der Tragödie aus dem Geist der Musik«, 1872),
zerstörte er den einen Hauptpfeiler des Abendlandes, das klassisch-hu-
manistische Griechenbild und den darauf gegründeten Glauben von der
gütigen Natur. Auf dem Boden der Romantik stehend, wurde N. zu
dem großen Kulturkritiker auch des christlichen Abendlandes, indem er
der sog. Sklavenmoral seine Herrenmoral entgegenhielt, den Willen zur
Macht, zum Übermenschen und zur Umwertung aller Werte; darum
verkündete er den Tod Gottes: »Tot sind alle Götter: nun wollen wir,
daß der Übermensch lebe« (»Also sprach Zarathustra«, Teil I, 1883).
Hinter seiner prophetisch-arroganten Haltung ist noch viel von dem romantischen Reformeifer, dem Missionsgeist sowie dem Egoismus des
byronesken Helden zu spüren.

d) Wagner

»Was Novalis geträumt, was Görres und Creuzer dunkel verkündet haben, wurde erst in Wagners ›Götterdämmerung‹, in
seinem ›Tristan‹ und – schließlich kirchlich geworden – in seinem ›Parsifal‹ zu einem suggestiven Mythos, zu einer gesellschaftlichen Macht, die alle Schichten des Volkes erfaßte«
(Lukács, a. a. O., S. 11). Eine derartige Feststellung mag auf
Görres und Creuzer zutreffen, aber kaum auf Novalis, dessen Nachtbegeisterung *Lukács* in den Zusammenhang von
»Krankheit und Verwesung«, »Entwertung des Gesunden«
rückt. Allerdings ist Wagner als Gipfel all derjenigen romantischen Bestrebungen anzusehen, die auf das Heil der Nation
aus der Wiederbelebung mittelalterlicher Legenden und
Stoffe abzielten und zur Gattungsmischung sowie zur Musik
als absoluten Kunst tendierten. Mit seinen Musikdramen schien

Wagner F. Schlegels Forderung nach »progressiver Universalpoesie« und Nietzsches Sehnsucht nach der Erneuerung der Kultur entgegenzukommen.

2. Literaturperioden

Die Romantik legte auch die Grundlagen für die weitere literarische Entwicklung in Europa, sowohl durch Aus- und Umgestaltung romantischer Themen und Formen als auch durch scharfe Reaktion auf das romantische Erbe. Vom Biedermeier bis zum Expressionismus, von den Sittenschilderungen der latein. Romantik bis zur heutigen Popszene wirkt das Gedankengut der Romantik z. T. bewußt nach oder lebt in unbewußter Wiederholung romantischer Geisteshaltung wieder auf (vgl. Th. Ziolkowskis terminolog. Unterscheidung zwischen »Nachwirkung« und »Nachleben«, in »Nachleben«, 1967, S. 23 f.).

a) Realistische Romantik

Schon innerhalb der Romantik gibt es eine realistische bzw. klassizistische Romantik – dies gilt besonders für die latein. Romantik – und an ihren Ausläufern »antiromantische Romantiker« (Marcuse, BB, S. 384) wie etwa Heine, der sich über die Mittelalterschwärmerei der Romantiker lustig machte und doch »Das letzte freie Waldlied der Romantik« (»Atta Troll«, 1843) schrieb. Es bedurfte nur einer Akzentverschiebung, daß aus dem Interesse an den Reizkontrasten, aus dem Aufeinanderprallen des Phantastischen und des Realistischen, das E. T. A. Hoffmann so beispielhaft gelungen war, eine neue Stilbewegung hervorging – angeregt und gefördert von der bereits in der Romantik verwirklichten Forderung nach »couleur locale«, nach historischer Treue, nach Dokumentation der Vorgänge, charakteristischem Stil (vgl. Wackenroder) und akkurater Wiedergabe der Sprache. Nach Napoleons Niederlage 1815 setzte sich in Europa der Biedermeier als Übergang von der Hochromantik zu einem neuen Realismus durch, der sich vor allem in einem klassizistischen »counterpoint«, einer »Zähmung« romantischer Erwartungen und einer ironischen Skepsis bekundeten (s. V. Nemoianu, »Taming«, 1984). Stärker als in

Deutschland, wo die Literatur zwar auch einen geselligen Charakter erhielt, aber nicht in dem Maße Ausdruck der Gesellschaft wurde wie im Ausland, lief die Tendenz in der europ. Romantik zum Realismus (vgl. die großen Romanschriftsteller in Frankreich, England, Italien und Rußland). Dagegen verharrte das Denken in Deutschland bis zum Naturalismus weitgehend in idealistischen Kategorien.

Von wenigen Ausnahmen abgesehen bedeutet *dt. Realismus* nach Wien (1815) und Frankfurt (1848) Rückzug aus der gesellschaftlichen Wirklichkeit in die Innerlichkeit, »poetischen Realismus«, die Verklärung der Wirklichkeit (Fontane), die Betonung der »Reichsunmittelbarkeit« der Poesie gegenüber den Naturwissenschaften (Keller) sowie die Suche nach dem Wesen hinter allen Erscheinungen (O. Ludwig). Die Romantik lebt z. T. unterschwellig, z. T. ganz ungeniert in aller Öffentlichkeit weiter (vgl. Dresdner Liederkreis, Butzenscheiben- und Gartenlaubenpoesie). Doch sollte man bedeutende Fortschritte in der Darstellung sozialer Probleme seit der Romantik nicht unterschätzen, nicht die Gestaltung tragischer Konflikte zwischen dem einzelnen und den Mächten verkennen (s. Stifter, Hebbel, Raabe, Fontane etc.)

Ein Blick nach *England* belehrt uns freilich, daß dort Industrialisierung und Naturwissenschaften, Mechanisierung und soziale Misere die viktorianische Literatur sehr viel stärker prägten. *Lord Tennyson* macht als Nachfolger von Wordsworth und Nachfahre von Keats und Shelley noch eine gewisse Ausnahme, da er romantische Themen (Leid und Wahnsinn, Leben und Tod, Liebe und gebrochene Herzen) in romantischem Stil mit mittelalterlicher Kulisse aufgriff (vgl. auch noch R. L. Stevenson und J. Conrad). Eine Brücke zwischen der romantischen Sehnsucht nach dem Mittelalter und seiner Kunst (s. die Nazarener) sowie dem Symbolismus schlugen die Präraffaeliten (ab 1848). Ähnlich waren die Verhältnisse in *Frankreich*, wo sich Kontinuität und Reaktion in neuen Literaturbewegungen äußerten. »Les Parnassiens« setzten Gautiers Forderung nach formaler Schönheit in die Praxis um, unterschieden sich in ihrer objektiven, unpersönlichen Haltung zwar von dem Gefühlsausdruck der Romantiker, behielten jedoch exotische und historische Stoffe bei. Aus der »L'art pour l'art«-Strömung entsprang ebenfalls der realistische Roman: »la liberté dans l'art« wurde durch »la sincérité dans l'art« ersetzt und bis zum Zolaschen Naturalismus gesteigert. Damit wurde vor allem in Frankreich, aber auch in Italien (Verismus) eine Tendenz zu ihrer Vollendung geführt, die ihre Wurzeln in dem Verlangen der Romantiker nach dem Wahren hatte.

b) Dekadenz

In der Dekadenzdichtung des fin de siècle verschmolzen die Impulse der europ. Romantik mit den neuen Denk- und Stilrichtungen ihrer Nachfahren zu einer »zweiten Romantik« (Praz), die unmittelbar auf den Realismus und Naturalismus reagierte. Nach L. R. Furst war Dekadenz »at once and the same time a continuation of Romanticism and its renewal« (»Contours of Europ. Ro.«, 1979, S. 138). Nun ging es nicht mehr um die Wahrheit, sondern um die Kunst und den Traum vom Leben, die Entdeckung unbekannter Räume (vgl. Baudelaire: »Au fond de l'Inconnu pour trouver du nouveau«, »La Mort« in »Les Fleurs du mal«). Zu den Bildungserlebnissen gehörte vor allem in Deutschland die ästhetische Haltung der Frühromantiker – E. Mason setzt den romantischen Ästhetizismus von F. Schlegel und Novalis sogar an den Anfang der europ. Dekadenz (»Dt. u. engl. Romantik«, S. 50), vereinseitigt aber zu sehr, wenn er die dt. Romantik als eine wesentlich dekadente Erscheinung auffaßt. Die Quellen der Dekadenz sind wohl in der sog. »satanischen Romantik« zu finden, bei E. T. A. Hoffmann und den Weltschmerzlern der europ. Romantik. Zu den Vorläufern zählen Schopenhauer mit seiner Vorstellung von der erlösenden Funktion der Kunst, Nietzsche als Diagnostiker der europ. Dekadenz (»Der Fall Wagner«, 1888) und Wagner, der in den 1860er Jahren in Frankreich entdeckt (vgl. Baudelaire, »R. Wagner et Tannhäuser«, 1861) und von dort an die Welt vermittelt wurde. Die Präraffeliten und die russ. Romanciers Dostojewski und Tolstoi kommen als Vorbilder hinzu.

Bei *Baudelaire* mischen sich beispielhaft die Einflüsse von Novalis, Heine, Hoffmann (dessen »Prinzessin Brambilla« er »un catéchisme de haute esthétique« nannte, in »De l'essence du rire«, 1855), Wagner und Poe, von dem er das Prinzip der »Schönheit der Melancholie« übernahm. Fast alle Themen der späteren Dekadenz kommen in seinen »Les Fleurs du mal« (1857) vor: die verderbte Schönheit, der Sadismus und die Hoffnung auf Erlösung, Verbrechen und Wollust, Liebe, Tod und Blasphemie, Fluch des Dichtertums, Kampf zwischen Gut und Böse etc. Mit Verlaine, Flaubert, Mallarmé und Gide bildet er den französ. Zweig der europ. Dekadenz.

Verlaines Sonett »Je suis l'Empire à la fin de la décadence« lieferte ihr gleichsam das Motto, er selber macht die Entwicklung der französ. Literatur von der »L'art pour l'art«-Haltung der parnassiens über die décadents zu den symbolistes deutlich.

»Tristesse verlainienne« und »poètes maudits« (Verlaine, 1884, bereits vorgebildet von Hoffmann) wurden zu Schlagworten der Zeit. Die Kennzeichen dieser Literatur sind fast überall gleich. Ob es sich um J. K. Huysmans Des Esseintes (»A rebours«, 1884) oder O. Wildes Dorian Gray (1891) handelt, um Swinburnes Cleopatra in »Her Mouth is Fragrant as a Wine« (1866; vgl. auch das wagnerische »Tristram of Lyonesse«, 1882), Tschechows Landadlige (»Der Kirschgarten«, 1904), D'Annunzios Romanhelden (»Il piacere«, 1889; »Il trionfo della morte«, 1894) oder R. Huchs »Ludolf Ursleu« 1893, man könnte sie alle als »Frühgereift und zart und traurig« bezeichnen (Hofmannsthal, Einleitung zu Schnitzlers »Anatol«, 1893), das Leben in der Phantasie antizipierend, unfähig zum Handeln und lebensüberdrüssig, schalen und oft perversen Liebesfreuden hingegeben; es ist der Typ des aus der Romantik bekannten ästhetischen Nihilisten (s. o. S. 170), der sich jetzt auf das instinktbeherrschte Leben der Wollust und der Analyse seiner morbiden Seelenempfindungen konzentriert (s. Hofmannsthals Claudio in »Der Tor und der Tod«, 1894, seinen symbolischen Fensterblick mit Mallarmés »Les Fenêtres«, 1866, und Th. Manns »Tonio Kröger«). M. Praz hat sein Buch »Liebe, Tod und Teufel« gerade dieser schwarzen Romantik gewidmet, die in der Dekadenz zur höchsten Entfaltung gelangt. Im deutschsprachigen Bereich manifestieren sich dekadente Erscheinungen vorwiegend in der k. u. k. Monarchie (vgl. Hofmannsthal, Schnitzler, Rilke), doch versuchte man dort (wie auch Th. Mann in den »Buddenbrooks«) die Phänomene des kulturellen Niedergangs zu analysieren und zugleich zu überwinden.

Die Terminologie gerade für die österreich. Dichter um die Jahrhundertwende ist umstritten; zählen sie zur Dekadenz, zum Symbolismus, zur Neuromantik oder zum Impressionismus? Von der französ. Literaturgeschichte ausgehend bevorzugen wir *Symbolismus* als literarische Bewegung, die sich aus dem engeren Kreis der französ. Dekadenten ablöste, sich teilweise parallel dazu weiterentwickelte (vgl. die Zs. ›Le Decadent‹ und ›Le Symboliste‹), und in mancherlei Hinsicht Anschluß an die dt. Romantik gewann. Über die dekadente Lebenshaltung hinaus bildete der Symbolismus in der Nachfolge Baudelaires und unter Führung Mallarmés auch eine symbolische Technik aus. Im Grunde gingen hier idealistische Überzeugungen in die Literatur ein, weil es gar nicht mehr darauf ankam, einen Bezug zur Wirklichkeit herzustellen, sondern durch sprachliche Bilder Symbole für den Seelenzustand zu setzen.

Die Welt, noch als Steinbruch für die Bildwahl benutzt, wurde zu einem Reflex des geistigen Universums, nach dessen Schlüssel man forschte, indem man symbolische Entsprechungen (vgl. Baudelaires »Correspondances« in »Les Fleurs du mal«) zwischen den Farben, Düften und Lauten herzustellen trachtete. Die Poesie erhielt wie in der dt. Romantik eine metaphysische Aufgabe, nämlich durch analoge Zauberworte die Ideen hinter den Erscheinungen aufzudecken. In der Praxis wurde die Vermischung der Sinneswahrnehmungen begrüßt, der musikalische Effekt der Verse gewollt, orchestrierte »Tonbildersprache« (Novalis) von Mallarmé zum Ideal erklärt. Das Gesamtkunstwerk Wagners lieferte ein vielbewundertes Vorbild (s. die Zs. ›La Revue Wagnerienne‹, 1885–88). Obgleich der Einfluß der dt. Romantik auf den französ. Symbolismus bezweifelt worden ist (u. a. von Béguin), hat W. Vordtriede (1963) den endgültigen Nachweis für die Nachwirkung von Novalis, Hoffmann und Wagner erbracht.

Danach trafen sich dt. und amerikan. (Poe) Strömungen in Baudelaire, der sie, verstärkt um das Wagner-Erlebnis, an Mallarmé und Maeterlinck weitergab. Dieser führte Gide ins Werk von Novalis ein (vgl. R. Lang, »Gide und der dt. Geist«, 1953). Novalis hatte bereits die »poésie pure« theoretisch vorbereitet (s. Fragmente), außerdem findet man bei ihm das »Gespräch mit der Natur« vorgebildet, den Abstieg in das Ich symbolisch als Abstieg in den »künstlichen Garten« ausgedrückt (vgl. Baudelaire, »Rêve parisien«, dazu Vordtriede, S. 54 f.); die Sympathie zwischen den Dingen bzw. der Seele und den Dingen (»Die Lehrlinge zu Sais«) spiegelt sich in der Suche der Symbolisten nach Korrespondenzen etc. (s. auch Gérard de Nerval, ›Aurélia‹, II, 6, 1855). So kommt Vordtriede zu dem Schluß: »Novalis' Nachfolge ist in Frankreich viel echter und legitimer als in Deutschland« (S. 182), wo er als verträumter Dichter der »blauen Blume« fortlebt.
In der jüngsten Forschung sind jedoch auch kritische Stimmen zu der Entdeckerfreude Vordtriedes lautgeworden, z. B. von H. Gnüg: »Vor allem Vordtriedes Versuch, Novalis' Einfluß auf den französischen Symbolismus nachzuweisen – obwohl sein Oeuvre erst 1894 durch die Maeterlincksche Übersetzung in Frankreich bekannt wurde –, entgeht nicht der Gefahr, über den Analogien die veränderte Basis der ästhetischen Produktion zu vergessen, den wesentlichen Einfluß der französischen Romantik (Hugo, Lamartine, Vigny) zu unterschätzen. Darüber hinaus verstand sich der französische Symbolismus selbst auch als Gegenbewegung zur Romantik« (»Entstehung und Krise lyrischer Subjektivität«, 1983, S. 127). Mit der »veränderten Basis« meint sie den grundsätzlichen Unterschied zwischen der romantischen Stimmungslyrik und der Verfremdungstechnik des Baudelaireschen ›Surnaturalisme‹

sowie die Diskrepanz zwischen Theorie und lyrischer Praxis. Hinzu komme der Mangel eines transzendenten Bezuges bei den Symbolisten (ebd.).

Hingewiesen sei noch auf den *Modernismo* der hispan. Literatur, die amoralisch-ästhetische Tendenz in der Lyrik Rubén Daríos (vgl. sein »Romantiker sind wir!« in »Canción de los pinos«) und J. Ramón Jiménez', die beide unter dem Einfluß Heines und des französ. Symbolismus schöne Klänge und Formen pflegten (dazu s. den Verf., »Spanien u. Deutschland«, S. 148 f.).

c) Expressionismus und Popszene

In Anlehnung an Praz könnte der Expressionismus auch die »dritte Romantik« genannt werden. Wieder war es eine Generation junger Menschen, die gegen die alte Welt protestierte. Insofern handelt es sich zumindest um eine Wiederkehr der typologischen Romantik als Geisteshaltung, also um eine Form des »Nachlebens« (Ziolkowski), weniger um direkte Nachwirkungen. »Wichtiger ist die allgemeine romantische Tendenz der Expressionisten, aus der später Kritik und Geschichtsschreibung eine Ahnvaterschaft machten« (Chr. Herin, »Nachleben«, S. 66). Die Affinität liegt auf der Hand: In beiden Fällen ging es dem Dichter um die Aufdeckung und Darstellung einer inneren Wirklichkeit. Ein geistiges Ich-Gefühl bemühte sich um die Regeneration des Menschen und entwarf Sozialutopien zur Reform der vom Materialismus bedrohten Gesellschaft (vgl. Anthologie »Kameraden der Menschheit, Dichtungen zur Weltrevolution«, 1919). Aus Sehnsucht nach dem einfachen und unkomplizierten Leben floh man aber auch in exotische Räume und zur Welt des Kindes. Eine allgemein romantische Haltung mischt sich dabei mit dem Kulturpessimismus Rousseaus und Nietzsches und dem Revolutionseifer von Marx. Auch die Formexperimente (freie Rhythmen, Synästhesien, Gesamtkunstwerk) erinnern an die Romantik, der Ton ist meist emotionalbekenntnishaft. Was den Schaffensprozeß angeht, so entwikkelten die Expressionisten ihrerseits eine Theorie, die den alogischen spontanen Charakter und die Parallele zur organisch wirkenden Natur betont.

Über die Affinität zur Romantik hinaus kam es freilich bei einzelnen Dichtern der Zeit zu einer echten Nachwirkung (vgl. Trakls hölderlinische »Abendland«-Versionen). Am Rande des Expressionismus stehen Gestalten wie Kafka und Hesse, die sich ihrer Nähe zur Romantik bewußt waren:

Kafkas Lieblingsautor war z. B. Kleist (vgl. Nicolai, SN 45, 1973), Hesses Liebe galt Novalis (s. Ziolkowski, »Nachleben«, S. 28 f.).

Parallel zum Expressionismus in Kunst und Literatur entstand die »Jugendbewegung« in Deutschland als Protest gegen die muffigen Verhältnisse in der wilhelminischen Gesellschaft und aus der Sehnsucht nach der Natur sowie nach der romantisch verklärten Vergangenheit. Die Wandervögel entdeckten *Novalis* und verniedlichten ihn zum »tiefsten und süßesten« Romantiker, wozu *Hesse* seinen Beitrag leistete (vgl. seine Novelle »Der Novalis«, 1907). Beide zusammen sollten zu »Blumenkindern«, zu Heiligen der Jugend der 60er Jahre werden. Die Hippiebewegung bekannte sich zu einer antibürgerlichen pazifistischen Lebensform, die ihren entsprechenden künstlerischen Ausdruck in der Pop Art gefunden hat. Pop und Hippie negierten anerkannte soziale und artistische Normen und verherrlichten statt dessen, in Europa aus exotischer Faszination, in den USA aus Rückwendung zum Primitiven, die Coke und Jeans Culture. Der Taugenichts ist in der Gestalt des dropouts, der edle Wilde in der des »Seelenvagabunden« (J. Hermand, »Nachleben«, S. 95 f.) auferstanden. Zu der romantischen Vorliebe für die Nachtseiten des Lebens (Okkultismus, Astrologie) kommt andererseits noch ein tüchtiger Schuß klassenkämpferischen Marxismus' hinzu (s. R. Grimm, »Romanticism Today«, S. 8 f.).

3. Romantische Aspekte der modernen Literatur

»Es gibt tatsächlich kein Produkt der neuern Kunst, keine Gefühlsregung, keine Impression oder Stimmung des modernen Menschen, die ihre Subtilität und Differenziertheit nicht jener Reizbarkeit der Nerven verdanken würde, die in der Romantik ihren Ursprung hat« (A. Hauser, »Sozialgesch. d. Kunst u. Lit.«, 1967, S. 685 f.).

Einige Beispiele können erhellen, wie sehr die literarische Romantik noch die moderne Literatur beeinflußt. Im Anschluß an Novalis definiert Staiger Lyrik als »Einheit der Musik der Worte und ihrer Bedeutung, unmittelbare Wirkung des Lyrischen ohne ausdrückliches Verstehen [. . .] Verzicht auf grammatischen, logischen und anschaulichen Zusammenhang; Dichtung der Einsamkeit, welche nur von einzelnen Gleichgestimmten erhört wird [. . .] keinerlei Abstand« (»Grundbegriffe der Poetik«, dtv. S. 39). Staigers Begriff trifft am ehesten auf Lyriker wie *Brentano* zu, doch haben andere Forscher gerade bei ihm einen bewußten Rückzug auf die Poesie festgestellt, als dessen Resultat der zumindest seit dem Symbolismus anhängige Prozeß der Entrealisierung der Wirklichkeit und der Entfremdung des Ich von der Welt anzusehen ist. Man hat bei Brentano geradezu von einem Verfahren der Entstellung, der Ablösung von der Wirklichkeit und der Bildung einer dichtungseigenen Sprachwirklichkeit gesprochen (Enzensberger, »Brentano«, S. 109). Doch unterscheidet sich die romantische Praxis insofern wesentlich von der modernen Lyrik, als die lyrische Chiffre der Romantiker noch etwas abbildet; es gab noch die »Symboleinheit von Welt und Überwelt«, während die Moderne auf diese »Wechseleinheit« verzichtet (s. Herin, »Nachleben«, S. 66).

Seit Kant, Schiller, Goethe und der Romantik hat sich die Anschauung von der Autonomie der Kunst, der ästhetischen Lebensform des Künstlers und der Unabhängigkeit seiner Werke von Moral und Politik durchgesetzt, wenn Kunst heute auch vielfach von ideologischen Voraussetzungen her verstanden wird. Zwischen Romantik und Expressionismus betrachtete sich der Künstler allenthalben als Fremdling aus höheren Sphären, dessen inspirierte Dichtung nur wenige Eingeweihte verstehen könnten. Dichter von Kleist und Vigny (»Stello«) an über die französ. Symbolisten bis zu Hofmannsthal (»Der Brief des Lord Chandos«, 1901) stellten deshalb auch die Gefahr dar, an der Unmöglichkeit der *Kommunikation* ersticken zu müssen. Konsequent kehrten große Dichter wie Manzoni oder Tolstoi der Einsamkeit des Künstlers den Rücken, andere hoben in der Themenwahl, in ihren Protagonisten und in der Darstellungstechnik auf die von den Romantikern entdeckte Ambivalenz der Kunst (Heil und Dämonie) ab und überwanden dadurch die Gefahr des Verstummens.

Das Künstler-Bürger-Problem wurde seit der Romantik besonders intensiv bearbeitet. Scheiterte der Künstler an der philiströsen Wirklichkeit, dann klagte er die Gesellschaft an. Das fin de siècle griff diese Thematik auf, verlegte allerdings den Akzent auf die morbide Existenz des Künstlers, der oft nicht mehr zwischen seinem wahren und fiktiven Ich unterscheiden kann (vgl. O. Wilde, Th. Mann, Hofmannsthal, Pirandello). Insofern rückt die Antithese von Kunst und Leben, Geist und Willen in die Nähe der Doppelgängermotivik. Selbst noch in der

Fragmentierung, in der von Dostojewski (»Der Doppelgänger«, 1846) über R. L. Stevenson (»The Strange Case of Dr. Jekyll and Mr. Hyde«, 1886), Joyce (»Finnegans Wake«) und Hofmannsthal (»Andreas oder die Vereinigten«, D. 1930) bis zu Proust, Lorca und Pirandello (»Die Wandlung des Mattia Pascal«) aufgeworfenen Frage nach den Grenzen und der Einheit der Person, erscheint das Ich als *Held* der nachromantischen Literatur. Das Bild des Helden schwankt im Grunde zwischen zwei Positionen: »Ich bin Gott« – »Ich bin nicht ich«, womit das Problem der Identität des Ich und die Krise des modernen Helden angedeutet sei, die freilich von manchem Romantiker selbstkritisch erkannt und im Werk analysiert worden war (u. a. von Jean Paul, Stendhal, Puschkin). Die nachfolgenden Realisten rechneten dann endgültig ab mit dem romantischen Typ des tatenarmen Weltverbesserers (s. Turgenjews »Rudin«, 1856), dem sentimentalen Jüngling (Flauberts Frédéric Moreau, »L'Éducation sentimentale«, 1869) und den außenseiterischen Idealisten und Enthusiasten (Raabes Velten, »Akten des Vogelsangs«, 1896). Bei Th. Mann tritt Adrian Leverkühn als verspäteter Erbe der Romantik die Höllenfahrt an (»Dr. Faustus«, 1954). Auf trivialer Ebene lebt in Deutschland jedoch der romantische Taugenichts-Typ weiter (dazu J. Hermand, »Nachleben«, S. 95 f.), in der gesamten westlichen Welt erlebt der romantische Held im neopikaresken Roman eine Renaissance (vgl. den Verf., »Spanien und Dtld.«, S. 175 f.).

Aus der romantischen Problematik des Ich ergeben sich auch Konsequenzen für die *Darstellungstechnik*, denn sobald die Kommunikation mit der Welt in Frage gestellt ist, zieht sich der Erzähler aus der Allwissenheit zurück, zunächst auf die Position der bewußt beschränkten Ich-Perspektive, verschwindet teilweise auch völlig (Flaubert), spaltet sich in verschiedene Ichs auf (point-de-vue Technik bei James, Conrad, Proust), taucht ins Unterbewußte der erlebten Rede (Flaubert, Döblin) oder des inneren Monologs (Schnitzler, Joyce, Broch). Heselhaus führt den »monologue intérieur« letztlich auf die Romantik zurück, weil diese die Dichtersprache als vorgestellte Rede mit unmittelbar dramatischem Charakter entdeckt habe (ER, S. 130). Der Rückzug aus der konkreten Wirklichkeit auf die Bewußtseinssphäre kündigt sich in dem romantischen Verfahren an, den Mangel an Kommunikation in Monologen darzustellen, wodurch eine Tradition inauguriert wurde, die von Kleist über Büchner bis zum Aneinandervorbeireden des absurden Theaters reicht. Kafka machte sich die »Darstellung des Undarstellbaren« zur Aufgabe. Die bis zur Romantik gültigen Erzählformen sind für die künstlerische Bewältigung der »zerstreuten« Wirklichkeit und das mit sich zerfallene Ich – Hofmannsthal spricht von dem »ungeheuren Gemenge (. . .), das durch die Maske des Ich zur Person wird« (Prosa IV, 459) – durchaus unzureichend. Wenn sie benutzt werden, geschieht es oft nur noch in parodistischer oder ironischer Weise. Darum knüpft das kombinatorische Verfahren der modernen Lyrik und Romankunst seinerseits an die romantische Poetologie der Arabeske an (s. Th. Mann, Musil, Grass, I. Morgners »Gauklerlegende«, 1982; über die Unterschiede zur Romantik vgl. H. Eichner, »Nachleben«, S. 162 f.; zum Gesamtkomplex der Romantik in der Moderne s. B. Blume, »Die Moderne«).

Literatur

Ideologie
Bullock, M. P.: Romanticism and Marxism: the Philosophical Development of Literary Theory and Literary History in Walter Benjamin and Friedrich Schlegel. New York 1987. – *Busch, R.:* Imperialistische und faschistische Kleist-Rezeption 1890 bis 1945. Eine ideologiekritische Unters. 1974. – *Kohn, H.:* Ro. and the Rise of Nationalism, in: Review of Politics 12 (1950), 443–72. – *Lion, F.:* Ro. als dt. Schicksal. 1947, [2]1963. – *Röder, P.:* Utopische Ro. Die verdrängte Tradition im Marxismus. Von der frühromant. Poetologie zur marxistischen Gesellschaftstheorie. 1982. – *Viereck, P. R. E.:* Metapolitics. From the Romantics to-Hitler. N. Y. 1941, [2]1961. – *Wessell, L.:* Karl Marx, Romantic Irony, and the Proletariat: the Mythopoetic Origins of Marxism. Baton Rouge, 1979.

Psychologie
Aichinger, I.: E. T. A. Hoffmanns Novelle ›Der Sandmann‹ u. die Interpretation S. Freuds, in: Sonderh. E. T. A. Hoffmann, ZDP 1976. – *Benz, E.:* Franz Anton Mesmer (1734–1815) und seine Ausstrahlung in Europa und Amerika. 1976. – *Bersani, L.:* Baudelaire and Freud. Berkeley–Los Angeles, 1977. – *Bloom, C.:* Reading Poe, Reading Freud. The Romantic Imagination in Crisis. Basingstoke, N. H. 1988. – *Brandell, G.:* Freud, enfant de son siècle. Paris 1967. – *Elschenbroich, A.:* Romant. Sehnsucht u. Kosmogonie: eine Studie zu G. H. Schuberts Geschichte der Seele. 1971. – *George, D. H.:* Blake and Freud. Ithaca, N. Y. 1980. – *Lechner, W.:* G. H. von Schuberts Einfluß auf Kleist, Justinus Kerner und E. T. A. Hoffmann. Beiträge zur dt. Ro. 1911. – *Mann, Th.:* Die Stellung Freuds i. d. mod. Geistesgesch. 1929. – *Marcuse, L.:* Freud's Aesthetics, in: Freud as We Knew Him, hrsg. H. M. Ruiten-

bech. Detroit 1973, S. 385–411. – *Merkel, F. K.:* Der Naturphilosoph
G. H. Schubert u. die dt. Ro. 1913. – *Moreau, Chr.:* Freud e l'occul-
tisme. Toulouse 1976. – *Punter, D.:* The Romantic Unconcious. A
Study in Narcissism and Patriarchy. Brighton 1989. – *Tatar, M. I.:*
Spellbound: Studies on Mesmerism and Lit. Princeton 1978.

Philosophie
Humma, J. B.: From Transcendental to Descendental. The Romantic
Thought of Blake, Nietzsche, Lawrence. Diss. So. Ill. 1969. – *Löwith,
K.:* Nietzsches Philos. der ewigen Wiederkehr des Gleichen. 1956. –
Lukács, G.: Die Grablegung des alten Dtld. rde. 276. 1967. – *Nietzsche,
F.:* Werke. 20 Bde. 1895–1913. – *Sorg, B.:* Zur literarischen Schopen-
hauer-Rezeption im 19. Jh. 1975. (Vgl. auch die Angaben unter Idealis-
mus, S. 137).

Wagner
Coeuroy, A.: Wagner et l'esprit romantique; Wagner et la France. Paris
1965. – *Collier, J. L.:* From Wagner to Murnau: The Transposition of
Romanticism from Stage to Screen. 1988. – *Digertani, J. L.:* Wagnerian
Patterns in the Fiction of J. Conrad, D. H. Lawrence, V. Woolf, and J.
Joyce. Diss. Madison 1973. – *Furness, R.:* Wagner and Lit. Manchester
Univ. Press 1982. – *James, B.:* Wagner and the Romantic Disaster. N.
Y. 1983. – *Koppen, E.:* Dekadenter Wagnerismus. Studien zur europ.
Lit. des Fin de siècle. 1973. – *Large, D. C.:* Wagnerism in Europ. Cul-
ture and Politics. Ithaca, N. Y. 1984. – *Sessa, A. D.:* An Inner Ring of
Superior Persons. The Cult of Wagner in 19th Cent. England. Diss. De-
laware 1973.

Realistische Romantik
Brooks, P.: The Melodramatic Imagination. Balzac, H. James, Melodrama and the Mode of Excess. New Haven 1976. – *Cassagne, A.:* La
Théorie de l'art pour l'art en France chez les derniers romantiques et les
premiers réalistes. Paris 1959. – *Chiarini, P.:* Romanticismo e realismo
nella lett. tedesca. Padua 1961. – *Cowen, R.:* Der poet. Realismus. 1985.
– *Donohoe, Th. A.:* Tennyson After 1859. A Victorian Romantic. Diss.
Arizona 1966. – *Exner, R.:* Weltlit. u. Provinzlit., in: Neue dt. H. 23
(1976), 675 bis 695. – *Fanger, D.:* Dostoevsky and Romantic Realism.
A Study of D. in Relation to Balzac, Dickens and Gogol. Chicago 1965.
– *Hönnighausen, L.:* Präraphaeliten u. fin de siècle; symbolistische Ten-
denzen in der engl. Spätro. 1971. – *Knoepflmacher, U. C. u. G. B. Ten-
nyson,* Hrsgg.: Nature and the Victorian Imagination. Berkeley–Los
Angeles, 1977. – *Lange, V.:* Ro. u. Realismus, in: Fischerlexikon Lit. II,
2. 1965, 236–57. – *Lukács, G.:* Dt. Realisten des 19. Jh. Bern 1951. –
Mersereau, J.: Normative Distinctions of Russian Ro. and Realism, in:
American Contribution to the 7th Internat. Congress of Slavists War-

schau 1973. II: Lit. and Folklore, hrsg. V. Terras. 1974, S. 393–418. – *Nemoianu, V.:* The Taming of Romanticism. Cambridge, Mass.–London 1984. – *Partl, K.:* Die Spiegelung romant. Poetik in der biedermeierl. Dichtungsstruktur Mörikes und Platens, in: Zur Lit. der Restaurationsepoche 1815–48. Fs. F. Sengle, hrsg. J. Hermand u. M. Windfuhr. 1970, S. 490–560. – *Sagarra, E.:* Tradition u. Rev. Dt. Lit. u. Gesellschaft 1830–1890. List 1445. 1972; engl. Original London 1971. – *Sengle, F.:* Biedermeierzeit. I: 1971. – *Welby, Th. E.:* The Victorian Romanticists, 1850–1870. The Early Work of Dante, G. Rossetti, W. Morris, Burne-Jones, Swinburne, S. Solomon and their Associates. Hamden, Con. 1966. – *Wiese, B. von:* Kritik u. Überwindung der Ro. in der dt. Lit. des 19. Jh., in: Der Mensch in der Dichtung. 1958.

Dekadenz

Alewyn, R.: Über H. von Hofmannsthal. [2]1958. – *Binni, W.:* La Poetica del decadentismo italiano. Mailand [2]1968. – *Cantes, P.:* Words after Speech: a Comparative Study of Romanticism and Symbolism. London 1986. – *Dowling, L.:* Aestheticism and Decadence. A Selected and Annotated Bibl. N. Y. 1977. – *Evans, B. I.:* Tradition and Ro., Studies in Engl. Poetry from Chaucer to W. B. Yeats. 1940. Hamden [2]1964. – *Garber, F.:* The Structure of Romantic Decadence, in: NCFS 1 (1973), 84–104. – *Grimm, R.:* Zur Vorgesch. des Begriffs ›Neuromantik‹, in: ›Das Nachleben‹, S. 32–52. – *Hermand, J.:* ›Der neuromant. Seelenvagabund‹, ebd. S. 95–115. – *Hinterhäuser, H.:* Der Dandy in der europ. Lit. des 19. Jh., in: Weltlit. u. Volkslit., hrsg. A. Schaefer. 1972, S. 168–194. – *Hofmannsthal, H. von:* Ges. Werke, hrsg. H. Steiner. 15 Bde. 1946 f. – *Janz, M.:* Marmorbilder: Weiblichkeit und Tod bei Clemens Brentano und Hugo von Hofmannsthal. 1986. – *Jones, J. L.:* Keats and the last Romantics. Hopkins and Yeats. Diss. Tulane 1969. – *Moeller, J. R.:* Hofmannsthal and Ro. Diss. Columbia 1959. – Le Movement symboliste en litt.; Revue de l'Université de Bruxelles. 1976. – *Peyre, H.:* Qu-est-ce-que le Symbolisme? Paris 1974. – *Pommier, J.:* Baudelaire et Hoffmann. Fs. Vianey. Paris 1934, S. 459–77. – *Prang, H.:* Neuromantik, in: RL II, 1965, 687–80. – *Schaber, St. C.:* Novalis' ›Monolog‹ and Hofmannsthals ›Ein Brief‹. Two Poets in Search of a Language, in: GQ 47 (1974), 204–14. – *Schwade, R.:* Wilhelminische Neuromantik, Flucht oder Zuflucht?: ästhetizistischer, exotistischer und provinzialistischer Eskapismus im Werk Hauptmanns, Hesses und der Brüder Mann um 1900. 1987. – *Steffen, H.:* Schopenhauer, Nietzsche u. die Dichtung Hofmannsthals, in: Nietzsche. Werk u. Wirkung, hrsg. H. Steffen. 1974, S. 65–90. – *Vordtriede, W.:* Novalis u. die französ. Symbolisten. Zur Entstehungsgesch. des dichterischen Symbols. 1963.

Expressionismus und Popszene

Bartsch, K.: Die Hölderlin-Rezeption im dt. Expressionismus. 1974. – *Bollenbeck, G.:* Armer Lump u. Kunde Kraftmeier. Der Vagabund i. d.

Lit. der 20er Jahre. 1978. – *Fiedler, Th.:* Trakl and Hölderlin. A Study in Influence. Diss. Washington U. 1970. – *Furst, L. R.:* Kafka and the Romantic Imagination, in: »The Contours of Europ. Ro.« 1979, S. 141–152. – *Gorge, W.:* Auftreten u. Richtung des Dekadenzmotivs im Werk G. Trakls. Bern 1973. – *Grimm, R.,* Hrsg.: Romanticism Today. Critical and Self-Critical Notes, in: Ro. Today. 1973, S. 5 bis 16. – *Herin, Chr.:* Hermeneutik u. Kombinatorik. Novalis u. die lyrische Zeichensprache, in: ›Das Nachleben‹, S. 53–70. – *Nicolai, R.:* Kafkas Stellung zu Kleist u. der Ro., in: SN 45 (1973), 80 bis 103. – *Phillips, R. C.:* H. Hesse and the Legacy of Jean Paul. Diss. Kansas 1973. – *Schulz, G.:* Der Fremdling u. die blaue Blume. Zur Novalis-Rezeption, in: Ro. heute. 1972, S. 31–47. – *Spicker, F.:* Dt. Wanderer-, Vagabunden- u. Vagantenlyrik in den Jahren 1910 bis 1933. 1976. – *Wiedmann, A. K.:* Ro. and its Continued Heritage in Kandinsky and German Expressionism. Diss. NW Univ. 1971. – *Wöllner, G.:* E. T. A. Hoffmann u. Kafka. Von der ›fortgeführten Metapher‹ zum sinnlichen Paradox. Bern 1971. – *Ziolkowski, Th. J.:* H. Hesse and Novalis. Diss., Yale 1957.

Romantische Aspekte der modernen Literatur
Bänsch, D.: Litwiss. u. Sozialwiss. 8. Zur Modernität der Ro. 1977. – *Batts, M. S.* et al., Hrsgg.: Echoes and Influences of German Romanticism. Essays in Honour of H. Eichner. N. Y. 1987. – *Blume, B.:* Die Moderne, in: Fischerlexikon Lit. II, 2, hrsgg. W.-H. Friedrich u. W. Killy. 1965, 379–400. – *Böschenstein, B.:* Grass als Nachfolger Jean Pauls u. Döblins, in: JJPG 6 (1971), 86–101. – *Bornstein, G.:* Romantic and Modern. Revaluations of Literary Traditions. Pittsburgh 1976. – *Castein, H.* u. *A. Stillmark,* Hrsgg.: Dt. Ro. u. das 20. Jh. (= London Symposium 1985). 1986. – *Clayton, J.:* Romantic Vision and the Novel. N. Y. 1987. – *Durbach, E.:* »Ibsen the Romantic«: Analogues of Paradise in the Later Plays. Athens, Ga. 1982. – *Emrich, W.:* Romant. u. modernes Bewußtsein, in: Geist u. Widergeist. 1965, S. 236–57. – *Enzensberger, H. M.:* Brentanos Poetik. 1961; dtv. 118, 1973. – *Estevé, L.:* Hérédité romantique dans la litt. contemporaine. 1914, Genf ²1973. – *Goodbody, A.:* Natursprache: ein dichtungstheoretisches Konzept der Ro. u. seine Wiederaufnahme in der mod. Naturlyrik (Novalis, Eichendorff, Lehmann, Eich), 1984. – *Gunner, E. M.:* T. S. Eliot's Romantic Dilemma. N. Y. 1985. – *Hamburger, K.:* Th. Mann u. die Ro. Eine probelemgeschichtl. Studie. 1932. – *Herminghouse, P. B.:* F. Schlegel and Th. Mann. The Romantic Novel in Theory and in Practice. Diss. Washington Univ. 1968. – *Hotz, K.,* Hrsg.: H. Heine. Wirkungsgesch. als Wirkungskritik. Materialien zur Rezeptions- u. Wirkungsgesch. Heines. 1975. – *Huber-Thoma, E.* u. *G. Adler,* Hrsgg.: Ro. u. Moderne. Fs. H. Motekat. 1986. – *Jauß, H. R.:* Literar. Tradition u. gegenwärtiges Bewußtsein der Modernität, in: Aspekte der Modernität, hrsg. H. Steffen. 1965, S. 150 bis 185. – *Kohlschmidt, W.:* Form u. Innerlichkeit. Beitr. zur Gesch. u. Wirkung der dt. Klassik u. Ro. 1955. – *Matten-*

klott, G.: Der Sehnsucht eine Form. Zum Ursprung des modernen Romans bei F. Schlegel, in: D. Bänsch, Hrsg.: Zur Modernität der Ro. 1977, S. 143–166. – *Milch, W.:* Die Überwindung der Ro. als europ. Phänomen. Vortrag 1948. – *Neuhaus, V.:* Ansichten von der Nachtseite der Lit., Zur ›Bibliotheca dracula‹ u. verwandten Reihen. Lit.-Bericht, in: Arcadia 8 (1973), 69–84. – *O'Donnell, Th. J.:* The Confessions of T. E. Lawrence. The Romantic Hero's Presentation of Self. Athens, Ohio 1978. – *Paulsen, W.,* Hrsg.: Das Nachleben der Ro. in der modernen dt. Lit. 1969. – *Pesch, L.:* Die romant. Rebellion in der modernen Lit. u. Kunst. 1962. – *Pfotenhauer, H.:* Aspekte der Modernität bei Novalis, in: D. Bänsch, Hrsg.: Zur Modernität der Ro. 1977, S. 111–142. – *Reed, T. J.:* Th. Mann. The Uses of Tradition. N. Y. 1974. – *Reif, W.:* Zivilisationsflucht u. literar. Wunschräume. Der exotische Roman im ersten Viertel des 20. Jh. 1975. – *Rolleston, J.:* Narratives of Ecstasy: Romantic Temporality in Modern German Poetry. Detroit, 1987. – *Sembdner, H.,* Hrsg.: H. von Kleists Nachruhm. Eine Wirkungsgesch. in Dokumentationen. 1967. – *Smith, A. I.:* Twentieth-Cent. Interpretations of the Don Juan Theme. Diss. Oklahoma 1973. – *Staiger, E.:* Grundbegriffe der Poetik. dtv. 4090. ³1975. – *Weber, H.-D.:* Über eine Theorie der Litkritik. Die falsche u. die berechtigte Aktualität der Frühro. 1971. – *Werner, H.-G.:* Zur Wirkung von Heines literar. Werk, in: WB 19 (1973), 35–73. – *Ders.:* Über die Modernität der literar. Ro. in Dtld. Berlin-Ost 1989.

Personenregister
(ohne Berücksichtigung der ausführlichen Bibliographie)

Sachregister

240

241

Sammlung Metzler

J. B. Metzler

Printed in the United States
By Bookmasters